우당탕탕 6학년 5반 봄이야기

코로나시대에 다시 만나고 싶은 교실이야기
우당탕탕 6학년 5반 봄 이야기

초판 1쇄 발행 2020년 8월 31일

지은이 이도건
펴낸이 장길수
펴낸곳 지식과감성#
출판등록 제2012-000081호

디자인 최지희
편집 최지희
교정 양수진, 김연화
마케팅 고은빛

주소 서울시 금천구 벚꽃로 298 대륭포스트타워 6차 1212호
전화 070-4651-3730~4
팩스 070-4325-7006
이메일 ksbookup@naver.com
홈페이지 www.knsbookup.com

ISBN 979-11-6552-374-9(03810)
값 15,000원

ⓒ 이도건 2020 Printed in Korea

잘못된 책은 구입하신 곳에서 바꾸어 드립니다.
이 책의 전부 또는 일부 내용을 재사용하려면 사전에 저작권자와 펴낸곳의 동의를 받아야 합니다.

이 도서의 국립중앙도서관 출판예정도서목록(CIP)은 서지정보유통지원시스템
홈페이지(http://seoji.nl.go.kr)와 국가자료공동목록시스템(http://www.nl.go.kr/kolisnet)에서
이용하실 수 있습니다. (CIP제어번호 : CIP2020034148)

홈페이지 바로가기

코로나시대에 다시 만나고 싶은 교실이야기

우당탕탕 6학년 5반 봄 이야기

• 이도건 지음 •

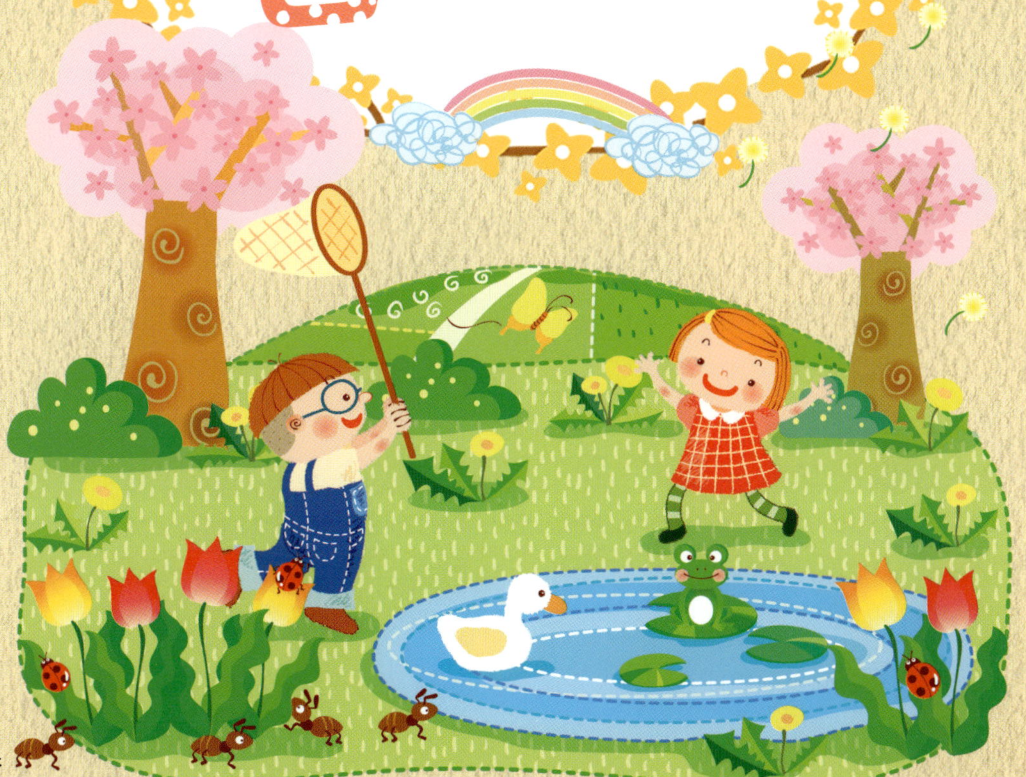

지식과감성#

서문

　2020년 4월 5일. 드디어 2019학년도 학교생활 이야기를 담은 《우당탕탕 6학년 5반 이야기》의 탈고를 마쳤다. 2019년 3월 개학하는 날부터 2020년 2월 졸업하는 날까지 아이들과 함께했던 일상의 시간들을 이야기로 남기고 싶었다. 그렇게 하루하루의 소소한 에피소드가 일기로 쓰여졌다. 그저 흔적을 남기고 싶은 마음에 매일 컴퓨터 앞에 앉았던 것 같다. 하루의 일들을 기억하는 것은 어렵지 않았으나 기록하는 건 역시 쉽지 않았다.

　아이들을 처음 만났을 때 너무나 딱딱하게 굳어 있었다. 이런 그들을 담고 품어 주기엔 내 그릇도 경직되어 있기는 매한가지였다. 봄이 지날 무렵부터 서로에게 어느 정도 길들여진 것 같았다. 난 그저 그들을 담아줄 넉넉한 그릇이 되고 싶었다. 그 그릇 안에는 여러 빛깔과 소리가 담긴다. 하지만 누군가는 빈 채 내버려 둔다. 그리고 또 다른 이는 그릇을 탓하기도 했다. 그런 가르침과 배움의 과정에서 서로 맞춰 가며 어울려 한 해를 보낸 것 같다. 교학상장! 언제 들어도 참 설레는 말이다.

"이상해요! 왜 곰 네 마리는 안 되고 세 마리일까요?"
"오늘은 토트넘이 리버풀에게 진 이유를 글로 쓰면 안 될까요?"
"왜 초등학교에는 수학시간이 체육시간보다 많은지 토론해요."

"그럼 교과서 덮고 얘기해 볼래?"
"네~ 체육도 하고요."
"이왕이면 간식도 먹어요."

올해는 학교에서 부장 보직을 맡지 않으니 아이들의 작은 말과 행동에 대한 반응이 자연스럽게 나온 것 같다. 여러 가지 일을 동시에 하는 능력이 부족한 나에게 학교업무로부터의 여유는 아이들의 눈빛에 공감할 수 있는 느긋함을 준 듯하다. 물론 돌이켜 보면 아이들의 눈높이에 맞춰 스스럼없이 대했다는 것은 나만의 착각일 수도 있겠다.
　책으로 출판해야겠다는 생각이 강해지자 더 아름답게 쓰고 싶은 마음이 강해지기도 했다. 작년 학교생활 이야기를 글로 쓰고 다시 고치는 과정에서 자연스러움으로 포장된 나의 모습도 보이기도 한다. 과거 천자문을 가르치던 어느 서당 훈장의 모습은 아닐지 두렵기도 하다. 아니 어쩌면 그에 한참 이르지도 못하고 허우적댔던 시간일지도 모르겠다.

　이 글을 쓰는 데 우리 반 아이들이 참 많이 도와주었다. 워드 작업도 함께 하고 틈틈이 사진도 찍어 주어 부족한 내 기억과 기록을 메워 주었다. 2019학년도라는 시간을 함께 만들어준 6학년 5반 아이들 모두에게 고마운 마음을 전한다. 고마워! 우리 소중한 인연 쭉 이어 나가자!

2020년 6월 2일 금북초에서 **이 도 건** 씀

 ## 3월 4일 월요일

　2019학년도 첫날이다. 매 학년도 첫날은 역시나 긴장이 된다. 올해는 어떤 아이들일까? 첫마디로 무슨 말을 할까? 엄하게 해야 하나? 그냥 밝게 웃을까? 30분 정도 일찍 교실에 도착해 이런저런 생각을 했다. 그리고 이름표를 출력해 목걸이에 넣어 아이들이 앉을 자리에 올려놓는다. 아이들을 기다린다. 8시 20분쯤 되자 작은 소리들이 들린다. 교실에 들어오는 아이들! 큰 머뭇거림 없이 교실 문을 열었으나 눈은 나와 마주치질 못한다. 몇 번의 경험 덕분인지 익숙한 몸놀림으로 금세 자신의 이름표를 찾아 자리에 앉는다.

　나도 금북초에서 4년을 보낸지라 익숙한 얼굴도 보인다. 들어오자마자 우리 형, 언니를 아는지 묻는 녀석도 있다. 작년, 재작년 제자들의 이름이다. 얼굴을 보니 역시나 많이 닮았다. 일찍 온 아이들은 책상에 놓여 있는 학급 약속(규칙)을 읽으며 웃고 있다. 그때 한 녀석은 손을 살짝 들며 작은 소리로 말한다. 뭔가 난처한 일이 생겼나 보다. 사연인즉 '규현'이라고 적혀 있어야 할 이름표에 '구현'이라고 잘못 적혔단다. 얼른 사과하고 내일 고쳐 주기로 한다. 첫날인데 정말 정말 미안했다.

"죄송! 다시 뽑겠사옵니다."

한 아이는 나를 어디서 많이 본 것 같단다.

"당연히 이 학교에 4년을 있었는데 한 번은 보지 않았을까."

"아~ 올해 새로 오신 줄 알았어요."

"근데 6반은 자리 선착순이래요. 앉고 싶은 대로 앉는다는데. 우리는 왜 정해져 있죠?"

"선생님은 체육 많이 시켜 준다는 소문이 있던데. 오늘 체육 하러 나가요?"

미세먼지 지수가 200을 넘는데도 이렇게 당당히 물어본다. 이 뿌연 답답한 느낌은 뭐지. 작년 4학년 아이들과는 달리 6학년의 3월 첫날은 조금 다르긴 하다. 자리배치는 올해부터 출석번호를 남녀 구분 없이 '가나다' 순으로 배정해서 그렇게 되었다고 설명했다. 모든 아이들이 등교하고 출석번호대로 이름을 한번 불렀다. 남녀가 섞여 있으니 부르는 나도 불리는 그들도 뭔가 많이 어색하다. '쭉 남자 쭉 여자'에 익숙한지라. 금방 적응되겠지.

오늘 최백하라는 탈북 아이가 전학 왔다. 2주일 전까지 중국에서 학교를 다녀 한국어를 거의 못 한단다. 탈북민이신 어머님이랑 한참을 이야기했다. 많이 불안해하신다. 사실 나도 걱정이 이만저만이 아니다. 일단 이중언어 선생님이 올 때까지는 네이버 사전이랑 구글 번역기로 시작해 보기로 한다. 간체랑 번체가 달라 번역기를 돌려도 금방 이해하지는 못하는 듯해 보여 안타까움과 답답함이 겹친다.

방송으로 시업식이 시작된다. 스피커 소리가 작아 말하는 소리가 잘 안 들린다. 이런저런 좋은 말들이 지나가고 아이들과 공식적인 첫인사를 했다.

"칼 '刀'에 총 'GUN' 자를 쓰는 이도건 선생님이다!"

아이들은 농담을 대략 웃으며 여유롭게 받아 준다. 학급온도계에 대해 알려 준다. 참여도, 노력도에 따라 매일 최대 12도까지 올릴 수 있다! 회장, 부회장이 각각 4점씩! 곧바로 한 녀석이 어떤 보상이 주어지는지 물어본다.

"뭘로 할까? 1,000도 되면?"

"항정살 구워 먹어요."

"에이. 꽃등심 정도는 돼야지."

"그냥 라면 뽀개 먹어요."

얼른 정리해 주기로 한다.

- 1,000도가 되면 쌤 집 냉장고 털기
- 2,000도가 되면 국내 여행
- 3,000도가 되면 달나라 여행

"근데 우리 200일 정도 학교 나오는데 어떻게 3,000도 모아요?"

"그래서 기적이라는 게 있는 게 아닐지…."

학급 약속(규칙) 마지막 구절은 '첫눈 오는 날…', '사랑은…'이다. 뭔가 여운을 남기려 적어 놓았지만 첫날부터 굉장히 적극적인 반응을 보인다. 인상 깊다.

"사랑은 사랑이다. 사랑이라고 쓰여 있기 때문입니다."

"사랑은 몰라요. 알 수가 없어요."

"사랑은 치킨무예요. (치킨무가 왜 나왔는지는 모르겠지만 이후 내 이름 앞에 치킨무가 붙게 된다.)"

"메인 메뉴 치킨무. 사이드 치킨."

"요즘 첫눈 오는 날은. 첫눈이 산성인데요? 30분 뒤에 오는 눈부터 밖에 나가요."

나름 과학적으로 질문하지만 난 아주 감성적으로 대답했다.

"첫눈 오는 날 떡볶이를 밖에서 먹는 거야. 매운 떡볶이를 하나 이쑤시개에 꽂아 잠시 들고 있으면 눈이 그 위에 떨어질 것이고, 그 시원한 매콤함, 최고 아닐까?"

첫 급식이다. 밥을 받고 다 먹는 데 채 5분이 걸리지 않은 듯하다. 내일부터 급식 검사를 제대로 해야겠다.

"오늘은 4교시 하고 하교한다. 내일부터 진짜 시작이야~"

백하에게 하교해도 된다고 했는데 이게 말이 잘 안 떨어진다. 생각나는 한자를 칠판에 적었다. 回家! 못 알아듣는다. 구글 번역기로 돌려 주었더니 고개를 끄덕인다. 한 녀석의 일기장 글이 오늘 분위기를 말해 준다.

> 3월 첫날인데도 떨리지도 흥분되지도 설레지도 않았다. 정말 말 그대로 평범이었다. 6년간의 경험 때문일까. 첫날 쉬는 시간부터 아이들이 시끌벅적했다. 그리고 골프 퍼팅을 시작했는데 아이들과 랭킹을 정하고 놀았는데 재미있었다.

3월 5일 화요일

 아침에 아이들 관심도 끌 겸 같이 노래도 부르려 뽀로로 노래를 피아노로 쳤다. 근데 뽀로로는 이 아이들이 두 살 때 유행했던 것이라 별로 안 좋아한단다. '뽀통령'보다는 '타요'가 자기 세대 노래라는데. 타요를 같이 부르고 하루를 시작한다. "타요 타요~ 타요 타요~ 개구쟁이 꼬마 버스~" 끝까지 부르고는 그래도 뽀로로가 더 좋다고 하는 우리 6학년 애기들. "노는 게 제일 좋아~ 친구들 모여라~" 뽀로로 노래도 결국 다시 부른다. 아침에 등교하며 큰 소리로 인사하는 남자아이들에게 격하게 포옹을 해줬더니 매우 부담스럽단다. 여자아이들도 보는 게 좀 거북하다는데. 그냥 손만 흔들어 달라는 게 그들의 첫 부탁이 되어 버렸다.

백하가 등교한다. 내가 아는 중국말이 거의 없는지라 씨에씨에, 니하오 몇 마디 한 것 같다. 농담을 한다고 몇 마디 했지만 결론은 '짜장면은 맛있다'는 대화로 끝난 것 같다. 그래도 웃어 주니 고맙다. 출석번호 20번 태윤이가 21번 백하를 도와준단다. 둘 다 영어를 잘해서 그런지 둘은 영어로 의사소통이 되는 듯하다. 정말 다행이다. 태윤이가 백하 책에 이름도 적어 준다. 21번 출석번호를 중국어 '얼 이'로 알려 주며 서로 농담도 한다. 그러고는 '이얼산스'부터 10까지 중국어로 센다. 지나가는 남자아이들이 '이얼빤스'라며 웃겨 주는데.

"전교임원선거 나가는 친구 도와주는데 가장 중요한 마스크를 빼먹었어요."
"회장선거. 엄마가 절대 안 된대요."
"과학 선생님이 아람단 선생님이에요?"

2일밖에 되지 않았는데 한 달은 지난 듯한 익숙함이다. 편하게 대해 주는 것은 좋은데 뭔가 너무 빨리 풀리는 느낌도 든다. 체육팀을 발표했다. '깜찍이'와 '귀요미' 두 팀 발표했더니 자기들끼리 이름을 바꿔 버린다. '끔찍이팀'과 '귀없어요팀'으로. 팀도 발표되고 바로 첫 체육은 3교시에!

깜찍이팀: 영민, 인해, 연수, 준우, 준호, 민준, 류경, 경란, 주희, 효은, 백하
귀요미팀: 준혁, 상진, 현민, 서준, 지윤, 태윤, 승은, 규현, 은비, ○○

수학 첫 시간이다. 수학에 대한 아이들 생각이 궁금했다. 역시나.

"수학은 그냥 공부다."
"수학은 점수이다."
"수학은 인생이다."
"수학은 학교에서 하라고 하는 것이다."
"수학이란 나의 삶 자체다."
"수학이란 내 욕심이다."
"학생이란 죄목으로 학교라는 교도소에서 받는 벌. 졸업이라는 석방할 때까지 받는 벌. (이 말을 하는 녀석의 눈빛이 개그모드가 아니어서 좀 놀랐다.)"

> "수학은 아로마(악마)다."
> "수학은 악마 그 이상이다."
> "수학은 물이다. 꼭 필요하니까."
> "근데 수학은 왜 해요? 사회생활에 필요한 거예요?"
> "그러게 말이다."

음악시간에 도레미송 가사를 우리 반 아이들 이름을 넣어 바꾸어 부르기로 했다. 21명인지라 7개의 음에 딱 맞게 3명씩 들어간다. 3명씩 모여 가장 어울리는 수식어를 찾으라고 했더니 나름 이미지가 아이들과 잘 맞는 것 같다. 하지만 결국 우리들은 모두 '치킨무'가 되어 버렸다. 맥락에 맞지는 않지만 은근 재미있다.

> **도**는 새콤 강인해 (김민준, 김상진)
> **레**는 오묘 김주희 (박경란)
> **미**는 찰싹 박준우 (방준혁, 배규현)
> **파**는 개굴 신은비 (양연수, 윤준호)
> **솔**은 찹쌀 이서준 (이효은, 임현민)
> **라**는 륜경 (영민, 지윤) 치킨무.
> **시**는 사람 황승은 (황태윤, 최백하)
> 다시 처음부터 시작해요.
> 우리들의 사랑 '치킨무'

3교시 체육시간이다. 미세먼지 때문에 실내에서 스펀지주사위 피구를 하기로 한다. 아이들 던지는 속도가 제법이다. 심판을 열심히 보고 있던 나를 두 번이나 맞춘 녀석도 있다. 어쩔 줄 몰라 하고 있길래 "우리 엄마한테 다 일러줄 거야"라고 했더니 어이없는 표정을 지으며 돌아간다. 남자 대 남자 대결은 불꽃 튄다. 마지막 한 명까지 악착같이 버틴다. 여자 대 여자 대결은 악! 캭! 까악. 이것밖에 기억이 나지 않는다. 그러다 한 녀석이 히터 한쪽 구석을 강속구로 맞춰 깨버린다. 다행히 아이들은 다치지 않았지만 히터에서 나는 바람 소리가 뭔가에 걸린 듯 힘겨워 보인다. 쉬는 시간에 나사를 가위로 돌려 조였더니 선생님 멋있단다. 내가 돌렸던 가위를 '특급 도라이바'라며 이름도 붙여 준다. 이 구수함!

급식시간이다. 키번호대로 먹으랬더니 키 큰 녀석들이 다음에는 큰 사람부터 먹자고 한다.

"얘네들(작은 애들) 얼른 먹고 키 크라는 뜻이야."

"그렇게 깊은 뜻이 있다니요."

비꼬는 듯 들렸지만 좋게 농담으로 넘겨야지. 마음이 좀 상해 아이들과 몇 칸 떨어져 혼밥 하고 있으니 한 녀석이 이리로 와서 같이 먹자고 한다.

"치킨무 선생님. 이리로 오세요."

 ## 3월 6일 수요일

　오늘은 무슨 일인지 8시 40분쯤 되자 아이들이 모여 한꺼번에 교실로 들어온다. 밑에서 만나 이야기를 한참 했단다. 서준이가 힘겹게 들어오며 말한다.
　"가방 너무 무거워요. 두 권 빼고 전부 교과서 들고 왔어요."
　주변을 둘러보니 교과서를 꺼내는 아이들이 많이 보인다. 6학년 교과서를 5학년 때 나눠 주는 것보다는 6학년 3월 첫날에 나눠 주는 것은 어떨까 하는 생각도 든다. 여자아이들은 강다니엘 이야기를 하며 모여 있다.
　"강다니엘이 소속사에서 탈퇴했대. 센터가 나가면 어떻게 해."
　"아이 진짜. 이제 워너원 어쩌나."
　"어제 발표 났는데 진짜 충격 충격이었는데."
　내가 가까이 간지도 잘 모르는 듯하다. 한참을 듣다 보니 태윤이가 내게 말을 건넨다.
　"강다니엘 사진인데. 정말 멋있죠?"
　"나 닮았잖아?"
　"그렇게 말하니 선생님이 의문의 1패네요."
　"하긴. 강다니엘이 선생님보다 훨씬 정말 베리 못생겼네요."
　"너 왜 그래. 아무리 그래도 그렇게 말하면 안 되지! 팩트는 팩트야."
　연기학원을 다닌다는 은비가 배우 톤으로 말한다. 그걸 듣고 있던 한 남자아이가 은비에게 "개굴 개굴 개구리 연기해 봐"라고 말한다. 안 할 거라고 예상했던지 남자아이들이 물통을 꺼낸다. 저희들끼리 물 적시며 연기한다. 찰싹 뿌리고는 저희들끼리 개굴개굴 소리를 내며 놀고 있다.
　"얘들아. 청개구리만 되지 마라~"
　"그런 말은 아재만 하는 거예요!"

아침에 한 여학생이 보건실 다녀와도 되냐고 묻는다. 아주 작은 소리로 생리라고 말한다. 말로 하기 어려우면 그런 건 눈치만 주고 다녀와도 된다고 말했다. 6학년 여자아이들과는 우리들만의 수신호를 만들어야겠다.

오늘 체육시간에 7반과 피구 경기를 하기로 했다. 승부가 중요하지 않지만 역시 반 대항 경기는 달아오를 수밖에 없다. 7반을 이기자! 정정당당! 구호를 외치며 경기를 시작한다. 경기는 치열했고 5분을 남기고 세트 스코어 1 대 1 상황이다. 마지막 경기를 하기에는 시간이 부족해 가위바위보 서바이벌로 승부를 결정짓는다. 역시 50%의 확률이 거의 비슷하게 생존자가 줄어 가고 있었는데. 오늘의 영웅 경란이가 혼자 6명 연속으로 이겨 버린다. 효은이도 3명 연속 승리. 주희가 보자기로 마지막 7반 아이에게 이기자 대한독립만세 소리도 들린다. 이게 7반 아이들을 자극했나 보다. 얼굴이 붉게 달아오른 7반 녀석이 "이건 아니에요. 너무 심해요"라며 나에게 항의도 한다. 우리 반 누군가가 욕도 하고 너희는 졌으니 우리가 먼저 올라간다고 말했다고 한다. 승리자의 품격을 지키지 못한 우리 반 아이들! 7반을 먼저 올려 보냈다. 우리 반 아이들을 다시 불러 잠시 이야기를 나누었다.

"욕은 하지 마! 알았지?"

"그래도 이기니까 기분은 좋네요!"

오늘 메시지가 왔다. 학교를 예쁘게 꾸미는 사업에 선정되어 선생님들 중에 색채 전문가를 모집한다는 내용이다. 학기 초 3월 이 바쁜 시기에 누가 지원할까. 지원자가 없으면 분명 학년당 1명 정도 뽑아 달라고 할 텐데. 사업비가 5천만 원 정도 된다고 한다. 우리 학교 학생 1인당 5만 원, 학급별로 100만 원이 넘는 금액이다. 예쁘게 포장하는 것도 좋지만 교실마다 활용도 높은 놀잇감이나 디지털 피아노 같은 것 사는 건 어떨지. 고운 색 입히기 외에 다른 용도로 사용할 수 없는 목적사업비! 이런 공모형 사업은 제발 좀 줄이자. 학교 벽면 꾸미는 예산은 당연히 지급해야 되는 게 아닐까.

'우리 학교, 고운 색 입히기' TF팀 공개 모집

우리 학교가 '우리 학교, 고운 색 입히기' 사업 대상학교로 선정되었습니다. '우리 학교, 고운 색 입히기' 학교 내·외부 도장(페인트)공사 추진을 위해 색채 전문가와 함께 다채로운 색채 환경을 디자인하는 사업입니다. 위 사업에 함께 참여하실 분들을 공개 모집하오니, 관심 있으신 선생님께서는 오늘 퇴근 전까지 신청해 주시기 바랍니다.

 피아노가 남자아이들 장난감이 되어 버렸다. 화음을 맞춘다고 하는데 세상에 둘도 없는 음악이다. 결정적으로 피아노 소리랑 아이들 목소리가 맞지 않아 좀 괴롭기도 하다. 속으로는 '왜 이렇게 노래를 못 부르지?'라는 생각이 들었지만 겉으로는 '환상의 하모니'라고 칭찬을 해 주었다. 교실 뒤쪽에서는 골프 퍼팅 연습을 하고 있다. 미세먼지 있는 날에는 역시 퍼팅 연습이 제격이다. 한참을 치던 아이들 중 한 녀석이 ○○이가 골프공을 가지고 가서 공이 없어 못 치고 있단다. 화장실에 갔는지 찾아도 없다. 뭔가 보이지 않는 갈등이 있었던 것 같은데 녀석이 오면 물어봐야겠다.

 남자아이들은 그 짧은 틈에 영화 〈보헤미안 랩소디〉의 한 장면을 따라 한다. 골프채를 들고 노래를 부르며 교실 한 바퀴를 돌고 있다.

 "에오! 에오! 에오! 에~~~오! 에~~~오! 올 라잇 올 라잇."

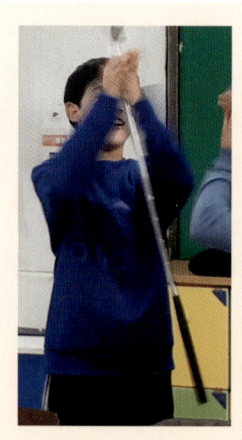

오늘 도서관 첫 수업을 했다. 《안철수의 생각》을 읽는 아이가 보인다. 다른 아이들과는 다른 도서 선택이다. 정치에 관심이 많은 녀석인지. 바른 자세로 한 장 한 장 넘기는 모습이 퍽이나 인상적이다. 백하랑 여자아이들은 기초 중국어 책을 읽는단다. 중국어를 이번 기회에 백하에게 배워 보겠단다.

"Say 응가. 동동."

똥을 가르치고 있다.

"마더. 엄마. 하오하오. 이얼산스."

내 시선이 닿지 않는 저편에서 남자아이들은 축구 책 한 권을 펴 놓고 이야기 중이다. 꿍병지(김병지), 리춘수(이천수), 데헤아, 노이어의 장단점에 대해 토론도 하고 챔피언스리그 이야기도 곁들인다. 도서관에서 나올 때 다른 6학년 아이들을 만났다. 대뜸 나에게 청탁성 말을 하는 것이 아닌가.

"선생님. 5반에 목 긴 애 좀 이뻐해 주세요."

아직 며칠 지나지 않아 목 긴 아이가 누구일지 궁금하다. 아이들을 둘러봐도 특별히 목이 긴 아이는 보이지 않는데…. '우리 반에서 누가 목이 길까?' 이걸 물어볼 수도 없고. 그나저나 요즘 아이들은 팔, 다리, 목이 다 길어 보인다.

 ### 3월 7일 목요일

8시 50분이 되자 뒷문을 열고 종소리에 맞춰 슬라이딩 하며 등교하는 녀석이 있다. VAR로 판독해야 될 정도로 아슬아슬하게 지각을 면한다. 기막힌 타이밍이라며 다들 박수를 쳐준다. 양손을 가로저으며 세이프 판정을 내려 주었더니 그 녀석은 그게 또 기분이 좋았나 보다.

남자아이 몇 명에게 과학실에 가서 지구본을 들고 오랬더니 그 무거운 지구를 어떻게 드냐며 너스레를 떤다. 먼 거리가 아닌데 10분이 지나도 돌아오지 않는다. 쓰러질 듯 들어오며 하는 말이 가관이다.

"선생님. 저희가 지구를 굴리고 들고 오다 늦었습니다."

"지구가 이렇게 무거울 줄 몰랐어요. 엘리베이터 타고 왔습니다."

수업 시작이다. 개학한 지 며칠 지나지도 않았는데도 너무 소란스럽다. 뒤돌아 이야기하는 아이들이 많이 보인다.

"어이. 거기. 뒷모습이 아름다운 건 아는데 바로 앉아 줄래?"

"네? 저요?"
떠드느라 내 말을 못 들었나 보다. 옆에 앉은 짝이 대신 전해 준다.
"너 뒤태 아름답다고."
영민이가 한마디 거든다.
"얘는 앞모습도 아름답습니다."
이럴 때는 그냥 유치한 버전이 제격이다. 같이 이야기하던 주희에게도 경고를 준다.
"주희야! 주의야!"
"태도를 바르게! 참새 (짹짹). 오리 (꽥꽥). 하나둘 (셋넷). 원투 (쓰리포)."
"칙칙칙! (폭폭폭!) 칙폭칙! (폭칙폭!)"

오늘은 전교임원선거가 있다. 5~6학년 후보자들이 방송으로 소견발표를 한다. 후보자에 우리 반 아이가 없어서 그런지 좀 심심한 느낌이다. 그래도 공약 발표하는 아이들의 진지함에 집중한다. 다만 공약의 내용은 매년 비슷하기만 한 듯하다. 선거인명부에 사인을 하고 전자투표를 실시한다.

- 학생들이 원하는 음식에 투표를 해 표가 가장 많은 음식을 먹게 하겠습니다.
- 금북 알림이판을 만들어 소통의 공간으로 삼겠습니다.
- 화장실에 방향제 설치하겠습니다.
- 배려와 고민을 곱하고 슬픔을 나누는 회장이 되겠습니다.
- 칭찬릴레이 활동 아시죠? 아이스버킷챌린지처럼 다른 친구를 칭찬하는 프로그램을 만들겠습니다.
- 캠페인 활동을 해 안전한 등굣길을 생활화하도록 하겠습니다.
- 적극적으로 봉사! 의무감이 아니라 내가 이 학교의 주인이라는 마음으로 솔선수범하겠습니다.
- 여러분. 꼭꼭 약속해 노래 아시죠? 꼭꼭 약속해 노래처럼 약속을 꼭꼭 잘 지키겠습니다. 그리고 의견함을 만들어 모든 사람들이 의견을 넣어 전교회의에서 직접 상의할 수 있게 하겠습니다.
- 매달 칭찬학생을 뽑겠습니다.
- 저는 아름다운 학교를 만들겠습니다. 저는 그림그리기와 꾸미기를 좋아합니다. 학교 구석의 낡은 곳을 바꿔 깨끗한 학교를 만들겠습니다.
- 이름이 알려진 학교? 급식이 맛있는 학교? 아닙니다. 저는 다니고 싶은 학교를 만들겠습니다!

작년 제자인 원준이가 부회장 후보로 나왔다. 역시 개그감 충만한 명연설이다. 해바라기를 귀에 꽂고 시작한다.

여러분, 제가 왜 이 꽃을 꽂았는지 아세요?
여러분을 위한 꽃돼지가 되기 위해서입니다.
저는 몇 년간 학급에서 급식을 잘 먹는 것으로 유명했습니다. 저는 금북 친구들의 불만을 먹어 치워 친구들이 꽃길만을 걸을 수 있게 하겠습니다.
금북 우체국을 설치하겠습니다. 우체통에 여러분이 편지를 넣으면 금북 우체부들이 직접 배달하겠습니다.
저는 다른 친구들보다 똑똑하지도 공부를 잘하지도 않아요.
하지만, 맛있는 한 표 던져 주세요. 맛있게 먹겠습니다.

이 한 몸 바쳐 봉사하고 싶습니다.
다른 반 친구와 친해지고 싶으시죠? 학년친구 모두가 마니또를 진행할게요.
급식시간에 줄 설 때 심심하시죠? 급식시간에 미리 신청곡을 받아 들려 드릴게요. 밥도 더 맛있게 먹을 수 있겠죠?
중간놀이시간에 쉴 수 있도록 교내 휴게실을 만들겠습니다. 비가 오는 날 미세먼지 낀 날 여기서 쉴 수 있도록요.

여러분 햄버거 좋아하시나요? 여러 재료가 모여 하나가 되었죠?
항상 웃는 제 모습을 보이겠습니다.
여러분의 불편함을 열심히 듣겠습니다.
제 신발이 닳을 때까지 일하겠습니다.
제 공약이 평범하죠? 한 유명한 디자이너는 평범한 디자인을 많이 해서 유명해지셨죠?
미세먼지가 묻은 여러분이 손을 닦기 위해 저를 물티슈처럼 쏙 뽑아 주세요. (진짜 물티슈를 뽑는다.)

존경하는 학우 여러분! (이때 마이크 소리가 무지하게 컸다.)
힘이 없는 샤프처럼 눈금 없는 자처럼,
여러분이 샤프심이 되어 주고 눈금을 그려 주시면,
누군가 넘어지면 잡아 주고 제가 넘어지면 여러분이 잡아 주고.
물과 기름이 안 섞이지만 비눗물을 넣으면 섞이죠?
제가 비눗물 같은 사람이 되겠습니다.

    길막놀이를 하면서 남자아이들이 놀고 있다. 여자아이들을 못 지나가게 의자로 막고 있다. 길막! 길막! 의자! 의자! 이게 뭐가 재미있는지. 하지 말랬더니 금세 치우고 저 멀리 자리 잡아 내 눈치를 보며 다른 이야기를 하고 있다. 쉬는 시간이 벌써 학년 말 분위기다. 나의 캐릭터를 어쩜 이리 빨리 파악했는지. 길막놀이를 은근히 즐기던 여자아이들은 한꺼번에 몰려와 피아노를 친다. 방탄소년단의 '아이돌' 멜로디도 들리고 '뽀로로' 노래도 들린다. 방탄뽀로로의 묘한 조화가 느껴진다.

    수학시간이다. 분수 단원이라 크게 어려워하지는 않는다. 오늘은 '2 ÷ 3'에 대해 아이들과 이야기를 나누었다. 교과서 문제 풀이는 짧게 하고 많은 수학적인 이야기를 나누었다. 수학시간이 재미있단다. 고맙다.

> "쌍쌍바 2개를 3명이 나누어 먹는다? 이런 상황 같은데?"
> "그게 아니에요, 선생님. 2+1 파는 거 사면 되죠. 그러면 분수 안 해도 되잖아요."
> "3명이 먹는 게 아니라 가위바위보해서 1명 못 먹게 탈락시키면 되잖아요. 2 ÷ 2. 분수 싫어요."
> "나누지 말고 그냥 한입씩 공평하게 먹는 건 어때요?"
> "그럼 더러워지잖아! 한입은 또 다르잖아. 수학시간에 정확하게 해야지."
> "저는 차라리 쌍쌍쌍바를 개발할 겁니다. 그냥 3 ÷ 3을 할래요."

    국어시간이다. 벚꽃을 팝콘에 비유한 시가 나온다. 우리는 팝콘을 다른 대상에 비유해 보기로 한다.

> "그냥 뻥튀기? 특별한 게 없어요. 밍밍한 치킨무 같은."
> "개미 떼 같아요. 하나만 튀기는 게 아니라 한꺼번에 많이 바바방! 〈웰컴 투 동막골〉에 나오는 것 정도요."
> "저는 덜 짠 팝콘 맛을 좋아해요. 벚꽃이 그 맛 같아요."

> "고소한 구름 같아요. 아니 맛있는 구름 같아요."
> "전 벚꽃이 고소한 낙엽 같아요."
> "바삭한 솜사탕. 바삭바삭한 게 훨씬 맛있는데."
> "벌집 같아요. 벌집 건드리면 벌들이 튀어나오는데. (캬악!)"
> "팝콘은 일시적인 행복 같아요. 살찌는 소리가 들려요."
> "산탄총알 같아요. (산탄총알이 뭔지 아니? 그럼요.)"
> "뜨거운 눈꽃 같아요. 좀 있으면 따뜻한 눈꽃이 돼요."

아이들과 벚꽃(팝콘)에 대한 달콤한 상상을 한참이나 했다. 10분 정도 남기고 자신을 다른 대상에 비유해 보는 시간을 가졌다. 비유가 별명 부르는 것이라며 별명을 불러도 되냐고 묻는 아이가 있다. 비유로 틀린 말은 아니지만 별명으로 부르면 학교폭력 유발자가 될 수도 있다며 기분 나쁘지 않게 살살 하라고 했다.

> **영민:** 재미있는 헐크, 어디로 튈지 모르는 개구리, 유행어 제조기
> **현민:** 변기 (오잉?)
> **태윤:** 황태. 메추리알형님. 즐거운 우리 밥상
> **승은:** 멍장군 (아빠가 불러 주심)
> **연수:** 개구리, 꼴뚜기, 돌문어

결국은 별명을 부르거나 짓는 시간이 되어 버렸다. 대략 상황을 정리하고 마친다.

화장실 다녀오다 륜경이를 만났다. 개학하고 아직 나에게 말을 걸지 않기에 내가 먼저 한마디 했더니,
"어디서 많이 보던 아이인데? 혹시 우리 반 륜경인가?"
"이상해요" 하며 지나간다. 괜히 했는지.

내일 학급임원선거가 있다. 벌써 아이들끼리 눈치작전이 대단하다. 서로 후보자 등록하는지 물어본다.
"너 나갈 거야?"
"너는 나가?"
"우리 반에 부회장선거는 아무도 안 나간다는데."
"너가 나가면 되잖아."

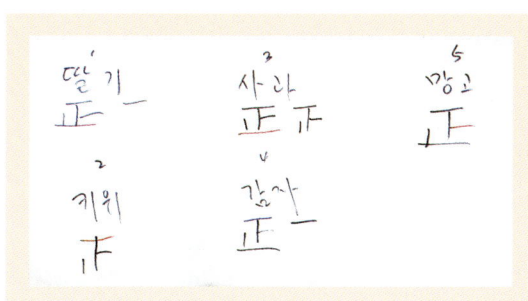

남는 시간에 아이들과 미니 게임을 했다. 딸기, 키위, 사과, 감자, 망고 팀의 아이엠그라운드와 눈치게임~

3월 8일 금요일

일찍 온 아이들이랑 아침에 잠시 이야기를 나누었다. 삶을 즐겁게 살려는 녀석들의 마음이 느껴진다.
"인생을 즐겁게 사는 게 좋아요. 인생 슬퍼서 좋은 게 없잖아요. 돈 못 벌어도 좋은 거 해야지."
"어차피 한 번뿐인 인생인데. 저는 성격상 마음에 없는 것 못 해요."
"그래. 우리 하고 싶은 거 즐겁게 하면서 살자."

아침에 백하가 들어오면서 내게 인사를 한다. 2월 15일 중국에서 입국해서 벌써 한국어를 이렇게 배우다니. 감동이 잔잔히 밀려왔다.
"안녕하세요. 이도건 선생님~"

오늘 있을 학급임원선거에 대해 아이들이 얘기하고 있다. 남자아이들은 회장 나올 사람이 없다며 내게 와서 이럴 때는 어떻게 해야 되는지 물어본다. 그러면 여자아이들이 남자 회장 하면 된다고 농담했더니 심각한 표정으로 들어간다. 여자아이들은 주희가 나오면 안 봐도 비디오라며 회장선거는 이미 끝났다고 내게 귀띔해 준다.

입후보 신청을 받는다. 자발적으로 학급회장선거에 나선 아이들은 남자 2명, 여자 1명. 후보자 추천은 무지하게 많이 나온다. 후보자로 거명된 아이들은 모두 손으로 X 자를 표시하며 절레절레 고개도 흔든다. "전 떨어지는 게 너무 싫어요. 그 기분이 너무 싫어요"라며 오히려 나더러 여자회장 입후보하라고 나를 추천하는 녀석도 있다. 반면 개표요원은 10명이 넘게 지원해 한바탕 소란이다. 가장 공정한 가위바위보로 요원을 정한다. 6년간 한 번도 개표요원을 못 했다며 사정하는 녀석도 있었지만.

기호추첨을 하고 소견발표가 이어진다. 6학년 선거는 역시 소견발표의 수준이 다르다. 솔직한 감정을 담은 인간적인 말에 숙연해지기도 하고 그냥 웃기기로 작정한 연설도 있다. 백하도 소중한 투표권을 행사한다. 영어로 후보자에 대해 어느 정도 설명을 해주었더니 알겠다며 고개를 끄덕인다.

저는 딱히 공약 같은 것 없습니다. 많이 노는 만큼 공부도 잘 될 것 같아요. 즐겁게 놀 수 있는 학급으로. 저는 이거 하나는 지키겠습니다.

저는 처음에 설렜습니다. 처음 본 친구도 있고 여러 번 본 친구도 있습니다. 지금 저는 행복합니다. 다른 친구도 행복하게, 즉 행복을 나눠 주기 위해 출마하였습니다. 저는 버팀목이 될 수 있는 나무가 되겠습니다. 속상한 마음 위로해 주는 회장이 되겠습니다. 평화의 상징 비둘기처럼 말싸움도 멈추고 모든 일에 솔선수범하겠습니다.

봄을 맞아 싱그러움을 되찾아 가는 3월. 여러분의 기대에 부응하는 부회장이 되겠습니다.

부회장이라는 무거운 직책을 새롭고 신선하고 자신 있게 꾸며 나가겠습니다. 당선된다면 뻐기거나 무시하는 부회장이 되지 않겠습니다.

저는 쉬는 시간을 늘리겠습니다. 후식으로 랍스타가 나올 수 있게 할게요! 골프장, 스키장 그리고 사탕 10억 개를 나눠줄… 이런 약속을 하지는 못하겠습니다. 한 학기 동안 신나게 놀아 봅시다. 절대로 너무 진지하지 않게 하겠습니다.

중간놀이시간이다. 오랜만에 미세먼지 없이 맑은 날이다. 전부 운동장으로 나간다. 경도(경찰과 도둑) 놀이를 시원하게 한다. 따스한 햇살을 온몸으로 받으며 뛰노는 아이들 모습이 이쁘기 그지없다. 그 와중에 한 녀석이 이 좋은 분위기를 잔혹 동화로 만든다.

"밖에서 뛰어놀고 침 뱉어야 한대~ 미세먼지 마셔서. 뱉어~"

20분의 중간놀이시간이 끝나 간다. 아이들 표현으로 교실에 자기장에 형성되어 있고 지금 그 자기장이 줄어든단다. 배틀그라운드를 아는 사람만 아는 이 느낌! 우리들의 자기장 종착지는 수학.

"수학이 왔어요~ 날 수학, 삶은 수학이 왔어요~"

남자아이들이 궁예 대사를 따라 하고 있다. 이걸 어떻게 아는지 신기하다.

"다음 시간이 수학처럼 보이는가?"

"마구니가 끼었구나."

첫날 만들었던 자기소개 자료를 발표하는 시간을 가졌다. 아이클레이로 자신을 나타낼 수 있는 물건을 만들어 친구들에게 보여 주며 소개한다.

지윤: 저는 박치, 음치, 몸치고요. 키 작다고 놀리는 게 너무 너무 싫어요.

상진: 아끼는 것은 두산 모자고요. (이때 저마다의 야구팀 이름을 말하는 녀석들!) 저의 장점은 체육을 좋아하고. 단점은 장난이 많다는 거예요. 그리고 여기 이것은 검정색 강아지를 만들다 망쳤네요. 제주 흑돼지처럼 되었습니다.

인해: 야구를 좋아하고 역사책을 좋아합니다. 저는 뱀을 좋아해 뱀을 만들었습니다. (정말?)

준호: 저는 축구를 제일 좋아해요. 미세먼지 때문에 축구를 못 해서 짜증나고. 저는 글씨가 예쁘지 않아요. 아! 그리고 이 축구화를 가지고 싶고요. 챔스 공인구도 정말 가지고 싶어요.

규현: 저는 짱구를 좋아합니다. 과학을 싫어하고 〈런닝맨〉을 정말 좋아합니다.

경란: 제일 좋아하는 동물은 유니콘이고요. 수학을 제일 싫어해요.

연수: 제가 가장 좋아하는 것은 축구, 달걀, 메추리알. 저는 혼자서도 잘 놀지만 대신에 잘 다쳐요.

현민: 〈슬램덩크〉랑 수영을 좋아하고요. 별명은 변기입니다.

서준: 저는 피규어랑 영화를 좋아하는데요. 이건 스파이더맨 만들다가 망했어요.

태윤: 저는 마시멜로를 정말 좋아합니다.

류경: 제 별명이 김치만두라서 만두를 만들었어요.

주희: 제 별명이 쥐라 쥐를 만들었고요. 조지오웰의 《동물농장》을 좋아합니다.

효은: 그림 그리기 좋아하고요. 전 한 번에 집중을 잘 못 해요. 이건 펭귄을 만들었어요. 사실 참새를 만들었는데 말이 너무 많다고 해서 그냥 바꿨어요.

영민: 축구를 지나치게 좋아하고요. 너무 촐싹 맞고 냉장고에 음료가 없으면 실망하고 짜증납니다.

승은: 강아지를 정말 아끼고 〈극한직업〉이라는 영화, 〈레몬〉이라는 음악을 좋아합니다.

준우: 브롤스타즈, 그림그리기, 만들기, 게임하기 좋아해서 게임 마크 만들었어요.

준혁: 감자튀김을 좋아하는데, 정말 많이 먹어서 많이 만들었어요.

민준: 축구, 농구를 좋아하고 미국에 여행 가고 싶어요. 그리고 〈말모이〉 영화 좋아하고 역사책을 많이 읽어요.

백하: (중국어로 짧게 이야기했는데 아무도 알아들은 이가 없다. 그래도 아이들이 박수와 함성을 함께 보내 준다.)

 **3월 11일 월요일**

　오늘은 아침부터 목이 아프다. 미세먼지 때문이려니 생각하고 껌을 하나 씹고 있었다. 그때 한 녀석이 우리 반은 껌 씹어도 되냐고 물어본다. 그건 아닌데. 아이들이 다 등교했을 때 정말 목이 아파서 그러니 가끔 쌤이 껌 씹는 것 봐도 이해해 달라고 했더니 수동적 수용인지 눈만 끔뻑인다.

　아이들이 앞문으로 출입을 안 한다. 앞문 출입 해도 된다고 했더니 '학생은 뒷문으로'라는 표지판이 앞문에 붙어 있다고 한다. 작년 선생님이 붙여 놓고 간 것이라는데. 얼른 떼 버렸다. 왜 앞문 사용 금지인지 이건 참 이해가 안 된다.

　영민이가 영어공책을 아침에 사왔다고 한다.

　"아 맞다. 영어공책 안 가지고 왔다."

　"나 한 장만 빌려줘."

"나도."
두세 명의 아이들이 주욱 찢어서 영어공책을 준비한다. 이들 나름의 생존방법을 알 것 같다.

국어시간이다. 집중을 못 하는 몇몇 아이들이 책상에 작은 아이클레이 뭉치를 올려놓고 길게 늘이고 있다. 비유하기 시간인데 잘되었다.
"어이! 수타면 만들며 놀고 있는 녀석들. 왜 딴짓하고 있어? 지금 어떤 마음인지 비유로, 고고!"
"영민이는 수타면을 먹고 있어요."
"지금 제 마음은 가위처럼 날카로워요."
"지금 혼나고 나니 마음에 감기가…."
"제 마음은 바람입니다."
"제 마음은 형광펜입니다."
수타면이 라면으로 이어진다. 여러 명의 아이들이 한 구절씩 달라붙어 지으니 시가 금세 완성이 된다.

> 내 마음은 라면이다.
> 꼬불꼬불
> 물에 빠지고 불에도 끓고
> 쫄깃쫄깃
> 오동통통
> 난 너무나 설렌다.
> 왜 그녀를 보면 내 마음이 이럴까. (아! 이 타이밍에 이 말을 할 줄은….)
> 그녀는 ○○○

날씨에 어울리게 주제어가 비로 이어진다.

> 비가 온다.
> 많이 온다.
> 이 세상 공기가 내게 오는 것 같다.
> 이 기분은 뭘까?
> 봄비는 시험 끝나고 난 후 집에 가는 마음이다.
> 비야 가라. 물러가라. 저리 가라. 오지 마라.

"난 먼지 냄새가 너무 싫어"라며 주희가 받아 준다.

> 내 발밑에 뭔가 올라온다.
> 이 녀석이구나.
> 뭐지? 먼지?
> 이런. 세상에 이런 일이.
> 봄비가 내리면 하수구 냄새가 난다.
> 어디에선가 풀냄새가 난다.
> 예전 강당 냄새도 난다.

현민이도 봄비로 받아 준다.

> 봄비는 청소기 같다.
> 먼지를 씻어 준다.
> 미세먼지도 씻어 준다.
> 초미세먼지도 씻어 준다.
> 하지만 그녀를 그리워하는 이 마음은
> 씻어 주지 못한다.
> 그녀는 ○○○

잔잔한 서정의 시간이 흐르고 쉬는 시간이다. 여자아이들은 친구를 올라타고 서로 기마전을 하나 보다. 한참을 보니 기마전은 아닌 것 같다. 그냥 오래 버티기란다. 남자아이들은 골프 퍼팅 연습을 하고 있다. 벌써 2미터 정도는 가볍게 넣는다. 작년 4학년 아이들과는 확연히 다른 속도다.

과학시간이다. 빛에 대해 이야기를 나눈다. '월홍'이라는 밤에 보이는 무지개를 소개했더니 너무나 보고 싶단다. 우리나라에서는 볼 수 없고 하와이 가야 하는데.
"달빛으로 만든 무지개는 왜 우리나라에서는 볼 수 없어요?"
"음… 그게… 모르겠는데."

교과서에 불꽃놀이가 나온다. 서로의 경험담을 나누기로 했다.
"1,000년 전, 기원전, 아니 구석기, 청동기? 아무튼 오래전, 아니 1억 년 전 둘리 시절에도 불꽃놀이가 있었어요?"
"환상의 나라 에버랜드에서 봤어요. 선생님, 우리 2학기 현장체험학습으로 에버랜드 가는 거 맞아요? (몰라~)"
"한강 그쪽에 저번에 불꽃놀이 했는데. 친한 맘이랑 친구랑 갔어요."
"강화도에서 쭈루룽 불꽃놀이 했어요."
"2학년 봄방학 때 친구들이랑 펜션에서 하룻밤 잤을 때 마당에서 불꽃놀이 했어요."
"애들아. 우리는 어떤 빛깔 불꽃놀이를 할래? 투표합시다. 무지개 빛깔 7가지 중에 손 들고 싶은 만큼 마음껏 들어 주세요!"
빨 13명 / 주 3명 / 노 18명 / 초 6명 / 파 16명 / 남 2명 / 보 17명
훗날 20살이 되었을 때 다시 만나 빨강, 노랑, 파랑, 보랏빛 불꽃놀이 하기로 약속했다. 근데 이 빛깔 불꽃을 어디서 구하지.

도덕시간이다. 새로운 가족형태(애완동물, 인공지능, 로봇)에 대해 아이들과 이야기를 나누기로 했다. 바로 한 녀석이 정정해 준다. 애완동물이 아니라 반려동물이라고. 어이쿠! 시작부터 스텝이 좀 꼬였지만 이런 당당한 지적에 고맙다.

"인공지능이랑 사는 건 가족이 아니에요. 사람은 서로 기댈 수 있는 존재거든요."
"제 생각에는 인공지능도 힘들다고 말하면 위로해 줄 수 있어요. 그래서 기댈 수 있어요."
"아니에요. 일단 로봇은 감정이 없어요. 로봇이 눈물 흘려도 진심으로 안 와닿거든요."
"로봇도 눈물을 흘리면 감정을 가지게 될 것 같은데요."
"로봇이 눈물을 흘려도 그것은 인간이 만든 것인데. 그 아이가 실제로 느껴서 한 게 아니잖아요. 그 느낀 것은 인간이 만든 것."
"부모님도 나를 로봇에게 한 것처럼…. (모두 웃음)"
"근데 인공지능은 생명체가 아니라 시스템이기 때문에 힘들어요."
"거미는 가족이지만 인공지능은 가족이 아닙니다."
"갑자기 왜 거미가?"
"거미는 비유고요. 거미처럼 집에서 같이 살면 가족이라는 말이에요."
"그럼 인공지능도 함께 같이 살면 가족이에요? 인공지능과 서로 사랑을 나누고 같이 살면?"
"사랑하는 연인들은 가족인가요? (모두 웃음)"
"인공지능 로봇도 집에서 같이 살면 가족이죠. 그리고 인공지능도 한번 무지개 다리를 건너면 다시 오지 못하기 때문에요."
"님. 인공지능이랑 로봇은 무지개 다리를 안 건넌다니까요?"

한 녀석이 일기장에 부모님에 대한 따뜻함이 담긴 글을 적어 냈다. 나보다 훨씬 낫다.

> 엄마 생신날이다. 지갑 속엔 10,000원이 들어 있다. 큰 케이크는 18,000원이어서 살 수가 없다. 그래서 예쁘고 아기자기한 레드벨벳 조각케이크를 샀다. 진한 빨강이 꼭 예쁜 장미 같았다. 4,000원어치 조각케이크. 돌아오는 길에 편의점에 들러 달달한 화이트 초콜릿과 옛날 냄새 물씬 풍기는 슈크림빵, 손편지도 예쁘게 써서 드렸다. 이렇게 착하고 멋진 부모님의 자녀라는 것에 감사하다.

3월 12일 화요일

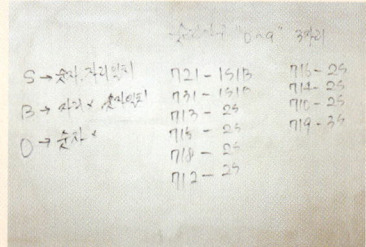

아침에 젤리통에 하리보를 가득 채우고 있었다. 여자아이 몇 명이 그 풍성한 광경을 보더니 묻는다.

"젤리 향만 맡아 봐도 돼요?"

"이건 쓴맛이 나서 못 먹어."

"어디서 샀어요? 이마트예요?"

"이건 선생님이 밤새 만든 거야. 수제 곰젤리야."

"근데 누가 봐도 하리보인데요?"

하나 맛을 보라고 했더니 수제 젤리의 손맛이 느껴진단다.

우유당번이 우유를 늦게 나눠 주며 말들이 많다. 우유를 나눠 주며 한 명씩 이야기하니 나눠 주는 시간이 오래 걸린다. 얼른 나눠 주고 자리로 가라고 해도 넉살이 좋다. 기분 좋은 소통의 시간이지만 시간이 길어지자 슬슬 화가 나려 한다.

"우유 먹고 키 많이 크세요."

"님! 건강해지세요."

"저 요즘 스트레스 받아요. 우유보다는 체육 한 시간이 더 건강에 좋아요. 미세먼지 좀 좋아지지 않았어요?"

아침 미세먼지 상황이 나쁨이라 지금쯤 보통이 되었을 것이라는 희망을 가졌다는 한 녀석. 앱으로 미세먼지를 확인해 보니 최악이다. 이건 선택지가 없다. 숫자야구게임을 했다. 규칙은 아이들이 알고 있었다. 첫 번째 판은 세 자리 숫자야구다. 치밀한 추리보다는 운에 맡기는 아이들이 많다. 방금 말한 숫자를 또 말하곤 한다.

"이럴 때는 이상하게 7이 많이 나온다!"

주술적인 멘트도 있다.

"5 나와라. 얍!"

주희, 효은이가 마지막에 아슬아슬하게 실패한다. 영민이가 마지막 주워 먹기 꼴이다. 이어서 네 자리 숫자야구를 하기로 한다. 이렇게 못 맞힐 수가! 늪에 빠진 듯한 아이들. 사실 숫자야구를 처음 해 본다며 고백하는 아이도 있고 이것 참. 지난한 과정을 거쳐 민준이가 맞힌다.

봄비에 관한 시가 교과서에 나온다. 봄비 소리를 흉내 내어 보기로 한다. 이게 간단하지만 역시 표현은 어렵다. 태윤이는 얼굴이 빨개진다. 부끄럼이 어찌 그리 많은지. 그래도 다른 친구와 호흡을 맞춰 본다. 아름다운 봄비 소리가 들린다.

"두둑 두드둑."

"도당도당 도당당."

"퐁퐁 포옹 퐁."

"풍풍 푸웅 풍."

"댕그랑 댕그랑."

"인해를 대통령으로 뽑아 주세요. 인해는 고무와 같은 사람입니다. 누구에게나 맞춰줄 수 있습니다."
 인해를 한껏 띄워 주고 있다. 서로 업어 주며 그렇게 놀고 있는 모습이다. 유도탄이라며 남자아이들이 종이로 만든 미사일을 발사한다. 역시나 속도와 파워가 세지고 말싸움도 일어나는 등 과격해진다. 이 녀석들을 단체로 불렀다. 뭔가 불안해 보이는 녀석들! 나도 그랬었어! 마카로니 튀긴 것을 나눠 먹었다. 맛있단다. 한 움큼씩 챙기더니 그것도 하늘로 던져 먹는다.

3월 13일 수요일

아침 출근길에 우리 아파트 공용엘리베이터에서 경란이를 만났다. 동생이랑 나란히 걸어오고 있다.
"언니 좋아요?"
"얘는 저 싫어해요."
"언니가 자꾸 괴롭혀요."
"너가 먼저 괴롭히잖아."
 흔한 자매의 모습을 뒤로하고 먼저 걸어간다. 아침에 편의점에 들렀더니 편의점 사장님이 내게 줄 게 있다며 책을 한 아름 주셨다. 당신 딸이 중학생이 되어 버리려던 책이라는데, 선생님 오면 드리려고 창고에 넣어 두었단다. 4년여 들러 이젠 제법 친해졌나 보다. 《좀비고등학교》, 《수학도둑》, 《쿠키런》, 《도티&잠뜰》 30권 정도가 있다.

꽃샘추위가 오려나 보다. 더위가 많은 내게도 오늘 아침은 살짝 춥다. 등교하는 아이들도 외투를 꽁꽁 잠근 채로 언덕길을 올라가고 있다. 오늘은 좀 늦게 왔더니 아이들이 먼저 와 있다. 세상에 둘도 없는 인사가 나온다.

"선생님. 먼지 사세요!"

"먹지 마세요. 피부에 양보하세요."

여자아이 몇몇은 아침에 일찍 등교해서 계단 옆에서 모여 한참 이야기를 하다 온다. 교실에 들어와서 이야기하라고 해도 금방 끝난다며. 오늘은 춥긴 추운가 보다. 교실에 있는 아이들도 외투를 벗지 않고 앉아 있다. 기침하는 소리도 들리고.

1교시 쉬는 시간이다. 첫눈이 온다며 아이들이 밖에 나가겠단다. 같이 나가 보기로 한다. 눈이 한눈에 봐도 딱 셀 수 있을 만큼만 날린다.

"돌쇠야! 많이 춥구나. 들어가자."

"우리 한창 놀 나이예요. 1분만요."

 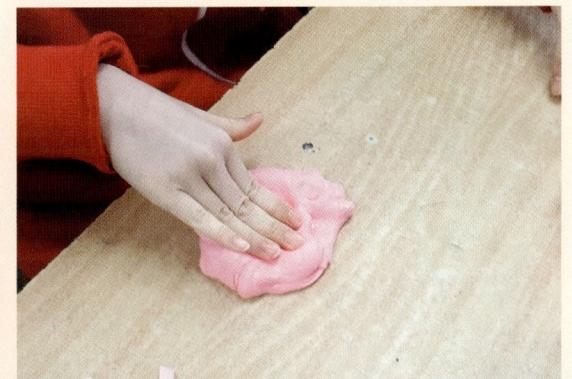
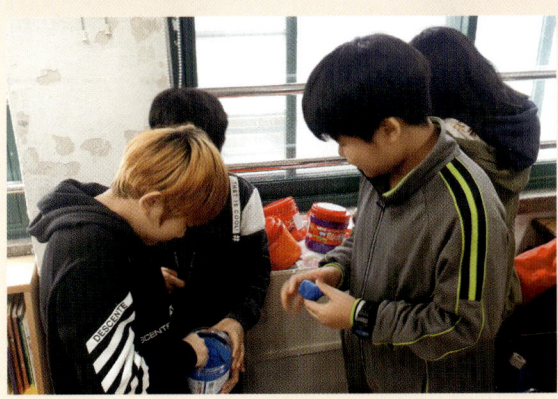 

교실에 있는 준비물함을 개방했더니 아이들이 아이클레이를 한 주먹씩 가져간다. 그동안 저 아이클레이를 탐냈다는 규현이의 말. 반짝이는 눈빛이 인상 깊었다. 아이들은 아이클레이에 물을 부어 액괴를 만든단다. 추워서 밖에 나가 물 떠오는 것도 귀찮았는지 보온병에 있던 보리차를 붓는 녀석도 보인다. 책상에 넘쳐흐르는 보리차물과 아이클레이의 만남. '보리액괴'가 탄생하는 순간이다.

"근데 핑크아이클레이랑 보라아이클레이를 섞으면 어떻게 되는지 알아?"
"핑보라?"

국어시간이다. 〈풀잎〉이라는 시가 나온다. 내가 초등학교 다닐 때도 배웠던 시 같은데. 우리도 바람처럼 엉켰다가 풀 줄 아는 친구에 대해 이야기해 보았다.

> "풀잎하고 헤졌다가 되찾아(되돌아)온 바람 같은 친구가 무슨 말이지?"
> "영민이는 풀꽃, 주희는 치즈를 들고 있는 쥐다. (둘은 짝이다.)"
> "의자 같은 친구가 전 좋아요."
> "4층 화장실 옆 계단에서 수다 떨 수 있는 친구."
> "의리 있는 김보성 같은 친구."
> "멍멍이같이 활발한 친구."
> "나를 웃겨줄 수 있는 친구."
> "저와 비슷한 친구. 관심사가 같은 친구."
> "자신의 말을 경청해 주는 친구."
> "나를 생각해 주는 친구."
> "잘 챙겨 주는 친구."
> "나를 진심으로 좋아해 주는 친구."
> "착한 친구 낙지?"
> "아무리 뽑아도 안 뽑아지는 친구. 그 이상한 잡초 같은 친구."

시간이 5분 정도 남았다. 눈치게임 한 판 했다. 아이클레이 규현이가 걸렸다. 바로 삼행시 들어간다.
"박수~~ 준비하시고~~ 우우우~~"
맥락 없이 이어지는 아이들의 한마디. 규현이는 별명이 세 가지나 새로 생겼다.
"배~" "배치기!"
"규~" "규장각!"
"현~" "현수막!"

3월 14일 목요일

　올해 아이들은 책을 많이 읽는다. 8시 45분쯤 되면 책을 골라 가만히 앉아서 읽고 있다. 그 조용한 가운데 한 아이가 사물함 문을 탕 닫았다.
　"폭죽 터지는 줄 알았어."
　"간 떨어지는 줄 알았어."
　"아 진짜. 왜 그래?"
　그 녀석은 웃으며 들어오며 한마디 덧붙인다.
　"가끔 놀라는 게 심장 건강에 좋대."
　한 녀석은 아침에 엄마랑 싸우고 왔단다. 요즘 누나랑도 사이가 안 좋다는 말도 덧붙인다. 개인적으로 힘든 일 있을 때는 학교에서 체육으로 풀어야 한다며 며칠 전에 했던 내 말을 마음에 담아 두고 있었나 보다.
　"체육 하면 풀릴 것 같은데요. 체육 한 시간 하는 게 어떨까요?"

국어 시작 전에 실물화상기를 테스트해 보았다. 아이들이 기운이 없어 보인다. 초점을 국어책에서 아이들로 바꾼다. 텔레비전에 비친 자신들을 보더니 너무 잘생겼다며 감격스러워 한다. 이어서 내 얼굴을 비추었더니 적절한 비유로 답을 해준다.
"흑맥주 같아요."
한 녀석이 이 상황을 놓치지 않고 웃겨 준다.
"아. 근데 흑맥주 맛있는데."
오늘도 지난 시간에 이어 직유법과 은유법에 대해 공부한다. 한 녀석이 대뜸 질문을 한다.
"다른 사람에 대해 말할 때 바로 말하는 것보다 비유로 말하면 은근히 짜증나요."
"맞아. 그냥 말하면 되는데."
비유 공부에 좀 지쳤는지.

중간놀이시간이다. 민준이가 사탕이랑 과자를 친구들에게 돌려도 되냐고 물어본다. 모두가 다 똑같이 먹을 수 있다면 얼마든지 돌려도 된다고 했더니 "감사합니다"란다. 즐거움의 공유. 상진이는 교실에서 몸을 낮추며 걸어간다.
"내가 배틀그라운드 실사판 해봤는데 이렇게 낮추어 달려야 해."
배틀그라운드의 인기가 식은 것 같지만 아직은 남자아이들에게는 핸드폰이 아닌 컴퓨터 버전으로 해보고 싶은 게임 1순위이다. 여자아이들은 액괴를 만들다 옷에 묻었다며 닦고 있다. 물티슈로 한참을 닦아도 그게 생각보다 잘 지워지지 않나 보다. 결국 수업 종이 쳤는데도 수업 준비를 안 하고 있다. 좀 참았어야 했는데 소리를 질러 버렸다.
"미리미리 준비해야지! 이게 뭐야!"

아이들이 부쩍 수학여행에 대한 이야기가 많아졌다. 4월 22일 되려면 한참이 남았지만 그게 그렇게 궁금한가 보다.

"수학여행 버스 자리 출석번호대로 했으면 좋겠다."

"아니야. 그럼 우리 다 떨어져."

이미 저희들끼리 예상 버스 배정표를 그림으로 그려 놓고 있다.

"방 배정 너무 떨린다."

"선생님. 저희들끼리 방 배정 하면 안 돼요?"

"비행기 자리는 누가 배정해요?"

"비행기 타면 밥 줘요?"

"우리 엄마가 우리 수학여행 때 타고 가는 비행기 승무원 언니들 안다는데요. 인사해도 되죠?"

남자아이들이 '사돈의 팔촌 관계'를 정확히 알려 달라며 왔다. 이것 참. 그림을 그려 촌수를 같이 세어 본다. 직계와 방계며 부부는 무촌이라는 것을 설명해 주었더니 이래서 삼촌, 사촌이라는 말이냐고 되묻는다.

"근데 요즘 신혼은 2년 못 간대."

"아니야, 그런 말 하는 거. 동성동본 혼인 안 된대."

"결혼해도 된다는데. 〈응답하라 1988〉에 나왔어."

 **3월 15일 금요일**

미세먼지가 심해져 학급운영비로 다섯 가지 종목을 할 수 있는 경기대를 샀다. 어제 택배가 와서 오늘 조립을 하는데 아이들이 우르르 몰려온다. 포켓볼대를 설치하는데 구멍이 막혀 있지가 않다. 한번 쳐 보겠다길래 그러라고 했다. 다른 아이들이 구멍을 손으로 막아 준다. 기계에 대해 좀 아는 녀석은 십자드라이버만 있으면 금방 조립되겠다는 조언도 덧붙인다. 구멍으로 들어간 당구공을 잡고 득템했다며 좋아하는 아이들. 얼른 망을 달아 구멍을 막아 줘야겠다. 근데 아이들이 포켓볼보다는 쓰리쿠션이 더 재미있을 것 같다는 말에 좀 이상한 기분이 들었다.

오늘 카주라는 악기도 나눠 주었다. 올해는 좀 비싼 걸로 샀더니 소리가 역시 좋다. 장난감인지 악기인지 아직 실감을 못 하고 있지만 6학년 아이들인지라 금세 연주를 한다. 올해도 대박 예감이다. 목소리의 떨림을 그대로 전달해 주는 악기. 이상하게 카주에서는 사람 소리가 들린다.

매일 한 시간씩 찾아오는 국어! 오늘도 국어괴물이 살금살금 다가온다고 한다. 우리 반 아이들이 교과 이름을 여러 가지 괴물들로 바꿔 부르고 있다. 그래도 국어는 우리나라 말인데 괴물이라고 부르지 말자고 했더니 "선생님 너무 예민하게 반응하는 거 아니에요?"라고 묻는다.
"그냥 웃자고 한 말인데요."

수업 중에 한 녀석이 시선을 아래로 향하며 무언가를 만지고 있다. 살금살금 다가가 "두두두두두" 총 쏘는 소리를 냈더니 "아!" 하며 총 맞은 비명을 낸다. 순간적인 반응력이 제법이다. 놀랄 줄 알았는데 실패! 국어시간에 승은이가 첫 발표를 한 듯하다. 그래서 "승은이 망극하옵니다"라고 말했더니 아이들 반응이 전혀 올라오지 않는다. 엄청 웃어줄 줄 알았는데 이런 코드는 이들에게 안 맞나 보다.

미술시간이다. 달력 꾸미기를 하기로 한다. 날짜에 친구 생일도 적고 올 한 해 일정을 표시하기로 한다. 친구 생일을 전부 다 적은 한 녀석이 내게 묻는다.
"쌤 생일이 언제예요?"
"쌤은 알에서 태어난 위인이라 생일이 없다."
"그럼 알에서 나온 날 있잖아요."
"말할 수 없는 비밀이야."
"그럼 알에서 태어난 쌤이라 적을게요."
"근데 알에서 태어나면 조류 아니에요? 대머리 독수리?"
조금씩 탈모가 되고 있는 걸 어떻게 알았지!

아이들이 핫스팟을 좀 켜달라고 한다. 찾을 게 있다며. 좋아하는 연예인(역시 방탄소년단이 많다) 생일, 2019-2020 EPL 토트넘 경기 일정, 올해 프로야구 일정표, 양력을 음력으로 표시, 축구 스타(호날두와 그리즈만 이야기가 많다) 일상 등을 달력에 담는다. 한 녀석이 본인 이름으로 검색했더니 엄청 정보가 많다고 자랑을 하니 다들 자기 이름으로 검색해 본다. 영민이는 검색 결과가 제법 많은가 보다. 주위에 아이들이 모여서 웃으며 이런저런 얘기를 하는 모습이 보기 좋다. 검색어 화제가 영민이에게서 준호로 넘어간다. 한마디씩 덧붙이는 모습에 준호 얼굴이 빨개진다.

"이분이 그리즈만이야."
"그리즈만 머리가 찰랑찰랑대."
"근데 준호 되게 예뻐."
"성격도 여성적이야."
"꽃분이."
"준숙이."
"근데 진짜 준호는 여자가 봐도 예뻐."
"준호는 커서 애교왕이 될 거야."
"세상 모든 것은 귀엽게 생긴 준호 때문이지."

규현이를 가운데 두고 준호랑 영민이가 미술시간에 축구 이야기를 계속 했나 보다. 규현이가 가만히 있다 번쩍 일어나며 말한다.
"얘네 때문에 스트레스 받아요. 선생님! 젤리랑 마카로니 좀 주시면 안 돼요?"
이 자신감과 당당함! 안 줄 수가 없다. 미술시간이 대화시간이 되어 버린다.
"한 달이 이렇게 빨리 가다니. 선생님 어릴 때 가장 유명한 연예인 누구예요?"
"소방차! 소방차가 지금의 방탄 정도 되지 않을까."
한 녀석이 특유의 억양으로 말한다.
"그때! 그! 시절! 우리 태어나기 20년 전."
"우리 땐 말이야~ 음, 소방차 노래 틀어 주세요."
들려줬지만 막상 별로 관심을 보이지는 않는다.

3월 18일 월요일

아침에 태윤이가 빗자루를 들고 교실 뒤쪽을 쓸고 있다. 이런 아름다운 풍경은 오랜만인지라 칭찬을 해 주었다.

"오! 봉사 정신! 황태윤!"

"아닌데요. 이거 전부 제가 흘린 건데요."

"겸손인가? 흘린 거 깨끗하게 치우는 것도 대단한 거지."

매 2주일마다 자리를 바꾸기로 한지라 8시 45분에 자리를 옮긴다. 남자는 2칸 앞으로, 여자는 1칸 뒤로 가라고 했더니 손뼉 치고 환호하며 책상 위를 정리한다. 곧바로 새로운 짝을 확인한 아이들. 한숨 소리가 여기저기서 들려온다.

"얘랑은 2학년, 5학년 때 같은 반 짝이었어요."

"얘는 착하긴 한데 잘 자요."
"갑자기 자리 옮기기 귀찮아지네요."
"나 망했어."
"너만 망했어?"

국어시간이다. 오늘 국어책을 안 가져왔다는 은비에게 내 책을 빌려줬더니 은비가 정말 어렵게 이야기한다.
"선생님, 국어책 가지고 올 때까지만 가져도 될까요?"
"아니. NO. 오늘만 쓰고 내일 가져와야지."
비유 단원이 끝나고 이야기 단원이 시작된다. 이야기가 뭘까에 대해 간단히 의견을 나눈다.

> **준호:** 이야기는 사막의 오아시스다.
> **민준:** 이야기는 흘러가는 많은 상황 중 하나.
> **서준:** 이야기는 강물이다.
> **태윤:** 이야기는 그냥 책에서는 나오는 것. 더하기(+) 말로 하는 것. 더하기(+) 문자로 이루어진 것입니다.

먼저 인물의 성격을 만들어 본다. 우리 반 아이들의 이름을 살짝 바꾸고 아이들 의견을 받아 주인공의 성격을 구성한다.

> 박민중(남. 25세): 약간 사춘기가 있음. 장난기 많음. 사기꾼 기질. 부정적 성격. 왕자 같은 느낌.
> 이성운(여. 27세): 처음 봤을 때는 낯을 가리지만 친해지면 장난이 많음. 말이 정말 많음. 박민중의 여자친구. 이준헉 대감의 딸.
> 고은뷔(여. 25세): 조용한 편. 중2병 증세가 늦게 옴. 갱년기 증세가 옴. 까칠한 성격. 생각이 길지는 않은 듯. 하지만 뭐든지 긍정적인 사람. 규장각에서 일하는 사람. 왕자를 짝사랑하는 전여친.

배경도 아이들과 함께 만들었다. 이것 참! 이런 배경에 위의 주인공이 어울릴지 슬슬 걱정이 된다.

> 시간적 배경: 대한제국, 체육시간, 3.1운동
> 공간적 배경: 황실, 서대문형무소, 규장각

간단한 이야기를 만든다.

> 여기는 규장각이다. 저 책들 사이로 누군가가 보인다. 누구지? 어디서 많이 맡았던 냄새인데? 저 향수는 청나라에서 수입한 구리구리향이다. 치킨무향도 난다.
> "에헴. 넌 누구냐?"
> "저요? 저 말이에요?"
> "뭘 봐? 뭘 꼬라봐."
> "책 봐~ 너는 왜 공부 안 해? 책 안 봐?"
> "그래 알았어~"

이야기가 잘 만들어지지는 않는다. 이야기 만들기는 다음 시간에 해야겠다. 웃다가 끝난 것 같다. 그래도 아이들이 인물과 배경 구성이 중요한 것 같다는 말을 하니 수업 목표는 이룬 듯. 다음 시간에 공부할 황금사과 이야기를 소개하고 마쳤다. 과일나무에 열리는 황금사과 대신에 다른 것을 열리게 하면 어떨까 물었더니 몇몇이 대답을 해 준다. "그대들은 황금사과 대신에 지금 말한 소재로 이야기를 만들기!"라 했더니 의외로 '자신만만한 콜'이란다.

> **서준**: 돈
> **준호**: 닭다리
> **준혁**: 다이아몬드
> **태윤**: 연예인 콘서트 티켓
> **영민**: 최고급 A^{++} 등심 스테이크
> **서준**: 와사비 감자칩.
> **○○**: 나무에서 작은 나무가 열림.
> **민준**: 24K 선생님 피부 같은 순금.

음악시간이다. 오늘 백하의 기도 좀 살려줄 겸 발성은 백하 이름을 넣어 부른다. 미솔파미레도! (니하오최백하) 아이들은 치킨무도 넣어서 발성을 하고 싶단다. 왜인지 모르겠지만 3월 내내 치킨무가 가장 맛있고 중요한 음식이자 학습자료가 되어 버렸다. 도미레파솔미도. (최영민은 치킨무) 솔솔미 솔솔미 솔미도. (치킨무 치킨무 맛있어)

이어서 카주로 아이들에게 익숙한 '도레미송'을 부른다. 물론 우리 반 버전으로. 첫 음을 너무 높게 잡아서 그런지 목이 켁켁. 아프단다.

오늘은 속담 말리듬 놀이를 했다.

    모둠별로 연습하고 발표하는데 영민이가 '삼 팔공'을 너무 크게 해서 웃겼다. 2모둠 아이들은 중간에 틀려 저희들끼리 웃다가 마무리를 짓지 못했다. 1모둠 아이들은 반박을 안 틀리려 "(읍)물고기 (읍)물고기"라며 쉼표에 '읍'을 넣어 말리듬을 노래한다. 물고기가 한동안 '읍물고기'로 들릴 정도다. 3모둠 아이들은 정말 완벽하다. 이를 들은 다른 모둠 아이들이 '오묘 김주희급'이라고 칭찬을 하는데. 이게 어느 정도 칭찬인지는 모르겠다. 5모둠 아이들은 '종로가서 뺨 맞고'를 하는데 뺨이 나올 때마다 자신들의 뺨을 때리면서 리듬을 만들어 노래한다. 이 정도 각오로 수업하고 있다는 의지의 표현이란다.

수학시간이다. 평면도형에 대해 공부한다. 평면도형이 뭘까?

민준: 종이 같은 것이 평면이다. 두께를 제대로 알 수 없는 도형.
상진: 평면도형은 없다. 종이 같은 것은 앞에서 보면 사각형이지만 옆에서 보면 두께가 있다.
준호: 평면도형은 없다. 종이를 평면도형이라 생각하지만 날카로운 칼로 자르면 반으로 잘린다.
서준: 있다. 종이가 아니라 허공에다 그리면 되고. 이것을 평면도형이라 생각하면 가능하다. 종이에 그리면 안 되지만 평면도형은 존재한다.
영민: 없다. 자체가 없다. 잡채도 없고. (뭔가 라임도 좋다.)

오늘 체육시간에 50미터 달리기, 이어달리기, 멀리뛰기, 닭싸움. 한 시간에 이게 가능하구나!

 ## 3월 19일 화요일

오늘 아침은 아이들과 대화를 많이 한 것 같다. 일찍 온 아이들이 많기도 하다. 녀석들이 한마디씩 하고 간다.

"선생님 근데 타악기가 뭐예요?"

"북 같은 거 치는 기!"

"북이면 책, 책으로 치는 거죠?"

"웰컴 투 헬! 로우~ 서준."

"아니옵니다. 저는 여기를 극락으로 바꾸어 버리겠사옵니다."

"선생님. 친구가 자기 아빠 팔 물어뜯었다며 자랑하는데, 그 말 듣는 게 힘들었어요."

"아이고야. 그런 말을 왜 한다냐?"

"선생님. 영민이 참 멋있어요."

"저도 알아요. (영민이가 듣고 답해 준다.)"
"저는 둔해서 별명이 둔각인데 규현이는 뭐게요? 규장각이에요."

오늘 체육시간에 운동장에 나가려다 아이들을 혼냈다. 복도에서 너무 소란스러워 교실로 불러들였더니 모두 잘못은 인정하고 다시 안 그러겠다고 하지만 체육은 그렇게 보낼 수 없다는 논리다. 나가자! 몸풀기로 운동장 중앙선에서 축구골대까지 몇 발 뜀걸음으로 들어가는지 재어 보았다. 운동 좀 하는 아이들은 역시 탄력이 좋다. 준호와 영민이가 8발, 상진이와 서준이가 10발 만에 골대에 들어간다. 여자아이들은 륜경, 태윤, 주희, 은비가 10발에 들어가고 규현, 승은, 경란이가 11발. 내가 뛰어 보니 8발 살짝에 들어온다. 살짝은 물론 올림 되어 9발이 되었지만. 7걸음을 자신했기에 나름 핑계를 대어 본다.
"신발 안에 뭐가 들어가 있나? 나이가 들어서 그런가?"

초능력피구를 한다. 준우는 불사조(목숨 3개) 2개를 연속으로 사용해 목숨이 6개가 되니 여유롭게 걸어 다닌다. 연수는 별명이 개구리인지라 '개구리 점프'를 외치며 날아오는 공을 피한다. 승부사는 천천히 걷는 법이라며 신발이 벗겨져도 여유롭고 신발끈을 고쳐 매는 민준이. 자타칭 피구 랭킹 우리 반 1위 에메랄드 빛(요건 자칭) 영민이는 개그에 몰입한다. 스텝 자체가 웃기다. 상대팀 아이들은 영민이가 너무 웃겨서 공을 못 피하겠다고 한다. 저것도 생존전략이자 실력이지! 규현이가 공을 잡아 던지는 스텝을 밟으려 하면 다른 아이들이 배규현 삼행시(배치기, 규장각, 현수막)를 외치며 제대로 던질 수 없게 방해를 한다. 경기 중에 여자아이들은 짬만 나면 손을 잡고 빙글빙글 돌고 있다. 사실 좀 보기 싫지만 승부보다는 우정이란다.

상대방 초능력 아이템을 피하려 경기장 밖으로 나가는 아이가 있다. 경기장 밖으로 자꾸 나가면 아웃이라고 했더니.

"아, 이런. 한 번만 봐주세요."
"쌤은 심판이니 공정해야지. 아웃!"
"이미 불공정해요."
"뭐?"
"쌤이 아니라 초능력피구가 불공정하다고요."

불공정이라는 말이 오래 남는다.

국어시간이다. 황금사과를 놓고 다투는 윗마을과 아랫마을 사람들의 갈등 상황이다. 글을 읽고 모둠별로 해결방안을 찾아보기로 한다.

〈1모둠〉
신이 사람 성격을 테스트하기 위해 가짜 황금사과를 놓게 하고요. 착한 사람에게 진짜 24K 사과, 나쁜 사람에게 겉은 금박, 안에는 쇠 같은 걸 넣어서 줘요. 저희는 마을보다는 사람의 바른 성격에 대해 의논을 많이 했어요.

〈2모둠〉
윗마을에서 일단 황금사과를 키워 씨를 아래동네에 주는 게 좋아요. 씨가 커서 나무가 될 때까지는 윗마을에서 황금사과를 아래동네에 좀 챙겨 주고요. 그 방법은 사과를 따서 윗동네 아랫동네 매달 나누거나, 사과를 팔아서 돈을 나눠 가져도 돼요. 그리고 황금사과나무에 CCTV를 설치해서 못 속이게 해요.

〈3모둠〉
과연 두 마을 가운데에 황금사과가 있었을까요? 조금이라도 많은 쪽이 사과나무를 가지는 게 맞을 것 같아요. 말 안 들으면 전쟁이라도 해야죠.

〈4모둠〉
황금사과나무를 그냥 관상용으로 해요. 안 따면 서로 행복할 수 있을 것 같아요.

은비가 지난 주말에 있었던 이야기를 말해 준다. 은비는 ○○이라는 다른 반 아이랑 꽁냥케미란다. 둘이 1차로 스파 갔다가 2차로 놀이터도 갔단다. 그다음에 어디로 이동할지를 정하지 않고 세상(놀이터)을 누비며 바람 같은 삶을 살고 왔단다. 그래서 은비 자신이 산들바람이라고. 뭔가 시적인 감성이 풍부해 보이는 아이다.

오늘 나는 종일 감기 기운이 돈다. 한 녀석이 일기장에 병을 주제로 썼는데 나도 흑마늘을 주문해야겠다.

> A형 2번, B형 1번 걸렸다는…. 4학년 때까지 흑마늘을 많이 먹어서 감기 예방이 되었다. 병에 걸린 사람은 슬프다. 병은 무섭고 슬픈 존재이며 목숨을 앗아가고 순간의 행복도 없어지게 하는 싫은 존재다.

 **3월 20일 수요일**

수학여행 숙소 이야기로 아침부터 소란스럽다.
"어제 톡으로 숙소 사진이 돌았어요."
"우리 숙소 진짜 좋아요!"
"근데 왜 이렇게 비싸냐고 엄마가 묻던데요."
"우리 숙소 엄청엄청엄청 좋대요. 다른 팀보다. (1, 2, 3, 4반이 A팀, 5, 6, 7반이 B팀이다.)"

아이들이 방 배정이 어찌 될지에 말들이 많다. 벌써 저희들끼리 경우의 수를 놓고 사심을 담아 환상의 조편성을 하고 있다. 내가 방 배정은 뽑기로 할 거라고 하자 그 말만 들어도 월드컵 조편성의 분위기가 감돈단다. 그 뽑기조차도 미리 시뮬레이션을 해 보는 아이들.

"저는 다른 건 괜찮은데 주희랑만 같은 방 되게 해주세요."
"언제 뽑기 해요?"
"내일 새벽 두 시."
"아! 진짜요? 어디서요?"

준호는 비유하기 과제가 어렵단다.
"생각이 안 떠올라요. 하얗게 백지가 되네요."
"그렇게 비유를 하면 되지. 백지 얼마나 좋냐."
"알겠는데, 그래도 어렵네요."

3 대 3으로 포켓볼을 치며 그 주위에서 카주로 '벼랑 위의 포뇨'를 무한 반복 노래한다. '벼랑 위의 포뇨'는 가사는 없지만 이상하게 허밍으로 따라 부르고 싶은 마음이 드는 곡이다. 그 아름다운 풍경에서 준호가 실수로 연수 안경을 쳤나 보다. 안경테가 많이 휘었는데 내게 고쳐 달라며 가져왔다. 힘을 주니 조금은 돌아갔지만 더 힘을 주었다간 부서질 것 같아 안경점에 가 보라고 했다. 연수가 시무룩해진다. 과감히 도전해 볼 걸 그랬다. 교실 앞에는 영민이랑 현민이가 피아노 합주를 한다. 카주로 멜로디를 불며 피아노로 비로제트를 반주한다. 대뜸 말한다.

"수술할 시간입니다."
"안경도 수술해 드립니다."

오늘은 화재대피 훈련이 있다. 우선 비상대피로를 안내한다. 학교 도면을 펼쳐 놓고 우리가 지나가야 할 대피로를 그렸지만 아이들이 한마디로 정리해 준다.

"우리 체육 하러 운동장 나가는 길이네요."

"화재대피 동영상 볼 때 마카로니 먹으면서 보는 게 어때요?"

"그래! 한 주먹씩 가져가라."

한 주먹에 대한 정의가 다 다르다. 두 손으로 한 주먹을 만드는 녀석도 있다. 이를 본 손이 작은 아이들은 이건 개수를 세어야 한다며 가벼운 항의도 한다. 그럼 손이 작은 사람은 한 주먹 반이라고 했더니 전부 초등학생이라 손이 작단다. 휴!

동영상 속에서는 젖은 수건으로 호흡기를 보호하고 자세를 낮추며 걸어간다. 그리고 화재 발생 시 계단을 이용해야 한다는 문구와 엘리베이터를 탈 때 연기가 들어가는 위험한 장면도 보인다. 동영상을 다 보고 나서 질의응답 시간을 가졌다.

"근데 물이 없으면 변기물이라도 적셔야 돼요?"

다른 녀석이 내 마음을 실어 말해 준다.

"죽는 거보다는 그게 낫잖아."

"수건에 침이라도 뱉어야 덜 들어오겠네요. 침은 점액질이라 효과가 더 큰데."

끝까지 더러운 이야기를 하길래 그냥 웃고 넘겨 버린다.

"엘리베이터로 연기가 들어오는데. 내가 안에 있었으면 엄청 무서웠을 것 같아요. 걸어 내려가는 게 맞는 것 같아요."

"근데 불났을 때 번호대로 서야 해요?"

"나가는 대로 그냥 내려가야지."

근데 미세먼지가 매우 나쁨이라 실제 대피 훈련은 취소되었다. 미세먼지는 현실적 위협이고 화재는 잠재적 위협인지. 그래도 대피 훈련을 했어야 하지 않을까 하는 생각이 든다.

올해 동아리 활동 구성에 대해 안내한다. 지난해까지는 학교에서 정해준 부서에 배정하는 방식이었으나 올해는 네 명 이상의 아이들이 동아리를 만들어 18시간 활동하는 것으로 변경되었다. 관심사가 비슷한 아이들끼리 모여 의논할 시간을 주었다. 일명 우동! (우리가 만든 동아리)

요리 동아리, 빼빼로 만들기부, 다이어리 꾸미기부, 메이커부, 당구부, 야구부, 규장각 연구부, 액괴연구부, 칼춤 동아리, 배치기 동아리, 덕질부, 뜨개질부 등 의견이 다양하게 나온다. 세네 개 정도로 추리는 것은 다음 주 동아리 시간에 하기로 한다.

 **3월 21일 목요일**

아침에 현민이랑 다른 반 여자아이가 교실에 들어가지 않고 복도에서 얘기하고 있다. 톡 프사에 대한 이야기 같은데 내가 물어보자 무조건 아니란다. 괜히 더 궁금하게 만드는 두 녀석. 교실에 들어가니 효은이가 진한 파란색 머리띠를 하고 온 게 보인다.

"머리띠 이쁘네? 나 좀 빌려줘. 내가 하면 어떨까?"

웃더니 교실 저편으로 가서 빙빙 돌며 말한다.

"사실 선생님한테는 너무 안 어울릴 것 같은데요."

경란이는 교실 유리창 너머 복도에서 나와 눈이 마주치자 미리 인사하고 말없이 들어온다. 예술중학교 입시 준비를 한다더니 요즘 좀 힘들어 보인다. 무슨 일이 있었는지 오늘은 더 기운 없어 보인다. 남자아이들은 등교하자마자 가방은 책상 위에 던져 놓고 당구공을 만지고 있다. 손으로 스핀을 주며 서로 충돌 실험을 하고 있다. 아이들 대화가 재미있다.

"이 세상 모든 학원 숙제는 재미없어."

"근데 비가 오니 더 꿀꿀하네. 삼겹살 먹고 싶다."

교실에서 한 녀석이 탁구공을 가지고 놀다가 여자아이 머리를 맞췄나 보다. 맞춘 아이는 연방 사과를 한다.

"괜찮아? 미안해."

옆에서 다른 아이가 "빨리 울어"라며 부추기고 있다. 상황을 지켜보다 수습이 안 되어 내가 출동한다.

"우리 다 연기예요. 선생님 안 오셔도 되는데."

1교시는 수학이다. 한 녀석이 수업 중에 들어온다. 인사도 없이 모자를 눌러쓰고 후다닥 자리로 와 가쁜 숨을 내쉬고 있다. 날 보는 시선이 떨려 보인다. 이럴 때는 그냥 빵긋 웃고 그대로 진행하는 것이 정답인 듯. 눈 한 번 마주침에 안심이 되었는지 수학책을 열심히 보고 있다. 오늘은 겨냥도에 대해 공부한다. 역시나 말장난이 있다. 겨냥도 대신에 그냥도!

효은이는 입체도형의 건강을 알아보려면 엑스레이를 찍어야 하고 그래서 겨냥도보다는 '엑스레이 그림'이 더 잘 어울린단다. 다른 아이들이 상황을 수학 교과서와 더 멀어지게 해준다.

"골절부상인지를 알려면 안 보이는 면을 보여야 하는데 그게 그냥도예요."

"투명 주사위는 어떻게 겨냥도를 그릴까요?"

입체도형 중 다각기둥의 개념을 도입하기 위한 활동을 하고 다각기둥의 이름 짓기를 해 보았다. 아이들은 다각 기둥을 이렇게 부르고 싶단다.

준호: 서 있는 삼각형	**영민**: 길쭉하거나 납작한 입체도형
서준: 평면축적층	**태윤**: 삼각삼각삼각삼각삼각, 사각사각사각사각사각사각
승은: 다각기둥	
규현: 그냥 각기둥이라 하지?	**규현**: 평행한 기둥
지윤: 도형기둥	**현민**: 입체기둥
상진: 평행입체기둥	**주희**: 모형기둥

이어서 각기둥의 밑면 개념을 학습한 후 밑면 이름 짓기를 한다.

민준: 기준이 되는 면	**준호**: (왕)뚜껑
준혁: 기초가 되는 면	**현민**: 뼈대가 되는 면
태윤: 기본면	○○: 야구 베이스
주희: 바닥면	

미술시간에 캐치마인드를 해 보기로 한다. 캐치마인드는 역시 내가 알면 쉽고 모르면 맞히기가 너무 어렵다. 먼저 다른 선생님께서 만들어 놓은 연습문제를 풀고 우리도 한번 도전해 보기로 한다. 아이들에게 인기가 많았던 제시어들이다.

개인기(개의 인기) / 삼국시대(세 개의 국) / 코너킥(구석에서 웃고 있는 모습) / 열매(매 열 마리) / 애호박(아기 호박) / 철학(철로 만든 학) / 퇴학(침 뱉는 장면) / 귓속말(귀는 잘 그렸는데 말이 바보 같아.)

5교시에 캐치마인드로 그림을 그리고 서로 퀴즈를 맞히는 게임을 했다. 처음에는 소극적이다. 비교당하는 게 싫다는 아이들! 이 시간은 평가가 아니라 서로의 마음을 알아보는 시간이라고 했더니 너무 교과서적인 말이라는데. 일상에서 비교당해 온 아이들! 역시나 기준에 맞게 예쁘고 정확하게 보여 주는 데 익숙해져 있다. 오늘은 좋은 아이디어를 다른 친구에게 대신 그려 달라고도 해도 되며 서로 도와주는 시간을 가지기로 한다. 규현이가 묻는다.

"선생님. 저 그림을 못 그렸는데 괜찮죠?"
"당당하게. 스케치하고 다른 친구에게 도와달라고 해도 돼."
"근데 아름다울 미 자 좀 써주세요."
"이거 힘 력 자 맞죠?"
"이거 맞히기 힘들 것 같은데."
"근데 휴대폰 꺼내서 사용해도 돼요? 핫스팟 좀 켜주세요. 한자랑 사진 좀 찾을게요."

"선생님. 저 물 좀 마시고 올게요. 떠드는 애들 때문에 속이 타서요."
"어. 이거 미국 국기야? 아메리카노?"
"맞아. 작가들이 이런 사소한 것에 영감을 얻지."
"아휴. 전 왜 영감이 안 올까요?"
자신이 한 것 중에 대표작품 한 개만 잘생긴 선생님에게 제출하고 나머지 것은 일단 가지고 있기라고 했더니,
"누구한테 내라는 말이지? 잘생긴 선생님은 없는데요."
"잘 보라고."
"그래도 귀여운 선생님은 있네요."
다 그린 경란이랑 공기놀이 한판 했다. 내 실력은 여전히 녹슬지 않았다. 근데 내가 하는 공기놀이법이랑 좀 다른 고추장이라는 과정이 있다.

모두들 한 개 이상 만들고 출제위원이 될 기회를 주었다. 근데 중간에 한 녀석이 자기 발표 안 시켜 준다고 동물 욕과 숫자 욕을 하며 아쉬워한다. 분위기가 한순간 얼음장이 된다. 전체 흐름을 생각해야 한다며 타이르는데 내 마음이 정리가 되지 않는다. 이 녀석 덕분에 어중간하게 수업이 진행되었다.

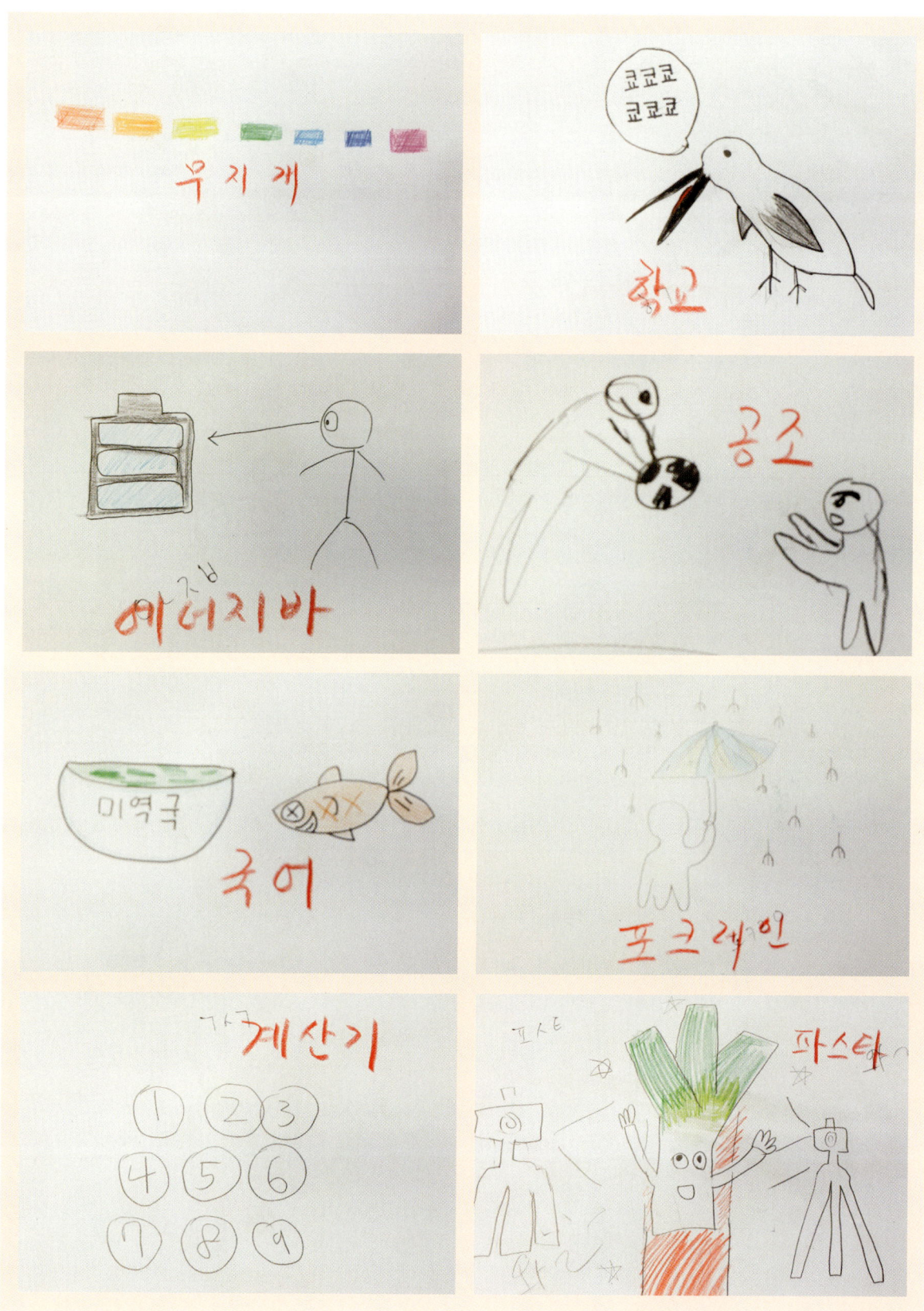

오늘 3~4교시는 진로인식검사를 한다. 컴퓨터용 수성사인펜을 준비물실에 좀 가져다달라고 경란이랑 효은이에게 부탁했더니 '컴싸'라고 말해야 빨리 알아듣는단다. 아이들도 이 말에 동감하며 컴싸라면 다 알아듣는데 왜 길게 말씀하시냐며. 언어는 사회적 약속이랬지! 나도 그냥 컴싸로 하기로 한다. 사실 나만 하면 되지만.

이런 검사는 진행에는 사실 큰 문제는 없지만 금방 끝낸 아이들이 할 것이 별로 없다. 한 녀석은 1등으로 했다며 얼마나 자랑을 하는지. 조용히 책을 보라고 했다. 책 보기는 싫고 시험(검사는 시험과 동의어!)도 끝났는데 조용히 다른 사람에게 방해가 안 될 정도로 놀고 싶단다. 이유 있는 항변인지라 그러라고 했더니 큰 소리가 나지 않는 액괴를 꺼낸다. 태윤이랑 영민이가 액괴를 만지고 놀고 있다. 영민이는 수타면 장인이라며 면치기를 하고 있다. 정말 면이 뽑힌다. 이 끈적한 액괴로 어떻게 저렇게 면을 뽑지! 액괴의 진화는 어디까지일까! 나도 옆에 앉아 따라해 보았지만 잘 안 된다. 오물조물 가지고 노는 게 의외로 재미가 있다.

"근데 왜 어른들은 액괴 만들라고 하면 다들 만두를 빚는지 모르겠어요."

 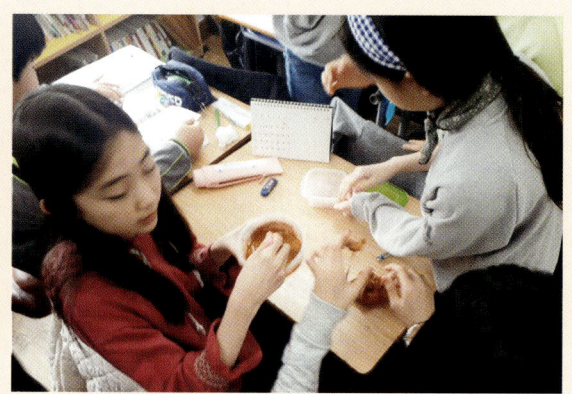

여자아이들이 나이를 정해 가족놀이를 한단다. 엄마, 할머니 소리가 들린다. 내가 이해할 수 없는 범주인지라 궁금해서 물어봤지만 그만 물어보면 안 되냐며 좀 귀찮아한다. 좀 맘 상했지만 나이가 나보다 많은지라 참을 수밖에. 이들의 족보이다.

경란 800살 (주희 엄마) / 주희 200살 (태윤 엄마) / 태윤 110살 / 은비 30살 (은바) / 효은 5살 (효삐)

점심을 먹고 다른 반 아이들이 내게 와 "선생님이 금북의 방탄노년단 맞아요?"라고 묻는다. 뭐 긍정도 부정도 하지 않고 지나갔는데 우리 학교 ARMY들 사이에 내 이름이 떠돌아다니나 보다. 당연히 방탄을 모욕한 부정적 의미를 가득 담고 있다. 게다가 화장실에서 우리 반 여자아이들에게 "너네 선생님 이상해"라고 했단다. 우리 반 여자아이들은 그런 말을 들었으면 날 보호를 해 줬어야지. 강한 긍정을 했나 보다.

5교시 체육인데 미세먼지가 아니라 모래바람이 제대로 분다. 그래도 아이들이 초능력피구를 하고 싶단다. 4교시 내내 교실에 있었던 녀석들의 폭발 직전의 축적된 에너지를 감당할 수 없다. 역시나 작은 모래 회오리바람이 불어온다. 눈에 모래가 들어갔다며 경기가 중단되기 일쑤다. 경이가 석상(상대방을 움직이지 못하게 함) 아이템을 맞아 가만히 서 있다. 여자 에이스 경란이를 빨리 맞추라는 남자아이들. 근데 경란이가 누군지 아직도 모른단다.

"야! 그 카키, 카키색 맞춰."

영민이는 마투수(주된 손이 아닌 손으로 던져야 하는 핸디캡) 아이템을 맞고도 오른손으로 던졌나 보다. 내가 보지 못했는데 서준이가 네모를 그리며 비디오판독을 요청한다. 오늘 경기는 태윤이의 종말의 카운트다운(나 혼자 남았을 때 경기를 끝내는 아이템)으로 경기가 끝난다. 딱 맞춰서 아이템을 써서 경기를 끝나고 올라가려는데, 쉬는 시간 10분 더 놀다가 올라가면 안 되냐고 묻는다. 그래서 7분만 놀라고 했더니 축구 좋아하는 남자아이들이 공을 차며 빈 골대로 질주한다.

내가 피아노를 치고 있는데 한 녀석이 어깨를 주물러 주겠단다. 손이 얼마나 매운지. 그 녀석은 일부러 온 힘을 다했는데 선생님이 아무 반응이 없어서 오히려 놀랐단다.

보건선생님 수업시간이었다. 한 아이가 보건책에서 음모를 봤는데 그 뜻이 궁금했나 보다. 결국 답을 못 찾았는지 내게 물어본다. 이걸 어디까지 말해 줘야 할지. 일단 다음 쉬는 시간에 가르쳐 주는 걸로. 한 남자아이는 다른 사람을 괴롭히기 위해 속이는 것이란다. 그것도 맞지만 이거 참 말해 주기가 어렵다.

급식시간이다. 오늘 속이 너무 안 좋아 밥을 안 먹고 있었다.

"많이 먹어라. 얘들아."

"선생님은 왜 안 드세요?"

"먹는 거만 봐도 배불러서."

"얼른 드세요. 거짓말 그만하고."

국어시간이다. 저승에 있는 곳간을 읽고 아이들과 이야기를 나누었다.

"저승사자는 나쁜 사자이다. 그냥 보내줄 수 있는데, 시키는 대로 하는 꼭두각시. 수고비를 내놓으라는 부분은 최악이에요."
"원님은 츤데레. 착한 것과 나쁜 것의 경계에 있는 사람. 선물을 오다가 주웠는데 던져 무심히 산 것처럼 던져 주는 느낌의 사람."
"덕진이는 착한 사람 같은데, 100% 착한 사람은 아닌 것 같아요. 잘 베풀기에 70% 정도 착한 사람요."
"300석이면 다리를 만들고도 남을 양인데. 덕진이는 이중인격자 같아요. 다리 만들고 생색내고 자기를 멋있게 포장한 느낌?"
"근데 제 생각에는 나중에 다리를 덕진이 혼자 사용할 것 같아요. 그래서 죽을 때 다시 벌 받을 것 같아요. 삼가 명복을 빕니다. (모두 웃음)"
"300석이 얼마나 비싼 거예요? 그거 근데 어떻게 옮겨요?"

이런저런 이야기를 하고 나니 15분 정도 남았다. 국어책을 펴라고 하니 그건 안 된단다. 한발 양보해 회장인 서준이랑 가위바위보 일대일 대결을 펼쳐 이긴 쪽이 결정하기로 한다.
"안, 안, 안, 안, 안 내면 진 거 가위바위보!"
난 주먹, 서준이는 가위. 하지만 아이들이 가위 같은 보자기란다. 이건 다수의 횡포다. 국어시간에 배운 대로 가위 같은 보자기라는 비유법을 사용했단다. 아이들이 투표로 결정하자고 한다. 아니…. 이렇게 된 이상 내 편이라고 생각하는 축구인들에게 물어보기로 한다. 정직한 축구인 영민이에게 판정을 부탁했다.
"서준이가!"
"이겼습니다!"

마카로니 과자를 한 움큼씩 먹기로 한다.

"선생님. 마카로니 과자를 먹으니 아리수를 마시고 싶습니다. 잠시 다녀오겠습니다."

"애들아. 나 따라와. 내가 마시는 법 가르쳐 줄게. 저 버튼을 길게 누르면 생명의 물이 나와."

"와! 신기하다."

"이래서 내가 초딩들이랑 안 놀아. (지는….)"

"저기 운동장에 포켓몬도 보이지?"

"너희 내년에 중학생이야."

"저기 포켓몬 보이죠? 우리 잡으러 갈까요?"

오늘 우리가 만든 동아리가 결정되었다. 모두를 만족시킬 수 없었지만 아이들끼리 나름 대화와 조율을 통해 내린 결론인지라 따로 개입할 필요는 없을 듯하다. 달콤한 다락방(요리) 부원 결정하는데 아이들 간 갈등이 있었지만 좀 지나고 나니 깔끔하게 해결했단다.

달콤한 다락방(디저트 만들기, 음식 만들기): 주희, 규현, 효은, 륜경, 승은, 지윤, 경란
다꾸(다이어리 꾸미기) & Makers: 태윤, 서준, 현민, 은비, 백하
교실체육부(당구 ,탁구, 골프 등): 상진, 준혁, 인해, 민준
아람단: 준호, 영민, 연수
해양단: 준우

<교실체육부>
재미있는 실내 체육을 중심으로 꾸려 나감. 학교에 있는 당구 세트, 탁구 세트, 골프 세트. 개인 준비는 없음. 승부에 중점을 두지 않고 친구와 같이 어울려 즐김.

<다꾸 & Makers>
우리 힘으로 무언가를 만들고 싶기 때문에. 요즘 유행하는 6공 다꾸를 친구들과 하고 싶어서.

<달콤한 다락방>
학교에서 맛있는 디저트를 만들고 같이 나눠 먹을 수 있다. 요리에 관심 있고 장난을 치지 않는 꼼꼼하고 세심한 친구들과 함께.

알림장 안내를 한다. 다음 주 금요일까지 과제 세 개 있습니다. 미리미리 하는 이쁜 5반 애기가 됩시다.
"난 너희들을 사랑할 수밖에 없어서 사랑하는 거야. 여기 사랑이 하트가 심장이 뛰는 거 들리니?"
"바람 소리 나는데요."
"사랑은 돌아오는 거야."
"크하하하."
갑작스런 인해의 호탕한 웃음으로 그렇게 마무리된다.

수학 수행평가로 분수의 나눗셈 문제 만들기를 과제로 내 주었다. 과제 평가를 하다 너무 많이 웃었다. 다음 수학시간에 복사해서 모두에게 나눠 주어야겠다.

상진: 오늘은 태권도가 끝나고 친구 준혁이랑 1반 친구 ○○랑 같이 파자마 파티를 하기로 했다. 금요일이라 엄마가 늦게까지 노는 것은 허락해 주셨다. 그리고 맛있는 도미노 피자 신메뉴를 시켜주셨다. 신메뉴라서 조금 특이했는데 6조각이었다. 근데 내가 친구들을 데리고 올 때 동생이 한 조각을

먹었다. 그래서 5/6판이 남았다. 나는 배고파서 많이 먹고 싶었지만 친구들을 생각해서 똑같이 먹기로 했다. 내가 먹은 피자의 양을 구하세요. (판을 기준으로)

주희: 곰돌이 푸는 자신이 좋아하는 피글렛에게 발렌타인데이에 초콜릿 500g을 받았다. 아무에게도 주고 싶지 않았던 초콜릿인데 동생이 하도 졸라서 아주 조금 3/10을 주었다. 근데 또 엄마가 초콜릿이 먹고 싶다 하셔서 엄마에게도 3/7을 주었다. 그럼 푸가 먹을 수 있는 양은?

경란: 한 마을에 수학을 잘하는 아이가 있었다. 아이는 사람들을 도와주는 것을 좋아했다. 아이는 친구와 놀다 한 구멍에 빠졌다. 아이는 눈을 떠 보니 눈앞에 검정색 옷을 입은 사람이 있었다. 마치 저승사자와 비슷했다. 아이는 너무 놀라 "여기가 어디죠?"라고 물었더니,
"여기는 저승이다. 네가 이승에선 수학을 잘한다더군. 그래서 말인데 우리의 문제 좀 풀어 주게나. 저승엔 우물이 하나씩 있다. 그 우물에는 4/5L가 있다. 좀 작지만. 3명의 신들께서 똑같이 나누어 오라고 명령을 내리셨다. 이 문제를 풀면 이승으로 갈 수 있는 수 있는 지도를 주마."

준우: 지수는 매듭실 5미터로 엄마목걸이 3개를 만들었더니 1과 3분의 1미터가 남았습니다. 남은 매듭실로 인형 목걸이 3개를 만들었다. 그럼 엄마목걸이 1개를 만드는 데 사용한 매듭실의 길이를 구하시오.

준혁: 어느 한 가정은 먹을 것을 아주 많이 사준다. 그 가정의 가족원은 5명인데 엄마, 아빠, 형, 누나, 동생이 있다. 어느 날 엄마와 아빠가 회사에서 월급을 받아서 집으로 오는 길에 치킨과 피자를 사 가지고 왔다. 집에 가서 먹으려고 하는데 형과 누나가 오지 않았다. 형과 누나는 학원에 있다. 10분만 있으면 형과 누나가 학교에서 오는데 엄마, 아빠, 동생은 그 시간을 참지 못해서 피자 5조각과 치킨 몇 조각을 몰래 먹었다. 피자 3조각, 치킨 10조각이 남았다. 형과 누나가 오자 나머지 가족들은 잠을 자는 척했다. 형과 누나는 치킨과 피자를 나누어 먹으려고 한다. 처음에는 형이 치킨 5조각과 피자 2조각을 먹고 누나는 나머지를 먹으려고 한다. 그런데 동생이 갑자기 일어나서 잘못 나누었다고 말한다. 형은 피자 1과 2분의 1을 먹고 치킨 5조각을 먹으면 양이 똑같다고 하였다. 그래서 형과 누나는 동생의 말대로 나누어 먹었다.

은비: 축구를 하고 온 A와 B는 목이 말라 A네 집에 놀러 갔어요. 목이 말라 둘은 냉장고를 열었는데 시원한 사이다가 있었죠. 사이다를 꺼내 나눠 먹으려고 했는데 정확히 반반으로 먹기가 힘들었죠. 수학을 잘하는 B는 A에게 물었어요.
"사이다는 얼마나 남았니?"
A는 이렇게 말했어요.
"어제 동생이 좀 마셔 8/10L밖에 안 남았지."
A는 생각했어요.
'8/10L를 우리가 똑같이 나눠 마실 수 있는 양은 얼말까?'

수학을 잘하는 B에게 물어보려 하니 이미 다 풀었다네요. 그렇게 둘은 정확히 반을 사이좋게 나눠먹었습니다. 근데 어떻게 나눠 마셨을까요? 풀이과정을 쓰고 한 명이 마실 수 있는 사이다의 양을 구하시오!

연수: 우리 집에 강아지 두 마리가 있다. 나는 강아지들을 위해 개껌을 샀다. 근데 내가 산 개껌은 단 3개. 하지만 우리 집 강아지는 두 마리이다. 나는 갑자기 생각에 잠긴다. 그때 갑자기 좋은 생각이 생긴다. 아! 3분의 1 나누기 2는 3분의 2이니깐 나머지 하나를 반으로 잘라서 한 마리당 2분의 1씩 주면 되겠구나. 이렇게 쉬운 방법이!?

서준: (할아버지가 영희와 철수에게 수학을 가르치고 있다.)
철수: 할아버지! 어렵기만 한 수학은 왜 배워요?
영희: 맞아요! 수학은 따분하기만 하고 재미없다구요.
할아버지: 허허허 원 녀석들…. 이 할아비가 옛날 얘기를 하나 해주마. 옛날 옛적에, 이 마을은 2개의 부족이었단다. 한 부족은 파란 부족, 다른 한 부족은 빨간 부족이었지. 두 부족은 아주 평화로웠단다. 근데 저 바다 너머의 초록부족에게 많은 침략을 받고 있었지. 그래서 두 부족은 하나로 합치기로 했단다. 그런데 문제가 하나 있었지. 바로 어떤 부족이 그 부족의 대표 부족이 될 것인가였지.
철수: 그럼 보라 부족이라고 하면 되잖아요.
할아버지: 허허, 그렇긴 하지만 그 사람들은 그걸 몰랐나 봐.
그래서 두 부족 사이엔 갈등이 생겼단다. 빨간 부족 사람들은 빨간 부족에 힘을 모아야 한다고, 파란 부족은 파란 부족에 힘을 모아야 한다고 생각했지. 그래서 그것을 결정하기 위해 부족 대장들의 수학 대결이 있었단다. 대결이 시작되는 신호의 북을 치자 경기장 안은 긴장감으로 맴돌았어. 어느덧 마지막 문제였지. 점수는 3:3 동점이었단다. 마지막 문제는 마지막 문제인 만큼 어려웠어. 닌자가 빵을 가져와선 자신이 5분의 3을 먹고 남은 빵을 각각 부족 대장들에게 주었지. 그리곤 그 빵을 부족사람 3명이 똑같이 나누어 먹을 수 있도록 나누어 주세요라고 했단다. 그러자 빨간 대장은 재빨리 말했어. "5분의 2가 남았는데 3명이 남으니 이걸 수식으로 정리하면 2/5 나누기 3이군요. 그럼 2/15만큼 먹게 되는군요." 그러자 파란 부족 대장은 아무 말도 하지 못했어. 몰랐던 거야.
철수: 와 저도 빨간 부족의 대장처럼 되고 싶어요!!
할아버지: 그래? 철수도 열심히 공부하면 그렇게 될 수 있겠지.

효은: 수학을 싫어하는 남자아이 수포자는 수학시험에서 점수가 영 안 나오자 짜증났다. "아 진짜 왜 이딴 수학이 생겨서 나와 다른 아이들을 힘들게 하냐고!"
마침 포자의 방에 엄마가 들어오셨다. 그러자 포자는 "어… 엄마 죄송해욧!"이라고 갑자기 용서를 빌었다. 엄마는 "엥? 포자야 또 뭐 잘못했니? 엄마가 오늘 말할 게 있어서 그래! 오늘 하와이로 여행 가기로 한 날이야!"라고 말하셨다.

"포자야, 그리고 네 아버지랑 좋은 비행기를 알아보기로 했는데 휴가철이라 없더라. 그래서 하와이로 가는 경비행기를 알아봤어. 미안해. 그래도 휴가를 낭비하면 안 되잖아."

이렇게 하여 수포자는 가족과 여행을 떠났다. 그런데 경비행기라서 그런지 비행기가 갑자기 어떤 무인도에 추락하게 되었다. 승무원들은 당황하여 "여러분 저희 항공기는 최대한 가까운 공항을 찾아 연락해보고 있습니다. 기류 때문인지 비행기가 추락한 모양입니다. 한 이틀 정도는 걸릴 예정이오니 안전하시길 바랍니다. 이 사고는 저희 항공이 책임지겠습니다. 여러분 죄송합니다"라고 방송하였다.

문제: 포자네 가족한테는 1L 생수가 두 통 있고 가족원은 3명이다. 하루에 한 명이 마실 수 있는 물의 양은 얼마일까?

현민: 이 형제는 아주 가난하고 살림이 힘들어서 하루를 넘기기가 쉽지 않았다. 이 형제가 걸어가고 있는데 한 할아버지께서 저기 멀리 있는 산을 잘 캐보면 24K 금이 있다고 했다. 그래서 형제는 금을 얻었다. 그리고 대장간에 가서 반으로 잘라달라고 했다. 하지만 대장장이가 금 1/3을 훔쳤다. 그럼 형과 아우 중 형은 얼마를 가지게 됩니까?

륜경: 친구의 생일파티에 초대받았다. 모두 8명이 초대받았다. 생일자 친구의 어머니께서 맛있는 음식도 많이 해주시고 시켜주셨다. 그중에서 오렌지주스가 있었다. 친구 두 명은 물을 먹고 친구 한 명은 포도주스를 마셨다. 오렌지주스 3/4L를 똑같은 양으로 5명이 나누어 먹었다면 한 명이 먹는 양은 몇 L일까요?

영민: 규식이는 자신의 집에서 파자마파티를 했다. 놀다가 허기진 규식이는 피자 3판을 시키려고 했다가 치킨 3마리를 시킬까 말까 하다가 결국 과반수로 피자 3판을 시키게 됐다. 그런데 이때 친구들 7명이 있는데 갑자기 1명(두식이)이 피자 1판을 가지고 도망치려다가 들켜서 못 먹게 됐다. 그런데 너무 불쌍해 결국 1판의 1/8만 주었다. (두식이 빼고) 남은 6명이 모두 똑같은 양의 피자를 먹는다고 했을 때 한 명이 먹을 수 있는 피자의 양을 분수로 쓰시오.

지윤: 토끼 7마리가 저녁을 먹으려고 합니다. 겨울이라 음식이 많지 않아서 엄마토끼는 당근 14/20개를 똑같이 나눠먹자고 했습니다. 토끼들은 당근 14/20개를 7개로 똑같이 나누기 위해 고민하였습니다. 토끼 3마리가 먹을 당근의 양을 구하시오.

규현: 짱구, 철수, 훈이, 맹구는 리얼 소꿉놀이를 하기 싫은데 유리가 하자고 협박하여 짱구, 철수, 훈이, 맹구는 몰래 도망갔다. 하지만 들켜서 유리가 원래는 7과 6분의1시간 하려던 것을 1시간 더 추가하여 일주일에 똑같이 나눠서 하기로 하였다. 그랬을 때 4일 동안 하는 리얼 소꿉놀이 시간은 몇 시간일지 풀이과정을 쓰고 답을 분수로 나타내시오.

3월 22일 금요일

  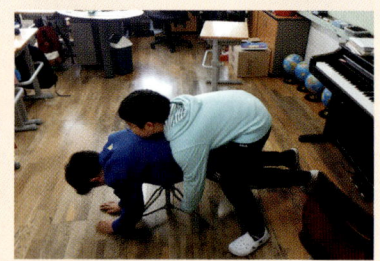
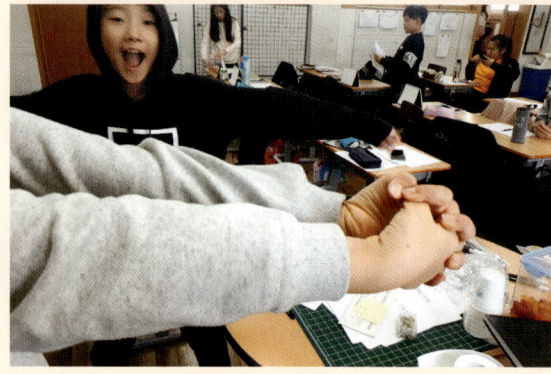 

"선생님. 큰 박스 테이프 있어요?"

"작은 건 있는데. 이거라도 빌려줄까?"

"그게 아니라, 테이프가 필요한 게 아니라, 그 안에 들어가는 심이 필요해서요."

"그건 없는데."

"나무꼬챙이 긴 것은요?"

"준비물실 가서 확인해 볼게."

서준이랑 현민이는 다다음주에 시작할 동아리 활동 메이커부 계획 짜면서 준비물을 확인하느라 바쁘다. 근데 도대체 뭘 만들려 하는 건지.

효은이가 쓰러지듯 교실로 들어온다. 오늘 아파트 계단공사를 해서 동생이랑 뛰어와서 힘들단다.

"공사하는 거랑 뛰는 거랑 무슨 관련이 있지?"

"그러게요."

"근데, 경란이는 언제 왔냐? 인사도 안 하고 그러기야?"

"음하하. 안녕하세요."

한참 뜸 들이다 인사하는 신개념 '음하하 인사법'이란다.

상진이는 우유를 너무나 맛있게 마시고 있다. 책읽기에 몰입해서인지 입 주위 솜털이 하얗게 변한 것도 모르고 있다. 솜털이 뽀송한 게 아직 애기인가 보다. 너무나 귀여웠다.

주희가 와서 동아리 활동 시간에 쿠키를 만드는데 냉장고 좀 써도 되냐고 물어본다.

"당연하지. 2주 뒤를 벌써 계획하다니."

"그리고 쿠키 반죽 숙성시켜야 하는데 쉬는 시간에 미리 반죽해도 돼요?"

"그것도 당연하고."

국어시간이다. 비유하기 과제 내 준 것을 서로 확인하고 발표하는 시간을 가졌다. 이 과제에 시간이 엄청 걸렸다고 하더니 결과물을 보니 비유하기 실력이 늘긴 늘었다.

문제: 뒤에서 보면 (　　　)처럼 마른 할머니가 손수레에 밀려가는 것처럼 보였지.
정답: 허수아비, 종이, 볏짚, 빼빼로, 종잇장, 대나무, 젓가락, 멸치, 겨울 나뭇가지, 해골, 수수깡, 0.5샤프심, 가시나무, 이쑤시개

문제: 인상도 험하고 자신보다 힘이 셀 것 같았는데 (　　　)처럼 약하고 부서지기 쉽다는 점을 알게 되었으니까.
정답: 고드름, 과자, 샤프심, 우유에 푹 담근 오레오, 나뭇가지, 샤프심, 연두부, 집에 있는 유리잔, 엄마, 흐무러진 살구, 샤프심, 무른 자두, 상한 치즈, 생크림

문제: 종이할머니는 여전히 땅만 보면서 말이야. 그때 바닥에 (　　　)이/가 보였어.
정답: 물에 비친 허리가 부스러질 것 같은 할머니 자신, 나뭇가지, 땅에 붙어있는 껌, 웅덩이에 비친 자신, 씹다 만 껌, 돈, 날아다니는 비닐봉지, 뼛가루, 낙엽, 종이, 실금처럼 갈라진 틈새, 과자부스러기를 가져가는 개미 떼

문제: 종이 할머니는 그 돈을 꼭 쥐었어. 아주 아주 가벼웠단다. (　　　)처럼 말이야.
정답: 먼지, 과자부스러기, 공깃돌, 시험을 다 본 마음, 구름, 빈 과자봉지, 지우개 가루, A4 종이, 새의 깃털, 깃털, 부스러기, 솜털, 헬륨, 휴지 한 조각

문제: 얼굴은 통통하고 보조개가 있었지. 눈은 커다랬는데 (　　　)처럼 맑았어.
정답: 구슬, 물방울, 깨끗한 이슬 한 방울, 가을 하늘, 개구리, 깨끗한 계곡, 바다, 에메랄드빛 바다, 투명한 유리 수정 구슬, 쪽빛 가을 하늘, 천지, 약수터 물, 별

중간놀이시간이다. 여자아이들이 돈가스, 치즈돈가스, 생선가스를 외치며 사진을 찍고 있다. 그러다 갑자기 내게 묻는다.

"선생님. 교육여행 방 빨리 정하면 안 돼요?"

"정말 너무 떨려요. 꿈에 자꾸 나와서요."

"다음 달에 정합시다. 빨리 정하면 말이 많이 나와서."

"정하는 방법은 우리 의견을 받아 주시는 거예요?"

"최대한 노력해 볼게."

"받아 주실 거죠? 믿어요."

"우리들 생각 받아 주실 거죠?"

"알았다고. 그만하자. (약간 짜증이 났다.)"

우리 학교 벽은 역시 방음이 안 된다. 옆 반에서 한 번만! 한 번만! 소리가 들린다.

"선생님 우리도 질 수 없어요. 우리 반이 한 박자 쉬고 두 박자 쉬고 한번 하죠."

"더 크게 노래 한 곡 떼창해요."

 ## 3월 25일 월요일

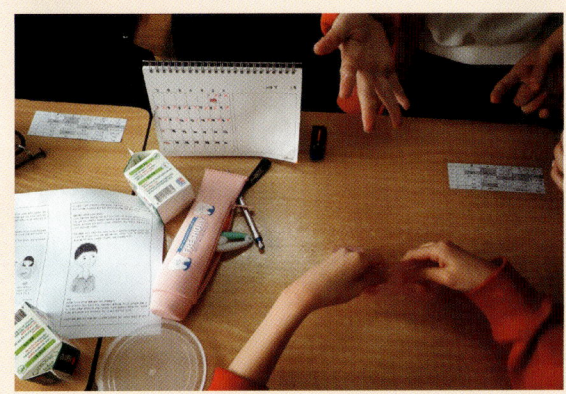

아침에 전교임원 당선자들의 소감발표가 있었다. 9시에 시작하는 수업시간을 침범당한 것 같은 느낌이다. 이런 건 좀 일찍 시작해 수업에 지장을 안 줬으면 하는 바람이다.

칭찬 이메일 등 공약을 실천하겠습니다. 여러분 누구나 간절히 다니고 싶은 학교로 만들겠습니다.

제가 지나가다 들은 말이 있습니다. 그 공약 지킬 수 있나요? 물론이죠. 저는 반드시 공약을 지키겠습니다. 이 한 몸 바쳐 학교를 위해 봉사하겠습니다.

꼭 실천해서 보여 드리겠습니다. 열심히 노력하는 전교부회장이 되겠습니다.

오늘은 뒤쪽 아이들이 컬링이랑 볼링을 한다. 당구의 시대도 지나갔는지 인기가 폭발적이지는 않다. 앞쪽에 아이들은 가위바위보를 하고 배턴으로 손바닥 때리기를 한단다. 배턴으로 때리는 것은 멈추라고 했더니 우리들끼리 합의해서 괜찮단다. 그래도 안 된다고 하니 벌칙을 개인기로 바꾸기로 했단다. 노래해! 5초 안에 해! 안 내면 진 거 가위바위보! 9명이 가위바위보를 하니 10판도 더 한 것 같다. 나중에는 뽀! 뽀! 뽀! 소리만 들린다.

음악시간에 〈레미제라블〉 배역을 정했다. 눈치작전이 제법 치열했지만 주요 배역을 제외하고는 가위바위보로 금방 정한 것 같다. 여자 배역을 남자아이들이 의외로 신청을 많이 했다. 대본을 읽을 때 상당히 웃길 것 같지만 본인들은 나름 진지하게 준비를 하겠단다. 배역이 정해지고 인물 관계도를 보고 이야기를 나눈다.

"야! 24601 너 나한테 은혜 갚아라!"
"경감님. 우리를 지켜 주세요."
"내 역할에 쎈 말이 좀 많았으면 좋겠다."
"너는 내 딸이야."
판틴 역을 맡은 영민이가 코제트 역을 맡은 주희에게 말한다.
"엄마를 봤으면 인사를 해야지. 태도가 그게 뭐니?"

주요인물 11명

장발장	현민	자베르	준호
판틴	영민	코젯	주희
마리우스	서준	앙졸라	연수
떼나르디에	태윤	떼나르디에 부인	은비
에포닌	효은	가브로쉬	민준
해설하는 사람	지윤		

기타인물 29명

죄수들	승은	농장주	규현
농장머슴	경란	여관주	○○

여관주 부인	륜경	주교	준혁
경찰 1, 2	준우	바마타보이스	인해
군중 1, 2, 3	상진	군중 4, 5	승은
포슈르방	규현	거지들	경란
늙은 여자거지	○○	젊은 여자	륜경
뚜쟁이	준혁	손님들	준우
코러스	인해	군인	상진
바벳	승은	페울리	규현
쿠르페이락	경란	졸리	○○
그랑떼르	륜경	콤베페르	준혁
학생들	준우	브루종	인해
부하 1	상진	프루베이르	승은
쿠르베이락	규현	페울리	경란
레스글레	○○	보초 1, 2	륜경
남자(들)	준혁	여자(들)	준우

국어시간이다. '과제 안 해온 사람'을 찾았더니 '과자 안 해온 사람'은 있단다. 몇 명은 안 해온 모양이다. 살짝 분위기가 얼어붙지만 아이들은 내 표정에서 그 전조를 찾을 수 없나 보다. 아직도 까불고 있다. 참을까 폭발할까. 그것이 문제로다.

할머니가 땅에 붙어 있는 껌을 보는 장면에서 껌 대신에 바꿀 소재를 발표한다.

깨진 유리: 자신의 생활이 행복하지 않아 날카로워져 있을 거 같아요.
돈: 돈 있으면 땅만 보고 걸어도 행복해요.
낙엽: 이미 삶이 조금 힘들고 기운이 떨어져서요.
버려진 비닐봉지: 버려진 이미지를 생각하면 구겨지고 주름져 있고 바닥에 나뒹구는 비닐봉지가. (근데 비닐봉지를 보면 남자들은 왜 차죠?)

이어서 가벼움이라는 주제로 비유하기 과제를 발표한다.

> 과자부스러기: 부스러기를 들어 보면 가벼워서. 마음이 빈 것 같기도 하고요.
> 솜털: 가벼워서요. 저는 양털이 제일 좋더라고요.
> 아기: 갓 태어난 아기는 가벼워. (아기 무거운데?)
> 휴지 한 칸: 그냥 가벼워서요. 응가할 때는 안 돼요.
> 먼지가 되어: 김광석. (죽었잖아요?)
> 약수터물: 초정리에서 마셔 봤어요.
> 유리구슬: 맑아서. 근데 실제로 보면 별로 안 맑던데.
> 가수: 음색이 맑아서. BTS~
> 깨끗한 계곡: 물이 맑아서. 여름에 우리 반 같이 놀러 가요.

마지막으로 선생님을 비유해 보는 시간이 운명적으로 찾아온다. 왜 그렇게 비유했는지 이유는 묻지 않았다. 그냥 알 것만 같았다. 오늘 이후 나를 상징하는 말은 '웃긴 감자'다.

> 소나기 같은 사람 / 갈매기 아니 갈매기살 / 웃긴 감자 / 고구마 100개 / 음바페 / 케이크에 김치 올려 먹는 느낌 (동서양의 절묘한 만남)

오늘 수학시간에 입체도형의 모서리와 높이에 대해 이야기를 나누었다.
"에지 있는 스타일요."
"모서리 있는 스타일요."
나름 에지와 모서리가 연결이 된다. 비슷한 표현 같지만 아이들은 모서리라는 용어보다 에지가 훨씬 좋은 것 같단다.
높이에 대한 개념 잡기를 한다.
"옆면이 만나는 선분요. 그중에서 가장 짧은 선분이 높이예요."
"밑에 있는 면과 위에 있는 면을 이은 선분요."
높이는 한 녀석의 설명이 교과서보다 더 와닿는다.
"키 잴 때 하는 방법이고요. 팅 하면서 머리를 내려칠 때 그 느낌과 거리예요."

점심을 먹고 체육시간에 먼저 내려가도 되냐고 묻는다.
"양치 안 하고 운동장에 내려가면 안 돼요?"

"양치가 뭐야?"

"네?"

"치카치카라 해야지."

깜짝 놀랐나 보다. 이내 진정하고 반격하는 녀석.

"그거 아니죠. 오물오물 치카치카죠."

황순원의 〈소나기〉 영상을 보고 아이들과 이야기를 나누었다. 아이들은 황순원을 우리 반 황승은으로 바꿔 부른다. 황승은의 〈소나기〉. 승은이 망극하옵니다보다는 '황승은의 〈소나기〉'가 훨씬 낫다고 하는데.

"그 소년 개울가에서 하는 거요. 황희찬이 옷 벗고 하는 세리머니 같았어요."
"이 바보 하는데 효은이 얼굴이 그려졌어요. 효은이가 소녀랑 잘 어울릴 것 같아요."
"맵고 지려서 무를 뱉는 장면에서. 지리다는 표현이 나와서 웃겼어요."
"왜 무를 먹었지? 참외밭 아니었어요? 참외가 더 맛있는데."
"수수대에 같이 들어가면, 비도 맞았고. 거기서 겹저고리 냄새 안 나요? 쉰내 같은 거요."
"저 같으면 소녀가 길막하면 수영해서 개울가를 지나갈 거예요."
"저는 축구선수가 떠올랐어요. 그렇게 길막하는 소녀를 발로 걷어찬다? 아니 감아 찬다. 마리오 발로텔리!"
"저는 소녀에게 그냥 비켜 주라고 할 거예요. 속으로는 꺼지라고 하면서요."
"머리를 일단 기어 넣고 밀치고 쿵쿵 소리를 내며 당당히 걸어가는데. 그러다 소년이 개그감 발동해서 미끄러져요."
"그냥 옆으로 지나가면 되지. 뭐 하러 머리를 쓰냐?"
"바로 앞에서 미친 척을 해요. 그러면 뭐지 하고 징검다리에서 비켜줄 것 같아요."
"그 돌다리를 안 쓰고 새로 다리를 놓아요. 소년다리?"
"소녀가 앉아 있으면 발로 옆으로 친 다음에 개울가에 떨어뜨려요. 그래서 소년 소녀 사이의 개싸움 되는 거죠. (모두 웃음)"
"저는 소녀에게 마음의 채찍질을 할 거 같아요."
"물 한바가지를 소녀 머리 위에 부려 주고 싶네요. (안 돼~ 같이 할까?)"
"저는 그냥 허수아비를 뽑아서 선물로 줄 거 같아요. (모두 웃음)"
"송아지? 탔으면 먹어야지. 등심? 안심? 업진살? (모두 웃음. 왜 난 저 생각을 못 하지.)"
"겹저고리가 제일 의미 있는 것 같아요. 뭔가 두 겹이라 의미가 있을 것 같아요."
"저도 꽃을 선물하고 싶어요. 서울 살다 온 아이니까 시골의 향기 전하려고요."
"저는 칫솔을 선물할 거예요. 소녀 입냄새 때문에. (모두 웃음)"
"저는 체중계를 선물할 거예요. 업어 보니 너무 무거워 다이어트 하라고요."

6교시는 신나게 체육 하고 하교한다.

 ## 3월 26일 화요일

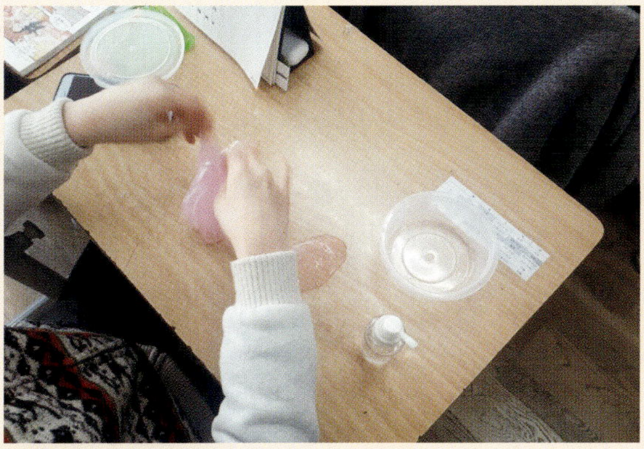

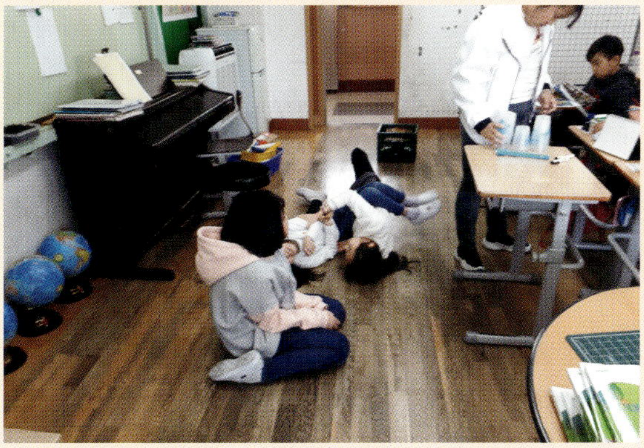

곰돌이 젤리통이 거의 바닥인지라 젤리를 리필했더니 아이들이 우르르 몰려온다. 이건 젤리가 아니라 사약이라고 했더니 사약 한 사발 가득 마시고 싶단다. 규현이랑 서준이는 앞으로 나와 그런 고통이

라면 우리 반 모두가 함께하고 싶단다. 한편 여자아이들은 아침부터 액괴놀이가 한창이다. 대표 한 명은 멀리 있는 수돗가까지 가서 물을 한가득 받아와 같이 만드는데, 뭔가가 금방 뚝딱 만들어진다. 자랑하러 한 녀석이 들고 온다. 던킨에서 파는 젤라또라는데. 솔직히 그거랑은 많이 다른 것 같다. 남자아이들이 하나둘 등교하자 당구공으로 길막기 놀이를 하고 있다. 파랑이, 초랭이, 노랑이, 검둥이 팀으로 나눠 게임을 한다. 너무 세게 밀어서 공이 바닥으로 떨어지기 일쑤다. 당구게임이 한 유행이 지나자 내외적으로 상처 난 공들! 공 하나는 금이 가 있다.

아침독서시간이다. 책 읽을 준비가 당연히 안 되어 있다. 며칠 전부터 아침독서시간이 아침놀이시간이 되어 버렸다.

"너희 이렇게 내 마음 아프게 할 거야? 너희가 책 안 읽으니 요기가 너무 아파. 안 아프게 할 자신 있냐?"
"긴급상황! 선생님 아프시대. 책 꺼내자."
"근데. 선생님. 콧구멍 벌렁벌렁거리며 말 안 하면 안 돼요?"
"내가 그런다고? 우하하. 정말 웃기다."
"난 선생님 코 벌렁할 때마다 광대뼈가 부러질 것 같아."
"선생님. 이가 아프신 거 같은데. 인사돌 드세요~ 인사돌~ 인사돌~"

젤리도 리필했겠다, 젤리 하나로 분위기 전환을 한다. 젤리가 〈소나기〉에 나오는 소년과 소녀를 이어 주는 조약돌 같다. 우리 반에서는 젤리가 조약돌을 대신해 순수한 사랑을 상징한다. 오늘 국어시간에는 〈소나기〉에 나오는 인상 깊은 구절에 대해 이야기를 나누었다. 나름 진지하게 인상 깊은 구절을 말했지만 과연 이 나이 때 아이들이 소년과 소녀의 그 마음을 알까나 말까나.

> "소녀의 그림자가 보이지 않는 날이 계속될수록 소년의 가슴 한구석에는 어딘가 허전함이 자리 잡는 것이었다. 근데 저는 사실 허전한지 안 한지는 모르겠어요."
> "도랑을 건널 때 내가 업힌 일이 있지? 그때 내 등에서 옮은 물이다. 이렇게 물에 젖으면 마음이 젖어지는지. 이게 비유인가요? 마음이 젖으면 축축한 건데. 별로 좋은 느낌 아닌 것 같아요."
> "서울 우리 학교에 큰 등나무가 있었는데 저 꽃을 보니까 등나무 밑에서 놀던 동무 생각이 난다. 저도 우리 학교로 전학 왔는데 운동장 저쪽에 있는 등나무를 보면 전에 다니던 학교 생각이 나요."
> "미국인의 눈처럼 청량한 가을 햇살 아래 전등처럼 빛나는 갈대. 저는 비유를 다르게 해 보고 싶습니다."
> "구름 한 점 없이 맑게 갠 것처럼 쪽빛으로 개어있었다. 정확히 쪽빛은 모르겠지만 색이 엄청 이쁠 것 같아요. (쪽빛을 찾아보았더니 남색, 파란색의 진한 느낌이란다.)"
> "돼지 배처럼 불룩한 주머니를 어루만졌다. 돼지 배라고 한 부분은 그렇게 마음에는 안 들지만 인상은 깊었어요."

"소녀의 맑고 검은 눈. 우리 반에는 그런 맑고 검은 눈이 없는 것 같아요."
"양산 같이 생긴 노란 꽃. 이 꽃이 뭐예요?"
"꽃과 함께 범벅이 된다. 진짜 꽃이 많았겠죠? 범벅된 옷이라면 엄마한테 혼나는 소리도 들리네요."
"먹장구름 한 장. 구름도 장으로 세는구나!"
"바람이 우수수 소리를 내며 지나간다. 우수수. 전 그냥 이런 소리가 좋아요."
"햇빛이 내리붓고 있었다. 정말 햇빛이 쨍쨍한 날인가 봐요."
"이 바보 하는데. 소녀가 정말 이상한 아이 같았어요."

'미간이 아찔했다. 찝찝한 액체가 입술에 흘러내렸다. 코피였다.'
우리 반 아이들에게는 이 구절이 최고 인기였다. 아이들이 줄줄 외우고 다닐 정도이다.

수학시간에 수의 나눗셈과 관련해 활동을 했다. 교과서의 자료를 그대로 활용했는데 이런 수학시간은 언제든 환영한다는 말을 남긴다.

크림치즈쿠키 2인분:
버터 120g, 크림치즈 120g, 설탕 120g,
박력분 400g, 계란 2개, 베이킹파우더 10g

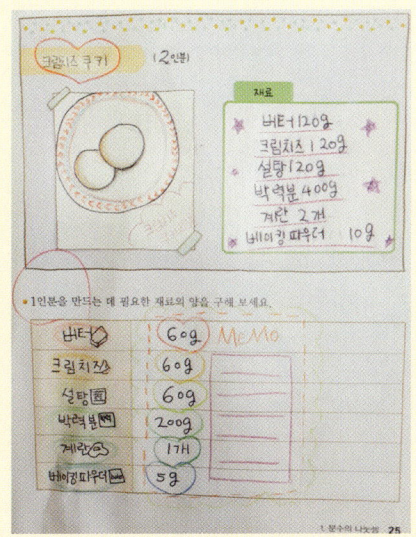

김밥 2인분:
김 4장, 밥 2공기, 단무지 2줄,
시금치 2줄, 고기 4줄

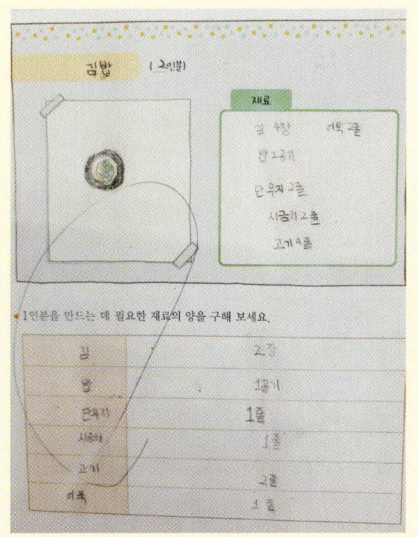

떡볶이 2인분:
떡볶이떡 2컵, 어묵 3장, 물 2컵,
고추장 & 고춧가루 1큰술, 간장 & 설탕 2큰술

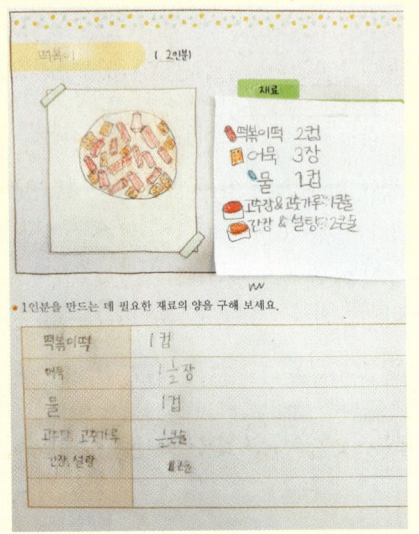

닭강정 3인분:
닭 900g, 밀가루 300g, 설탕 2큰술,
케첩 4큰술, 땅콩 1+1/2큰술

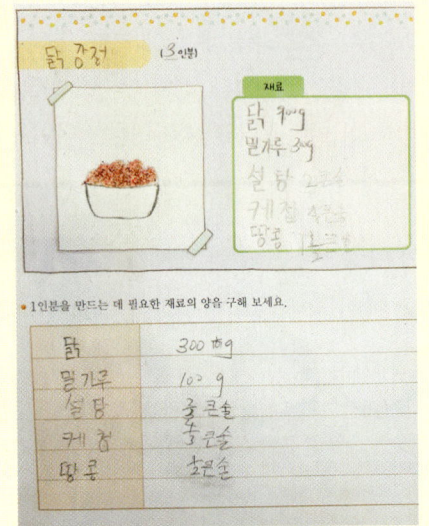

된장국 4인분:
된장 4숟가락, 물 500ml, 두부 2개, 애호박 2개

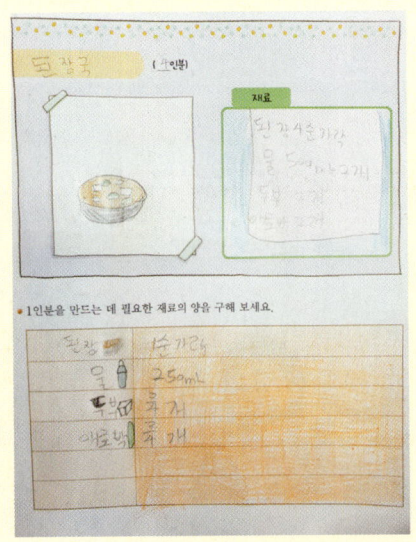

파인애플 닭가슴살 볶음밥 4인분:
밥 4공기(800g), 파인애플 통조림 4조각, 양파 80g,
닭가슴살 160g, 애호박 40g, 간장 20g

팬케이크 3인분:
팬케이크 가루 720g, 계란 3개, 우유 600ml,
버터 9g, 시럽 3큰술

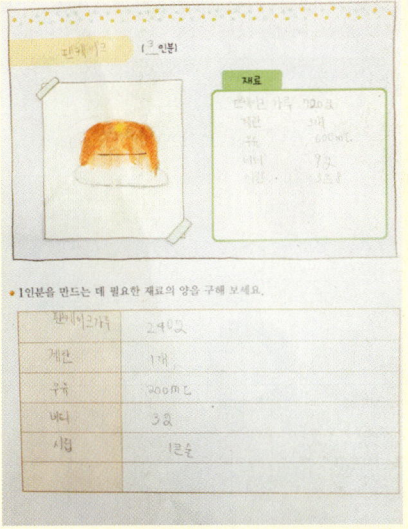

무나물 3인분:
무 2,400g, 소고기 300g, 쪽파 6대,
소금 6/9숟가락, 다진마늘 3/6숟가락

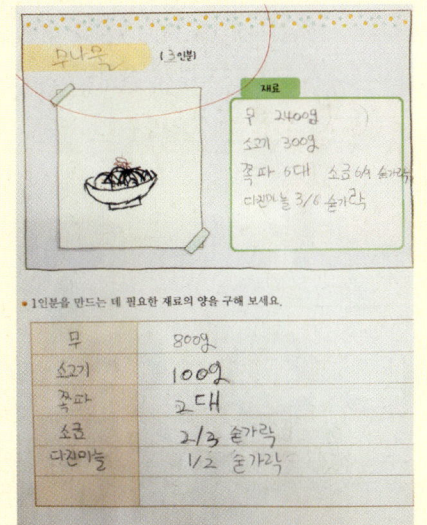

김치볶음밥 2인분:
묵은지 1공기, 밥 2공기, 대파 1/2뿌리,
양파 1/2뿌리, 참치캔 1개, 고추장 1/2큰술,
간장 1/2큰술, 간장 1/2큰술

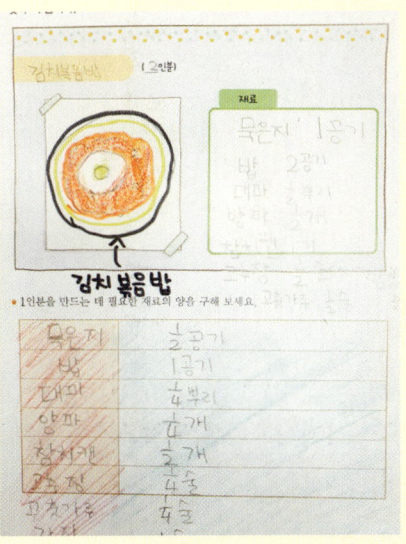

라면 1인분:
면 1인분(140g), 스프 1봉지,
후레이크 1봉지, 물 650ml

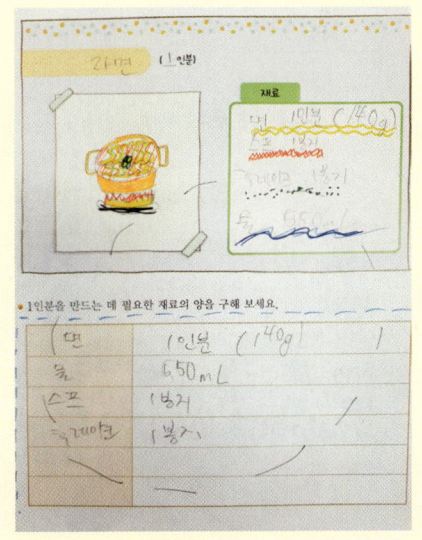

무김치 1인분:
총각무, 멸치액젓, 개나리(까나리)액젓,
마늘, 쪽파, 양파

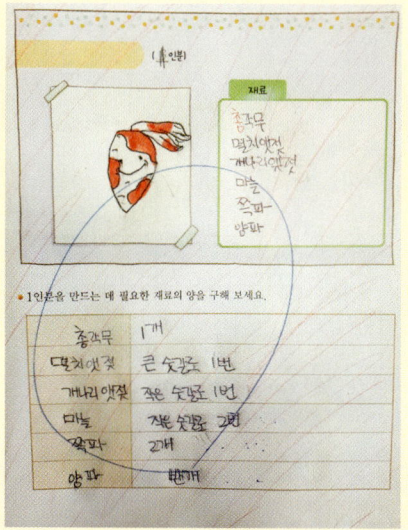

햄버거 2인분:
햄버거빵 4개, 와규스테이크 4덩이,
양상추 2/5장, 양파 2/6장, 치즈 4장, 토마토
1/3, 마요네즈 케첩 2큰술

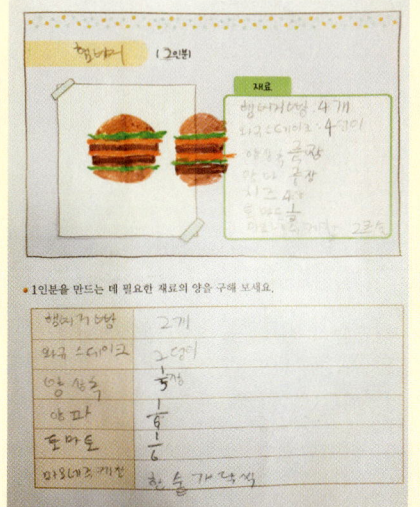

마카롱 3인분:
아몬드 가루 75g, 슈가파우더 70g,
달걀흰자 70g, 설탕 45g, 물 30g,
초콜릿 30g, 버터 10g, 생크림 1/4g

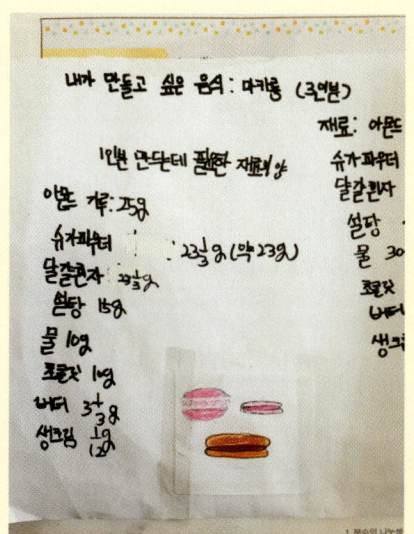

머랭쿠키 2인분:
달걀흰자, 백설탕,
바닐라 익스트림(익스트랙)

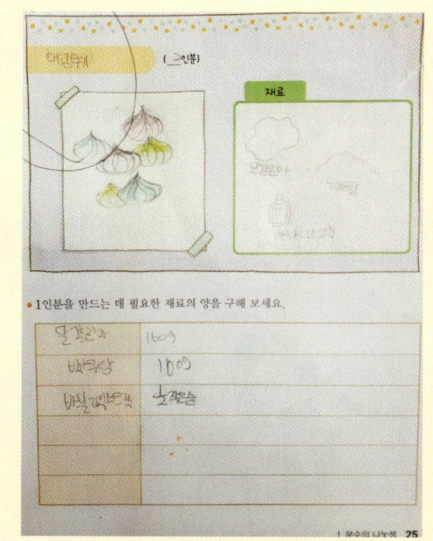

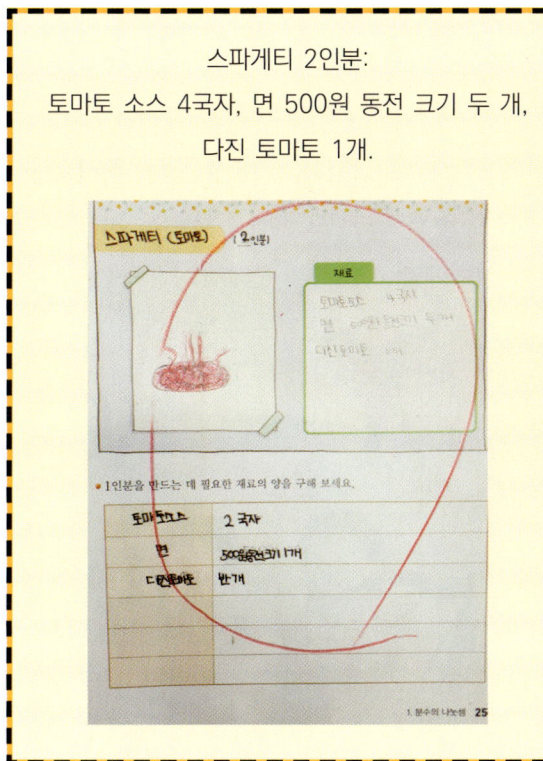

스파게티 2인분:
토마토 소스 4국자, 면 500원 동전 크기 두 개, 다진 토마토 1개.

김치볶음밥 3인분:
묵은지 1포기, 다진마늘 3큰술, 간장 2작은술, 설탕 4+1/2큰술

교과수업 받으러 교과실로 이동한다. 자꾸 이렇게 떠들면 본관 4층의 좀비들이 깨물지 모른다며 농담조로 얘기를 했다.

"좀비는 소리에 예민한 거 알지? 복도 지날 때 조용히 해야 해!"

"좀비요? 우리가 좀비인데요."

"싸워 물리치면 되죠. 영화에서는 결국 인간이 이겨요."

아침부터 미세먼지 안내가 오락가락한다. 두 녀석이 나와서 동시에 말을 한다.

"미세먼지가 좋아지고 있어요."

"찌찌뽕."

실제로 확인을 해 보니 보통으로 나온다. 비타민 D 부족을 육감으로 느꼈는지, 교실체육을 하기로 했다가 운동장으로 나가자는 말에 환호성을 지르며 밖으로 나간다. 오늘 종목은 패드민턴이다. 배드민턴과 비슷한데 패드민턴을 처음 해 보는 아이들은 패드민턴이 훨씬 어렵다고 한다. 일단 개인연습의 시간이다. 콕을 떨어뜨린 것 포함해 누적해서 200회 채우기. 10여 분 정도 지나자 많은 아이들이 성공한다. 이 미션을 다 하면 공놀이를 기대했던 아이들이 실망하는 듯하다. 개인연습 다 한 사람들끼리 30회 연속 랠리. 운동신경이 좋은 녀석들도 30회 연속 랠리는 어려운가 보다. 그때 누군가의 한마디.

"얘들아. 깃털공이 더 잘 돼. 공 바꿔 봐."

분명 콕의 문제가 아닐 텐데 아이들이 일제히 콕을 바꾸러 나온다.

"저는 148개에서 멈출래요. 너무 힘들어요."

"라켓이 이상해요. 이게 왜 똑바로 안 날아가요?"

랠리 하던 두 녀석은 얼마나 서로가 보고픈지 30센티미터 거리에서 하고 있다. 1미터 이상 떨어지라고 했더니 그러면 콕이 떨어져서 30회를 못 한다는데. 다른 녀석들은 서로 직선으로 세게 치고 싶다며 랠리 짝을 바꿔 달란다. 내가 보기엔 서로 성격대로 휘두르는 두 녀석이 랠리 하면 분명 문제가 생길 듯한데. 주희는 랠리를 하다 코에 콕을 맞아 딸기코가 되어 버렸다. 딸기코라고 놀려도 참 기분 좋게 받아 주는 녀석이다. 랠리까지 마친 여자아이들은 어부어부어부바 놀이를 하며 시간을 보내고 있다. 그리고 랠리미션을 마친 남자아이들에게 공놀이 할 수 있는 자유시간을 주었다. 축구를 좋아하는 아이들에게 물었다.

"강인이 출전했냐?"

지나가던 강인해가 "저 안 나갔는데요."

타이밍이 너무 웃겼다. 인해도 갑자기 본인 이름이 나와 놀라서 대답했다고 한다. 영민, 준호, 연수는 "우리가 인생을 사는 이유는 축구야!"라며 골대로 뛰어간다. 그리고 나도 나란히 뛰어간다. 이럴 때는 골키퍼를 해줘야 했었는데 너무나 슛이 하고 싶었다. 아이들이 슬슬 눈치를 본다. 분명 아이들은 저희들끼리 하고 싶었을 텐데.

3월 27일 수요일

영민이가 등교하자마자 어제 축구 봤는지 물어본다. 손흥민의 하트 세리머니를 따라 하면서.
"나는 쌩으로는 못 보고 손흥민 골 넣는 것만 봤는데."
남자아이들의 반응이 뜨겁다.
"감스트 해설 별로였던 것 같아. 해설은 역시 안정환."
"김문환 잘했어. 이영표 같았어."
"역시 손흥민은 월클이야."
"내가 화장실 갔는데 골이 먹혔어. 이거 김승규였어도 못 막았어. 조현우가 선방했어."

오늘은 학부모공개수업 하는 날이다.
"근데 오늘 공개수업 뭘로 해요?"
"음악."
"난 음악이 싫어. 사회는 좋은데."
"우리 부모님도 음악 싫어하세요."
"그냥 국어 하면 안 돼요? 음악시간에는 말할 게 없는데."
"발표 많이 할 수 있는 거로요. 뭔가 엄마 앞에서 말을 해야 하는데…."
"우리가 하고 싶은 걸로 공개수업 하면 안 돼요?"
"준비 다 해놓았는데. 2학기에는 국어나 사회로 공개수업 합시다."
괜히 아이들 말에 맘 상한다.

국어시간이다. 주인공 메이와 함께 등장하는 할머니의 대사가 인상 깊었나 보다.
"다 늙어 빠졌는데 품고 싶은 게 생기다니."
60년 뒤 73살이 된 우리 반 ○○이를 상상하며 읽어 보라고 했더니 그때 선생님은 몇 살인지 아이들이 되묻는다. 암튼 시간은 60년이 훌쩍 지나고 73살이 된 ○○이가 답한다.
"그때면 품고 싶은 게 있을까? 아마 피구 못할 나이인 것 같은데. 지금이 타임머신 타고 돌아온 상황이겠지요?"

메이가 스케치북에 그린 그림이 무엇일지에 대해 이야기를 나누었다. 한 녀석이 유희열의 스케치북이라며 일단 웃겨 주고 시작한다. 또 다른 아이는 메이에게는 하늘을, 별을, 달을 품은 듯한 소녀감성이 느껴진다고도 한다.

"포도로 만들어진 외계인 같은데요."
"난 포도 스파클링 홍보대사 같아요."
"포도 모양의 성에 살고 있는 다른 종류의 인간 같은데요."
"종이 할머니랑 종이 뺏어간 할머니를 합해 놓은 모양 같아요."
"메뚜기 같아요. 진지한 메뚜기요."
"리어카 타는 ET요."
"페페(개구리)."
"메이한테 가장 소중한 친구를 그린 것 같아요."
"외계인춤에 나오는 외계인 같아요."
"곰팡이가 슨 흰 벽지. 노란빛이 나는 흰 벽지. 정말 이런 집이 진짜 있을까요?"
"갈색, 검은색, 회색은 폐지 같고요, 주황색은 할머니가 살고 있는 당근방 같아요. (갑자기 아이들이 바니바니! 바니바니! 당근! 당근!)"
"저는 '여기가 바로 우주의 한가운데지'라는 말이 좀, 그냥 좋아요. 이 그림이랑 어울려요."
"근데 저 할머니는 저승사자 같아요. 뱀파이어? 피 먹어요?"

3월 28일 목요일

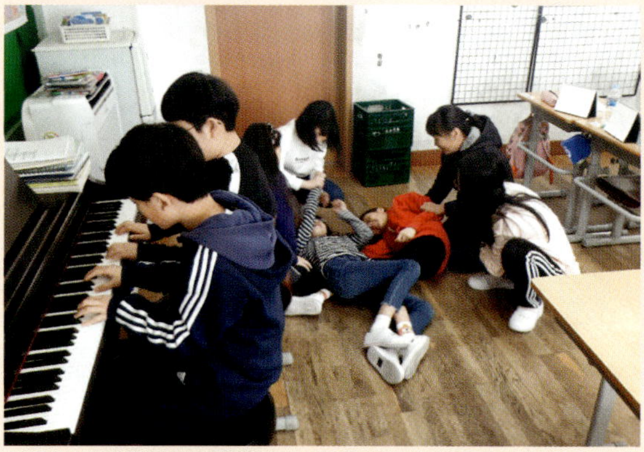

아침 출근길에 아파트 엘리베이터에서 현민이를 만났다. 매번 이 길로 출근을 하는데 현민이를 우리 아파트에서 만난 건 처음이다. 학교가 근처라 같은 아파트에 사는 아이들이 제법 많다. 게다가 우리 학교에서 보낸 4년의 시간만큼이나 이제는 아는 학부모들도 많아졌다. 그래서 가끔은 불편하기도 하다.

규현이는 오자마자 책상에 드러눕는다. 많이 피곤한가 보다. 말 걸기도 애매한 상황이라 내버려 두었다. 아이들이 하나둘 들어오며 오늘도 예외 없이 수학여행이 화제의 중심이다. 규현이도 수학여행 이야기가 시작되자 언제 그랬냐는 듯 일어나 대화에 참여한다.
"근데 비행기 예매했어요?"
"우리 엄마가 스튜어디스인데. 이따 알아보고 전화 드린대요."
"비행기에 낙하산은 있어요?"
"낙하산은 없겠지. 비상착륙할 때 내가 도와줄게."
"비행기표는 언제 줘요?"
"공항에서 나눠 줄게."
"방 배정 빨리 해요. 제발, 제발. 요즘 너무 떨려서 잠이 안 와요. 반 배정할 때보다 방 배정이 더 떨려요."
"숙소는 남녀가 나뉘는 거 맞죠?"
"당연하지. 그걸 뭘 물어보냐."
"용돈 들고 가도 돼요?"
"당연하지. 안내가정통신문에 나갈 거야."
"경일초는 러시아로 간다는데요?"
"휴. 그래서? 그래서? (이때부터 약간 지치기 시작했다.)"
"방 배정이 궁금하긴 하다. 그지?"
"진짜."
"옛날에 한라봉 진짜 많이 먹었어."
"제주도 가서 인형뽑기도 하고 싶다."
"난 해녀체험도 해보고 싶다."
"해녀는 수영선수급이야. 심지어 돌도 매달고 내려가."
"한 비행기에 우리 다 타는 거예요?"
이제 한 달여 남았다.

그나저나 준호가 독감 의심 증세를 보였단다. 새벽까지 39도로 열이 나고 게다가 지금도 열이 안 떨어진단다. 일단 병원에 다녀온 결과를 기다려 봐야겠지만.
영어 선생님이 임신했다는 말을 아이들이 들은 모양이다. 아이들이 태명을 지어 주었단다. 내 이름으로.

어제 공개수업에서 '값싼 것이 비지떡'으로 말리듬 놀이를 했다. 하지만 막상 먹어본 아이가 없다. 나도 먹어 보지 않았지만. 그래서 오늘 비지떡 준비하기로 약속을 했는데 찾아보니 비지떡을 파는 곳이 없다. 우리 반 아이들은 비지떡이 그렇게 맛있어 보인다며 꼭 먹고 싶다고 했는데. 그리고 사 오기로 약속도 했는데.

"어제 엄마들한테 잘 보이려고 비지떡 사 준다고 말했죠?"

이런 질문에 대답할 마음도 싹 사라지고 비지떡 구할 마음도 없어진다. 점점 말하는 태도가 거슬린다.

오후에 심폐소생술 교육이 있다. 책상을 밀고 간단하게 정리하는 시간을 가진다. 교실을 쓸고 닦는 시간. 빗자루로 끌어 주고 물티슈 스케이트 타고 나니 깨끗하다.

"우리 반이 이렇게 광이 났나?"

"청소 이렇게 하니 재밌는데."
"내일 우리 청소 또 할래?"
작년에도 받았던 심폐소생술 내용인지라 이론 교육시간에는 조는 아이들이 조금 보였다. 심폐소생술은 역시 실전이지!
"여보세요. 괜찮으세요?"
"거기 빨간 옷 입으신 분 119에 신고해 주세요."
"그리고 안경 쓴 웃긴 아저씨! (나더러) CPR 좀 가져다주세요."
그러고는 애국가를 부르면서 가슴압박을 한다. 작년에 가르치셨던 분이 애국가를 부르며 그 리듬에 맞추어 150번 이상 하라고 했단다. 동해물과~ 남산위에~ 올해 오신 선생님은 사람이 쓰러져 있는데 노래를 부르면서 할 수는 없다며 애국가를 부르며 가슴압박하는 건 안 된다고 단호하게 말씀하신다. 가만히 생각해 보니 이분 말씀이 맞는 것 같기도 하다. 아이들은 그래도 애국가를 부르며 눌러야 힘도 덜 든다고 하니, 일단 작은 소리로~ 마음으로 애국가를 부르며 압박하는 것으로 대략 정리가 되었지만 어느 것이 맞는지는 모르겠다. 나도 연수를 받을 때 사실 애국가를 작게 부르며 했는데. 이게 리듬 맞추기도 편하고 힘도 덜 들고. 실전에서는 어떨지 모르겠다. 아이들도 애국가 2절까지 부르며 가슴압박을 하고 나니 힘들었나 보다.
"교대 좀 해주세요. 제가 힘들어요. 지쳤어요."
아무도 안 도와준다. 팀원 전체가 지쳐 버렸다.
다음 팀이 시작한다. 주머니에 손 넣고 있길래 빼라고 했더니 팔짱을 끼고 있다. 이 녀석이. 정말 말문이 막히게 듣는다. 암튼 시작 신호를 준다.
"괜찮으세요. 괜찮아요? (흔드는 자세가 이미 사람 잡는다.)"
"빨간 줄무늬 티셔츠 아줌마(상진이를 가리킨다), 119 신고 좀요."
"핑크색 아줌마, 아니 아저씨(륜경이를 가리킨다), 그거 좀요."
"(호흡 확인을 하며) 아 참. 마네킹이 숨을 쉴 리가 없지."
어떤 아이는 심폐소생술을 하다가 지쳐 인형에 쓰러지기도 하고, 또 다른 아이는 긴 머리카락을 휘날리며 하다 압박을 멈추고 머리를 묶기도 한다. 정말 로봇처럼 압박만 하는 녀석도 있고 고개를 절레절레 흔들며 좀 쉬면 안 되냐고 눈빛으로 묻는 아이도 있다.

오늘 수업 말미가 인상 깊었다. 아이들 표현으로 느낌이 너무나 이상했다고 한다.
"사실 심정지는 집에서 많이 일어나는데요. 집에는 누가 있죠?"
"엄마요. 아빠요. 할머니요. 동생요."
"그리고 심정지가 일어나는 시간대는 엄마, 아빠가 출퇴근하는 시간대가 많아요. 그때 여러분이 어떻게 해야 하는지….".
"기분이 너무 이상한데요."

책상을 원래대로 하고 인사하고 오늘 하루도 끝난다. 가방 메고 청소하는 아이들이 보인다.

"가방 벗고 좀 열심히 좀 해라."

"근데 왜 벗고 해야 해요?"

"내가 가방 메고 수업한다고 생각한다면?"

"오, 선생님 비유 정말 잘하셨어요."

그러고는 가방을 벗고 청소하는데. 약간 당한 것 같은 마음이 들었지만 하교하는 시간이라 그럭저럭 시선을 외면하며 보냈다.

 **3월 29일 금요일**

아침에 학년티셔츠가 도착했다. 사이즈별로 나눠 주니 금세 아이들이 화장실로 옷 갈아입으러 간다. 귀찮은 녀석들은 두꺼운 윗옷에 껴입는데 꽉 끼는 패션에 웃지 않을 수 없다.
"저 잘 어울려요?"
"어. 근데 안 껴입으면 안 될까?"

한 녀석이 아픈데 몇몇 아이들이 장난으로 '그러다 정말 죽는다'라는 말을 했단다. 일단 믿기지 않았지만 그냥 넘기기엔 무리가 있어 전후 사정을 들어 보기로 한다. 사연인즉 카톡으로 그런 대화가 있었긴 한 모양이다. 근데 문제는 카톡 대화에 참여한 다른 아이들의 반응이다. 워낙 빨리 올라가서 못 봤다는 아이들이 대부분이다. 사실인지는 모르겠지만. 봤다는 아이들도 그게 문제 될 것이 없으며 일상적으로 쓰는 말이란다. 일단 카톡방에 있었던 아이들을 전부 불러 재발 방지 약속을 했지만 카톡방의 대화 수준이 상당히 위험해 보인다. 또 금지시켜야 하려나···.

수학시간이다. 뿔 모양의 입체도형의 이름을 먼저 지어 보기로 한다. 이미 각뿔이라고 답을 알고 있는 아이들이 대부분이지만. 영어로 찾아보니 피라미드라는 더 친숙한 이름이 나온다. 우리 반 아이들은 뾰족이 또는 도깨비뿔로 이름 붙이기로 한다.
입체피라미드모형 0표 / 뾰족이 6표 / 뿔이 있는 다각형 1표 / 파라오 2표 / 뾰족한 각기둥 0표 / 뾰족○각형 3표 / 밑변이 한 개인 다각형 0표 / 도깨비뿔 6표

오늘까지 제출하기로 했던 과제를 두 명이 안 해왔다. 칠판에 김체육 씨가 심정지 되었음을 알렸다. 한양대 응급실에서 심폐소생술 중 사망이라는 부고를 알린다.
"우리의 위대한 영웅 이수학 씨가 오십니다."
"저희 잘못했어요. 이번 한 번만 봐주면 안 돼요?"
"지금 한양대병원에 전화해 봐도 돼요?"
"우리가 출동해 김체육 씨 구해 옵시다."

"여러분! 김체육 씨 건강하대요. 연락이 방금 왔어요."
"그건 아니고, 김체육 씨 가족분들을 안심시키기 위한 말이 아닐까."
한 녀석이 상황을 정리해 준다.
"우리의 마음을 모읍시다."
합창이 되어 버린다.
"오동통통 쫄깃쫄깃 체육 너구리."
"김체육! 당신은 아이들의 기본 인권입니다."
"근데 우리 반은 조선시대 이화학당 같은 분위기야."
과제를 안 했다는 이유로 이 순수한 영혼들에게 체육을 박탈하는 건 인권의 문제로 귀결된다. 내일까지 과제 내는 조건으로 결국 5교시에 김체육 씨를 소환한다.

6교시에 학급회의를 했다. 학급운영비 3만 원을 어떻게 사용할지를 안건으로 제시했다. 좀 시끄러운 게 흠이었지만 제법 치열하게 토론을 했다.

"학급도서 구입으로 써요. 요즘 애들이 책을 많이 안 읽어요. 우리 반 학생의 지식이 풍부해지게요."
"저는 책을 사도 아무도 안 읽을 수 있다고 생각합니다."
"맞아요. 우리 반 전체를 위해서는 20권 정도 사야 하는데. 3만 원이면 3권밖에 못 사서 타당하지 않습니다."
"그럴 바에는 아예 집에서 책을 가져오면 되지 않을까요?"
"도서 구입 의견은 취소할게요."
"쭈쭈바를 사서 얼려 먹어요. 저희가 다 좋아하니까."
"맞아요. 많은 간식을 사요. 요즘 우리가 성장기잖아요. 먹으면 소화가 금방 다 돼요."
"하지만 3만 원 정도 이렇게 작게 사서는 배가 안 부를 것 같아요."
"그래도 맛있잖아요. 싼 거 사면 3만 원도 많아요. 라면 사면 엄청 많아요."
"님은 좀비가 쫓아올 때 라면을 선택할 거예요? JJB(쭈쭈바)를 선택할 거예요?"
"라면요."
"차라리 교실놀이 경기장을 하나 더 사면 안 될까요? 골프 퍼팅기는 얼마예요?"
"교실 공간이 너무 작고요. 그러면 남자애들이 다 차지하잖아."
"공을 사는 게. 공을 사면 우리 반이 단합돼서 놀 수 있어요."
"단합이라 하면 남자만의 단합이잖아요."
"여자애들 끼워 주면 되잖아요."
"님은 말꼬리 좀 잡지 마세요."
"저는 차라리 교실이 전부 인조 잔디면 좋겠습니다."
"우리 교실에 피아노만 있으니 지겹죠. 다른 악기를 삽시다."
"식물을 키웁시다. 공기도 좋아지고요. 공기청정 식물을 삽시다."
"맞아요. 공기청정 식물이 공기청정기보다 훨씬 좋다고 나왔어요."
"차라리 3만 원은 너무 작으니까 다음 돈 들어올 때 합쳐서 더 좋은 거 사요. 저금통 사서 모아요."
"물고기를 사서 길러요."
"코다리를 사요."
"님. 그런 장난 치지 마세요."
"저 진지합니다."
"아니면 햄스터 이런 거."
"저는 햄스터는 싫어요."

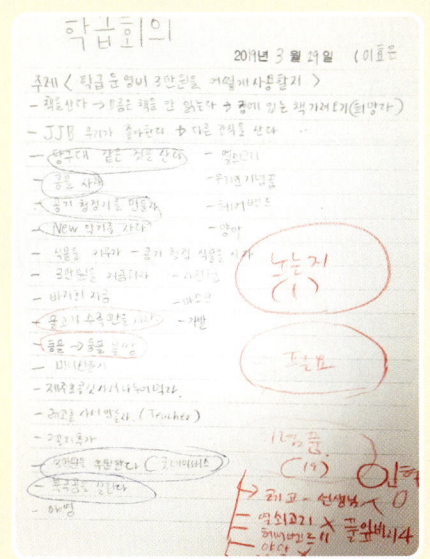

"거북이는 싼 데 가면 3천 원이면 되니 거북이도 추가요."
"이렇게 시끄러운 우리 반에서 동물을 키우면 동물이 스트레스 받아요. 우리가 거인 마을에 잡혀가서 길러지면 좋아요?"
"다음 달에 제주도 수학여행 가서 기념품 사요. 제주 초콜릿 같은 거."
"그거 근데 질려요. 많이도 못 사고요."
"사람들이 제주도만 갔다 오면 그거 사와서요."
"그냥 곰돌이 젤리를 사 주세요."
"그거 안 사도 돼요. 어느 날 보니까 선생님이 리필하던데요. 어차피 무한 리필 돼요."
"레고 하나 어때요? 선생님 얼굴을 레고로 만들면 자주 보고 좋아요."
"근데 섬뜩하지 않아요? 그리고 레고 너무 비싸요."
"레고 만들고 안 부서지게 천장에 매달아 놓는 게 어때요?"
"레고 시세 모르네요. 요즘 물가가 너무 비싸요."
"3만 원을 기부합시다. 굿네이버스. 슬픈 아이들에게. 세이브더칠드런. 아프리카 아니면 북극곰 살리는 데 기부해요."
"유기동물 보호소에 기부해요."
"열쇠고리 하나씩 사는 게 어때요?"
"미래를 기대하며 야영할 준비물 구입해요. 캠프파이어 할 수 있게."
"우리 반 헤어밴드 만들어요. 이도건 하트 들어가 있는 거요."
"저는 뒤집어쓰겠어요. 이도껌 하트 방탄노년단."
"하와이 가면 풀잎 바지 있잖아요. 그런 거는 어때요?"
"양말 한 켤레씩. 한쪽에는 자기 이름. 다른 쪽에는 이도건 쌤."
"머리카락이 빠지는 아이들 위해 가발을 하나 사요."
"큰 마스코트 인형을 삽시다."
"저는 풀잎 바지가 이상하게 좋아 보여요."
"우리는 민족 대표이니 좀 진지하게 토론합시다."

자기들끼리 민족 대표 21인이라며 말하는 게 맥락 없이 웃겼다. 칠판을 가득 채운 아이들의 의견. 여간해선 모으기가 어려워 보인다. 찬반토론을 한참 하다 헤어밴드와 손목 아대가 결정되었다. 아이들을 설득한 논거는 아주 간단하다.

"우리 반 모두 같은 헤어밴드 하고 제주도 공항에서 내리면 멋질 것 같아요."

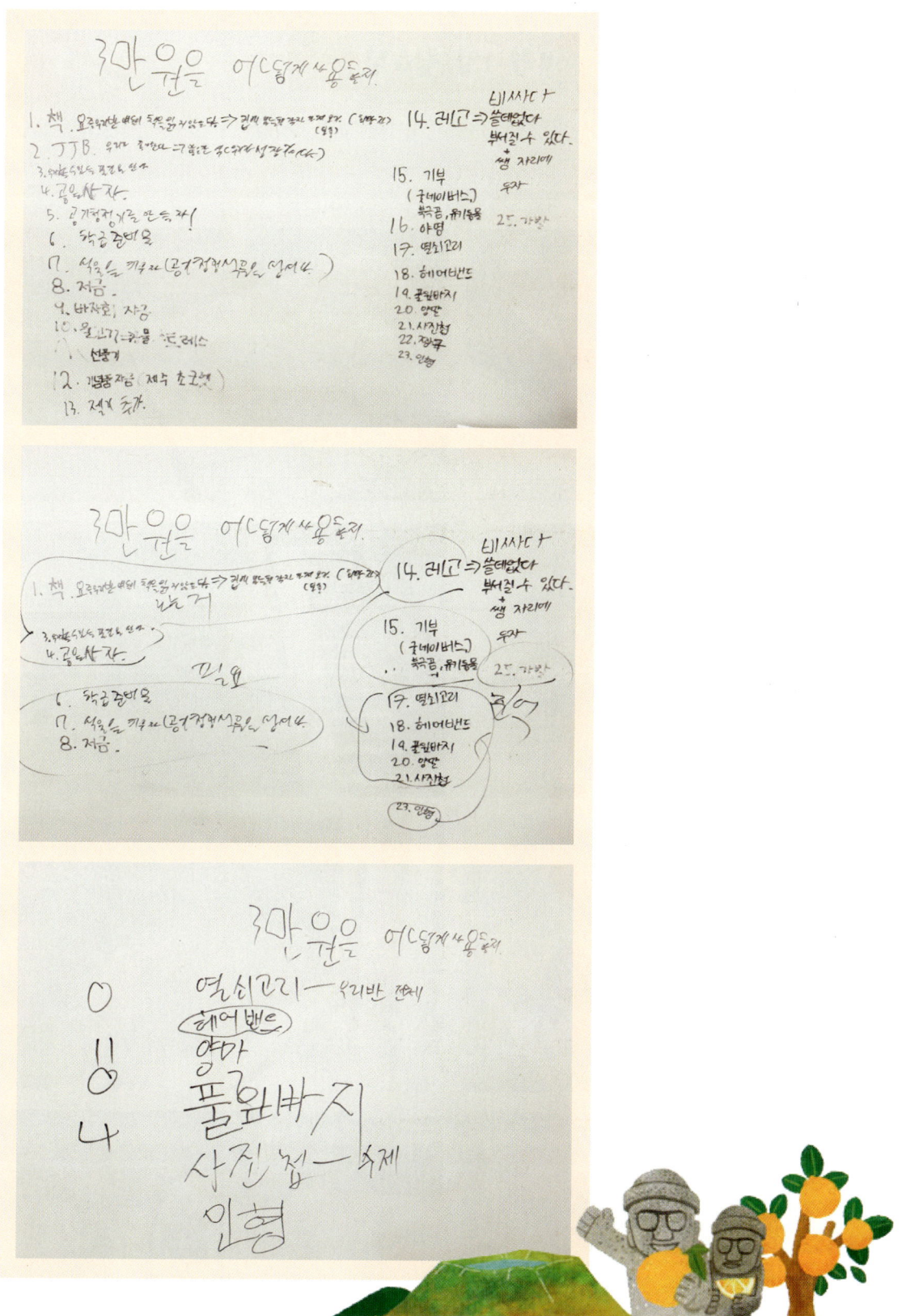

 # 4월 1일 월요일

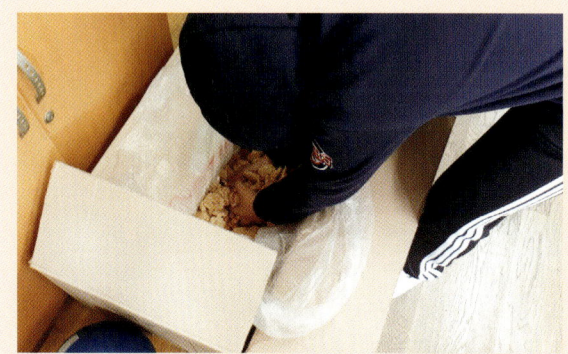

주희랑 태윤이 독감 걸렸다며 조퇴를 해야겠단다. 어제 병원 가서 확진을 받았다는데. 전화로 말해도 되는데…. 얼른 하교를 시켰지만 학교에 독감 대유행의 조짐이 보인다. 등교한 아이들 상황을 체크해 보니 미열이 있는 아이들이 많이 보인다. 이어서 어머님들의 문자가 온다. 현민, 효은, 백하도 독감 확진이란다. 만우절 거짓말 같은 느낌이 들 정도이다. 머릿속이 복잡한데 아이들이 농담을 한다.

"나 개껌 먹어 봤어. 독감에 좋대. 그래서 장염이랑 감기 걸렸지."
"조류독감이 유행한다고요? 선생님은 알에서 태어났다고 했죠? 그럼 조류독감 걸리겠네요."
"에취! 기침이 나오네요."
"좀 자리로 들어갈래? 내 마음이 복잡해."

한편 독감으로 등교중지되었던 준호는 오늘 돌아왔다. 일주일 만인지라 남자아이들이 격하게 반겨 준다. 그들 나름의 의식도 치른다.

"잘 살아 있었냐?"
"준호 하나도 안 아팠어요. 영민이랑 효은이랑 아파트에서 추격전 하는 거 봤어요."
"학원에도 두 번 나왔고요."

"오늘 제 생일인데 아이들이 만우절이라고 의심을 많이 해요. 맛있는 거 주세요."
다른 녀석이 대신 답해 준다. 역시 궁예놀이이다.
"마군이가 끼었구나."
"마카로니 좀 먹어라. 그리고 독감 걸리지 말고. 많이 먹고."
정말 많이 가져간다. 옆에서 보던 녀석이,
"너 정말 양심 없다."
"이 정도면 양심 지킨 건데…."

한 녀석이 수학문제 풀다가 심각한 듯 손들고 질문한다.
"한치가 오징어 새끼예요?"
아이들이 까르르 웃자 수업 분위기가 흐려진다. 혼내려다 일단 대답은 해 준다. 다른 종이라고 답했더니 그럴 줄 알았단다. 분수에 대해 공부한다. 그 녀석이 또 질문을 한다.
"왜 분수 할 때 피자 같은 거만 나오고 치킨은 안 나와요?"
"치킨은 정확히 쪼갤 수 없어. 그래서 문제로 잘 안 나오지 않을까?"
"근데 치킨무는 정확히 쪼갤 수 있어요. 치킨무로 문제 만들면 되겠네요."
"님, 풍림아파트에 밑에 있는 치킨집 치킨무는 크기가 다 달라서 수학시간에는 못 쓰잖아요."
"님, 치킨무 주문하면 치킨도 와요. 학교로 한번 시켜 볼까요?"

치킨무로 분수 문제를 만들 수 있는지를 놓고 한참을 이야기한 듯하다. 정말 이 녀석 말대로 치킨무를 주문하면 치킨이 온다는 게 맞을 것 같은 착각이 들 정도다. 올해 아이들은 이상하리만큼 치킨무를 좋아한다. 결국 치킨무로 문제를 만들어 가분수의 덧셈을 했다. 은비가 정리해 준다.

"어메이징 가분수! 그냥 대분수로 더해요. 치킨무는 한입에 그냥 먹어요."

오늘 〈레미제라블〉 대본 읽기를 하기로 했는데 장발장 역할을 맡은 현민이가 독감으로 못 왔다. 주요 배역인지라 오늘은 대타를 구해야 한다. 먼저 주희가 해 보고 싶단다. 은비가 이어서 손을 든다. 주희가 쿨하게 양보한다. 오늘은 신은비가 장발장이다. 아이들은 장발장이 독감 걸려서 신발장이 되었다고 하는데. 대본을 읽다가 'I dreamed a dream'을 들었다.

"이 노래 많이 들었는데."

"저 부분 멜로디가 너무 좋아요."

의외로 남자아이들이 판틴을 좋아한다. 빠져들 듯한 초롱한 눈빛으로 화면을 보는데 그 간절함에 내가 떨릴 지경이었다.

 **4월 2일 화요일**

오늘은 날씨가 상당히 차다. 한 녀석은 일기장에 집 안에서 고드름이 생길 것 같은 매직이라며 꽃샘추위의 대단함을 적었다. 아침에 내가 자리 밑을 청소하러 허리를 숙이고 있었더니 경란이가 들어오며 "아무도 없네!" 말하고는 한참을 왔다 갔다 한다. 내가 고개를 내밀며 "누구지?"라고 했더니 경란이는 그대로 주저앉을 정도로 많이 놀랐다.

"깜짝 놀랐잖아요. 있으면 있다고 해야죠."

민준이도 독감이 완치되어 드디어 돌아왔다. 남자아이들이랑 카톡 이야기를 한다. 뭔가 재미있는 일이 있었나 보다. 아이들은 민준이가 카톡방에 있었는지를 몰랐단다.

"근데 너 아이디가 뭐냐?"
"나 아이디가 그냥 점이야."
"점이 너였구나."
"나 일주일 동안 카톡 못 했거든. 우리 반 어떻게 돌아갔대? 별일 없었어?"
한 녀석은 직접 독감 백신을 만든다며 책상을 이렇게 만들어 놓았다. 치우라고 하려다 그 호기심의 끝을 보고 싶어 내버려 두었다.

아이들이 신은비를 신은바라고 부르는데 은바라는 이름이 엄청 친숙하게 느껴진다. 본인도 즐겁게 받아 주니 아이들이 다들 은바라고 이름을 바꿔 부른다. 아침에 세수하고 로션인 줄 알고 헤어젤 발랐다는 은바. 그래서 다시 씻느라 좀 늦었단다. 아침부터 웃겨 준다. 여자아이들은 교실 뒤편에 모여 중학교 이야기를 하고 있다.
"중학교 가면 틴트 해도 되지?"
"중학교는 안 된다는데."
"아니야. 무학중만 안 된다던데."
"무학중 다니는 언니는 짧은 치마 입고 그 위에 긴 치마 입고 교문 통과하고 긴 치마 벗고 들어간대."
현민, 효은, 백하는 독감 확진이라 오늘도 등교중지이다. 그나저나 연수, 주희가 평소보다 늦는다. 독감이 아닌지 전화를 드리려는 찰나. 다행히 8시 50분쯤 칼같이 모두 등교한다.

오늘 소변검사를 한다. 이것도 떨린다며 안 하면 안 되냐고 묻는 아이도 있고 줄을 뒤쪽에 가서 서는 녀석도 있다. 쉬가 안 나온다며 아리수를 들이키는 아이들도 보인다. 검사라는 말에 그렇게 걱정되나 보다. 화장실 가는 아이들에게 두두두두 총 쏘는 소리를 내어 긴장을 풀어 주려 했더니 별 반응이 없다.
"소변검사 얼마나 힘든지 알아요? 병이 나오면 어떻게 해요?"
"소변검사 5분 만에 못 하면 어떻게 해요?"

"10분 기다려 줄게."

소변검사가 끝나자 머리가 아프다며 운동장에 나가 바람 좀 쐬어도 되냐고 물어본다. 그러라고 했더니 몇몇 아이들은 모여 팔짱을 끼고 나간다. 남아 있는 아이들은 검사 받느라 힘들었다며 먹을 것 달라며 내 책상 앞에서 제법 시위를 한다. 마카로니 한 주먹씩 집어 들고는 아이들은 골프 연습하자며 뒤로 간다. 한참 지켜보니 남자아이들이 그립 잡는 것을 여자아이들에게 가르쳐 주고 있다. 정말 프로가 레슨하는 듯하다. 눈 바로 보고! 힘 빼고! 천천히 툭! 자신감 있고 부드럽게! 하지만 결과는 아름답지 못했으니.

"옆으로 치지 말고 그냥 바로 치라고!"
"그게 안 되니까 못 넣지!"

체육팀 바꾸자는 의견이 나왔다. 밸런스가 많이 무너져서 재미가 없단다. 아직은 아이들 실력을 정확히 알 수 없는지라 이번까지는 무작위 뽑기로 한다. 내 옆에서 무릎 꿇고 은비랑 지윤이가 기도하고 있다. 같은 팀 되게 해주세요! 뽑기를 하고 팀장은 보스로 명명하기로 한다.

이긴 듯 진 팀: 영민, 상진, 서준, 현민, 준우, 효은, 경란, 류경, 지윤(Big Boss), 백하
진 듯 이긴 팀: 준호, 인해, 연수, 준혁, 민준, 태윤, 규현, 은비, 승은(Super Boss), 주희

팀 이름이 이상하다며 저희들끼리 바꾸어도 되냐고 물어본다. 그러라고 했더니 이긴 듯 진 팀은 '王黨 Key'로, 진 듯 이긴 팀은 '갑분싸'로 하겠단다. 팀 이름 의논하다 연수가 '여수밤바다'라는 노래를 흥얼대는데. 나도 어디서 들어본 멜로디인데 연수의 음색이 정말 좋다. 묘한 설렘이 있는 목소리다. 팀 이름이 그렇게 바뀐 줄 알고 다시 출력했더니 아이들끼리 의견이 다시 갈렸나 보다.

"왜 너 마음대로 바꿔?"
결국 그냥 원래대로 하기로 최종 결정. 팀별 보스의 다짐이 있다. 어색해 하지만 일어나 한마디 한다.
"기브 미 더 치즈~"

청소 끝나고 한 녀석이 내가 좋은 이유가 한 가지 있단다. 이런 말에는 묘하게 설레고 긴장된다.
"뭘까?"
"수업 종 치면 무조건 수업 끝내 주셔서 감사합니다. 쉬는 시간을 잘 지켜 주시기 때문이에요."
엄청난 칭찬을 기대했는데.
"다른 건?"
"없어요. 비밀이에요. 졸업할 때 말씀드릴게요."

한 녀석의 일기장에 속상한 이야기가 적혀 있다. 주말에 응봉산 개나리 축제가 있었단다. 정말 가고 싶었다는데.

"엄마 나 내일 친구랑 응봉산 갔다 와도 돼?"
"너 내일 학원 감."
학원을 당장이라도 안 간다고 말하고 싶었지만. 그러면 혼날 거 같았다. 암벽타기와 말타기가 멀리 떠나 버렸다. 내년에는 개나리 축제에 꼭 갈 것이다.

 4월 3일 수요일

태윤이랑 아침에 잠시 키 얘기를 했다. 이미 키가 나보다 큰 녀석이다.

"전 키 큰 게 너무 안 좋아요. 엄마도 170. 아빠도 180."

"부럽다. 키 크면 얼마나 좋을까."

"선생님. 전 엄마가 롤 모델이지만 승무원은 되고 싶지 않아요. 아침 8시 비행인데 새벽 1시까지 레포트 확인하고."

"태윤이는 말을 상냥하게 해서 잘 어울리는데. 나중에 쌤 비행기 타면 맛있는 거 더 챙겨 줄 거야? 깎아 주냐?"

"에이. 전 절대 안 할 거예요. 미래는 모르지만. 근데 우리 동생이 이가 빠져서 두부에 박혔다요!"

과학시간에 사용한 지구본 반납을 준호와 주희에게 부탁했다.

"지구 한 개씩 들고 다니니 무겁지?"

"아니요. 이 정도야 뭐. 저희 그렇게 애기 아니에요."

교실에 있던 연필깎이가 고장났다. 경란이는 연필깎이를 한참 고치려다 포기하고 가위로 연필을 깎고 있다. 그게 잘 될 리가 없지! 연필 깎는 실력이 별로지만 내가 나선다. 커터칼로 얼추 깎아 줬더니 놀라며 예술적 조각이란다.

요리부 아이들은 이번 주 동아리 활동 시간에 만들 빵에 대해 이야기하고 있다.

"선생님. 미니오븐 가져오려고 했는데 너무 무거워서 엄마가 안 된대요."

"대신 버너랑 냄비랑 전자레인지 있으니 그걸로 하자."

영민이가 좋은 아이디어가 있다며 방안을 제시한다.

"저기 학교 옆에 가면 진흙 많거든. 진흙 구해 오면 교실 저기에 화덕 만들어. 서준이가 메이커부니까 화덕 멋있게 만들어 줄 거야."

상상력 하나는 끝내 준다. 화덕이라.

중간놀이시간에 아이들이 배고파한다. 승은이는 마카로니 먹으려 아침도 거른다는 승은이 어머님의 말씀이 떠오른다. 이젠 한 주먹의 마카로니에 자연스럽게 우유를 곁들인다. 승은이는 다 먹고 신기한 물통을 보여 준다. 정말 정수기랑 똑같은 모양이다. 옆에 있던 준우는 가그린통이라며 놀리는데. 옆에서 가그린 하듯이 오물오물 물을 머금고 있다.

그 옆에는 오늘 있을 학교토론대회 연습이 한창이다. 연수랑 서준이가 준비한 대본을 정리하며 연습을 한다. 주제는 미세먼지 대책인가 보다.

"사람 머리카락이 10마이크로미터. 사람 머리카락 두께의 1/30 부분을 강조해야 해."

"기관지를 통과해 폐, 모세혈관으로 들어갈 때 중금속과 함께 들어와 치명적이라는 부분은 꼭 말하고."

 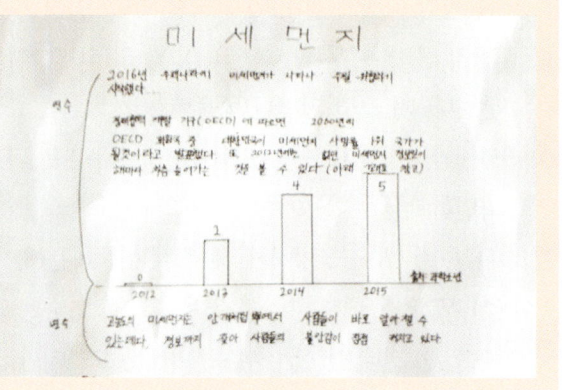

지난번 진로성격강점검사 한 결과가 나왔다. 진로검사기관에서 한 분의 선생님이 나오셔서 도움을 주신다. 하지만 해석하기에 어려운 낱말들이 너무 많은 것 같다. 용어부터 설명하고 결과지 해석 방법을 안내하신다. 근데 이분은 유머감각은 있으시나 말씀하는 수위가 불안불안하다.

"학습시간이 70점 이상인 사람은 밥 먹고 공부만 하는 사람이에요. 경쟁 점수가 50점은 괜찮아요. 그리고 경쟁이 90점 이상인 사람은 불안이 같이 올 수 있어요. 그렇게 살면 힘들어요."

"전 95점인데 불안하지 않은데요."

"회피 점수가 높은 사람은 현실에서 도망을 가고 싶은 사람이고요. 이런 사람도 조심해야 해요."

"전 도망가고 싶지 않은데요. 결과가 이상해요."

"시간은 많이 투입하는데 전략이 없는 것을 성실형이라고 합니다."

"난 성실형이네. 근데 별로 좋은 의미가 아니네."

"시간과 전략 둘 다 아래는 정체형. 머물러 있다는 것입니다. 내가 공부하고 싶은 생각도 없고 투입하는 시간도 없고."

"검사 결과가 좀 잘못된 것 같아요."

"이거 저 아닌 것 같아요."

"이 점수는 시험 점수가 아니라 내 안에 있는 나의 강점과 약점을 보는 거예요."

결과지 마지막에는 지성, 인간애, 용기, 절제, 정의, 초월 막대그래프가 나와 있다. 신중성, 심미안, 사랑, 감사, 용감성, 활력, 창의성, 호기심, 사회지능, 학구열 등 다양한 해석이 적혀 있다.

"심미안? 이게 뭐지. 아! 난 아름다움을 보는 눈을 가졌나 봐. 야호!"

"영성이 높다는데. 더 넓은 세계와 연결된다는데. 이게 무슨 말이지?"

"유머, 창의성이 높대. 난 〈정글의 법칙〉 같은 데 나가고 싶은데."

"사랑이 높아. 난 부모님을 사랑하지. 하하."

결과 해석을 한 후 선생님은 돌아가시고 아이들과 마무리 짓기로 한다.

"너희들은 우리나라의 미래. 목표 방향 잘 세워 보세요. 근데 우리 몇 살까지 살까?"

"100살은 되겠죠?"

"미래학자가 말하는데 120살이래."

"저는 그렇게 오래 살기는 싫은데요."

"송해 할아버지는 90살이 넘어도 전국 여행한대."

"선생님은 몇 살까지 살 거예요?"

"너희가 할아버지 할머니 될 때까지. 같은 할아버지 할머니가 되어 같이 놀래."

"그러면 선생님은 고인물이에요."

"에이~ 밥 먹으러 가자."

5교시에는 학급운영비 3만 원 구매할 물건을 잠시 골랐다. 아대는 2,500원짜리 5개, 아저씨 헤어밴드 1,500원짜리 16개. 헤어밴드를 한 광고 아저씨가 그렇게 웃긴가 보다. 한참을 깔깔 웃었다. 검정으로 색깔도 맞추기로 했다.

"선생님 것은 없어요?"

"선생님은 우리의 대표이니 토끼 헤어밴드 어때요?"

오늘도 하루가 끝나 간다. 청소시간인데 청소는 안 하고 여자아이들이 자꾸 말을 건다.

"선생님. 이름만 들었을 때 주경이, 수진이 중에 누가 더 나아요?"

"선생님은 여자 볼 때 얼굴 보세요?"

답을 할 수 없는 질문들. 수위를 넘어서는 듯해서 한번 노려보고는 컴퓨터만 했더니 시무룩해하며 들어간다. 여자아이들은 이럴 때 참 어렵다.

 ## 4월 4일 목요일

독감 걸렸던 아이들이 오늘 컴백한다. 이래저래 고생했다.

"게임만 질리게 하고 만화책 신나게 봤어요."

"아빠 일해서 독감 옮기면 안 된다고 전 독방 생활하다가 왔어요."

"타미플루 부작용으로 세 번이나 토했어요."
"선생님. 과학시험 한 주만 연기해 주면 안 돼요?"
"과학 선생님이랑 제일 친하시니까 말 좀 해주세요."
"과학 선생님께 말해서 후하게 채점 좀 하게 해주세요."
"객관식인데 그걸 어떻게 하냐?"
"(독감으로) 일주일 학교 안 나왔는데 바로 시험이라니. 제발. 오! 나의 삶."
"공부해 그냥. 쉬는 시간까지 하면 되지."
"그냥 우리 수능 볼 때처럼 달달 외우자. (수능도 안 봐 놓고서는….)"
"태양은 동 남 서로 간다. 동남서로 외워. 동남서라는 아이가 있었는데…."
"지공. 지자. 지구의 공전. 지구의 자전."
"지자? 피자? 피자 먹고 싶다."
"난 마카롱. 겉은 바싹 속은 촉촉. 난 필립도 맛있던데. 과학 이거 왜 이리 어려워."

"쌤 팬이에요."
어제 다른 반 아이가 내 팬이라길래 젤리 두 개를 줬더니 다른 무리를 이끌고 또 찾아왔다.
"넌 170,302번 팬이야. 영국에 토미, 미국에 앨리스가 팬클럽 회장이고."
"일본은 이토 히로부미예요?"
"하하하. 그래."

국어시간이다. 염라대왕에게로 간 원님과 덕진이 이야기이다. 영화 〈신과 함께〉를 대부분의 아이들이 봐서 그런지 진광, 초강, 송제, 오관, 염라, 변성, 태산, 평등, 도시, 전륜대왕이 담당하는 지옥과 형벌에 대한 글을 함께 읽었다. 칼산, 독사, 얼음 형벌이 우리 반 아이들에게는 인기가 많다. 시왕신(사실 우리 반 아이들은 염라대왕만 선명하게 기억하지만)과 관련해 우리 반도 잘못이 있을 경우 본인이 대왕이 되어 형벌을 내리는 상상을 해본다. 벌은 영화에서처럼 상상한 것과 현실에 적용 가능한 것으로 나누었다. 그리고 아이들과 의논해 몇 가지는 실제 생활지도에 사용하기로 약속한다.

〈상진〉
초절정 울트라 슈퍼 파워 캡숑 절대신 엘레강스 폭풍 카리스마 간지 작렬 의리 열정 끈기 감성 풍미 똑똑 치킨무 꼭미남 대왕
* 죄: 인사를 바른 자세로 하지 않은 죄.
* 벌 1: 선생님께 남아서 인사를 똑바로 제대로 다시 한다. (인사를 계속하며 허리를 90도로 꺾는다.)
* 벌 2: 오늘 (시간이 없으면 다른 날) 청소하는 친구들을 도와주고 간다.

〈주희 1〉
떠드는 거 시러 대왕. (귀예민 대왕) 귀가 예민해서 떠들면 무서운 형벌을 내림.
* 벌(상상): 소음이 들리는 이어폰 귀에 부착. (영영 뗄 수 없음) 소음 발생 시 헤드셋에서 칼이 나옴.
* 벌(실제): 뒤에서 30초간 다리 찢기.

"으악!"
"30초는 너무 길어. 15초 정도가 어떨까?"
"이건 1초만 해도 아파."
"하다가 바지 찢어지면 어떻게 해요?"
"제 생각에는 다리 각도 150도에서 10초 정도가 적당할 것 같아요."

〈주희 2〉
말 끊는 거 시러 대왕. (맥커터 대왕)
* 벌(상상): 혀를 얼려서 말을 못 하게 함.
* 벌(실제): 5분 동안 발언권 없음. "저요!!"도 못 함.

〈주희 3〉
거짓말 시러 대왕. (트루스 대왕) 친구에게 거짓말, 뒷담화, 이간질했을 때 무서운 형벌을 내림.
* 벌(상상): 거짓말, 뒷담화, 이간질한 수만큼 입을 막음. 풀 같은 것으로 입을 붙임.
* 벌(실제): 거짓말을 하지 않겠다는 약속공책 한 장 쓰기, 뒷담화한 친구에게 진심으로 5번 사과 후 약속공책 한 장 쓰기, 이간질한 친구에게 진심으로 5번 사과 후 약속공책 한 장 쓰기.

"이건 〈신과 함께〉보다 더 잔인한 것 같아."

〈주희 4〉
욕 시러 대왕. (욕노노 대왕) 친구에게나 아니면 그냥 욕을 내뱉었을 때 무서운 형벌을 내림.
* 벌(상상): 계속 시야에서 욕이 보이고 욕이 들림. 욕의 강도만큼 통증도.
* 벌(실제): 칠판에다 자신이 쓴 욕을 쓰고 이러한 욕을 써서 죄송하다고 친구들 앞에서 큰 소리로 말한다.

"둘이 있을 때 욕하는 것은 욕 시러 대왕에게 못 갈 것 같은데요."
"칠판에다 적는 건 인권침해예요. 사람을 좀 이상하게 볼 수 있어요."
"어떤 욕을 했는지 쓰라고 말하는 것은 부담스러울 수 있어요."
"숫자 욕 사용하면 그 글자 수만큼 아름다운 말을 만들어요. (영민이의 대안에 아이들의 반응이 좋다.)"
"칠판에 적기보다 약속공책에 자기가 한 욕을 적는 게 나을 것 같고요. 욕을 말한 친구에게 직접 아니면 편지로 사과해요. (다수의 아이들이 선택한다.)"
"이런 건 그냥 둘이서 잘 해결하면 되는데?"

〈경란〉
춤신 대왕
* 죄: 교실에서 뛰어다닌 죄.
* 벌: 교실에서 1분 동안 신나게 춤추기.

"반성을 잘 하게 오히려 음악을 넣어 줍시다."
"맞아요. 하는 사람이 민망하게."
"아니에요. 보는 사람이 더 민망해요."
"춤추는 게 좋을 수 있을 수 있으니 노래도 같이 부르게 해요."

〈준우〉
청소 대왕
* 죄: 청소하는 날 깜빡하고 안 함.
* 벌: 교실에서 1분간 청소하기.

"1분은 너무 적어요. 5분에서 7분 정도가 적당해요. (7명이 찬성한다.)"
"다음 날과 그다음 날 2일간 청소. 안 하는 날 곱하기 2 해서 청소해요. 대신 아픈 건 패스하고 사정 있으면 좀 봐줘요. (8명이 찬성한다.)"

준혁: 혼세마왕
* 죄: 욕을 쓴 사람에게 벌을 준다.
* 벌(상상): 우리 반의 사약인 곰돌이 젤리를 먹는다.
* 벌(실제): 자기가 욕을 했던 대상에게 진심을 다하여 사과하게 한다.

"사과는 무릎 꿇고 해요?"
"사과를 받아줄 때까지 해야 하는데. 안 받아 주면요?"
"그 사람도 양심이 있겠지. 그렇게 사과하는데."

〈은비〉
우정대왕, 우정대왕은 친구와의 우정을 중요시 여기는 대왕으로서 친구와 다투면 벌을 주는 대왕
* 벌(상상): 방에 아무것도 없는 곳에 갇혀 아무도 만나지 못하게 하는 독방벌.
* 벌(실제): 앞으로 나와 서로 미안하다고 하고 서로 사과. 만약 사과를 안 하고 1분 이상 꺼림칙할 경우 춤 30초.

"근데 싸우면서 크는 거예요."
"싸우는 게 그게 학폭이야."
"다투는 정도에 따라 처벌을 달리해야 해요."
"춤 안 추고 버티는 경우는요?"

〈연수〉
엄마 대왕, 살아 있었을 동안 숙제를 잘하지 않았다면 벌을 내리는 대왕
* 벌: 코끼리코 10바퀴 돌고 수학 한 문제 풀기.

"재미있겠다. 이거 했으면 좋겠어."

〈서준〉
혼세마왕-난세대장군(천세태자) 친구를 때렸는데 상대방이 용서를 안 할 경우.
* 벌: 살면서 한 폭력 강도만큼 탁구공-축구공-농구공-볼링공-미니태양 순으로 강한 걸로 맞는다. 맞는 횟수는 당연히 때린 횟수만큼. 단, 절대 죽지 않음.

"꼬집은 것도 들어가요?"
"말은요? 말로 아프게 하면요?"
"말을 타고 처벌을 내려요. (고퀄유머다~ 우아~)"

〈효은〉
뒤돌아대왕
* 죄: 수업시간에 뒤돌아볼 때.
* 벌(상상): 그 뒤 돈 사람의 목을 뒤로 평생 꺾는다. (아! 잔인해.)
* 벌(실제): 뒤돌면 자기 이름으로 삼행시 짓기.

"뒤를 돈 사람이 같이 떠든 사람의 이름도 같이 삼행시로 지어 줘요."

〈현민〉
변기 대왕
* 죄: 복도에서 뜀.
* 벌(상상): 발바닥 땅에 고정시키고 못 움직이기
* 벌(실제): 윗몸 일으키기 5회.

아이들이 5회는 적다며 격론을 펼친다. 1,000회까지 나왔지만 어느 정도 합리적 수준으로 낮춘다. 20회로 타협이 이루어진다.

〈륜경〉
수다대왕
* 벌: 수업시간 아니면 체육 하러 나갈 때, 줄 설 때 등 필요 없는 말을 하는 사람에게는 5분 동안 교실청소 또는 복도청소를 시킨다.

〈영민〉

쉬는 시간 노래 대왕

* 죄: 쉬는 시간에 복도에서 무리 지어 떠드는 학생에게.
* 벌: 교실 앞에서 대왕의 신청곡을 부른다. 만약 노래를 부르지 못할 경우 더 어려운 신청곡을 부른다.

"무리 지어 떠들면요?"
"무리는 몇 명부터예요?"
"두 명 이상."
두 명은 무리가 아니라며 결국 세 명 이상으로 통과!

〈지윤〉

책 대왕

* 죄: 책을 훼손하거나 함부로 다룬 죄.
* 벌(상상): 자신이 찢은 책을 죽을 때까지 완벽하게 복원한다. 그 책을 똑같이 100권 만든다.
* 벌(실제): 책 세 권을 읽고 독후감 써서 제출하기.

"세 권은 너무 많아요. 책 한 권으로."
"독후감은 몇 쪽이에요? 반쪽? 한 장? 한 장 반?"
"근데 님. 반쪽도 생각보다 많아요."

〈승은〉

지우개 가루 바닥에 버리기 대왕

* 죄: 지우개를 쓰고 가루를 바닥에 버린 죄
* 벌(상상): 버린 지우개 가루를 라면 국물에 말아서….
* 벌(현실): 지우개 가루 바로 청소하기.

"라면국물에 초콜릿은 어때? 그 위에 시나몬 가루 뿌리고."
"딸기맛 된장찌개는?"

〈태윤〉

한번 해봐! 대왕

* 죄: 시끄럽게 행동한다면.
* 벌: 그 주체할 수 없고 넘쳐 나는 끼를 친구들 앞에서 보여 주는 것으로 춤과 노래를 해야 한다.

"수업시간에 떠들면 여러 대왕님 앞에서 하는 거예요?"
"이건 재미있을 것 같은데. 셀프벌?"
"한번 해보자! 대왕님들. 어때요?"

〈○○〉
복도 몰려다니기 대왕
* 죄: 복도에서 몰려다닌 죄.
* 벌(상상): 세 달 동안 등하교, 화장실 외에 복도에 한 발자국도 못 나감.
* 벌(실제): 혼나고 약속공책 쓰고 교실에서 복도에서 몰려다니지 않겠습니다 10번 외치기!

"몰려다니는 건 아까 했으니. 다섯 명 이상 몰려다니면 벌 받아요."
"근데 여자들은 왜 화장실 같이 가?"
"여자애들은 가로로 한 줄 서잖아."
"우리는 가로 본능이라서 그래."

〈○○〉
정의의 사도 대왕 하하
* 죄: 친구를 때리는 사람.
* 벌: 윗몸 일으키기 15개.

"주먹으로 때리는 사람은 15개 너무 적어요."
"스매싱으로 때린 사람은요?"
"꼬집은 사람은요?"

과학단원평가가 끝났다.
"시험 잘 봤냐?"
"묻지 마세요."
아이들이 궁예의 주문을 외우고 있다.
"옴 마니 반메 훔~ 옴 마니 반메 훔~"
"사회시험도 남았는데요. 죽을 사 자 같은 사회시험요."
"JJB 주세요. 제가 얼마나 좋아하시는지 아시죠? 정말 힘들어요. 선생님 저희 사랑하시죠?"

다이어리 꾸미기 하는 아이들이 물품을 사왔다. 오늘 동아리 활동 시간은 풍성할 것 같은 예감이 든다. 현민이는 쉬는 시간에 피아노레슨을 해 주고 있다. 식스핸드 연주! 연수, 영민, 현민 셋이서 연주하는데 나름 화성을 이해하고 표현한다. 상진이는 피아노 연주를 지휘봉으로 통제하고 있다. 하지만 어지간히 지휘자의 말을 안 듣는다.

교실 뒤편은 닌자 싸움이 한창이다. 탁구채 두 개, 당구채 두 개, 지휘봉, 청소도구, 깔때기가 동원된 대규모 액션신을 촬영하고 있다. 이 아이들이 6학년이 맞나 하는 생각이 든다.

연설에 대해 공부한다. 시간이 좀 지났지만 스티브 잡스의 아이폰 홍보 동영상을 먼저 보고 국어책에 나와 있는 연설하는 방법을 알아보았다.

> **태윤**: 사람들이 심플한 거 좋아하는데. 심플해서 하고 싶은 말을 딱 전달해 줘요. 사실 복잡하면 머리에 안 들어오는데.
> **서준**: 설명이 간단한 것 같기도 하고 안 간단한 것 같지만 머릿속에서 하나를 말하는 것 같아요.
> **현민**: 종이 그대로 읽으면 목소리도 이상한데 이분은 자연스럽게 말하니까 친구가 말하는 것처럼 들리고 집중돼요.
> **민준**: 잡스의 설명은 심플하면서 묵직해요.
> **은비**: 말하는 게 잘 어울리고 이해하기 쉬워요.
> **주희**: 잡스는 훌륭한 이야기꾼 같아요.

연설하는 방법을 찾아본다. 뭔가 한참을 설명한 것 같다.
1. 개그를 적당히. 2. 쉬운 말과 경어 사용. 3. 너무 길지 않게.
"선생님. 아까 잡스 할 때, 연설은 18분을 넘으면 안 된다고 하셨잖아요."
"18분이 넘으면 전달력이 떨어진다고 했지."
"스티브 잡스의 시간이 지났습니다. 18분째 선생님 혼자 수업하고 있습니다."
아!!! 오늘은 10분 정도 일찍 끝내 주었다. 중간놀이시간까지 쉬는 시간이 30분이나 되니 아이들이 뭘 할지 서로 눈빛을 주고받는다.
"근데 수학익힘책 내일까지예요?"
"그래."
"좀 더 익혀 먹으면 안 돼요? 불이니 다음 주 화요일쯤."
"타올라라! 불 화! (마법 천자문이라는데….)"

두 녀석이 말다툼을 하고 있다. 누구의 말이 맞는지….
"여자아이들이 손잡고 가자 하며 뛰어갔어요."
"남자아이들이 어깨동무하고 지나가며 어깨빵 했어요."
"여자아이들 복도에서 업고 가면서 남자애들을 막 치고 지나갔어요."
"남자아이들이 복도에서 엄청 떠들며 지나가서 4반 선생님한테 혼났어요."

도덕시간이다. 이어달리기를 못하는 현수가 등장하는 이야기이다.

① 네가 체육 시간에 있었던 일 때문에 많이 속상했나 보구나. 사실 나도 달리기를 잘하지 못해. 하지만 우리는 달리기 말고도 잘하는 다른 것이 있잖아. 그러니까 너무 속상해하지 말자.

② 하기 싫으면 그만두지 그래. 뭐, 노력한다고 다 되는 건 아니잖아. 내 실력 정도는 되어야 자신감도 가지고 자랑스러워할 수 있는 거라고.

  글을 읽고 아이들과 의견을 나누었다. 도덕적인 답을 해야 하는 의무감으로 말하는 녀석도 있고 속내를 시원하게 털어놓는 아이들도 있다. 한 녀석의 말이 걸작이다.

  "도덕시간은 왜 이렇게 현실에 맞지 않는 이야기들이 많아요? 현실에서는 이렇게 아름다운 장면은 없어요."

  "어른들은 배려 안 하면서 왜 그래야 하는지."

  "너는 말을 왜 그렇게 하냐. 달리기 잘한다고."

  두 녀석이 한동안 주고받는다. 둘 다 맞는 말인지라 딱히 대꾸할 게 없다. 좀 해결하기 어려운 간극이 보였다. 어떤 분야에 특출난 사람도 현실에는 어울려 살아야 하기 때문에 배려가 필요하다는 논리로 마무리 지었지만 뭔가 찝찝한 느낌이 남았다.

  이와 관련해 본인의 생각을 써 보는 과제를 내 주었다.

덕이가 옳은 것 같다. 왜냐하면 전에 좋지 않은 일이 있어 트라우마가 있는 친구에게는 조금이라도 위로해주면 자신감이 조금이라도 더 생기기 때문이다. 평생 단체 달리기를 안 하진 않을 텐데 빨리 풀수록 더 즐길 수 있을 것 같다.

나는 영훈이의 말이 맞기도 하고 틀린 것도 같다. 왜냐하면 노력한다고 다 되는 건 아니다. 하지만 다른 사람보다 무언가를 더 잘해야 자신감이 생기고 자랑스러워할 수 있는 것은 아닌 거 같다. 다른 사람보다 무언가를 더 잘해야 한다는 생각을 하면 경쟁심이 생기기도 하고 그것 때문에 스트레스를 받을 수 있다. 자신이 노력한 만큼 하고 만족하면 된다고 생각한다.

나는 이 도덕책 내용 자체가 잘못되었고 현실에 뒤떨어진 이야기를 쓸데없이 채워져 있는 것 같다. 친구의 잘못을 위로하거나 잘난 척 하는 것 둘 중 하나를 고르라는 것이 아니라 문제는 그 아이가 먼저 노력부터 해보고 친구에게 하지 못하겠다고 이야기해야 하는데 그러지 않았다는 것이다. 이 교과서로 학생들이 공부를 하면 무엇을 배우겠는가. 노력은 가르쳐주지 않고 노력도 하지 않는 상대를 배려하며 이야기해야 한다고 하는 교과서는 잘못되었으므로 개정해야 한다고 생각한다.

요즘 다 이렇게 격려하나 보다. 아무래도 도덕 교과서이다 보니 좀 비현실적인 상황이다. 영훈이는 뭐 맞는 말이기도 하지만 좀 잘난 체 같아서 현수 입장에선 더 속상할 것 같다. 영훈이의 말 중에서 앞부분만 맞는 것 같다. 별로 하고 싶지 않으면 우린 더 시킬 필요가 없다. 하지만 자신감 때문에 그러면 격려해 줄 필요가 있어 보인다. 근데 정말 나가기 싫어하는 경우엔 자기 주장대로 하는 게 옳다. 자기의 권리가 있는 법이니까.

도덕책 끝부분에 '다른 사람보다 무언가를 더 잘해야 자신감이 생기고 스스로를 자랑스러워할 수 있는 걸까?'라는 내용이 있는데 나는 그것에 반대한다. 스스로 잘할 수 있다고 생각하면 스스로 자신감도 오르고 용기가 생긴다. 난 피구를 못한다. 잘 던지지도 못하고 딱히 잘 피하지도 않는다. 근데 난 자신감을 가지고 던진다. 뭐 상관하지 않는다. 각자 성격의 차이. 현수도 근거가 없을 수도 있겠지만 자신감을 가져야 행복해진다. Happy! Have confidence!

나는 이어달리기에 자신 없어 하는 현수가 좋은 마음가짐을 가지고 있지 않다고 생각한다. 예전에 자신이 한 번 실수해서 그 부끄러움으로 시도도 해보지 않는다는 것! 그 행동은 좀 잘못이 있다고 생각한다. 그래도 현수를 이끌어 주고 격려해주는 두 친구 덕이와 지혜가 있어 이 모둠에게는 희망이라는 아주 작지만 강력한 힘이 보인다. 그 힘이 보이기는 보이는데. 그 힘을 훼손하려는 나쁜 마음의 친구가 보인다. 바로 영훈이. 영훈이…. 솔직히 희망을 멸망시키려는 사악하고 나쁜 아이 같다. 자기가 잘났다고 우쭐대고 도움을 주어야 하는 현수에게 도움을 주기는커녕 오히려 상황을 나쁘게 만드는 것은 정말 아니라고 생각한다.

나는 현수와 좀 다른 것 같다. 현수는 한 번의 실수로 계속 부끄러워한다. 사실 나도 실수를 하면 그 당시에는 정말 부끄럽다. 하지만 나는 현수와 달리 싹 다 잊어버리고 새 출발을 하는 기분으로 다시 시도한다. 자주적인 삶을 살려면 나는 자신감이 있어야 하고 용기와 희망이 있어야 한다고 생각한다.

저는 영훈이가 옳다고 생각합니다. 덕이와 지혜의 말은 오히려 현수를 체육시간에 있었던 일로 비꼬는 것처럼 들릴 수도 있지만 영훈이의 말은 자극제가 되어 더 열심히 연습하는 계기가 될지도 모르기 때문입니다.

나는 일단 연습하는 것이 좋겠다고 생각한다. 격려해주면 잘할 수도 있다. 그리고 처음에는 격려를 해주다가 도저히 안 되면. 미련을 버리는 것도 지혜다. 어떨 땐 포기를 하는 것도 현명한 선택이다. 격려하고 연습하여 좋은 결과가 일어날 수도 있고 아닐 수도 있다. 그렇기 때문에 연습을 하다가 되면 잘하는 것이고 도저히 안 되면 포기도 하나의 방법이다.

나는 덕이와 지혜의 이야기가 맞는 것 같다. 누구든지 처음부터 잘하는 것은 없다. 하지만 최선을 다해서 연습하면 점점 발전해 가기 때문이다. 실패는 성공의 어머니라는 말이 있듯이 처음에는 넘어지더라도 그 역경을 이겨내면 점점 실력이 좋아진다.

덕이와 지훈이의 위로해주는 태도는 좋다고 생각하지만 조금 비현실적인 것 같다. 요즘 어떤 사람이 저런 태도로 말을 할까? 저런 말투로 얘기하면 오히려 더 그 사람이 오해할 수 있을 수도 있다. 하지만 영훈이는 그것보다 더 안 좋다. 상대방의 마음을 생각하지 않고 기를 죽였기 때문이다. 또 자기 자랑을 덧붙여 미움도 살 수 있다.

내가 생각했을 때 나는 세상에 착하고 말을 그렇게 온화하게 하는 사람은 없다고 생각한다. 있다면 분노, 증오와 같은 감정은 왜 있는가? 물론 이런 사람이 있긴 하지만 그게 전부일까? 모든 사람 내면에는 화가 있다. 그걸 조절하고 감추는 게 대단한 것이다.

올해 들어 첫 번째 동아리 활동 시간이다. 교실체육부 아이들! 상진·준혁 대 인해·민준이가 한 편이다. 민준이가 말한다.

"우리 편이 너무 불리해."

상진이가 응답한다.

"방금 도덕시간에 배웠잖아. 천재도 보통 사람과 어울려 살아야 한다고. 배려하며 재밌게 하자. (맥락이 맞는 듯 아닌 듯하다.)"

"널리리야. 당구."

넷이 정말 재미있게 경기를 하고 있다. 한참을 하더니

"생각보다 밸런스가 잘 맞네."

당구경기가 끝나고 컬링으로 바꾼다. 컬링하다 일명 초딩싸움이 일어난다.

"거, 손으로 쳤잖아."

"안 쳤다고."

무한 반복이 이어지며 소리가 점점 커져 내가 출동했다. 막상 사연을 말해 보라고 하니 이구동성으로 아무것도 아니란다. 그 정도 눈치는 있나 보다.

달콤한 다락방! 요리하는 여자아이들은 책상을 붙여 책상 위에 정리용 비닐을 먼저 깐다. 제법인데! 믹서기 가는 소리가 요란하다. 하지만 아직 믹서기를 다루는 방법에는 익숙하지 못한 듯하다. 아이들 표현으로 '웰컴투 쿠키골'이 되어 버렸단다. 지윤이가 얼른 바닥에 떨어진 가루를 빗자루로 쓸어 담고 있다. 믹서기를 돌리던 경란이도 초반에 깔깔 웃으며 '웰컴투 쿠키골'을 연출하더니 몇 번 반복되자 엄청 진지해졌다.

"지퍼백 있어요?"

"숟가락 있어요?"

달콤한 다락방 아이들의 분주한 소리가 들린다. 머랭쿠키를 모양틀로 찍고 전자레인지에 돌리자 생각보다는 결과가 괜찮다. 본인들도 이렇게 예쁘게 나올지 예상을 못 했던지 다음에는 더 맛있게 만들어야 한다며 벌써 고민을 하고 있다. 만들고 다른 아이들과 나누어 먹는다.

"우리 조금밖에 못 만들었어."

"얘들아. 미안한데 나한테 준 건 모양이 영 아닌데. (구멍이 숭숭 뚫려 있다.)"

"촉촉하고 부드러워. 설탕 맛이 역시 최고야."

머랭쿠키 만들기 후기

달걀흰자 7~8개를 넣고 먼저 돌림. 하지만 한꺼번에 많이 넣으면 튀는 부작용이 생김. 그래서 처음에는 전동거품기를 사용하고 나머지는 손으로 저음. 설탕도 여러 번 감대로 넣어주고. 손목도 아프고 손가락도 아프고 손에 불이 날 것 같았음. 하지만 설탕덩어리는 맛있었음!

메이커부 서준이는 별모양 문양을 만들고 현민이는 건틀렛을 만든다. 여자아이들은 다이어리 꾸미기를 하는데 오늘은 한 페이지만 꾸밀 모양이다.

"구멍 뚫는 거 더 있어요? 이거 묶어야 하는데."

"하루에 한 페이지씩 만들면 언제 다 만드냐?"

"1년이면 한 권 되잖아요."

4월 5일 금요일

오늘은 식목일인지라 식목일에 대해 생각해 보는 시간을 가졌다. 나무 심기에 대한 동영상을 먼저 봤다. 날씨가 좋아 정말이지 오늘은 아이들과 나가서 나무 한 그루 심고 싶다는 생각이 들 정도다. '나무를 심자'라는 노래가 나오는데 반복적인 멜로디가 중독성이 있는지 종일 흥얼대는 녀석들도 보인다.

"근데 오늘 식목일인데 왜 안 쉬어요?"
"나무 못 심으면 씨를 심어요! 과일 같은 열매 열리는 거요."
"유실수?"
"아뇨. 과일 열리는 나무요. 사과나 배 같은 거요."
한 녀석이 이 와중에도 만화책을 보고 있다.
"배신자여. 사랑의 배신자여."
깜짝 놀라 날 본다. 정말 많이 놀랐는지 눈만 끔뻑끔뻑이며 멍하니 있다.

어제 고성, 속초에서 산불이 났다. 아이들과 뉴스를 함께 보니 생각보다 심각한 것 같다. 3천 명 대피, 학교 휴업령, 가스 차단, 축사가 불타는 장면. 문제는 지금도 불이 안 잡혔다는 사실. 아이들이 많이 놀랐나 보다.
"저런 걸 화마라고 하는구나. 불 진짜 개무섭다."
"근데 저거 왜 못 꺼요? 물 시원하게 붓고 싶다."
"속초 사는 사람은 진짜 무섭겠다."
"우리 학교 운동장 인조잔디 불타면 어디로 피해요?"
"축사의 돼지들은 다 구했어요? (피했겠지? 잘 모르겠네.)"
"불 다 *끄*면 속초에 나무 심으러 가요. 현장체험학습 어때요?"
"우리 산불이 사라지기를 기도하는 마음으로 그리고 나무 잘 자라기 기원 피구 한판 어때요?"
"우리 반에도 유실수가 있어요. 냉장고 안에 쭈쭈바(JJB) 열매가 가득하잖아요!"

중간놀이시간이다. 머리 만져 주는 아이들, 피아노 치는 아이, 책 읽는 아이(물론 만화책이지만). 피아노 치는 남자아이들이 서로 소녀감성이라며 놀리고 있다. 그 옆에는 왕자 역할인 지윤이가 유모 태윤이를 데리고 효삐 효은이를 잡으러 다닌다. 말도 타고 다니는데 은근 재미있어 보인다. 20여 분의 중간놀이시간이 끝나갈 무렵 색연필을 준비하라고 했더니 색연필을 파워레인저 모드라며 휘두르며 자리로 오는 녀석도 보인다. 나름 질서 속의 자유로운 풍경이지만 살짝살짝 불안한 마음이 밀려온다.

국어시간이다. '나의 행복'을 주제로 글짓기를 했다.

규현: 맛있는 걸 먹으면 배불러서 포만감이 든다. 그래서 맛있는 걸 먹으면 행복하다. 또 가족, 친구들과 놀면 재밌어서 행복하다. 가족과 친구들이 있으면 노는 거 외에도 많은 활동을 할 수 있고 가족들이 나를 좋아해주기 때문에 행복하다.

민준: 1. 부모님이 이 세상에 살 수 있게 해주어서.
2. 교육여행을 생각만 해도 좋고 빨리 가고 싶기 때문에.

상진: 저는 밥이나 간식 같은 음식을 먹을 때 행복해요. 음식을 먹으면 마음이 편안해져서 먹을 때 기분이 좋아요. 또 친구들과 함께 보드게임이나 다른 재밌는 게임을 할 때 행복해요. 짜릿하거나 친구들과 어울리니 좋기 때문이지요. 마지막으로 친구들과 함께 놀면 행복하고 신나요. 다음에도 더 놀고 싶은 마음이 생겨요.

경란: 나는 밥 먹고 난 후 놀고, 놀고 나서 잠자고 난 후가 제일 행복하다. 놀고 나면 기분이 좋아지고, 밥 먹으면 배불러서 잠이 온다. 잠자고 나면 개운하기 때문이다.

준혁: 나는 놀 수 있어서 행복하다. 그리고 친구가 있어서 행복하다. 이 두 가지를 합하면 친구와 놀면 가장 행복하다.

준우: 친구와 같이 있을 때가 혼자 있는 것보다 좋다. 심심할 때 같이 놀고 나면 행복하다. 그리고 배가 고플 때 밥을 먹고 배가 부르면 행복하다.

은비: 우정 - 나를 좋아해주는 친구가 있으면 나를 도와주고 힘들 때 위로해주기 때문이다.
사랑 - 부모님이 날 사랑해주고 배려를 해주며 행복하게 해주므로.
BTS - 자신이 좋아하는 사람이 새로운 무언가를 하며 새로운 노래를 가지고 컴백을 한다면. 이 노래를 듣는 시간이 행복하고 기분이 좋아진다.

연수: 저는 가족이 있어서 행복해요. 왜냐하면 항상 저의 곁에 있어서 소중해요! 그리고 저는 팔도 비빔면을 먹을 때가 가장 행복해요! 왜냐하면 맛있거든요!!!

준호: 나는 내가 하고 싶고 좋아하는 것을 할 때가 가장 행복하다. 나는 가족이 있기에 기댈 수 있어서 행복하다. 같은 한국인으로서 손흥민이 골을 넣으면 행복하다.

서준: 마법천자문. 마법천자문의 혼세마왕은 잘생기고 강해서 좋다.
브롤스타즈 게임을 할 때 신규캐릭터를 뽑는 것이 재미있고 스릴 있어 좋아요.
짜장면을 먹을 때 배부르고 맛있어서 좋아요.

효은: 나는 친구들이랑 있을 때 행복하다. 왜냐하면 친구들이랑 있으면 덜 외롭고, 재밌고, 즐겁기 때문이다. 그리고 학교 갈 때 정말 행복하다. 학교 역시 집에서 할 수 없는 것들을 할 수 있고 친구들도 있고 많은 것을 배울 수 있기 때문이다. 마지막으로 난 가족 덕분에 행복하다. 가족은 슬플 때나 즐거울 때 서로 기대고 위로를 받을 수 있기 때문이다. 이 기본적인 3가지로 나는 행복하다.

현민: 나는 먹을 것으로 맛있음을 느낄 수 있을 때 좋다. 수영을 하면 땀이 나서 좋다. 가족 덕분에 행복하게 살 수 있어서 좋다. 만화책으로 웃을 수 있어서 좋다. 여행으로 지식이 생겨 좋다.

륜경: 좋은 가족들이 내 곁에 있어 행복하다.
좋은 친구들이 내 곁에 있어 행복하다.
좋은 친구들과 노는 것이 재미있어서 행복하다.

아스트로가 멋지고 잘생겼고 목소리도 좋고 귀여워서 아스트로를 볼 때랑 아스트로의 노래를 들을 때 행복하다.

태윤: 나는 행복이란 대단한 것이 아니라 평범한 일상 중 좋은 것이라고 생각한다. 나의 행복단어는 대표적으로 덕질, 친구, 가족, 잡지, 놀기, 밥, 엽기 떡볶이와 불닭볶음면이다. 좋아하는 연예인을 덕질하는 것과 친구와 노는 것, 가족이 있다는 것, 잡지를 볼 수 있는 것, 밥과 엽떡, 불닭면은 나의 개인적인 자그마한 행복이라고 말할 수 있다.

지윤: 졸업사진 촬영이 긴장되고 재밌어서. 동아리에서 할 일이 기대되어 상상만 해도 설레고, 곧 있으면 주말이라 행복하다.

승은: 집, 강아지, 가족이 있어 포근하고, 학교에 다니며 공부할 수 있어서 좋고, 방탄소년단이 컴백한다는 게 행복하다.

컴퓨터실에서 학교폭력설문조사가 있다. 4학년 때부터 쭉 해 온지라 익숙하기도 하지만 귀찮기도 한 듯하다. 이런 설문 안 하면 안 되냐는 저항의 목소리도 있다. 하지만 참여율을 높여야만 한다. 정말 이런 설문으로 학교폭력 예방이 된다고 생각하는 건지. 설문 응답률이 높은 것이랑 학교폭력 예방이 진정 연관성이 있기는 한 건지. 제도라는 게 만들어 놓으면 참 무섭다. 학급, 학교 차원에서도 그리고 교육청 차원에서도 학교폭력 예방교육을 하고 있다. 아이들 사연 하나하나를 들으며 오랜 시간이 걸려 해결이 되어야 할 생의 과정일 텐데 컴퓨터 앞에서 육하원칙에 따라 써야 하다니. 참여율 높이는 데만 혈안이 되어 있는 행정조직. 결국 95% 참여라는 목표를 달성한다. 나는 아이들과 그렇게 컴퓨터실에서 한 시간을 보낸다. 아니 20여 분 하고 20여 분은 놀았나 보다.

"도대체 학교폭력 예방을 몇 번 하는 거야?"
"나는 나를 잘 알아. 그냥 엄마한테 말하면 되는데."
"왜 이렇게 검사를 많이 하는 거야?"
"우리 반에서 했던 설문이랑 거의 비슷해."

- 2018학년 2학기부터 지금까지 다른 학생이 학교폭력으로 힘들어하는 것을 보거나 들은 적이 있나요?
- 나에게 학교폭력이 생겼을 때, 나는 "그만해"라고 말할 수 있다.
- 나에게 학교폭력이 생겼을 때, 나는 누구에게(어디에) 도움을 요청해야 하는지 알고 있다.
- 내 주변에 학교폭력이 생겼을 때, 나는 학교폭력을 당하는 친구를 위로하거나 도와줄 것이다.
- 주변에 학교폭력이 생겼을 때, 선생님께 말씀드릴 것이다.
- 학교폭력 예방교육에서 어떤 분의 교육이 가장 도움이 된다고 생각하나요?
- 학교폭력 예방교육으로서 어떤 방법이 가장 도움이 된다고 생각하나요?

- 나는 학교생활이 즐겁다.
- 나는 공부에 흥미가 있다.
- 나는 학교 친구들과 잘 어울린다.
- 나는 우리 학교에 자주 대화하는 선생님이 있다.
- 나는 가족과 자주 대화를 나눈다.
- 나는 가족으로부터 사랑을 받는다고 느낀다.

 **4월 8일 월요일**

코로나시대에 다시 만나고 싶은 교실이야기

　오늘은 독감에 걸렸던 아이들이 모두 컴백하는 날이다. 오랜만에 완전체가 된 우리 반 모습! 아이들에게 컨디션을 물었더니 아주 좋단다.

　한 녀석이 지난주 급식으로 나온 김치찌개가 너무 맛있어서 밥을 두 공기나 먹었단다. 6학년이 되고 나서 하도 먹으니까 키가 크려나 했는데 3개월에 겨우 1센티미터 컸단다. 몸무게 느는 거 신경이 쓰여 주말에 너무 많이 먹었다는데. (이건 무슨 말인지….) 달콤짭짤 양념고기, 매콤칼칼한 코다리, 치킨, 딸기, 칼로리 폭탄!

"왔구나. 아저씨 헤어밴드."
　남자아이들은 헤어밴드를 바로 써본다. 아저씨 헤어밴드! 모델로 나왔던 아저씨의 얼굴이 선명히 떠오른다. 여자아이들은 화장실 가서 써 봐도 되는지 묻는다.
"너 정말 잘생겼다. 만화에 나오는 아이 같아."
　한 아이는 머리띠를 가져와 같이 밴드랑 같이 써 본다고 한다. 같이 쓰고 셀카도 찍는다. 우리의 교육 여행 미션은 헤어밴드 쓰고 제주공항에서 내리는 걸로.
"저는 그냥 목걸이로 쓸래요."

　음악시간에 〈레미제라블〉 대본을 읽고 뮤지컬도 봤다.
"코젯 표정이 무서워. 아~~" 두 손을 떨며 본다.
"주말에 떼나르디에 나오는 부분 다섯 번은 봤어요. '마스터 오브 하우스'! 이 노래 계속 들었어요."
　거지들이 나오자 아이들도 '룩 다운, 룩 다운'을 따라 한다. 대본에 젊은 여자와 미친 할망구 할 때 륜경이가 엄청 크게 웃는다. 실제로 나오는 인물의 대사인데 내가 웃기려 일부러 넣은 줄 알았단다. 〈레미제라블〉에 대해 아이들이 알아 갈수록 의미를 담아 말하기 시작한다.

> 서준: 떼나르디에가 노래 부르는 '마스터 오브 하우스'가 제일 재미있어요.
> 민준: 가브로쉬가 왜 여기의 주인은 나라고 하는지 궁금해요.
> 현민: 자베르가 스타를 불쌍하게 부르는데. 찡~한데 전체적인 내용은 살짝 머리가 한 바퀴 돈 것 같아요. 아니 반 바퀴요.
> 은비: 코젯이 혼자 노래 부르는 부분. 소름이 돋으며 힘든 마음이 전해져요. 무서웠기도 하고.
> 상진: 코젯이 혼자 노래 부를 때. 눈이 커서 무섭기도 했는데 느낌이 있어요.
> 영민: 떼나르디에가 부르는 주인장 노래가 엄청 인상 깊었어요. 비열한 성격 같고 자신의 이미지를 좋게 심어 놓고 자신은 나쁜 짓 하는 착한 사람?! 보통 사람들에게 처음에는 좋게 보이려 하지만 야망이 커지는 것 같아요. (뭔가 울림이 있는 말이었다.)
> 연수: 떼나르디에가 노래 부를 때 가사에 고양이 간, 말 신장이 나와 너무 동물이 불쌍하고 가사가 잔인해요. (다른 아이들이 비둘기 간은 왜 안 나오는지 묻는다.)
> 준호: 자베르가 부른 스타가 인상 깊어요. 왜 장발장 하나에 꽂혀서 20여 년을 잡으러 다닌지 모르겠어요.
> 태윤: 저도 자베르 스타. 너무 집착하고 솔직히 이런 사람 불편한데… 무서웠어요. 사생팬 같기도 하고.
> 민준: 가브로쉬 엄마 아빠. 누구예요? (가난했던 시민)
> 준혁: 자베르가 스타를 부르는데. 별에다 장발장을 잡아넣겠다라는 뜻인 줄 알았어요.

화폐박물관 사전학습을 한다. 찾아볼 자료가 있다며 데이터가 필요하다고 해서 핫스팟을 켜줬더니 한 녀석이 웹툰을 본다는 신고가 들어왔다. 그냥 모른 척하려다 너무나 강력한 신고가 들어오면 어쩔 수 없다! 일단 출동하니 순순히 인정한다. 다 만든 아이들은 화장실에 손 씻으러 가겠단다. 그 와중에 헤어밴드에서 땀냄새가 난다며 비누를 묻혀 씻고 왔단다. 물에 젖은 헤어밴드를 들고 노래 부르며 들어온다.
"뱀이다. 뱀이다. 몸에 좋고 맛도 좋은."
만들기를 하며 주희가 〈레미제라블〉 코젯 노래를 부른다. 우리 반에서 음감이 제일 좋은 아이이다.
"주희야~ 뮤지컬 배우 어때?"
"전 연기가 안 돼서 못 해요."
"지금 이 느낌으로~"

한쪽에서는 계속 학습지를 만들고 있다.
"망쳤는데 뒷면에 다시 해도 돼요?"
"도화지를 딱 맞게 준비해서. 준비물실에 갔다 올래?"
"아뇨. 그냥 뒤집어서 할게요."
"우리나라에 정당이 몇 개 있어요?"
"북한이 왜 못 내려오는지 알아?"

"쓸데없는 소리 하지 말고. 참 별소리를 다 한다. 얼른 마무리 지어라."

"오늘 내일 모레 중에 내려올걸."

"근데 남자는 살면서 네 번 우는 거래."

"태어나서 한 번. 군대 가서 한 번. 부모님 돌아가셨을 때 한 번. 나라 잃었을 때 한 번."

"부모님은 두 분이잖아."

"그럼 다섯 번 우는 거야."

말죽거리 잔혹사. 슈퍼명품전 이야기를 하면서 말다툼하는 소리가 들린다. 출동 준비하고 샤우팅을 했다. 남자, 여자아이들이 같이 떠들었는데 선생님들은 왜 여자애들은 혼 안 내는지 묻는다.

"맞아. 작년 선생님도 같이 떠들었는데 우리만 혼내고."

"그러니까 그만 떠들면 되잖아. 다 하고 떠들면 되는데."

"저는 억울해요. 좀 조용히 하자고 말했는데 혼났어요."

사연들도 참 많다. 12시 20분을 확인하고 머쓱하게 혼잣말한 듯하다.

"왜 오늘은 종이 안 친대? 밥 먹으러 가요."

6교시에 화폐박물관 사전학습지 발표를 했다. 의외로 아이들이 자신감이 넘쳐서 좋았다. 시원시원하게 말한다.

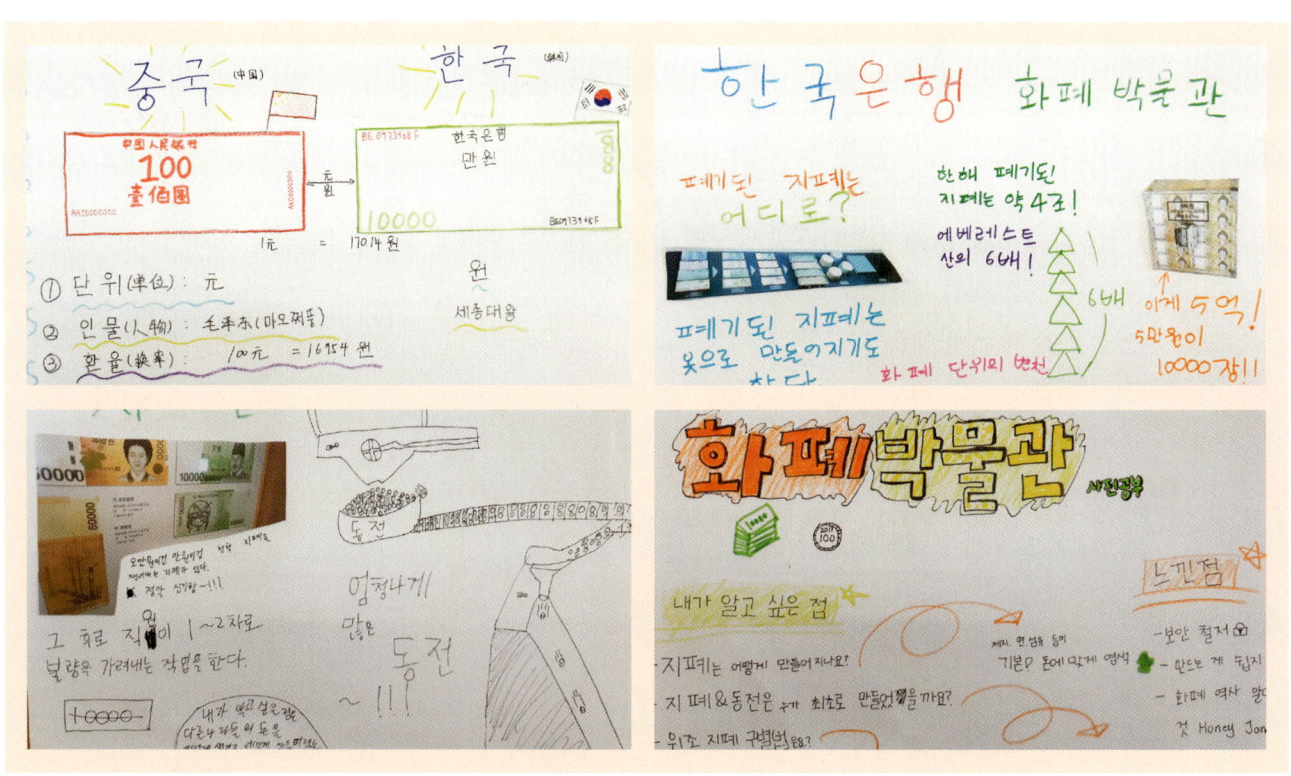

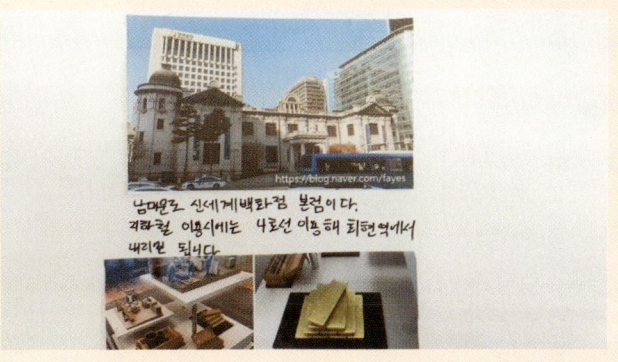
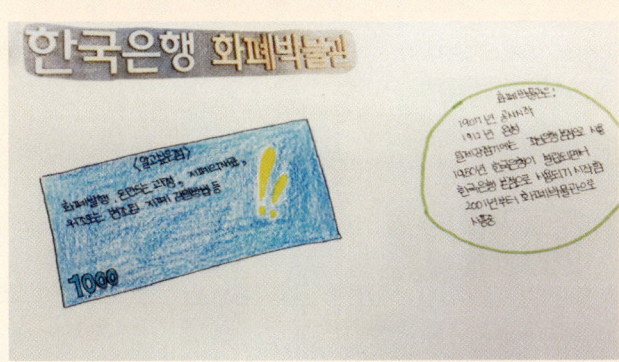

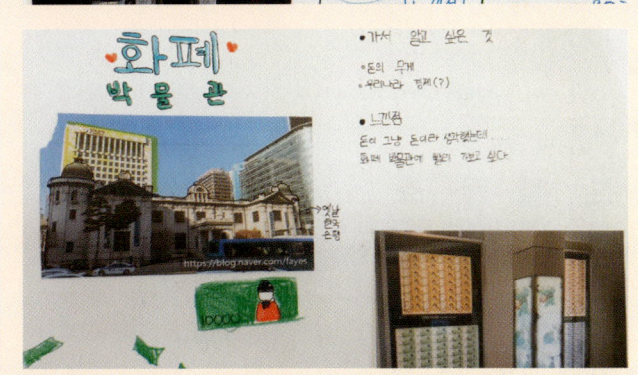
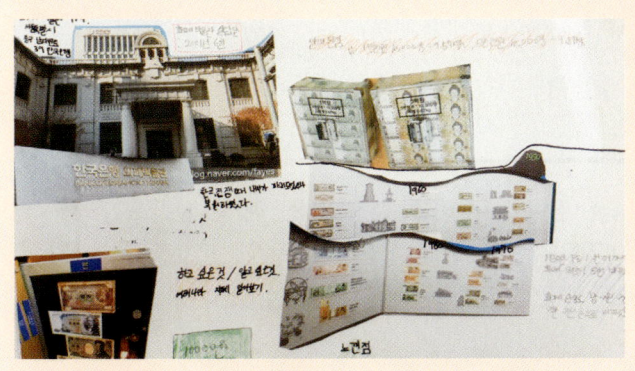

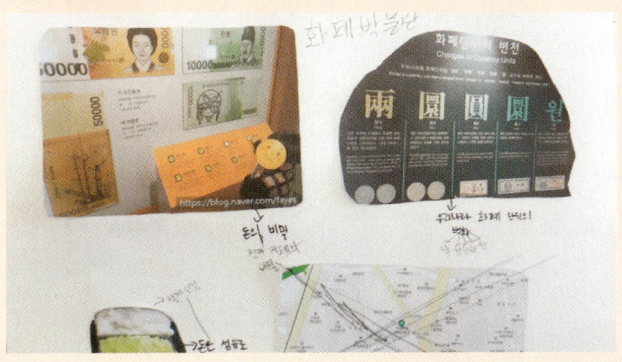
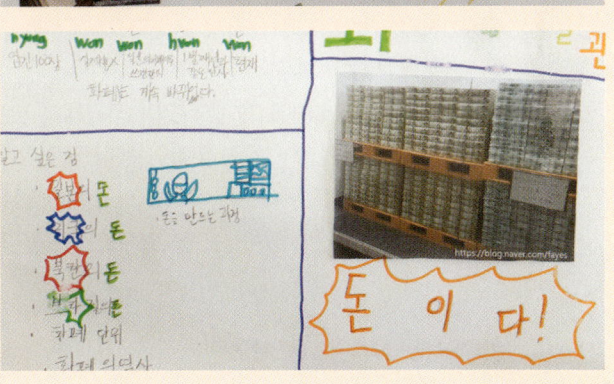

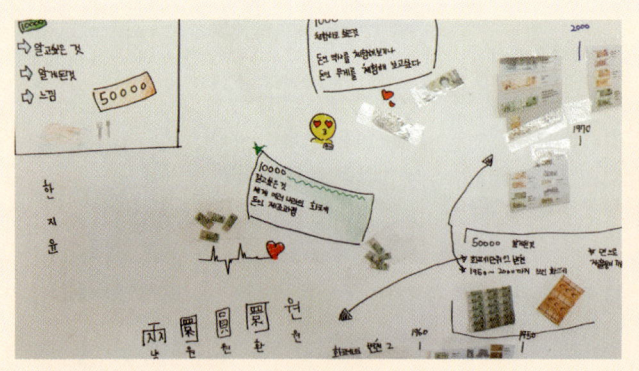

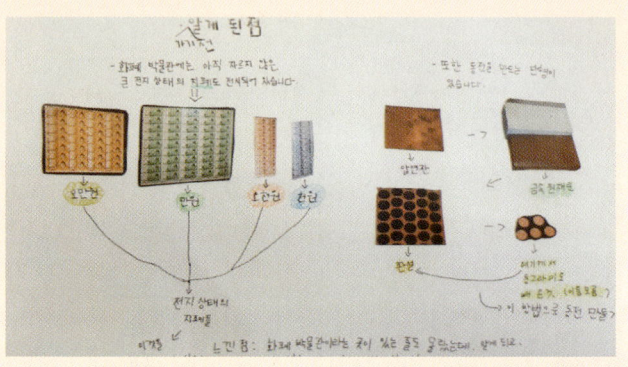
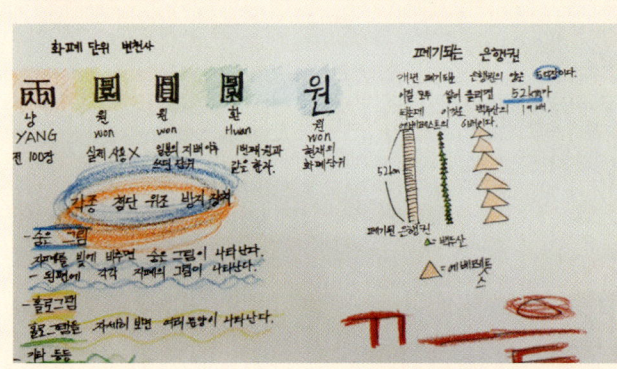

효은: 낡은 돈이 폐기가 되고 옷 또는 면으로 재활용 된다는 점이 신기했어요. 매년 5억 장, 폐기한 돈이 52킬로, 백두산 19배, 에베레스트의 8배. 하여간 돈이 면이라는 게 그리고 은선이 있다는 게 신기했어요.

서준: 화폐단위가 어떻게 변했는지. 원, 환, 원으로 바뀐 게 인상 깊었고요. 첨단 위조 방지 장치 부분을 그렸는데요. 숨은 그림, 홀로그램 기타 등등.

승은: 전지상태의 지폐가 커서 놀랐고요. 동전을 판형하는 게 재미있었어요. 화폐박물관이 있는지 몰랐는데 기대가 돼요.

현민: 다른 나라 화폐에 새겨진 것이 궁금해서 봤는데. 다른 나라 화폐에 성과 궁전, 종교건축, 도자기, 사냥, 물고기잡이 등의 일상이 들어 있었고요. 만리장성이 제일 멋진 것 같아요.

은비: 저는 화폐박물관 주소를 찾아봤어요. 개관 일시도요. 6월 22일. 4,000여 점 전시되어 있다고 합니다. 체험학습 가면 2전시실을 볼 거예요. 동전을 찍어 볼 수 있다고 하네요. 콕콕콕 라면볶이가 생각나요.

지윤: 세계 여러 나라의 화폐와 돈의 제조과정을 알게 되었어요. 냥, 원, 환, 원으로 바뀌는 것도 처음 알았고요. 돈의 역사나 무게를 체험하고 싶어요.

영민: 일단 다 못 씀을 양해 부탁드리고요. 안녕하세요. 냥은 엽전 100장, 원은 일제 강점기. 이건 별로 재미없고요. 일본, 미국, 북한, 브라질의 돈이 알고 싶어요. 그리고 다른 나라 돈이 갖고 싶어요.

준혁: 돈의 비밀을 알게 되었어요. 돈은 솜으로 만든다! 우리나라 화폐단위의 변화와 백두산 높이 19배가 신기했어요.

준우: 돈을 섬유로 만드는 것이랑 금괴를 만드는 과정이 신기했어요. 끝!

규현: 2001년 6월에 지어졌고요. 5억 원이 5만 원짜리 9.87킬로그램이라네요.

경란: 체험학습 가면 돈의 무게와 우리나라 경제를 알고 싶어요. 돈이 그냥 돈이라고 생각했는데.

태윤: 가서 돈이 만들어지는 기계가 있으면 구경해 보고 싶어요. 불량돈을 걸러낸다고 하는데. 사진으로 봐서 실감이 안 되지만 현장에 가면 더 잘 배우고 올 것 같아요.

민준: 알아보고 싶은 것은 동전 만드는 법이 궁금해요. 섬유로 돈으로 만들고 다시 섬유로 만드는 것이 신기했고요. 찢어진 돈이 매년 5억 장이라는 것도 신기했고요.

륜경: 저는 많이 못 했는데. 화폐발행, 돈이 만들어지는 과정, 위조 변조 화폐 감별에 대해 정리했습니다. 1950년 한국은행 설립과 2001년 화폐박물관 설립.

인해: 지하철 4호선 회현역에서 내린다는 것이랑 금괴를 만드는 모형을 실제로 볼게요.

상진: 돈을 만드는 재료를 알아보고 싶어요. 이렇게 많은 전시품이 있다니 놀라웠고 가서 직접 보면 신기할 것 같아요. 화폐의 비밀들을 꼭 알아보고 싶어요.

주희: 면섬유가 기본 돈에 맞게 염색되어 있고 동전 톱니 개수가 인상 깊었어요. 그리고 홀로그램 보는 각도도요. 이집트의 파라오가 처음 화폐를 만들지 않았나 하는 썰도 있네요. 화폐에 대해 알아보는 시간이 허니 잼!

연수: 지폐를 찍어 내는 기계가 궁금하고 1~2차 불량을 어떻게 가리는지도요. 다른 나라 돈이 어떻게 만들어지는지 궁금합니다.

준호: 폐기된 지폐가 어디로 가는지. 어떤 방식을 거쳐 어떻게 옷으로 만들어지는 알아보고 싶어요. 폐기되는 지폐를 만드는 데 600억 원이 든다는데. 헉~ 지폐에 구멍 내는 게 이상했어요.

"도대체 왜 너희는 내 마음에 구멍을 내니? 너희는 내 마음 이렇게 아프게 할 거야?"
아이들이 박수로 나의 개그를 받아 준다.
"오늘 근데 JJB 안 먹어요?"
"그건 특별한 날에 먹는 거야!"
"선생님이 오늘 특별히 더 잘생겨 보여요."

 # 4월 9일 화요일

　오늘 드디어 학급온도계가 100도를 돌파했다. 우리 반 학급온도계는 자율적으로 올릴 수 있는지라 보통 2주 정도면 100도를 넘기지만 올해 아이들은 정확히 양심적으로 잘한 만큼만 올린다.

　"100도 돌파 기념 오늘 체육 하는 거예요? 초능력피구?"

　"오늘은 미안하게도 체육 할 시간이 없네."

　오늘 시간표는 정말 촘촘해서 정말로 뺄 시간이 없다.

등교한 효은이가 뭔가 달라 보인다. 아이들은 금세 알아챘다.

"효은이 파마 했어요~"

"두 시간 했는데. 제가 머리카락이 축 늘어지는 스타일이라. 파마가 잘 안 먹혀요."

정말 부끄러워한다. 파마가 아주 예쁘게 잘 되었는데.

"선생님. 수학학원에서 영수증 받아 왔어요."

"학원에서 영수증을 왜 너희한테 주나?"

"이런 거 할 수 있어요. 카드 결제. 이젠 어른이 없어도 할 수 있어요."

오늘은 아침에 다른 반 아이들과 약간의 갈등이 있었다. 6학년 아이들 몇몇이 모여 가위바위보해서 지는 사람이 무조건 고백하기로 했던 모양이다. 싫다고 했지만 무조건 하라고 해서 어쩔 수 없이 고백했다고 하는데 이게 문제가 되었다. 서로 피해자라며 억울함을 호소하는데. 관련된 아이들을 불러 사실관계를 확인하니 그냥 장난이었다고 한다. 이 나이 때 아이들이 할 수도 있겠다는 생각이 들기도 했지만. 이것도 학교폭력의 범주 같기도 하고. 모두들 잘못했다길래 재발 방지를 약속하고 각자 교실로 보냈다. 20분의 중간놀이시간이 이렇게 날아가 버렸다.

교육여행지에 대해 알아보는 시간을 가졌다. 백록담, 둥근 형태의 화구와 거문오름 등 화산이 만든 비경에 대해 알아보았다. 아이들은 화산 지형을 신기해하면서도 방 배정 빨리 하자고 보챈다. 정말 드디어 방 배정의 시간을 해야 할 시간이 서서히 다가오고 있다. 무사히 넘어가야 할 텐데.

"뭐 하냐? 너 패션이 왜 이래?"

"왜 옷을 헐렁하게 입어? 거지야?"

아이들의 대화에 화가 나 올해 들어 처음 폭발해 버렸다. 수업 준비도 수업 받는 태도도 문제가 있어 잠시 이야기하다가 누적된 감정들이 한꺼번에 나온다. 5분을 넘기지 않으려 했지만 말이 길어진다. 20분. 혼내고 나니 나도 기분이 안 좋다. 불편한 마음에 쭈쭈바를 하나씩 나눠 준다. 혼나고 먹어도 맛있게 먹어 주는 녀석들. 여기는 화가 나 있는데도 맛있게 쭈쭈바를 빨아 먹는 아이들의 모습이 신기하기만 하다. 쉬는 시간에 화장실 갔다 오는 복도에서 우리 반 아이들을 만났는데 정말 어색하고 불편하게 인사한다. 이런 어색함은 싫은데. 어떻게 풀어야 할지.

 4월 10일 수요일

아침에 학교교육 계획을 열었더니 이런 구절이 나온다.
'[예고] 성동광진교육지원청 공감소통 담임장학: 4.11.(목) 14:40, 회의실 ☞ 부장교사 참석'
2시 40분에 수업이 끝나는데 어떻게 내려오라는 말인지. 올해는 부장을 안 해서 여유롭지만 참 애들한테 집중 못 하게 지원하는 교육청 같다. 1년에 한 번 오면서 매번 불리는 이름은 공감과 소통의 시간이다. 이놈의 공감! 소통! 지겹다. 하긴 나오는 분들이 무슨 잘못이랴. 잘못된 제도를 만들어 놓은 사람들의 문제지. 상급기관에서 나오는 사람들은 항상 학교를 위해 많이 돕겠습니다와 같은 원론적이고 형식적인 말씀을 하신다. 하긴 해줄 권한도 없으니 불쌍하긴 매한가지다. 막상 도움이 필요할 때는 법령과 규칙을 찾고. 학교와 행정기관은 서로 잘 맞는 것 같지는 않다.

어제 크게 혼냈더니 오늘은 내 근처에 오지 않고 저 멀리서 아이들이 이야기하고 있다. 그래도 새우, 콩 알레르기는 알려 줘야 하기에 말을 건네 본다.
"오늘 짜장에 새우, 돼지, 두부가 들어간대. 새우, 두부 빼고 돼지고기만 넣은 짜장은 따로 있대."
"네."
"알겠습니다."
다행히 때마침 어제 손흥민이 골을 넣어 주었다. 축구를 좋아하는 남자아이들이 말을 걸어 준다.
"손흥민 골 봤어요?"
"정말 잘 찼지?"
"네. 우아, 정말 말이 돼요? 상식적으로."
"판타스틱 소니."
"흥민이 형 26살인데. 이제 전성기가 시작되나 봐요."
다행히 축구 이야기로 얼었던 감정이 조금은 녹는다. 손흥민 골 넣는 동영상을 같이 보기로 한다. 그때 주희가 머리핀 두 개를 들고 와서 "어떻게 꽂는지 아세요? 가르쳐 드릴까요?"라고 물어본다. 퍽이나 자세히도 알려 준다.
"이것 참. 대충 알려줘. 난 남자인데."
아이들 마음은 모르겠다. 어제 그렇게 혼이 났는데도 쉽게 열어 준다. 다른 녀석도 밝은 표정으로 말을 건넨다.
"저 집에서 스투키 키우는데 새순이 났어요."
"오! 드디어 봄이 오는구나."
"근데 꽃을 봤는데 이상한 물 같은 게 맺혀 있는데. 진드기 같았어요. 징글징글."

미세먼지가 심해서 아이들과 실내체육을 했다. 뒤로 앉아 공을 머리 위로 던져서 받는 경기이다. 먼 쪽에서 잡을수록 높은 점수를 얻는 게임인지라 가까이 앉은 선수들의 토스 능력이 중요하다. 엎치락뒤

치락 경기가 이어진다. 마지막 턴에는 더블판을 했더니 점수가 요동친다. 아이들은 이 게임 너무 재미있다고 한다. '진 듯 이긴 팀'이 122점, '이긴 듯 진 팀'이 134점을 얻었다.

오늘은 교육여행 일정 중 천지연폭포와 표선해비치에 대해 공부했다. 아이들과 천지연폭포에 생긴 돌섬과 아름다운 표선의 모습에 대해 이야기를 나누었다. 자연적으로 생긴 폭포의 돌섬에 대해 궁금한 것이 많은가 보다.

서준: 그렇게 쌓이는 것도 자연의 이치인데 자연적으로 만들어진 것은 손을 대면 안 돼요.
민준: 포크레인이 들어가서 작업을 해도 포크레인이 떠내려갈 것 같아요.
규현: 쌓여 있는 돌 색깔이 밋밋해 보여요. 그래도 나름 보기에는 괜찮은 것 같은데요.
태윤: 저렇게 이상하게 보여도 물이 아주 맑아요. 저 돌무덤 없애면 흙탕물이 될 거고 그러면 물고기가 다 죽을 것 같아요.
연수: 저게 얕아 보여도 잘못하면 포크레인이 물에 잠길 것 같아요.
효은: 사람이 손을 대면 인공이 되니 안 대는 게 나을 것 같아요.

"아까 영상에서 저 뒤에 희귀한 시퍼런 나무가 보였는데. 공사를 하면 본래 모습을 잃어버릴 것 같아요."
"무지개 같은 게 보였어요. 돌섬이랑 잘 어울리는 무지갯빛 장관 같아요."
"천지연폭포에 가면 사 먹을 게 많아요? 용돈은 얼마나 가져와요?"
"오메기떡도 맛있는데."
"천지연에 빠지면 구해 줄 거예요?"
"개헤엄으로 구해 줄게."
"천지연폭포에 사는 장어 맛있겠다. 근데 이빨 진짜 날카로워 보여."
"폭포에서 상어가 갑자기 나타나면 어떻게 해요?"
"물에 들어가는 거 안 돼도 천지연폭포에 손대는 건 괜찮죠?"
"표선해비치라고 했는데 모든 해수욕장은 해가 비치지 않나요? 해가 비친다? 비치가 해변이 아니네요."
"표선해비치에서 번데기 먹고 싶다."
"바다 장어 토치에 구우면 맛있는데. 양념 살짝 발라서."
"나는 아나고 먹어 봤는데 진짜 맛있었어."
"하얀모래축제 할 때 가면 좋을 것 같아요."

 **4월 11일 목요일**

오늘은 졸업앨범 실내 촬영이 있다. 아이들이 말쑥한 차림으로 오는데 역시 옷이 날개인가 보다. 샤방샤방 빛이 나는 녀석들.
"엄마가 이렇게 입으래요. 조끼 입고 사진 찍으래요."
"엄마가 립밤을 얼마나 발라 줬는지."
"너는 회사원 같아."
"우리 집은 동생이랑 엄마랑 싸워 가시방석이에요. 2차 대전이에요."
"근데 오늘 과학 안 하면 안 돼요?"
"나만 특별하게 입고 온 게 아니라 다행이에요. 전 이렇게 입는 게 싫어요."
"하긴 선생님이 가장 특별하게 입고 오셨네."
"특이한 건 아니지?"

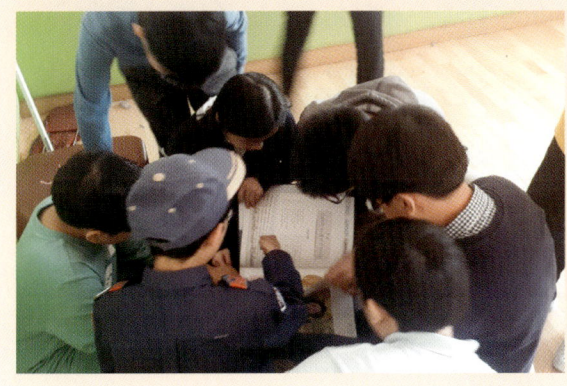

　오늘은 교육여행지 중 레일바이크에 대해 알아보았다. 나는 여러 번 타본지라 코스를 설명할 수도 있었지만 말로 하는 설명보다는 동영상으로 보고 싶단다.
　"오르막 내리막 반복되는 거 같은데. 어지러울 것 같아요."
　"저게 왕눈이 오름이에요? (사실은 용눈이오름)"
　"자동이에요? 수동이에요?"
　"소랑 같이 있으니 좀 더 멋지다."
　"기차가 목장길을 가로지르는 것 같아요."
　"소다! 저기 소가 있네요. 오! 맛있겠다."
　"배고파요. 오늘은 마카로니 안 먹어요?"

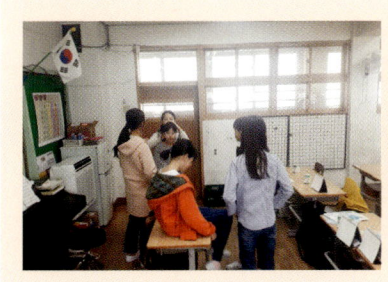

마카로니 통이 금세 바닥을 보인다. 오늘은 1인당 20개로 제한한다. 하지만 개수를 세어 가져가는 녀석은 없다. 정말 무지막지하게 가져간다. 얼추 봐도 50개씩은 가져간 것 같다. 마카로니 과자를 입에 한 가득 넣고 우유 마시는 아이들 모습이 이뻐 보인다. 바닥에 떨어진 마카로니 좀 쓸어 달라고 했더니 지윤이랑 규현이가 봉사한다. 그러다 한 녀석이 지나가다 마카로니를 가루로 만들고 말았다. 가루를 쓸어 담으며 하는 말이 참.

"미안."
"으이고. 남자들이란."
"거기서 왜 남자라는 말이 나오냐?"
"근데 선생님. 공개수업 할 때 사준다고 했잖아요. 비지떡 언제 줄 거예요?"
"아! 비지떡. 그거 만들어야 할 것 같은데. 연구해 볼게."

도덕시간이다. 행복하기 위한 조건이라는 주제로 토의를 했다. 행복의 조건을 적고 서로의 생각을 나누었다. 유쾌하고 즐거운 시간이다.

"밥만이 우리를 행복하게 해요."
"밥이 배 속으로 너무 많이 들어가면 불편하지 않아요? 저는 밥은 별로인데."
"친구가 왜 행복의 조건이에요?"
"친구랑 같이 있으면 재미있잖아요."
"혼자 있는 것도 재미있지 않아요? (성향 차이가 확연하다.)"
"저는 잡덕이에요. 워너원 12명 전부 좋아해요. 저의 행복의 조건이에요."
"저는 교육여행이랑 부모님."
"님이 교육여행 못 가면 안 행복하고 부모님 없으면 안 행복한 거예요? 난 제주도 가서 엄마 아빠 안 보면 좋은데."
"님은 냉장고가 왜 좋아요?"
"JJB가 가득해서요."
"강아지가 있는 게 왜 좋아요? 어떤 강아지 좋아해요?"
"심심할 때 같이 놀아 줄 수 있어요. 요크셔테리어."
"무슨 비빔면이 좋아요?"
"팔도~ 비빔면."

동아리 활동 시간이다. 교실체육부 아이들은 당구를 치며 과감하게 마세이를 한다. 조심히 치겠다고는 했지만 역시나 당구대에 큐 자국이 여러 군데 보인다.

"실제 당구장에서 찍어치기는 200 이상만 할 수 있어."

"저는 200점 벌써 넣었는데요."

마세이가 재미있나 보다. 생각보다 스핀이 잘 먹는 것 같다며 손으로 스핀을 먹이는 것과 비교하기도 한다.

"글루건 심 없어요? 고무줄은 없어요?"

이것저것 찾더니 준비물함에서 목공풀을 구해 온다. 오늘 메이커부 아이들은 찾는 게 유난히 많다.

"컵 없어요? 장갑은요?"

다이어리 꾸미기를 하는 태윤이랑 은비는 오늘 다이어리를 못 가져와서 액괴를 만든단다. 쉬는 시간에 알아서 준비물실에 가서 한가득 만들 거리를 가져왔다. 장갑은 과학실에서 빌려 왔단다. 물풀을 책상에 쏟고는 액괴를 만든다. 서준이랑 현민이는 총을 만들겠단다. 녀석들은 골판지에 설계도대로 정밀하게 그린다. 그리고 쓰다 남은 고무줄이랑 테이프로 총 형태로 붙이고 있다. 나도 총에 관심이 많은지라 대략적인 총 크기와 조립 방향을 설명해 주었더니 내 조언이 큰 도움이 되었단다. 그 말에 괜히 기분이 좋다. 하지만 현민이는 총 만들다가 실패했다며 총에서 가짜 아이스크림바로 종목 변경!

달콤한 다락방 요리부 아이들은 오늘도 바쁘다. 가까이 가려고 하자 경고의 말이 날아온다.

"지금 오시면 안 돼요. 엄청 뜨거워요."

젤리를 만든다고 했는데 뭔가 잘 안 되나 보다. 곤약을 너무 적게 넣어서 단단하지 않은 것 같다며 더 넣어 보라고 했더니 자기들이 더 잘 안단다. 곤약을 더 넣어 반죽을 진하게 하고 실리콘 그릇에 담아 젤리를 굳힌다. 급속 냉동해야 한다며 냉장고를 비우고 젤리통을 넣는다.

"우아. 신기하다. 동그란 구미베어가 완성이다."

쿄호젤리라고 하는데 내게는 그냥 구미베어가 익숙한 듯.

"쿄호젤리 하나에 100원이에요. 싸죠?"

코로나시대에다시 만나고 싶은 교실이야기

4월 12일 금요일

아침에 아이들이 오자마자 교육여행 용돈으로 날 들들 볶는다. 난 몇 마디 하지도 못하고 그들의 말을 듣고 있다. 2만 원 정도면 적당한 것 같은데. 집에서 생각보다 용돈을 많이 주실 것 같단다.

"우리 교육여행 가서 용돈 얼마 가져가요?"
"안내지에 2만 원 내외라고 적혀 있지?"
"근데 너무 적은 거 아니에요?"
"이번에 엄마 아빠 결혼기념일 선물도 사야 해요. 더 가져오면 안 돼요? 근데 더 가져가면 뺏기는 거예요?"
"선생님. 더 가져와도 뺏어도 안 되고 검사도 안 돼요. 알았죠?"
"우리 언니 때는 5만 원 가져갔다는데. 우리는 용돈 2만 원은 너무 심해요."
"선생님도 교육여행 갈 때 2만 원 가져갔어요?"
"아니. 2만 5천 원 정도인가. 조금 더 가져갔지."
"선생님도 어겼으니까 우리도 되겠다."
"우리 머리를 써야지. 만 원짜리 가져가지 말고 천 원짜리로 바꾸고. 옷 주머니랑 가방이랑 여러 군데 나눠서 넣어. 캐리어에도 넣고."
"선생님 때는 라면 하나에 10원 아니었어요? 그러니 2만 원이면 되죠."
"선생님 때 5천 원은 지금 5만 원이에요."
"맞아. 똑같네. 물가가 그 정도로 올랐으니. 도찐개찐."
"애들아! 2만 원 내외라고 적혀 있잖아."
"내외는 들어와도 되고 나가도 되잖아요. 그런 의미 맞죠? 그럼 밖으로 나가도 된다는 뜻이야."
"내외는 보통 10%지?"
"아니에요. 계산이 그게 아니죠? 정확히 안 정해 주면 해석은 우리가 하면 되죠."

오늘은 화폐박물관 견학 가는 날이다.
"선생님. 다른 반 애들은 학년티 입고 왔는데 우리는 왜 안 입어요?"
깜빡하고 알려 주지 않았다.
"갱년기 오셨어요? (이 말에 살짝 올라오는 감정)"
"애들아. 선생님 나이가 되면 남자가 여자호르몬이 많이 나와. 그래서 엄마가 무서워지고 아빠가 순해져."

"야~ 너네 너무 심한 거 아니야?"

주희는 등교하다가 학년티셔츠 안 입고 와서 집에 갔다 왔단다. 알리지 않은 내 잘못이라며 날 탓하라고 했더니 살다 보면 그럴 수도 있다며 위로해 준다.

"견학 끝내고 우리 반 전체 한번 밥 먹죠. 제 비행기 팔았거든요. 제가 사면 안 돼요?"

역시나 만수르 놀이 하는 아이는 매년 한 명은 있다.

"얼마든지 사셔."

8시 50분, 아이들이 다 오자 신금호역으로 걸어간다. 봄빛에 눈이 부시다. 발걸음도 가볍고 어디선가 봄나물향이 나는 듯하다.

"벚꽃 진짜 대박인데. 하늘이 가을 같아요."

아직 출근시간인지라 지하철은 많이 붐빈다. 준우는 키 큰 친구들에게 기대어 있고, 키 큰 태윤이는 양팔로 효은이를 잡아 준다. 사람들이 많아서 그런지 떠들 수 있는 물리적 공간이 없다. 오히려 다행이다. 그래도 우리 지하철이 명동역을 지나가자 역시나 칼국수 얘기가 나온다.

"칼국수 별로 맛없어. 어른들은 시원하다고 하는데."

"명동 칼국수 거긴 좀 별로야. 라면이 더 맛있는데."

여자아이들은 다른 친구 엄마가 미인이라며 서로 칭찬하고 있다.

"너네 엄마 지난번에 나왔는데 진짜 이쁘시던데."

"근데 선생님 엄마가 더 미인이야."

"우리 엄마가 선생님 엄마보다 더 예뻐요. 근데 우리가 잘못한 거 맨날 선생님 엄마한테 일러 준다고 말했잖아요. 이런 거도 일러 줄 거예요?"

회현역에 내려서 7번 출구를 찾는데 막

혀 있다. 한참을 찾다 일단 5번 출구로 나가 밖에서 화폐박물관으로 걸어가기로 한다. 5번 출구로 나왔는데 효은이는 다른 아저씨를 따라 걸어가고 있다.

"효은아. 어디로 가. 일로 와."

난 줄 알고 따라갔다는데. 큰일 날 뻔했다. 화폐박물관에 10분 정도 일찍 도착했는데 거대한 문이 닫혀 있다. 모두 힘들었는지 그냥 바닥에 주저앉는다. 아이들끼리 사진도 한 컷 찍고 우리 반 단체 사진도 찍는다. 남자아이들은 두 팔 벌려 하늘을 향해 외치고 있다.

"우리는 방랑자들이다."

"우리는 거리의 지배자다."

혼잡을 피하기 위해 우리 반은 먼저 2층으로 간다. 화폐박물관에 있는 학습지를 나눠 준다. 학습지 없이 그냥 관람할 사람은 먼저 올라가라고 했더니 다섯 명 정도만 받아 간다. 그래! 사전학습도 충분히 하고 왔으니 이런 데 오면 학습지 하다가 시간 보내는 것보다 하나라도 마음에 더 담아 가라. 아이들이 캔버스에 그린 그림 앞에서 사진 찍어 달라고 한다. 몇 컷 찍어 주고 돌아서니 다른 아이들이 일출봉 그림을 보고 있다. 일출봉 그림에서 감탄하고 있길래 뭐 보냐 했더니 달을 보고 있단다!

그림을 보고 모형금고 쪽으로 이동한다. 모형금고 안에는 우리 반 아이들이 바글바글이다. 저희들끼리 문도 잠그고 아주 신났다. 금고에 갇힌 아이들이 꺼내 달라고 하지만 아무도 다급해 보이지는 않는다.

오기 전 사전학습으로 화폐 속 문화유산을 공부하고 왔지만 아이들은 역시 이런 코너는 가볍게 패스! 만리장성, 투탕카멘, 베르사유궁전, 원형극장. 이 인류의 보고는 눈길 한번 주지 않고 그대로 지나간다. 남자아이들은 도장 찍기와 문지르는 코너에서 활동을 하고 있다. 서준, 연수, 준호는 화폐 숨은그림찾기를 하며 다른 나라 화폐를 찾고 있다.

얼굴 인식시스템이 있는 곳에 몇몇이 있다. 500원을 넣어야 지폐에 얼굴이 들어간 사진을 인화할 수 있단다. 아이들은 이런 데 돈 쓰는 건 아깝다며 그냥 찍고 핸드폰으로 촬영하면 된단다. 그 옆 동전 프레스기 돌리는 곳도 아이들이 많다. 밑에서 몇천 원 내고 재료를 사 와야 한다고 하는데 많이도 사 왔다. 옛날 동전 모형을 찍는 곳인가 보다.

금융통화위원회가 열렸던 방에서는 VR로 볼 수 있는 시설이 있다. 핸드폰을 VR에 넣고는 몇 발짝 움직여 본다. 걷는 아이들을 보니 뭔가를 찾는 모양이다. 나는 아이들 옆 창가로 바깥 사진을 찍으려 카메라를 돌렸으나 바로 직원이 말한다.

"바깥 촬영은 안 되세요. 그리고 혹시 껌 씹고 계시면 뱉으세요."

껌이라는 말에 조금 부끄러웠다.

그 옆에는 한국은행 총재가 일했던 방이 있다. 아이들은 총재를 그냥 편하게 한국은행 대장이라고 부른다. 대장님 자리에 앉아 본다. 다섯 명의 아이들이 번갈아 앉는데. 총재 자리에 앉더니 한 녀석이 김 실장을 찾는다.

"김 실장. 지금 500만 원 현금으로 찾아와요."

그러다 또 직원분에게 혼난다. 직원분의 눈길은 아이들에게, 손동작은 나에게 하는 스킬. 뜨끔하다.

"어린이들. 너무 시끄럽고요."

"어린이들 뛰지 마세요."

뛴 여자아이 둘은 잡혀서 한 소리를 듣고 있다.

나에게 돌아와서 말하기를,

"뛴 것도 아닌데 너무 깐깐하게. 기분이 꿀꿀해요."

상평통보를 본 백하가 중국어로 말한다. 창펑통바우! 내가 따라하자 성조가 아니라며 고쳐 주는데. 역시 어렵다. 중국어. 그렇게 1시간 20분 정도 관람하고 돌아온다. 오는 길은 남대문 시장을 가로지른다.

"아! 버블티다. 오리고기다."

"오리고기는 어제 급식으로 먹었잖아."

"팥빙수다. 남대문 시장 핫도그다."

"아! 누가 담배 펴. 짜증나."

회현역에 도착한다. 에스컬레이터를 타고 가는데 계단으로 가는 아이들이 있다. 아이들이 말한다.

"가오 잡지 마. 그런 거 하나도 안 멋있거든."

"창펑통바우. 뛰지 마. 계단 위험해."

신금호역에 도착했다. 지하 8층까지 있는 전철역이지만 아이들은 에스컬레이터보다는 계단으로 뛴다. 다섯 명 정도 빼고 뛰어 올라간다. 그렇게 힘들다면서도 이럴 때는 참. 거리로 나오니 과일가게 앞에 아이들이 모여 있다. 수박, 참외, 딸기를 보며 사달라고 보채지만 안 될 것을 100% 확신하는 목소리다.

여자아이들은 업어 주기 놀이를 하며 걸어간다. 업힌 아이는 허파에 바람이 들어 가볍다고 하는데. 업어 주는 아이도 신기하기만 하다. 배수지공원을 지나간다. 벚꽃이 너무나 예뻐 그냥 갈 수는 없다. 우리 반 전체 촬영을 한번 한다. 우리 반 구호를 외치며 찰칵.

"라이프 이즈~"

"에그~"

코로나시대에다시 만나고 싶은 교실이야기

12시 좀 넘어 교실에 도착했다. 아직 4교시가 끝나려면 20분 정도가 남았다. "지금 공부시간인데 쉬어도 돼요?"라고 묻는다.

"그래! 우리 좀 쉬자."

스카치 캔디를 하나씩 먹는다. 올해 아이들은 작년 아이들과 달리 맛을 구분하지는 않는다. 빨강, 노랑, 초록 골고루 가져간다. 작년 아이들은 이 색 가지고 그렇게 싸웠는데.

오늘 5교시는 영어선생님 마지막 수업이다. 내일부터 출산휴가 들어가신다. 아이들이 수업 끝나고 아쉬운지 한마디씩 말한다.

"순산하세요."

"태명이 뭐예요?"

"돌아오시는 거예요?"

"선생님. 둘째는 쉽대요. 안녕! 애기야."

쉬는 시간에 연수가 'summer'를 아주 느린 속도로 연주하고 있다. 왼손으로 연주하는 첫 부분만 빨리 연주하고 나머지는 한 음 한 음 또박또박 천천히 실수 없이 연주한다. 연습 조금만 더 하면 1주제 부분은 완성될 것 같다. 연수의 연주가 끝나자마자 여자아이들이 피아노 앞에 서서 연주한다. 'summer'의 첫 8마디만 연주하고 나머지는 입으로 멜로디를 노래한다. 역시 명곡은 명곡인가 보다.

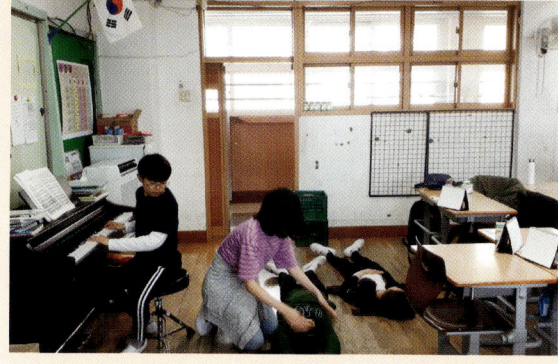 

　6교시 시작 전이다. 화폐박물관에 다녀와서 그런지 아이들이 피곤한가 보다. 준우는 사탕을 먹으며 엎드려 있다. 졸리냐고 물었는데 그건 아닌데 좀 힘들단다. 태윤이는 주희랑 은비에게 스트레칭을 해 주고 있다. 좀 많이 찢어 비명 소리도 들리지만 그래도 이렇게 하면 즐겁게 피로가 풀린단다. 그리고는 마사지로 마무리까지 완벽하게 해준다.

　6교시는 수석선생님 수업시간에 연습했던 연극 발표하는 시간을 가졌다. 먼저 6반 아이들이 발표하는 것을 보러 나간다. 6반 아이들은 연습을 많이 한 것 같다. 아이들이 감탄을 하며 우리 큰일 났단다. 우리 교실로 돌아온 아이들은 2분 정도 상황만 대략 이해하고 나머지는 애드리브로 하기로 한다.

　1번팀 현민, 승은, 은비, 주희의 차례다.
　"은비, 승은이 상장 받으세요."
　"우리 은비가 상을 다 받네. 어서 가서 부모님께 상 받았다고 자랑하고. 사진도 찍어. (교장선생님 말씀이라는데)"
　여러 자세로 사진 찍다 말고 배가 아프다며 화장실로 가버리며 연극이 끝난다. 준비한 게 없어서 이렇게 끝낼 수밖에 없었단다.

　2번팀 연수, 준호, 인해, 민준이는 교육여행에 관련된 상황극이다.
　"비행기가 출발하고 있어. 뜬다. 뜬다."

"우아~"
"너네들 비행기 처음 타 보냐?"
"미안해. 우리가 처음 타 보는 거라."
10초 후 바로 착륙한다.
"웰컴 투 제주 아일랜드. 내려."
"야! 비행기 문 부쉈어? 왜 뒤로 내려?"
시간이 갑자기 저녁으로 바뀐다. 선생님 몰래 진실게임을 한다.
"너 외계인이지?"
"어."
"너 여자친구 있지?"
"어."
그 소리를 들은 선생님이 들어오더니 꿀밤을 때리며 연극은 끝난다. 때리는 동작에 힘이 실려 진짜 아팠을 것 같다.

3번팀 륜경, 태윤, 지윤, 효은이의 차례다.
지윤이가 하얀색 배턴을 소품으로 사용하다 떨어뜨려 배턴의 절반 정도를 부숴 버린다. 증거를 찾아가며 추리를 하는 역할극 같은데. 지윤이가 연극하다 말고 깨진 배턴이 계속 신경 쓰였나 보다.
"쌤 이거 어떡해요?"
그냥 계속 하라고 하며 깨진 배턴을 기념품으로 줬다.

4번팀 남자아이들 차례다. 둘은 게임을 하고 있다.
"너 때문에 계속 졌잖아."
"트로피 빵개잖아."
"너 때문에 죽었잖아. 너 때문에 10번 죽잖아."
"너랑 다신 게임 안 해. 나 집에 갈래."
둘은 복도(집)에 나가더니 한참을 안 들어온다. 다음 연기를 어떻게 할지 생각할 시간을 벌었단다.

5번팀 서준, 준우, 규현이의 순서다. 뭔가 정극의 엄숙함이 느껴진다.
"야! 이서준, 물 좀 떠줘."
"님, 이건 아니지."
그러면서 해준다.
"너 누나한테 무슨 말버릇이야."
"아직 아직 나 아무 말도 안 했는데. (호흡이 잘 안 맞는다.)"

"조용히 해."

"여러분, 이게 바로 둘째의 서러움입니다."

마지막은 상진, 경란이의 차례다. 제주도 교육여행을 상상하며 하는 역할극이란다. 상진이가 친구들에게 다가가 한 사람씩 가리키며 말을 한다.

"여기 말도 있고. (내가 왜 말이야?)"

"귤도 있고. (아! 진짜.)"

"황태도 있고. (난 황태 맞어.)"

한 친구를 가리키며,

"우아! 표선해비치."

"여기 선탠하는 아저씨."

"여기 수영하는 배 나온 아저씨."

"여기는 잘생긴 아저씨네."

아이들이 자지러진다.

"벌써 7시네. 밥을 먹어야겠다. 야! 박경란. 너도 이거 먹어봐."

경란이는 상황이 웃긴지 안녕만 반복하고 있다.

연극이 끝나고 너희들 너무 잘하더라고 했더니,
"우리 전부 애드리브예요."
준호, 연수, 준혁이는 될 대로 돼라 하고 했는데 잘됐단다. 그냥 상황에 몰입했을 뿐이라며.

 ## 4월 15일 월요일

아침에 역시나 현민이가 먼저 와 있다. 자기 자리에 앉아 책을 읽고 있다. 인사를 하고 내 자리에 앉아 가방을 열고 찻잔이랑 홍차랑 불독게임을 꺼내자 현민이가 말한다.

"선생님 가방은 판도라 상자예요? 열면 뭐가 이렇게 많이 나와요?"

이 녀석이 매일 아침 유심히 날 지켜보고 있었나 보다. 륜경이는 아침에 오자마자 자리 바꾸자고 한다. 녀석의 말에는 오늘 꼭 바꾸어야 한다는 단호한 의지가 느껴진다. 벌써 2주가 지났나!

"완전히 새로 바꾸는 건 언제 해요? 오늘도 랜덤으로 뽑기 하는 거예요?"

"완전히 바꾸는 건 5월에 교육여행 갔다 와서 생각해 봅시다."

"아이들 좀 오면 자리 옮겨. 남자 두 칸, 여자 한 칸."

"지금 바로 옮겨도 돼요? 드디어 ○○한테 탈출한다. 너무 행복해."

영민이가 지난주에 독감 걸렸다가 오늘 등교한다. 표정이 괜찮아 보인다. 괜찮냐고 물었더니 다른 아이가 대신 답한다.

"영민이 토요일에 축구하고 뛰어 놀았어요."

"독감 걸려도 얼마나 잘 차는데요."

"나 없을 때 너네 맛있는 거 많이 먹었어? JJB는?"

"아무것도 안 먹었어. 너 아파서 목이 메어 음식이 안 넘어갔는데."

"내가 믿겠냐? 뭐 먹었어. 말해!"

아침에 한 녀석이 짧게 머리를 정리하고 왔다. 다른 아이가 빡빡이 헤어스타일이 마음에 든다며 본인 아빠 이야기를 한다.

"우리 아빠는 회사 그만두면 빡빡이로 자르고 싶다고 했는데. 그래도 그 스타일로는 하지 말라고 했어요."
"그거 말릴 필요 없잖아. 취향인데."
"근데 어차피 빠질 것 같아서요."
남자아이들은 머리를 짧게 자른 녀석 머리를 만지며 한참을 웃는다.
"이런 머리 만지면 이상하게 기분이 좋아져."

효은이가 제주도 숙제하느라 엄마한테 혼났다고 한다. 이틀이나 걸려 숙제를 했더니 엄마가 뭐가 그렇게 느리냐고 도대체 뭘 하길래 이틀이나 걸렸냐며 화를 내셨단다. 나중에는 숙제 다 한 것 정리해서 사진 찍어서 보내 달라고 했단다. 집에서 그냥 보여 주면 안 되나!? 그러고는 가만히 뚫어지게 나의 찻잔을 본다. 찻잔이 너무 이쁘단다. 홍차 한잔 주고 싶은 마음이 들 정도로 내 찻잔을 은은하게 바라보고 있다.

1교시는 지난주에 내준 제주도 교육여행 사전학습지 발표하는 시간을 가진다. 당연히 10여 명 정도는 안 해왔다. 왜 안 해왔냐고 물을까 하다 해온 아이들에게 특별한 보상을 하는 게 더 나을 것 같아 넘어간다.

효은이가 첫 발표다. 이틀이나 걸려 한 만큼 누가 봐도 잘했다는 평가가 나온다. 내가 알려준 기본 정보에 네이버를 찾아서 보충했다고 한다. 표선해비치 해변의 7월 하얀모래축제와 천지연폭포에 무태장어가 서식한다는 내용이 인상적이었다. 발표가 끝나고 아이들의 질의응답이 이어진다.
"무태장어는 다른 데 안 살아?"
"몰라. 여기는 확실히 산대."

주희는 문섬이 붓 모양을 닮았다는 데서 유래했다는 내용으로 발표한다. 아이들과 모기 문(蚊) 자를 찾아 팩트체크 들어가 본다. 일단 문섬의 한자는 역시나 모기 문 자가 맞다. 모기도 많이 살고 또 붓 모양을 닮았다는 두 가지 가설을 모두 채택한다.

은비는 시간이 없어서 선생님이 알려 주신 것을 자신만의 방법으로 정리해 왔다고 한다. 승은이는 천지연폭포를 하늘과 땅이 만나 이루어진 신비로운 연못이라며 상세히 알려 준다. 준혁이는 성산일출봉에 대해 발표를 한다. 한 아이가 묻는다.
"근데 성산일출봉에 개복치 살아요?"
아이들 빵 터진다. 개복치가 어떻게 생겼는지 찾아 보여 준다.
"개복치 맛있어요?"
"소복치도 있어요?"
"선생님. 개복치는 천연기념물 아니에요? 잡으면 안 될 것 같은데."

"근데 너희들 실력으로 잡을 수는 있겠냐?"

규현이는 제주레일바이크, 수목원테마파크, 다이나믹메이즈(기념품숍이 있어요!)에 대해 발표한다. 규현이 특유의 짧고 묵직한 대답이 인상적이다.
"레일바이크에 소가 떼로 다녀요?"
"그냥 뭐 떼로 다닐 애들은 다니겠죠. 혼자 다닐 애들은 혼자 다니고요."
"기념품숍에는 뭐가 있어요?"
"제주도 기념품 있겠죠."
"다른 미로는 없나요?"
"있을 수도 없을 수도."
"소가 몇 마리예요?"
"여러 마리요."
"5D체험 몇 분간 해요? VR체험 비용 얼마예요?"
"몰라요. 궁금하면 찾아보세요."
"레일바이크에 사는 소는 먹는 소예요? 보는 소예요?"
"구워 먹으면 먹는 소겠지요."
"소도 대빵 있어요?"
"그건 제주도 가서 소한테 물어봐야겠네요."

지윤이는 수목원테마파크와 레일바이크 탈 때 보이는 용눈이오름과 담팔수나무에 대해 발표를 한다. 담팔수나무? 아이들과 담팔수나무를 찾아보았다. 이렇게 스치듯 알게 된 정보들이 더 인상 깊은가 보다. 아이들이 담팔수나무가 너무 보고 싶단다. 게다가 이미 책상에 담팔수나무를 그려 놓은 낙서도 보인다.
"아이스 뮤지엄 온도가 어떻게 돼요? 몇 도쯤 돼요?"
"온도는 굉장히 추워요. 굉장하니 0도?"
"얼음조각 뭐가 있어요? 얼음 먹어도 돼요?"
"자동차, 돌하르방이 있는 것 같아요."

경란이는 항공우주박물관에 대해 정리해 왔다.
"어떤 비행기가 제일 좋아요?"
"생각해본 적이 없는데."
"라이트 형제가 언제 만들었어요?"
"비행기를 만든 건 봤는데, 외우질 않아서요."

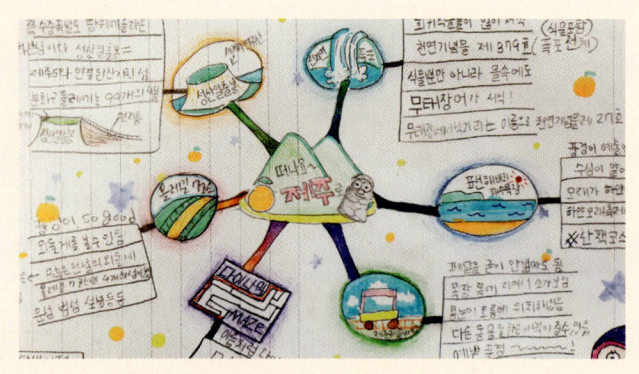
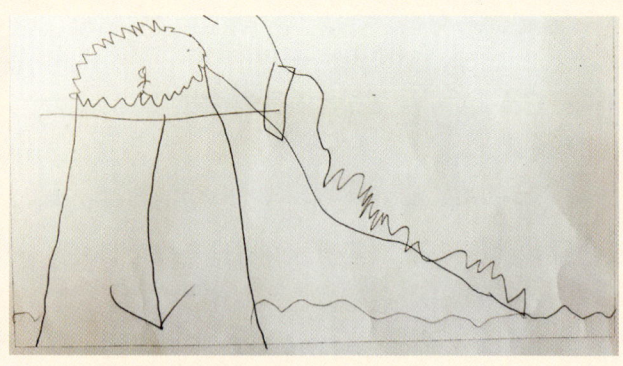
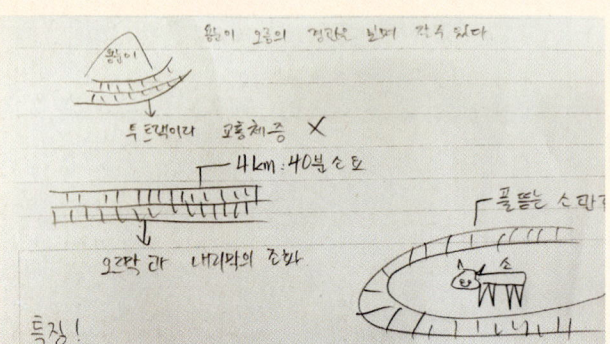

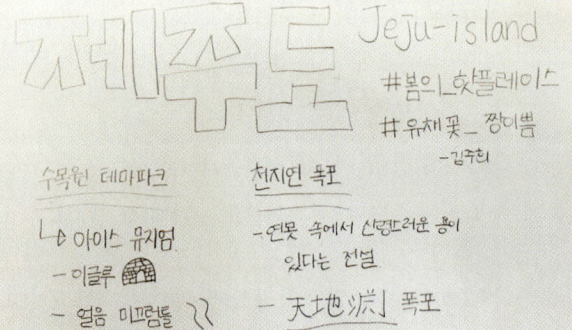
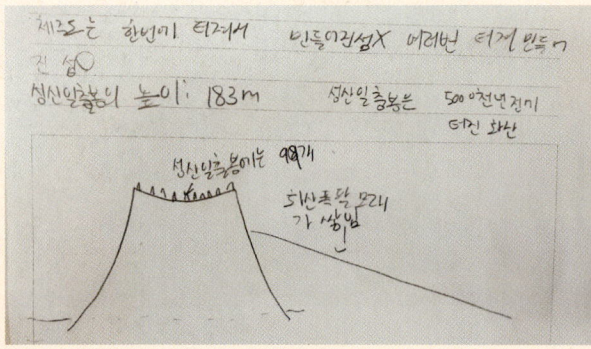

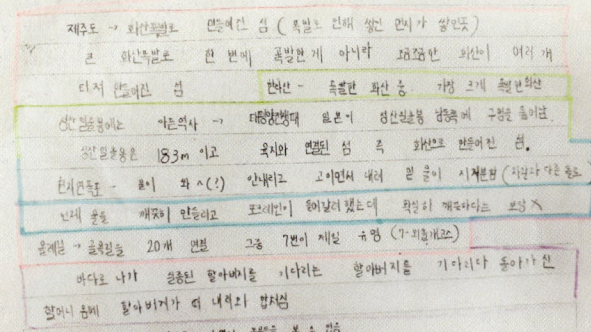

쉬는 시간이다. 요즘 마피아 놀이가 한창이다. 20분 정도의 중간놀이시간은 이들에게는 마피아게임을 할 만한 충분한 시간이 되나 보다. 둥글게 모여 은비가 사회를 보고 다른 아이들이 게임에 참여한다.

"마피아게임 할 사람은 다 앉으세요."

"마피아 3명, 경찰 2명, 의사 1명이에요."

"자! 엎드리세요."

"자! 기다리세요."

"마피아끼리는 서로 손을 들고 골라 주세요."

마피아끼리 의견이 통일이 안 되는 것처럼 보인다.

"의사는 누구를 살릴지 정해 주세요."

"아침이 되었습니다. 둥근 해가 떴습니다."

그러다 태윤이 안경 코 부분이 부러졌다. 마피아게임을 하다가도 이렇게 부러지다니. 다행히 다치지는 않았다. 작년 4학년 아이들과 할 때는 내가 사회를 봤는데 역시 6학년 아이들은 자기들끼리 사회도 보고 잘 속인다. 오히려 나더러 관심을 보이지 말았으면 좋겠단다.

연수가 만족스러운 표정으로 이제 드디어 피아노 양손 된다며 날 보고 웃는다. 아직 속도가 느리지만 그래도 'summer' 양손 연주를 끝까지 하다니. 이 소리를 들은 주희가 "나도 할래"라며 앞으로 간다. 둘은 한참이나 손을 맞추며 연주한다. 포핸드 연주사진은 정말 멋있다! 근데 둘의 합은 그다지 어울리지는 않았다.

제주도 교육여행 프로젝트 학습 발표가 이어진다.

륜경이는 수목원테마파크는 처음에는 재미없을 줄 알았는데 찾아보니 재미있는 게 아주 많다는 것을 강조한다. 특히 아이스 뮤지엄.

"근데 수목원테마파크 안에 뭐가 있나요? 님 제대로 알고 있어요?"

"그런 게 있겠죠. 근데 눈을 왜 그렇게 뜨고 봐요?"

둘 사이에 누적된 감정이 있나 보다.

"아이스 뮤지엄의 경사는 어느 정도예요?"

"4학년 때 가봤는데 그냥 보통 초등학생용이에요."

준호는 첫날 점심으로 먹을 돔베고기가 궁금해서 찾아봤단다. 갓 삶은 흑돼지를 도마에 썰어 먹는 고기라는 설명과 함께 도마에 고기를 썰어 먹는 동작까지 취해 준다. 도마고기에서 돔베고기라는 말이 나왔다고 알려 주니 다들 "아~" 하는 반응이다.

"그럼 돔베고기가 흑돼지 수육이에요?"

"네."

"맛있겠다."

"준호님은 수육 먹을 때 뭐 찍어 먹는 게 좋아요?"

"쌈장에 김치 올려 먹는 거요."

"우아. 대박이다. 정말 맛있겠다. 나도 그렇게 먹는데."

그때 허리 아파서 보건실에 다녀오겠다고 한 아이가 말한다. 한 녀석의 대답이 재미있다.

"괜찮아. 넌 아직 청춘이야. 아프니까 청춘이야."

"밑에 그림 그린 거 천지연폭포 강물에 왜 초록색을 칠했어요?"

"원래는 에메랄드빛인데 색깔이 없어서 초록색으로 할 수밖에 없었어요."

"이거 녹조 아니에요? 이끼 같은 거."

"제주도 도마는 어떻게 생겼어요?"

"님이 아는 도마처럼 비슷하게 생겼어요."

"왜 제주도 환경 같은 거 준비 안 하고 고기 같은 거 발표했어요?"

"먹을 게 제일 중요하잖아요."

아이들도 격하게 공감하며 박수를 친다.

상진이는 '다이나믹메이즈 번영로 2644'라는 지번을 시작으로 레일바이크에 대해 발표한다.

"레일바이크 타다가 화장실에 가고 싶으면 어떻게 해요?"

"그럴 수 있겠다! 옆에 친구들에게 나 잠깐만 하고 은근슬쩍 소 사이에 끼어서 일 보면 돼요."

"보다가 레일바이크가 계속 쭉 가면 어떻게 해요?"

"볼일 얼른 보고 뛰어가면 되잖아요. 4,520데시벨로 뛰어가면 돼요."

"데시벨은 소리인데요? 속도 아니에요."

"소리 크게 지르고 빨리 달리면 된다는 말이잖아요."

"근데 백약이오름이 뭐예요?"
"백약은 약초가 백 가지가 넘어서라는데. (오호! 준비 많이 했다.)"

서준이도 레일바이크에 대해 준비를 해왔다.
"용눈이오름은 왜 용눈이라 그래요?"
"용눈처럼 생겨서요. (본인은 임기응변으로 답을 했다고 했는데 실제로 찾아보니 맞다.)"
"4인용 레일바이크에 낑겨 타면 몇 명이 탈 수 있어요?"
"님이 나중에 타 보면 되잖아요. 낑겨 타면 10명 정도요? 더 눌리고 낑기면 20명 정도요?"
"바이크가 막히면 어떻게 해요?"
"가세요라고 공손히 말하면 안 되고요, 빨리 가라고 소리치면!"
"바이크가 엎어지면 어떻게 해요? 속도를 주체하지 못하면요."
"브레이크라는 말 아시죠?"
"그리고 사고 나면 손해배상하면 됩니다. 여러분은 뒷목 잡고 내리는 포즈를 취하면 돼요. (한참을 웃었다.)"

연수는 글씨가 이상한 거 양해해 주세요라는 말로 시작한다.
"성산일출봉은 183센티미터이고."
"그건 우리 아빠 키다."
"아니다. 미터! 미터! 저의 최종 미션은 소를 쓰다듬어 주는 것입니다."
"만약 성산일탈봉에 올라간다면 누구를 생각할 거예요?"
성산일출봉을 '성산일탈봉'과 '성탄일출봉'으로 잘못 부르는 아이들이 있다. 재미있다.
"우리 강아지요."
"소를 쓰다듬고 싶다고 했는데 소가 가까이 안 오면 어떻게 해요? 그리고 소가 물고 도망가면요?"
"음. 그래도 해 보고 싶어요."
"근데 성산일출봉이 갑자기 폭발하면 어떻게 해요?"
"우리 다 죽는 거죠."
"일출봉 이름에 대해 어떻게 생각해요?"
"너무 예쁘고 좋아요."
"성산일출봉 대신에 뭐라고 이름 지어 주고 싶어요?"
"그냥 섬."
"소한테 물려서 병원 가야 하는데 다른 아이들한테 민폐 아닌가요? 사과하세요, 지금."
"안 물리면 되잖아요?"
"소가 님한테 침 뱉으면 어떻게 해요?"

"저도 뱉으면 돼요."
"소가 몸통박치기 하면 어떻게 할 거예요?"
"그건, 도망갈 거예요."
점점 유치찬란해진다. 책상을 치며 그만하라고 했지만 아이들의 질문은 끝이 없다.

4교시는 세계시민교육을 한다. 월드비전이라는 단체에서 한 분이 나오셨다.
"여러분. NGO 들어 봤어요?"
"내셔널 지오그래픽요."
한 녀석이 정확하게 '넌 거번먼트 오거니제이션'이라고 말한다.
"오~~~~ 김상진."

"사막을 2박 3일 지나야 하는데 필요한 딱 한 가지가 뭐가 있을까요? 선생님이 사막을 가보지 않았지만 갔다 온 사람들이 모자를 꼭 가지고 가라고 하는데."
"맞아요. 야구장 갈 때도 모자 써야 하는데."
"모자에 물 담으려고요?"
"정수리가 타서요. 정수리가 타면 쓰라리더라고요."

'물은 ○○이다'라는 주제로 연결이 된다.
"물은 생명이다! 공기도 물론 중요하지만 공기는 구하기가 상대적으로 쉽잖아요. 물은 지구에 골고루 있지 않고 어딘가에는 부족하답니다. 이런 것을 제한적이라고 하는데…."
"우리는 지금 물 틀면 콸콸콸 나오는데요?"
"공기 중에 있는 수분을 뽑아 마셔도 되잖아요."
"천연 암반수도 있고요."

"선인장에도 있어요. 사막에 선인장에 있잖아요."
"그게 어디 있죠?"
"어딘가에요~"
"님이 말한 어딘가에요라는 말이 바로 제한적이라는 거예요."

"여러분, 물은 어디에 얼마나 쓰일까요?"
"옷이나 휴대폰 만들 때 필요해요. 옷 색깔 물들일 때도. 의류 중에서 청바지가 특히 물이 많이 필요해요. 당연히 티셔츠 한 장 만드는 데도 물이 들어가고요. 종이 한 장 만드는 데도."
세계인의 1인당 하루 물 소비량을 보여 주신다. 미국 575리터, 한국 280리터, 독일 127리터, 모잠비크 4리터.
"미국은 짠 걸 얼마나 먹으면 이렇지?"
"모잠비크는 내가 축구 한 게임 하고 마시고 세수하면 끝나겠네."

이어서 가상수에 대해 알아본다. 가상수! 내가 먹는 음식, 물건, 교통수단에 사용되는 물. 우리 눈에는 보이지 않는 물!

가상수 알아보기

쌀 1킬로그램 만드는 데 물 5,000리터 필요.
종이 한 장 만드는 데 물 10리터 필요.
티셔츠 한 장 만드는 데 물 165리터 필요.
"종이 만드는 데 물이 이렇게 많이 드는구나. 이 두꺼운 교과서 만드는 데 쓴 물이 얼마나 많을까. 당장 교과서를 없애야겠다. 아니다. 줄여야겠어요. 수학교과서 먼저 10쪽 줄여요."
"쌀은 적당히 먹읍시다. 다이어트도 좀 하고."
"그냥 티셔츠를 입지 말자. 나는 자연인이다!"
"저는 오늘부터 물을 마시지 않겠습니다. 대신 주스를."
"지금 우리는 지구를 걸레 빨고 짜내듯 물을 사용하고 있습니다. 우리는 언제까지 물을 마음껏 쓸 수 있나요?"
"5천 년 뒤?"
"내가 죽은 후면 다행이고요."
"근데 수분이 없으면 똥을 못 싸요. 아파요."
"물 안 마시면 공부를 못 해요."
"변비가 생겨요."
"가상수 때문에 이제 옷을 많이 안 사겠어요."

아프리카에 사는 '시저와 주마 이야기'를 동영상으로 본다.

우물이 하나밖에 없어요. 저게 더럽다는 것을 알지만. 그들은 마시죠. 지구 마을 다섯 명 중 한 명은 생존에 필요한 물이 부족한 상태. 'Water is life.' 우리 반 아이들은 'Life is egg'라는 구호를 외친다. 이때 선생님 표정이 좀 일그러지셨다. 아이들이 오늘 개그지수가 유난히 높아서 한번 화를 내실 듯해 보인다. 눈치 있는 녀석들이 옆 친구들에게 하지 말라며 다시 도덕적인 말로 분위기를 잡아 준다.

"우리~ 아프리카에 물을 좀 가져다줘야겠어요."

"맞아요. 우리가 돕는 방법을 찾아야죠."

"비행기에 물을 싣고 아프리카에 가면 어떨까요? 제 비행기 기부하겠습니다."

만수르 놀이 하는 녀석이다.

"양치컵을 사용해 일단 우리라도 줄여요."

"사는 곳에 정수할 수 있는 장치를 만들어 주면 되잖아요?"

"맞아요. 위에 나왔던 친구들도 물에 의해 전달되는 질병 콜레라에 세 번이나 걸렸어요. 월드비전에서 식수 펌프를 만들어 주기도 하고 공동 빨래터, 남녀화장실을 만들어 주었고요. 또 우리가 할 수 있는 것에는 어떤 것이 있을까요?"

"돈 모이기! (냉정한 녀석들)"

"종이 한 장 만드는 데 10리터 드니까. 이면지 쓰기를 해요."

"오늘 배운 내용을 다른 사람에게 알리기요."

"세계 물의 날 동참하기요. (찾아보니 3월 22일이다.)"

체육시간에 제기차기를 했다. 지난번에 차는 것을 보니 10개는 고사하고 5개 차는 아이도 드물다. 요즘 제기차기를 하는 초등학생은 거의 없다. 사실 기술적으로나 피지컬적으로 좋은 운동인데. 게다가 실내에서도 할 수 있고. 하지만 우리 반 아이들은 제기차기를 마음에 들어 하지 않는다. 그래도 연습해야지! 일단 나가서 차보기로 한다. 집에서 연습을 안 했으니 많아야 3개 정도다. 개인 연습 후 다른 사람이 던져 주는 제기 차는 것으로 바꾸었다. 축구를 잘하는 연수에게도 제기차기는 어려운 모양이다.

"공으로 찰 때는 잘 되는데 제기는 왜 안 차지죠?"

"저는 다리는 긴데 왜 이렇게 안 차지죠?"

"제기차기 싫어요. 중거리 슛!"

경란이는 다른 아이가 찬 제기에 맞더니 불사조(피구 할 때 목숨이 세 개 되는 아이템)를 외친다.
"제기 맞아도 아웃이죠? 우리 그냥 피구 하면 안 돼요?"
이번에는 얼굴에 제기를 맞은 녀석이 있다. 상처가 있을까 가봤더니 다행히 제기술 부분에 맞았나 보다.
"이런 제기! 진짜 싫어!"

6교시는 교육여행 안전교육을 했다. 물론 안전교육은 휘리릭 듣고 본인들이 궁금한 것만 물어본다.
"얇은 옷 여러 개 가져오라고 하셨는데 몇 개요?"
"두 개 정도만 준비하면 될 듯해요."
2만 원 내외 용돈은 아이들과 29,990원에 타협을 봤다. 그리고 비행기 탈 때 보조배터리 짐 부치지 않기도 강조하고!
"물은 국내선은 허용되니 들고 타도 괜찮아요."
"우리 잘못된 일로 혼나면 선생님 이름 대면 돼요?"
"사회생활 잘하는 방법 가르쳐 줄게. 큰 일이면 선생님 이름. 작은 일이면 교감선생님 이름. 알겠지?"
"반대로 할게요."
"취침시간이 10시인데 취침이 너무 빠르잖아요."

"학교 모드로 할까? 사회생활 모드로 할까? 1시간은 봐줄게. 그리고 30분은 추가로. 11시 30분 넘으면 절대 안 된다. 알았지?"

안전교육의 첫 구절은 '교육여행은 수업의 한 과정이다!'이지만 아이들은 '수업은 교육여행의 한 과정이다'라고 여기는 듯하다.

"비행기에서 음료수는 무제한이에요?"

"근데 화장실 가고 싶으니 한 잔만 마셔~"

"방에서 핸드폰 하고 가만히 있는 것도 안전하게 있는 거예요?"

"호텔 수영장 있어요?"

"기상시간 지켜야 해요?"

자기들끼리 묻고 대답한다.

"헤어드라이기도 가져와야 해요?"

"드라이기가 왜 필요해?"

"방장은 어떻게 정해요?"

"여권 안 가지고 오는 거예요?"

"방문 열어 놓을 거예요? 작년에 방문 열어 놓아서 감기 걸렸어요."

"방문을 잠가도 돼요?"

"우리 씻을 때 들어오지 않죠?"

"근데 선생님 어디서 주무실 거예요?"

"너희 옆방. (인상을 팍 구긴다.)"

"밥을 다 먹고 방구석에서 떠들어도 돼요?"

내 답을 안 듣고 저희들끼리 문답하는 질문만 이어진다. 이렇게 내 말 안 들으면 나 그냥 머리 자르고 산에 들어간다고 하자, 아무런 변화가 없다.

"내일 방 배정 하면 안 돼요?"

"우리는 방 배정 월요일 주장했고 선생님은 수요일 주장했으니 화요일에 합시다."

"난 원래 방 배정 예정이 금요일이었어."

"저희도 원래 예정이 지난주였어요. 내일 방 배정하는 거예요, 잘생긴 선생님."

4월 16일 화요일

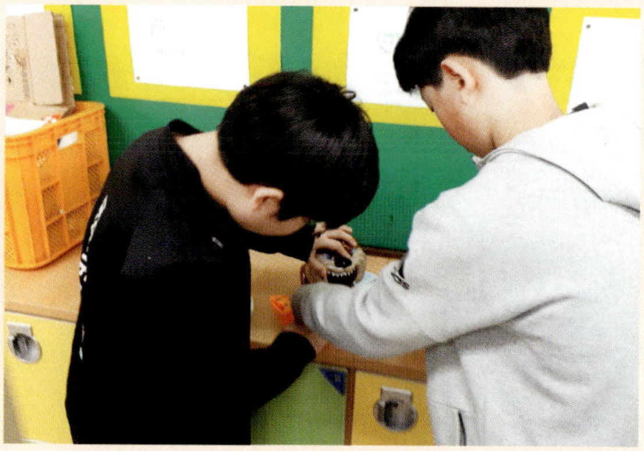

물이 나오는 젖소 인형을 우리 집 애기들이 가져다 놀다 지겨워 하길래 학교에 가져다 놓았다. 일찍 온 규현, 현민, 태윤, 승은이는 흥미로운 듯 이리저리 만져 본다. 물 넣는 방법을 알려 주니 젖소 인형을 가지고 논다. 버튼이 눌리자 젖소가 우유 대신 물을 살짝 발사한다.

"물총놀이 너무 재미있어요."

그때 준호가 뒷문을 열고 온다.

"야! 준호 온다. 물 발사 준비해."

준호는 분위기를 알고 대인배답게 기분 좋게 맞아 준다. 한 녀석이 말한다.

"우리 물 대신에 진짜 우유 넣고 한번 할래?"

"에이 하지 마~"

"륜경이한테 한번 해 보자."

갑작스러운 륜경이의 호출에 본인은 당황했나 보다. 뭔가 고민이 있는 표정이다. 이런 재미있는 장면을 보고도 웃질 않는다.

쉬는 시간에 눈치게임을 해서 걸린 사람이 젖소 물 맞기 벌칙을 받나 보다. 눈치게임으로 몇 판이 휘리릭 지나가고 물에 젖은 아이들! 수업 시작 1분 전인데 정말 이런 센세이셔널한 모습! 예비 중학생이지만 천상 아이들 모습이다.

가정통신문을 나눠 주다 뒤쪽으로 전달해야 할 녀석이 실수했나 보다. 뒤쪽의 아이들이 못 받았다며 앞쪽 아이들에게 한마디씩 한다. 맨 뒤에 앉은 한 녀석이 농담조로 말한다.

"너 대국민 사과해."

근데 잘못이 없는 주희는 정말 사과한다.

"여러분. 죄송합니다."

오늘까지 소설 <소나기> 뒷이야기 혹은 배경을 바꾸어 써 보는 과제를 내 주었다. 거의 한 달 전 과제이지만 역시나 네 명이 안 해왔다. 두 명은 순순히 잘못을 인정하며 못 썼다고 하고 남은 두 명은 확인할 방법이 없는 말을 한다. 이럴 땐 믿어 줘야 하겠지만….

"집에 있는데요."

테마형 교육여행 안전교육을 하다 세월호 이야기를 잠깐 했다. 이 아이들에게는 1학년 때 일이었으나 자신만의 이미지로 기억하고 있다.

"제가 아는 6학년 형이 제주도 갈 때 배를 타고 가려 했는데 교육여행이 취소되어서 못 갔어요. 그때 배만 취소되었어요? (그때 많은 학교들이 교육여행 안 갔지.)"

"우리 아파트 엘리베이터에 세월호 현상수배범 붙었던 것 생각나요."

"우리 할머니는 욕을 정말 안 하시는데 그때 했던 것 같아요."

"1학년 때는 사건을 잘 몰랐는데 3학년 때 뉴스 보다가 알았어요. 1학년 때는 뭐가 잘못되었다는 생각만 들었는데."

"1학년 때는 이렇게 큰지 몰랐는데 나중에 추모곡을 듣고 나니 마음이 정말 안 좋았어요."

"제가 1학년 때 누나가 4학년이었는데, 누나가 수련회 못 가서 세월호 파워포인트 만들었던 기억이 나요."

"2학년 때 엄마 차 타고 가고 있는데 세월호 노란색 리본 보고 물어봤더니, 직접 찾아보라고 해서 찾아봤어요. 많이 슬펐어요."

"1학년 때 뉴스 보다가 생애 처음 화가 났어요."

기억에 대해 한참을 말한다. 그리고 극한 상황에 놓이면 시키는 대로만 하지 말고 침착하고 당당하게 본인이 판단해 의사결정하라고 말했던 것 같다.

"근데 선생님은 우리가 당당하게, 이건 아니라고 말하면 혼내시잖아요?"

"내가 언제?"

"선생님은 시키는 거 반대말 하면 혼내요. 그래요."

"그런가. 그래도 논리적으로 말하면 다 받아 주잖아."

"그러니까 교육여행 방 배정 오늘 하면 안 돼요?"

"맞아요. 기다림도 스트레스예요."

"용기를 내서 상황에 맞서라고 하셨잖아요."

"저희가 바라는 건 바로 그것, 방 배정."

"교육여행이잖아요. 우리가 부모님의 도움 없이 살아야 하는데 준비물은 방 배정이 미리 나와야 뭘 살지 결정하죠."

논리적 빈틈이 1도 없다. 오늘 해야 하나 망설여진다.

3교시는 체육시간이다. 주희가 나가다 말고 다시 들어와 말한다.

"제가 어제 산 하얀 신발인데, 실내화 신고 체육 하러 나가면 안 돼요?"

"당연히 안 되지."

"제발요."

2분 정도 그렇게 조르고 있다.

"오늘 체육인줄 모르고 왔단 말이에요. 제발요. 어제 샀단 말이에요."

"안 돼."

"교육여행 가서 신어야 한단 말이에요."

아이들 마음은 이미 제주도에 가 있는 듯하다. 잔뜩 멋 부릴 준비가 되어 있다. 오늘 체육시간에는 지난주에 이어 배구 연습을 한다. 언더 리시브를 개인당 10개씩 연습하기로 한다. 리시브를 할 때 팔꿈치가 접히면 본인 얼굴에 맞는다고 해도 팔이 잘 안 펴진다. 공을 받다 몇몇은 정말로 얼굴에 맞았지만 가까운 거리의 토스인지라 웃고 넘어간다. 개인당 10개 주고받는 데 5분 정도 걸린다. 이어서 바운스 배구를 한다.

보통 배구랑 달리 손으로 공을 잡을 수 있는 배구인지라 크게 어려워하지 않는다. 스파이크 할 때만 배구처럼 하면 된다. 이제 실전이다. 오늘 여자아이들 경기 심판을 보다 아이들 감정싸움에 살짝 휘말리고 말았다. 지기 싫어하는 마음은 알지만 미묘한 감정들이 오고 간다. 한 녀석은 화가 잔뜩 났는지 네트를 내려치기도 한다.

"우리 좀 빨리 하자. (좀이라는 말에 짜증이 섞여 있고 화가 난 듯하다.)"
"이게 피구냐. 왜 날 맞춰? (공에 맞은 아이들이 짜증을 낸다.)"
"잠깐만. (이건 내 말!)"
"선생님. 잠깐만요."

경기는 12 대 5로 끝나고 교실로 올라오는데 따스한 봄날에 어울리지 않는 싸늘함이 느껴진다. 반대쪽의 남자아이들은 연방 웃으며 게임을 하는데. 다만 공을 너무 세게 쳐서 "손가락 감각이 없어졌어요"라며 보건실에 다녀오겠단다.

"교실 들어가면 에어컨 좀 틀어 주세요."
"창문 열면 되지. 이 날씨에."
"대신 에어컨 안 틀어 달라고 할 테니 방 배정 좀 해주세요."
"정말 요즘은 기승전방배정이다."

4교시는 타악기 수업이다. 우리 반 구호를 외치며 시작한다.
"틀려도 안 틀린 척 멋있게."
3교시에 너무 열심히 뛰어서 그런지 아이들이 많이 힘들다고 한다. 허리랑 다리가 너무 아파서 좀만 쉬자고 한다.
"앉아서 하면 안 돼요? 힘들어요."
"선생님은 매일 이렇게 서 있는데?"

15분 정도 연습하고 5분만 쉬기로 한다. 앉아서 쉬라고 했더니 누워도 되냐고 묻는다. 또 누구는 앞으로 누워도 되냐고 묻는다. 편하게 쉬라고 했지만 누워서 발로 자전거 타는 아이도 있고 엎드려 수다로 스트레스를 풀기도 한다. 쉬라고 하면 떠들고 시작하면 허리 아프고. 참 신기방기하다.

"타악기 시작 30분 전."

'30초 전'을 '30분 전'으로 잘못 말했나 보다. 그 틈을 놓치지 않고 30분 쉬는 시간이라며 좋아한다.
"아이고. 허리 아파. 다리 아파."
아이고! 허리를 붙잡고 일어난다.
북 치고 급식 먹으러 바로 왔더니 아이들이 숟가락으로 오늘 배운 7채 가락을 식판에 치고 있다. 식판이 내는 따뜻한 쇳소리가 나름 운치 있다.

6교시에 성희롱, 성추행 예방교육을 했다. 입맞춤, 포옹, 안마, 가슴이나 엉덩이 등 특정 신체부위를 만지는 행위뿐만 아니라 외모에 대한 성적인 비유나 평가와 성적 굴욕감 또는 혐오감을 유발하는 행동 모두 학교폭력에 해당한다고 엄포를 놓았다. 근데 너무 세게 얘기했나 보다.
"그냥 친구랑 말을 안 하면 되겠네요."
"여자끼리 서로 손도 잡으면 안 되나요?"
또 아이들은 방 배정, 버스 자리 배정 얘기로 화제를 돌린다.
"근데 선생님은 비즈니스석 타고 가실 거예요?"
"난 퍼스트 타고 간다."
"가방 싣는 곳 아니고요? 짐칸?"
"근데 호텔에서 와이파이 되죠?"
"핸드폰 압수 시간이 언제예요?"

오늘 활동을 20분 정도 해시태그로 정리하기로 했다. 모둠별로 이번 교육여행과 관련된 내용이면 무엇이든 좋으니 적어 보라고 했다. 당연히 안전교육에 대한 내용도 많을 것 같았지만. 교육여행에 대한 엄청난 기대심리가 있어서 그런지 많이도 적고 많이 웃는다. 아니 떠든다. 누가 죄인인가? 중간중간 안중근 노래 소리가 들린다. 사회시간에 배웠다고 한다. 많이 듣던 멜로디인데. 내일 악보 찾아서 뽑아 줘야겠다.

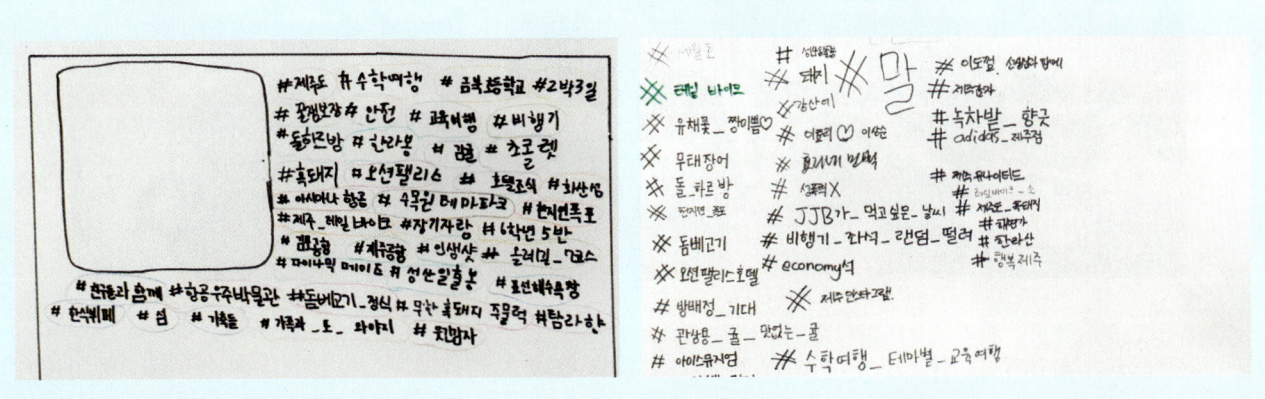

테마형 교육여행 #흑돼지 #6-5 #헤어밴드
제주도 # 추억 # 방배정 # 돔베고기 # 다이나믹 메이즈
2박3일 # 돌하르방 #성산일출봉 # 오션 팰리스 호텔
세월호 # 한라산 # 한라봉 # 수목원테마파크 #렛잇주 박물관
삼다수 #용눈이오름 #혼저옵서예

비행기 #삼다수 #수학여행 #제주도 #레몬바이크 #소 #안전교육 #학교폭력 #다이나믹메이즈
#미로 #돔베고기정식 #외돌개 #여이스뮤지엄 #활용조각 #격려의 포표 #오리
#휀팰리스호텔 #쿤 #제주항공우주박물관 #천문우주 #레크레이션 #장기자랑
#돔자랑 #관식 #수목원테마파크 #VR체험 #나그네식당 #무한 흑돼지 주물럭
#2박3일 #재미 #행복해 #아시아나 #슬레빈 #미로 #성산일출봉 #숙소
#먹을것 #포만감 #편해비벼해진_선택 #꿀 #맛있다 #대화 #휴식
#돌하르방 #돌담이 #제주공항 #여행길 #한라봉 #태풍 #콩닷 #5D영상관
#3D찰시아트 #졸업여행 #6학년♡ #체 #학교도착 #버스
#선환경 #최선 #학폭

(레마형 교육여행 #이서준 # 안전 # 남세대장군 # 지켜줄게 # 돔베고기 # 제주도 # 레일비
아이스 뮤지엄 # 헤어밴드 # 서쪽함 호텔 # 방 배정 # 비행하는 비행기 # 흑돼지

(다이나믹 메이즈) #탐험 # 아동 # 미로 # 반행동주의 # 모험 # 방배정 # 기념품 # 즐길점 # 여신
탄호 # 벌렁숨 # 배고픔 # 설렘 # 기대 # 점심 # 일편단아

(돔돼계) #돼저 #소 # 방 배정
#황태 # 개벼러 해쁜 # 튜블 # 코기 # 육목돼지 # 돔베기 # 혼저선곱표

꿀잼보장 #한라봉 #장기자랑 #인생샷 #친구들과 함께 #
가족과_또_와야지 #무태장어 #돔베고기 #방 배정_기대
#관상용_굴_맛없는_굴 #비행기_좌석_랜덤_떨려 #효리네
민박 #녹차밭_향긋 #제주유나이티드 #용눈이오름 #혼저
옵서예 #안전교육 #학교폭력 #휴식 #4성급호텔

4월 17일 수요일

　은비가 감기에 걸려 병원에 다녀오겠다는 연락이 왔다. 이것 참. 독감은 지나간 줄 알았는데 다음 주 교육여행이 슬슬 걱정이 된다. 설마 독감은 아니겠지. 내 책상에는 한 아이가 쓴 편지가 놓여 있다. 다른 반 여자아이가 자기를 놀렸다는 내용이다. '자기가 1학년 때부터 다른 친구들에게 등짝을 많이 맞아서 여름에도 패딩을 입고 다닌다'는 이상한 말을 하고 다닌단다. '허위사실 유포'라며 정확한 죄명도 적혀 있다. 해당 아이를 불러 얘기를 해 보았다. 너무 오래전 일이라 기억이 잘 안 난단다. 물증이 없는 상황은 역시나 해결이 쉽지만은 않다.

　아이들이 등교하자 젤리가 완충되어 있다며 내 책상으로 온다.
　"아! 맛있겠다."
　한 개씩 줄까 망설이고 있는데 "젖소장난감 같이 할 사람!" 소리에 우르르 몰려간다.

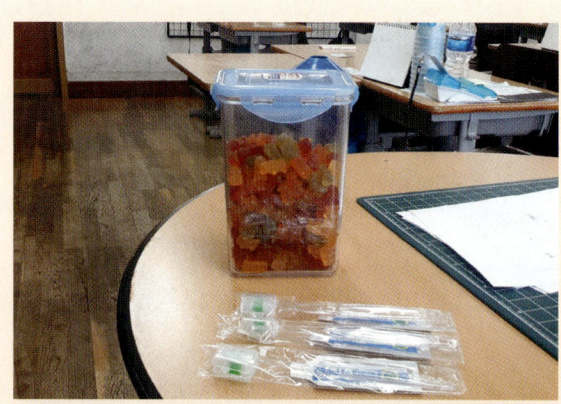 

1교시에 방과 버스 자리 배정을 하기로 했다. 이젠 결정의 시간이 된 듯하다.

"아! 떨려."

"나 심장이 터질 것 같아."

"오늘 할 것 같아서 어제 밤에 잠도 못 잤어요."

먼저 내 전화번호를 적어 주었다. 승은이가 핸드폰을 꺼내 내 전화번호를 저장하고 있다. 남자아이들이 옆에서 다른 번호를 소리 내며 번호를 누르고 있는 승은이를 방해하고 있다. 남자아이들은 배정이 시작되자 농담을 주고받고 있다.

"자리랑 방 거래를 시작하죠. 5천만 원 가져와야 합니다."

"근데, 우리 방은 비싸다네. 자네 50조쯤 가져왔는가?"

내가 웃고 있자,

"선생님 옆머리는 머리카락 사이로 두피가 살짝 보여 반투명이야."

"나의 매력 포인트 아닌가?"

아이들과 약속한 대로 뽑기로 시작한다. 먼저 버스 자리 배치이다. 아이들이 두 손 모으고 텔레비전을 보고 있다.

"인생은 왕당키야."

"쟤네 되게 잘 걸렸어."

"난 ○○면 괜찮아."

"근데 난 너랑 옆자리 싫은데. (묵직한 한 방이 날아온다.)"

"오! 5학년 2반 멤버들끼리 짝이네."

준호는 심장을 부여잡고 있다. 본인의 이름이 나올 때가 되었는지 직감으로 아나 보다. 준호랑 준혁이가 나온다. 서로의 눈빛이 공중에서 반짝인다.

"이건 하늘의 계시야."

"연수야, 나랑 바꿀래?"

벌써 자리 거래의 조짐이 보인다. 절대 안 된다고 못을 박는다. 여자아이들도 이어서 뽑는다. 주희와 경란이가 버스 짝이다. 5학년 3반 출신이라며 서로 마주 보며 두 손을 흔든다.

"왕당키 신을 무시하지 마!"

규현이와 지윤이가 걸린다. "와"라는 함성과 함께 앞뒤로 앉은 둘은 서로 손을 잡고 있다. 둘이 너무 좋아하는 모습을 보이자 아이들이 시기의 말을 조금 한다.

"버스 같은 자리 걸리면 방 배정할 때 다른 방 될 가능성이 높지 않을까?"

"얘네 좋아하는 모습 보니 왠지 기분이 나빠."

"부럽다. 정말. 아 얘네 진짜."

승은이와 륜경이는 실망하는 표정이다. 어둠의 기운이 느껴진다.

태윤이와 효은이. 아! 짧은 비명과 함께 조용하다. 1초 정도 얼음 상태였다.

"이 뽑기 프로그램 짠 거 아니죠?"

"맛이 너무 짜요."

"버스 창가랑 안쪽은 바꾸어도 되죠?"

아이들에게 정말 중요한 건 방 배정이다. 곧바로 시작한다. 이번에는 여자부터. 내가 허공을 보며 잠시 뜸을 들이니 아이들의 원성이 들린다. 혼자 즐기지 말고 빨리 시작하잔다. 손을 싹싹 빌며 긴장을 달래고 있다. 여자아이들 뽑기가 시작되자 남자아이들이 친한 아이들끼리 다른 방 되기를 바라고 있다.

"떨어져라, 다른 방. 떨어져라, 다른 방."

방호수대로 3명, 4명, 3명이 차례대로 뽑혔다. 한 녀석이 3-4-3 포메이션이라는데. 뜸 들이지 않고 바로바로 뽑는다. 거센 짐승의 소리도 들리고 오호, 안 돼라는 짧은 비명도 들린다. 손뼉 치며 아주 만족해하는 녀석들도 있다. 이어서 방장도 정하고 더블과 싱글 침대에 잘 순서를 정한다. 2일 중 하루씩 바꿔 자는 선에서 정리된다. 태윤이 방 아이들은 불편하지만 서로 더블 침대에서 자겠다고 하는 기현상이 벌어진다. 여자아이들 방 배정이 끝나고 한 녀석이 울고 있다. 역시 모두를 만족시킬 수 없기에 예상은 했지만, 이렇게 빨리 울 줄이야. 남자아이들도 얼른 뽑는다. 역시나 한숨과 환호가 교차한다. 방 배정 하느라 그들도 나도 너무 많은 감정소모를 했다. 이런 거 합리적으로 대신 해주는 AI가 얼른 나왔으면 좋겠다.

그때 은비가 병원에 들렀다 교실로 들어온다. 방 배정 뽑기 하는 거 빠지면 안 된다는 의지로 왔단다. 일단 독감은 아닌 것 같다고 하지만 열이 38도까지 올랐다고 한다. 걱정도 된다. 보건실에서 한 시간 쉬라고 했다. 다행히 한숨 자고 오더니 훨씬 밝은 표정이다.

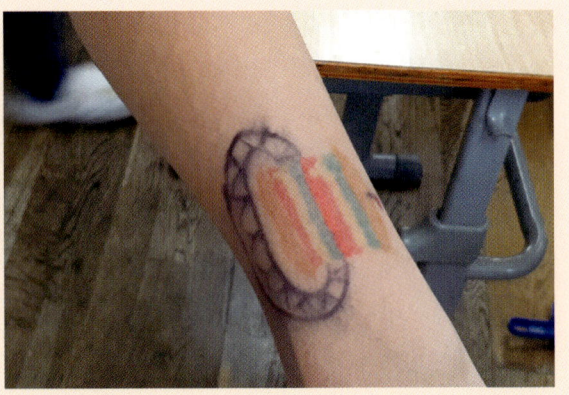

과학의 달 행사로 발명아이디어대회를 열기로 했다. 두 명이 한 조가 되어 아이디어를 구상해 발표하는 시간을 가진다. 어떻게 조를 묶을까 하다 고민하다 이번엔 남녀 짝으로 한다고 하자 원망의 소리가 들린다. '혐오의 감정이 조금 줄어들길 바라는 마음'이라는 논리로 설득한다. 좋아하는 친구와 함께 하고픈 아이들 마음도 한편으로 이해된다. 하지만 원하는 사람과 짝을 지으면 남는 몇 명이 생긴다. 이것 또한 참 어렵다. 무작위 발표자 뽑기로 조를 정해 준다.

발명아이디어 구상하기가 시작되고 한참이 지났다. 한 여자아이가 울고 있다. 발명아이디어 짝 활동을 하는데 서로 호흡이 안 맞았나 보다. 여자아이들이 몰려든다. 울 때는 울어야 한다면서 한참을 다독여 준다. 그러고는 화장실로 우르르 몰려간다. 구상을 다 한 녀석들은 팔에 사인펜으로 햄버거를 그리다 수성사인펜이 인중에 묻었다며 비누로 지우고 오겠단다. 한참 있다 들어오더니,

"아무리 해도 안 지워져요."

가까이 가서 보자 수염이다.

"이건 수염이잖아. 이제 청소년이구만."

몸은 이미 청소년기에 들어선 녀석이다. 옆에 있던 여자아이들이 말한다.

"난 수염 난 친구 처음 봐. 신기하네."

〈준우, 지윤〉
옷에 작은 화면이 붙어 있음. 팔 쪽에 있는 화면이 핸드폰 연계됨. 옆에 있는 옷은 에어컨과 연동되어 조절해 주는 기능이 있음.

"핸드폰과 연동되는데 팔에 붙어 있으면 양손으로 게임할 수가 없는데요?"
"그 점은 생각해 보겠습니다."
"옷 양쪽에 붙일 수 있어요?"
"옷에 아무 데나 붙일 수 있는 액정이에요."
"에어컨과 연동시키는 방법이 정확하지 않은 것 같아요."
"그냥 잘, 어떻게든 하겠죠. (모두 웃음)"
"부착 방법은 끈끈이예요?"
"끈끈이는 아니고 끈끈이 비슷한 건데 말로 설명이 안 되네요."
"저 옷의 재질은요?"
"그냥 옷인데요. 나일론? 천? 비단? 삼베는 아니에요."

〈륜경, 준호〉
레이저 칼. 어린이들이 요리할 때 일자로 쉽게 못 잘라서 레이저로 미리 안내선을 보여줌.

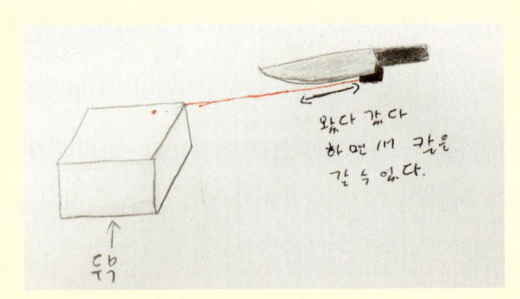

"애기들이 쓴다고 했는데 장난쳐서 다른 애들에게 레이저 쏘면 죽어요?"
"저희가 예상치 못했네요. 그래도 죽지는 않을 듯. 레이저가 그렇게 안 세요."
"애기들이 칼을 레이저로 해도 손에 베일 위험이 있는데요."
"손에 베이지 않는 장갑을 끼고 하면 되네요. 장갑은 별도로 사야 해요."
"레이저로 쏴서 칼로 일자로 자르는데 그래도 일자로 자르는 게 어려울 것 같은데요."
"하기 나름입니다. 연습해야지."
"두부 말고 배나 사과 같은 것은 애기들이 자르기 쉽지 않잖아요?"
"그거는 부모님이랑 같이 해요."
"레이저를 두부에 쏜다고 일자를 보장하나요? 각도기나 자도 사용해야 하지 않나요?"
"두부는 그냥 돼요. 두부에 자로 긋고 할 수는 없잖아요."
"배터리가 필요해요?"
"네. 이건 충전식이에요."
"칼 밑에 레이저가 달려 있는데 레이저만 따로 사용 안 되나요?"
"탈부착이 가능해요."
"설거지할 때는 어떻게 해요?"
"레이저는 방수도 되고 탈부착도 돼요."
"엄청 큰 걸 잘라야 한다면. 예를 들면 지구요."
"님, 지금 이거 대회예요. 장난치지 마세요."
"수전증 있는 사람은 어떻게 해요? (모두 웃음)"
"저희가 미처 생각지 못했습니다."

〈태윤, 영민〉
이것의 이름은 체어 에스컬레이터. 장애인 어른이나 어린이들이 의자를 타고 간편하게 이용할 수 있도록 했음. 의자는 자석으로 안전하게 붙어 있음.

"에스컬레이터 의자가 붙어 있는데 의자가 바닥에 안 닿아요?"
"의자가 들어갈 공간을 따로 만들어요."
"의자가 떼질 위험은 없나요?"
"강력한 자석도 있고 용접처리를 해서 안전하게 탈 수 있어요."
"안전바도 있어요?"
"안전바가 필요할 정도로 위험하지 않아요."
"어차피 용접할 거면 자석이 필요 없잖아요?"
"그래도 안전을 위해 용접해요."
"카트나 유모차는 어떻게 타요?"
"여기 못 타고, 엘리베이터 타면 돼요."
"장애인 어른이 탈 수 있다고 했는데 지금 그림으로 보면 안 될 것 같은데요."
"휠체어용 의자가 따로 있어요."

〈현민, 준혁〉
그라운드 칩. 자연재해로 인해 사람들이 많이 죽고 다치기 때문. 조그마한 네모들은 다른 기기와 연계해 빔이 사람을 보호하고 가운데 것은 사람에게 대피할 수 있게 해줌.

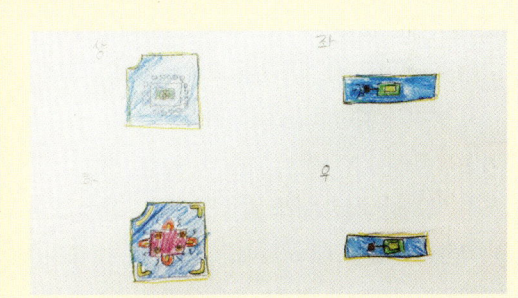

"빔이 나와서 보호를 한다는데 빔이 질량이 없어서 못 지킬 것 같은데요?"
"와칸다 보셨어요? 와칸다처럼. 저렇게 설치를 하면 서울 전체를 보호할 수 있어요. 그리고 빔이 생성막이 되는데 평범한 레이저가 아니라 단단해져요."
"사용된 기술이 뭐가 있는지?"
"이건 상상이었어요. 기술은 그때 되면 개발되겠죠."
"시스템 오류가 나서 안에 갇히면 어떻게 해요?"
"반대쪽으로 가면 되죠."
"서울에도 부산에도 모두 불이 나면요?"
"다 설치하면 되잖아요."
"빔이 액체예요, 고체예요, 기체예요?"
"고체예요. 단단하니까."
"근데 닫혀 있는데 어떻게 나가요?"
"차단기 열고 나가면 되잖아요."
"차단기가 오류 나면 땅 파고 내려가는 거예요?"
"차라리 그것보다는 그냥 갇혀 있는 게 더 안전할 것 같아요."

〈규현〉

안전을 위한 발명품을 생각함. 평소에는 보통 시계이지만 불이 났을 때 시계 뒷면에서 방화복을 입혀줌.

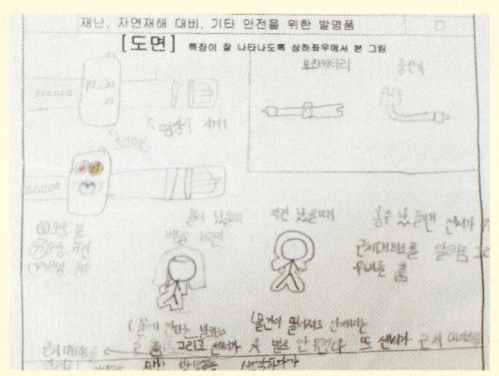

"시계 안에 방화복이 있는 거예요?"
"버튼을 누르면 소환하는 거예요. 많은 곳에 있다가 받는 거예요."
"소환하면 날아오는 거예요? 봉 하고 생기는 거예요?"
"불이나 지진 났을 때 버튼을 누르면 시계에서 나와서 입혀지는 거예요."
"그건 기술인데. 배열이 있을 거 아니에요? 머리 쪽이 다리 쪽으로 가면 어떻게 해요?"
"다시 벗어서 찾아서 입으면 되죠."
"어떻게 다시 입어요?"
"지퍼 쫙 내리고, 이렇게 입으면 돼요. (모두 웃음)"
"방화복을 입는다 해도 피해를 안 입는 건 아니잖아요."
"그래도 안 입는 것보다는 나아요."
"벗으면 시계로 다시 들어가는 거예요?"
"일회용. 다시 들어갈 순 없어요."
"리필은 되나요?"
"아니. 시계 안에 많이 들어 있어요."
"이 방화복을 입어도 타 죽으면?"
"보험 들어 놔요."

〈상진, 승은〉

하나의 펜으로 여러 가지 기능. 시계, 자, 불꽃, 연필, 샤프, 불빛. 필통이 없어도 상관이 없음. 수리용 리모컨으로 고칠 수 있음.

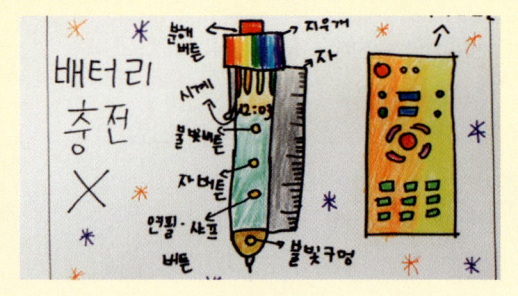

"불빛이나 동력은 어떻게 해요? 배터리가 없다면서요?"
"공기에서 충전해요. 번개 충전법이 개발될 거예요. (그건….)"
"그것도 충전이잖아요?"
"그래도 배터리 충전은 아니잖아요."
"충전이 배터리잖아요."
"다 누르는 형식이 되어 있는데 안에 잉크통도 있는데 자가 어떻게 나와요?"
"자세히 보면 자가 들어가는 공간은 될 것 같은데."
"근데 저런 게 다 들어가면 두꺼워 한 손으로 연필 쓰는 게 어렵지 않아요?"
"근데 이것들이 들어가면 연필이 작게 축소되어요."
"깨지면 어떻게 해요?"
"수리 리모콘 있어요."
"축소되면 다시 어떻게 펴요?"
"색연필이 필요하면 버튼 누르면 돼요?"
"샤프심은 어떻게 넣었다 빼요? 무한 리필이에요?"
"분해 버튼이 있어요."
"수리 리모콘에 버튼이 왜 이리 많아요?"
"조사를 해야 해서요."
"시계 알람 기능도 있어요?"
"수리 리모콘에 숫자가 있는데 이걸로 맞춰요."

〈경란, 연수〉
이 음료병은 사이다와 콜라가 반반씩 들어 있음.
어린이들이 사이다와 콜라 중 같이 먹고 싶을
경우를 위함.

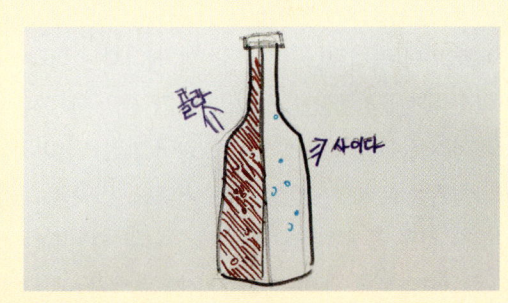

"이런 거 있는데. 박사. 박카스와 사이다 섞은 거."
"이건 섞은 게 아니라 따로 있다가 나올 때 합쳐지는 거야."
"사이다, 콜라 같이 먹는데 가운데 투명색 막이 필요해요?"
"반 가르려면 필요하죠."
"맛이 섞이면 특유의 맛을 모르잖아요. 한쪽만 못 먹어요?"

"비스듬히 하면 먹을 수 있지 않을까요."
"투명색 막이 있으면 양이 주는 거예요?"
"양이 0.01미리 줄겠죠. 살짝. 그리고 투명막을 압축 많이 시키면 돼요."
"다른 액체도 넣을 수 있는 거예요?"
"당연하지."
"뚜껑이 열리면 둘 다 열리는 거예요?"
"하나도 가능하고 둘 다 가능해요."
"음료수를 다 마시면 어떻게 채워요?"
"깔때기 써서요."
"근데 넣다가 조금이라도 섞이면 맛이 변하잖아요."

〈주희, 민준〉
장애인에게 도움을 줄 수 있게 하기 위해. 열확인 데이터칩과 투시렌즈가 있음. 집에 전등이나 가스나 물 같은 거 안 끄고 나갔을 때 열확인 렌즈가 10분마다 주기적 확인.

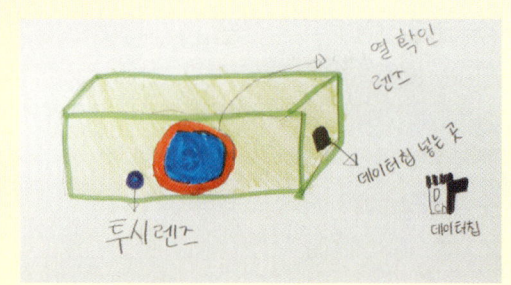

"저런 게 들어가면 박스 크기가 커요?"
"카메라 정도 크기입니다."
"10분마다 에너지 소비가 되는데 에너지는 어디서 얻나요?"
"아까 말했죠? 개발될 거라고? 공기 중의 에너지 사용하면 돼요."
"카메라로 확인이 되면 회사로 넘어간다는데 이게 무슨 말이에요?"
"다치거나 쓰러진 사람을 찾는 거예요. 만약에 사람이 다치면 스캔되어 회사로 전송됩니다."
"다친 것은 기계가 판단하는 게 아니라 병원에서 판단하는 거예요."
"저걸로 범죄를 저지르면요? 사생활침해가 아닌가요?"
"저희가 생각했던 목적은 그게 아닌데."
"만약에 불이 났을 때 투시 렌즈가 열 때문에 부서지면요?"
"이 렌즈는 단단하고 녹는 재질이 아닙니다."
"10분마다 점검인데, 점검하고 1분 만에 불이 나면요?"
"1, 5, 10분으로 점검 시간을 설정 가능해요. 기본은 10분입니다."
"저건 딱 봐도 환경에 폐를 끼칠 듯한데요."
"친환경 재질로 만들게요."

〈효은〉
나무소화기. 강원도 산불 같은 것을 센서로 미리 예방. 센서가 감지해 불이 났을 경우 지하수로 작은 불을 먼저 끌 수 있음.

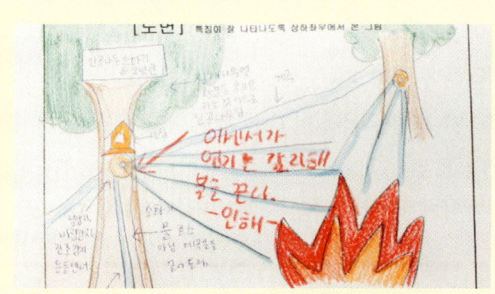

"지하수를 꺼낸다고 했는데 지하수가 없으면요?"
"지하수는 없어질 수 없어요. 정 없으면 계곡물을 하든지."
"센서를 설치해야 하는 나무에 센서를 파서 넣는 게 자연파괴 아닌가요?"
"저 나무는 인공나무거든요?"
"저기 호스는 나무 안이에요? 밖이에요?"
"안이에요."
"물을 끌어오려면 지하수까지 땅을 파야 하는데 가능할까요?"
"지금 기술로 가능하겠죠."
"인공나무를 만들 거면 굳이 나무 모양으로 만들 필요가 없지 않아요?"
"근데 숲속에 갑자기 전봇대 같은 게 있으면 이상하지 않을까요?"
"딱따구리가 센서를 부수면요?"
"그건 생각해 본 적이 없습니다."

〈은비, 서준〉
게임 클리너라는 로봇 청소기. 청소칩을 넣으면 집진 장치로 청소. 게임칩을 넣으면 게임도 할 수 있음. 물청소도 할 수 있음. 핸드폰 배터리 사용해 충전 간편. 옆쪽에 필터가 있음. 모양은 4분원.

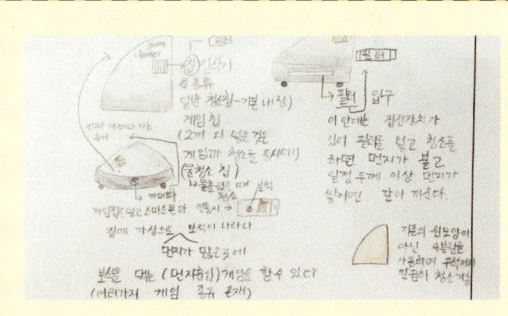

"둥근 부분이나 테두리 중에 어떤 곳에 청소 기능이 있어요?"
"테두리에 달려 있어요."
"보석을 먹으면 청소가 된다고 하셨는데? 그러다 물건을 치면요?"
"그건 사용자가 조심해야 해요."
"로봇 청소기가 보석을 따라간다고 하셨죠? 그 보석이 먼지인데 사람 몸에 먼지가 있으면요? 로봇이 사람 몸에 달라붙으면요?"

"이 로봇의 높이가 사람만큼 안 됩니다."
"다른 동영상 같은 것도 볼 수 있나요?"
"주변 환경을 인식한 다음에 자동차 게임 같은 것도 만들 수 있어요."
"이 로봇 크기는요?"
"크기가 책상만 해요."

오늘 점심에 떡국 나오는 날인데 밥은 없냐고 물어본다. 참 재미있는 녀석이다. 떡국에 밥 말아 먹는 게 세상에서 제일 맛있다며.

집에 갈 때 사회시간에 배웠던 뮤지컬 〈영웅〉 중 '누가 죄인인가' 악보를 나누어 주었다. 악보를 보며 '누가 죄인인가'를 흥얼거린다. 악보를 보며 집에 가고 있다. 물론 가사를 보는 것이겠지만 악보 보는 자세가 전공생의 포스다.

4월 18일 목요일

일찍 온 아이들은 물이 나오는 젖소로 게임을 하고 있다. 멀리서 보아도 지윤이 카디건이 흠뻑 젖어 보인다. 그 소란한 와중에도 여학생 두 명은 만화책 삼매경에 빠졌다. 그 좋다던 마피아게임이랑 물총게임도 안 한다. 무슨 만화책인지…. 한쪽에서는 피아노 연습을 하고, 뒤쪽은 당구를 치고 있는 아름다운 아침 풍경이다.

"선생님! 다른 반은 사다리타기 했대요."
"2반은 선생님이 정해 줬다는데요."
방 배정으로 오늘도 이야기가 시작된다.
"우리 다시 뽑기 하면 안 돼요?"
특별한 사정이 있는 경우를 제외하고는 안 된다고 하자 한 아이가 아쉬운 듯 말한다.
"운명적인 친구와 같은 방 쓰고 싶었는데."
준호가 "손흥민 골 넣은 거 봤어요?"라며 들어온다. 오늘 새벽 네 시에 일어났는데 정말 대박 인생 경기였단다. 난 다섯 시에 일어나서 골 장면은 못 봤다고 하자 내게 와서 한참 상황 설명을 한다. 아직 아이들이 많이 오지는 않았지만 하이라이트를 같이 본다. 축구에 관심이 있는 아이들이 앞으로 모이고 나름 직관의 느낌이 난다.
"정말 대박. 명승부였어."
"알리가 깊숙이 들어갔어요."
"시스코 어제 봤는데, 이렇게 하다가 퍽 넘어졌어."
"근데 손흥민 카드 받았어. 다음 경기 못 나온대."
원정 다득점을 모르는 여자아이가 묻는다.
"너희들은 왜 졌는데 좋아해?"
"이게 바로 진 듯 이긴 듯이야."
졌지만 이긴 상황이라니 더 아리송한 듯 고개를 젓고 들어간다. 하이라이트 마지막 부분에 손흥민의 왼발 슈팅이 살짝 빗나가자 해트트릭 못 했다며 한 녀석이 내 무릎을 내리치는데.

달콤한 다락방 요리부 여자아이들은 등교하자마자 냉장고에 오늘 만들 재료를 넣고 있다. 계란 한 판이며 우유가 가득 들어간다. 계란빵을 만든다고 하는데 다 만들 수 있을지 걱정된다. 냉장고에 재료들을 정리하며 방별로 샤워 순서도 정하고 여행지에서 누구랑 같이 걸어갈지 이야기를 나누고 있다.

교실에 작은 농구 골대를 달아 주려 망치를 들고 왔다. 망치를 든 모습을 보더니 아이들이 우리 때리려고 그러냐며 "무서워요"란다. 그러곤 망치질해 보겠다며 덤비지만. 나도 못질이 익숙하지 않아서 못이 튄다. 그래도 멋있는 척을 해야 해서 "콘크리트가 아주 단단하군" 했더니 아이들은 벽을 만지며 그런가 보다 하는 눈치다. 간신히 못을 박고 농구 골대를 걸어 주니 아이들이 몰려든다. 한쪽에서 슛을 던지자 블로킹 장난을 치려 아이들이 점프한다. 쿵쿵 소리에 또 밑 교실에 피해를 주겠다. 하지만 농구는 쳐내는 게 맛이라는데.

한쪽 벽에는 다트를 설치했다. 이렇게나 많이 달아 주었는데도 다른 것을 더 붙여 달라고 한다.

"근데 선생님, 색조화장 해도 되는 거 아니에요?"

"맞아. 난 해도 된다고 생각하지만, 현실은 그렇지가 않네."

"그럼 교육여행 때 살짝만 할게요."

"교육여행 갈 때 짐을 캐리어에 꼭 싸야 해요?"

"큰 가방 메고 와도 된다네. 너무 무거우면 내가 대신 들어 줄게."

"지금 제주도 날씨 더워요?"

"구름 조금 있지만 날씨는 아주 좋아."

아이들의 설렘 가득한 질문들이다.

6교시는 동아리 활동 시간이다. 태윤이랑 은비는 지난주에 이어 풀로 액괴를 만들면서 열심히 둘만의 대화 시간을 가지고 있다. 쉼 없는 수다가 힘들지도 않은지. 서준이는 고무줄 총 만들기를 계속하고 있다. 오늘 글루건 심을 보충해 주었더니 더 단단한 모양이 완성되나 보다. 하지만 고무줄을 어떻게 걸어야 하는지 고민이란다. 현민이는 박스로 ATM기를 만들겠다고 한다. 집에서 준비해 왔는지 카드 한 장을 이리저리 넣어 보며 위치를 잡는다. 실제로 ATM기 안에서 돈도 나올 수 있게 하고 싶단다.

"야! 우리 먼저 계란 넣고 있자."

"우유 남는 것 없어요? 다른 반에 우유 남는지 찾으러 가봐."

계란빵이 하나둘 구워진다. 아이들이 만든 것을 나누어 먹는다.

"아, 정말 뜨거. 근데 맛있어."

"계란빵 하나 더 먹을 사람?"

아이들이 "나" 하며 맹렬히 뛰어간다.

"자리에 가만 앉아 있어. 가져다줄 테니. (상당히 뿌듯해하는 말투였다.)"

조금 덜 익은 빵도 몇 개 있다. 덜 익은 걸 나더러 먹어 보란다. 반죽 맛이 그대로 느껴지지만 맛있다고 할 수밖에.

4월 19일 금요일

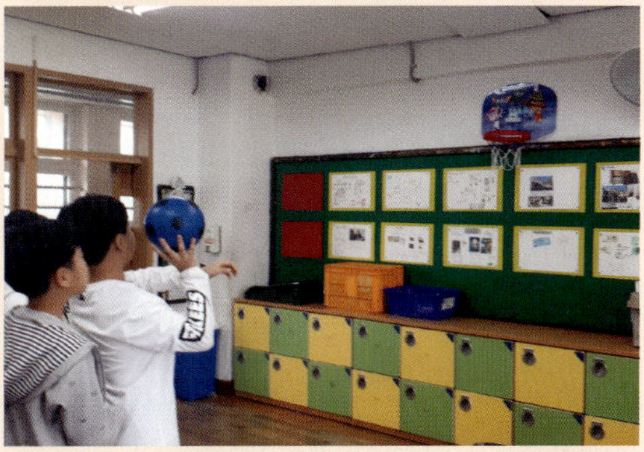

어제 계란빵 만들던 아이들이 아침 일찍 등교했다. 아침에 계란빵을 마저 만들겠단다. 어제 남은 재료를 냉장고에 고이 모셔 두었다는.

"어제 못 먹은 아이들 주려 일찍 왔어요."
"선생님. 양치 좀 하고 올게요. 일어나자마자 와서 양치하는 걸 깜빡했어요."
"어제 우리 반 카톡에 올라왔어요. 계란빵 맛있다고요. (정말 뿌듯한 표정을 지으며)"

오늘은 4.19혁명이 일어났던 날이다. 국어시간에 간단히 아이들과 이야기를 나누었다.

- 자유당이 정말 이기적이었다고 생각이 들었고 앞으로 다시는 이런 일이 일어나지 않았으면 좋겠다. 그리고 화난 시민의 힘을 배웠다.
- 4.19혁명은 참 아픈 역사 같다고 생각합니다. 정전이 돼서 표를 바꿔치기 했던 3.15 부정선거를 보고 참 그때 사람들이 너무 힘들었다는 생각이 들었습니다. 빈곤과 정직하지 않는 것에 시달리는 사람들이 정말 힘들었으며 진심으로 안타깝다는 생각이 들었다.
- 신기하기도 하고 안타깝기도 했다. 4.19혁명 꼭 기억하자는 마음이 들었다.
- 부정선거를 막기 위해 희생하신 분들! 정말 감사하고 대단하신 것 같다.

과학 시작 전에 6학년 과학 교과 선생님 두 분이 우리 교실에 모이셨다. 두 분 다 남자선생님이다.
"초등학교에서 남자 교사 세 명이 서 있는 기회 없을 거야."
아이들이 잘생긴(내면과 외면 모두) 선생님 순서로 인기투표를 한단다. 내가 1등을 못 했다. 이 녀석들이 장난치는 것 같은데. 뒤끝이 남을 듯 말 듯.

토론시간이다. 오늘 안건은 가상 상황으로 교육여행 둘째 날 점심으로 적당한 음식으로 무엇을 먹을 것인가이다. 짜장면 VS 짬뽕!
"이건 전제가 잘못되었어요! 짬뽕이 더 비싸잖아요."
"한국인은 매운맛이에요. 짜장면은 질려요."
"단무지, 고춧가루가 있잖아요. 짜장면에 고춧가루 뿌려 먹으면 얼마나 맛있는데요."
"근데 이건 잔인한 활동이에요. 하필 4교시에 이런 토론이라니."
"배고프다 못해 배 아파요. 오늘은 좀 일찍 먹어요."

〈짜장면이 좋은 이유〉
맛있다 / 쫄깃한 면발 / 맛있는 소스 / 고기 / 비비는 재미

〈짬뽕이 좋은 이유〉
맛있다 / 얼큰한 국물 / 해산물 / 탱탱한 면발 / 숙취해소(교육여행 가서 그런 거 절대 마시지 마!)

토요일이 장애인의 날이라 오늘 장애이해교육을 했다. 장애인은 동정의 대상이 아니며 우리 함께 배려를 실천하자! 아이들과 공감에 대해 이야기를 나누었다. 장애우 배려 자기평가에서는 모두가 장애우에 보통 이상의 공감능력을 가지고 있다고 답한다. 공개한다는 말을 해서 그런지. 이어서 '공감교실'로 4행시 짓기를 한다. 4행시 짓기 싫은 사람은 그냥 마음속 깊이 의미만 담으라고 했다. 학년에서 5명 정도 소정의 상품이 주어진다고 하니 몇몇 아이들이 적어 낸다.

공통된
감정을 가진 친구들과
교실에서 틀림이 아닌 다름이라는 것을
실천하자.

공감, 감동, 동정처럼 여러 가지 좋은
감정으로 서로 배려하면 서로 기분이 좋아진다. 하지만,
교만처럼 서로를 기분 나쁘게 하는 감정은 풀리지 않는
실뭉치처럼 서로의 기분을 나쁘게 한다.

공감
감동
교화
실제로 존재하진 않는다. 우리 사회엔. 그럼! 만들어가자!

"선생님은 챔스 누가 우승할 거 같아요?"
영민이와 준호가 묻는다.
"느낌은 리버풀! 결승에서 토트넘 대 리버풀. (결과적으로 맞추어 버렸다.)"
영민이랑 준호는 바르샤 편이다. 우리들은 약간의 내기가 걸린 예상을 해 보기로 한다. 난 1승 1무로 리버풀. 그들은 반대의 경우란다.

미술시간이다. 진로페스티벌에 사용할 화폐를 만들기로 했다. 우수작품에는 학교장상도 나가고 최우수 작품은 6학년 장터에서 실제 화폐로 사용하기로 알려 주었다. 화폐 종류는 5천 원, 천 원 두 종류다. 한쪽으로 몰리지 않게 지원을 받았더니.
영민, 인해, 규현, 민준, 태윤, 백하, 연수, 준혁, 효은, 현민이가 5천 원권을 만들겠단다. 나머지 친구들은 천 원권.

"천 원이 나머지팀!"

"그럼 5천 원은 몫팀이에요?"

팀명도 수학적으로 잘 지었다.

"인터넷 좀 쓰게 핫스팟 좀 켜주세요."

핫스팟 연결하자마자 카톡! 카톡! 하면서 메시지가 날아온다. 몰래 메시지 확인하는 녀석도 보였지만 그 정도는 눈감아 주는 게.

"너 자신 있으면 우리 교장선생님 얼굴 그려."

"내가 교장선생님 사진 카톡으로 보내 줄게."

"근데 우리 선생님 얼굴은 어때?"

"그럼 상 받는 데 불리하지."

"선생님. 1992년에 우리 학교 씨름대회 우승했어요? (용케도 찾아낸다.)"

류경: 교화가 개나리여서 개나리를 그렸고요. 봄이랑 잘 어울려요.

경란: 교목이 은행나무라서 은행나무를 그렸습니다.

준호: 우리 학교가 축구대회에서 준우승해서 그것을 화폐에 담았어요.

서준: 이 화폐는 마법천자문처럼 중요해서 마법천자문과 비슷하게 그렸고요. 태극무늬는 우리나라를 상징하는 의미입니다.

은비: 우리나라 문화재 중 경복궁이 대표적이라 자랑스러운 마음으로 여기에.

상진: 왼쪽에는 우리나라를 상징하는 태극, 오른쪽은 우리 학교 교표인 금북을 그렸습니다.

준우: 우리나라 대표 음식 김치를 넣었어요. (떡볶이가 아니라)

지윤: 교목이 은행나무이기도 하고 그리고 은행나무를 좋아해서요.

승은: 교장선생님이 학교를 대표하기 때문에요.

규현: 우리 학교 하면 교장선생님이죠? 그리고 우리 학교의 명물 어울림샘을 그렸어요.

연수: 우리 학교에 속이 깊은 친구들이 많아서 수심 5천 미터에 사는 문어와 오징어를 그렸어요.

민준: 우리 학교를 상징하는 캐릭터와 마크를 그렸어요.

백하: 돈이라면 돼지 그림이 어울려요.

영민: 뭔가 우리 학교 건물 하면 5천 원 빛깔이고, 5천 원 하면 은행이 생각나서 그렸어요.

현민: 학교 올 때 선생님을 만났는데 선생님을 모나리자화해서 그렸습니다.

인해: 우리 학교 앞에 있는 큰 나무를 넣었어요.

효은: 학교 교표와 우리 학교 상징인 개나리를 그렸어요.

준혁: 우리 학교 상징 마크를 넣었습니다.

주희: 하루를 활기차고 더 좋게 보내게 하려는 그림이고요. 우리 학교의 경어사용에 자부심을 표현했습니다.

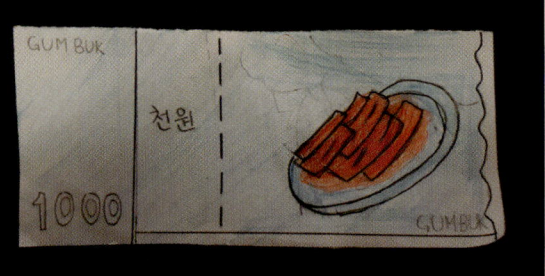

1인 4표로 아이들이 뽑은 인기 화폐 투표를 했다.
효은 14표 / 백하 9표 / 서준 9표 / 지윤 8표 / 현민 6표

 **4월 22일 월요일**

드디어 교육여행이다. 여행 기간 중 비가 예보되어 있어 일단 걱정스러운 마음으로 학교에 갔다.
"저 5시에 일어났다요."
"우산 챙겨 왔어요. 티타늄 소재라 아주 좋아요."
"난 안경 닦는 거 안 가져왔는데. 안경알 엄청 비싼 건데."
"저는 용돈 좀 더 가져왔어요. 확인 안 하실 거죠? 하하."
"보조배터리는 캐리어에 넣어야 되죠? (아니, 작은 가방에.)"
일찍 온 아이들이 설레는지 상기된 표정으로 이것저것 물어본다.

 7시 25분인데 아직 네 명밖에 안 왔다. 7시 50분에 출발 예정인데 지각하는 아이는 없을지 걱정도 된다. 효은이는 랜턴도 챙겨 왔단다! 랜턴의 용도는 분명 밤에 사용하려는 것일 텐데 그냥 모르는 척하고 넘어가련다. 오랜만에 학교 엘리베이터가 붐빈다. 1층과 4층을 쉼 없이 오르락내리락 한다.
 "선생님. 엄마가 나 보내고 어어엉 울고 있어요."
 많이 걱정이 되나 보다. 작년에 2박 3일 수련활동을 했지만 아직 아이들을 보내는 부모님들 마음은 걱정이 더 클 테니. 같은 아파트에 사는 영민이랑 효은이는 아침에 아파트 엘리베이터에서 어색하게 둘만 탈 뻔했단다. 둘은 같은 동 같은 라인에 산다. 그래서 영민이는 계단으로 왔단다. 말하는 표정에서 그 어색할 뻔했던 감정이 전해진다. 그리고 우리 반의 아이템 헤어밴드를 하고 온 아이들이 보인다. 생각보다 간지나는 게 멋있다. 아이들은 내일 비가 온다는 예보를 칠판에 적어 주었더니 걱정의 말들이 많다.

"내일이 피크인데, 아!"

"기상청이 틀릴 거예요. 선생님, 걱정하지 마세요."

마지막으로 안전교육하고 버스로 이동한다. 부모님들이 길게 줄 지어 배웅해 준다. 버스기사님 한 분은 그 많은 아이들 틈에서 담배를 핀다. 내가 큰소리로 담배 끄세요라고 했더니 기분이 좀 상했나 보다.

"알았다고요. 오케이."

버스는 6반이랑 같이 타고 간다. 빈자리가 정말 하나도 없다. 45명이 타서 그런지 소란스러우면서 묵직한 느낌이다. 드디어 출발한다. 추운지 히터 좀 켜 달라고 부탁하는 아이들이 있다. 옷을 보니 너무나 가볍게 입고 왔다.

"선생님 잘생겼어요."

"핸드폰 할 수 있게 해 달라는 거지?"

"선생님은 마음씨가 착해서 지겨운 우리에게 잘해 주실 거야."

일단 음악 듣는 것만 허락하기로 한다.

출발한 지 10분도 되지 않아 "언제 도착해요"라고 묻는다. 9시쯤이라고 10번은 말한 것 같다. 티맵을 켜면서 가는데 불안하게도 도착 시간이 자꾸 길어진다. 9시 5분 도착 예정~ 9시 10분 도착 예정~ 9시 15분 도착 예정~

공항으로 이동하는 중에 내 뒷자리에 앉은 아이들 대화 내용이 재미있다.

"한강에 황소상어 산대."

"까마귀와 늑대 봤어? 실제로 보면 훨씬 더 커."

"어! cu."

예상보다 조금 늦게 공항에 도착했다. 그래도 시간은 제법 여유가 있다. 비행기를 기다리며 아이들이랑 사진도 찍고 놀았다. 월요일이라 그런지 한산한 느낌이다. 항공권을 받고는 "자리 바꾸면 안 돼요?" "창가 자리에 앉고 싶어요"라며 묻는다. 자리 배치가 기묘하다. 남녀남, 여남여로 참 어색하게 잘 배정되어 있다. 한 아이는 다른 어른들 틈에 홀로 떨어진 자리를 받았단다. 표정이 좋지 않다. 드디어 비행기에 타고 제주도로 출발. 역시나 활주로에서 강한 제트엔진 소리를 내며 이륙할 때 비명 소리가 들린다.

"우아아! 뜬다."

"떴다! 비행기."

제주공항에 도착했다. 점심 먹으러 이동한다. 거부한정식에서 돔베고기를 먹는다. 이동 중에도 노래를 부른다. 기분이 아주 좋다.

"나무를 심자~"

"넌, 뭔 고양이 소리야?"

거부한정식에서 밥 먹고 아이들이 신나게 논다. 일정이 좀 여유가 있어서 밥 먹고 제주의 여유를 가진다. 물론 식당 안에서. 그중에 게임하는 아이 몇몇은 내 눈치를 보며 게임 안 하는 듯한 표정을 지으며 방긋 웃으며 날 안심시키고 있다. 당연히 현장에 조용히 잠입했다.

"식당에서 게임하면 안 되지?"

"게임하지 말라는 말을 안 해서 게임 했는데요. 그래도 잘못했습니다."

레일바이크를 타러 이동한다. 지나가다 송당리 축구장을 봤다. 눈에 쏙 들어올 정도로 아름다웠다. 축구를 좋아하는 아이들은 안 되는 줄 알면서도 잠시 내려 한 게임 하자고 한다. 그 옆에는 목장에서 뛰노는 말도 보인다. 한 녀석이 웃겨 준다.

"음메음메 송아지~"

"그거 아니잖아. 말이잖아."

"음메음메 망아지~"

"BTN(방탄노년단) 선생님. 신청곡 있습니다."

"'내 나이가 어때서' 한번 불러 주세요."

다 같이 한 곡 시원하게 부르고 나니 벌써 도착했다.

레일바이크가 4인승이라 일단 남자는 4-4-3 포메이션으로, 여자는 4-3-3 포메이션으로 나눈다. 레일바이크는 반자동임에도 아이들은 속도경쟁이 붙었다. 내가 탄 바이크를 세 팀이나 추월했으니. 하지만 빨리 가봤자 관리하시는 분들이 중간에서 멈춘다. 미리 공부하고 온 용눈이오름도 보이고 소들이 한가로이 풀을 뜯고 있는 장면도 눈앞에 펼쳐진다. 하지만 소들이 가까이 오지 않아서 아쉬웠다는 아이들이 많다.

레일바이크를 타다 앞차랑 박치기를 해서 주희가 손을 조금 다쳤다. 비슷한 작은 사건들도 있었지만 유채꽃밭에서 사진 찍고 나니 아픈 상처쯤이야 저절로 치유되는 느낌이다. 주희의 힐링 포토 타임! 나도 아이들 틈에서 같이 촬영했다. 난 참 사진이 안 받는다. 이렇게 예쁜 곳에서 찍는데도 별로인 듯. 성산일출봉으로 출발한다. 출발 후 5분쯤 지난 후 한 녀석이 거기에 휴대폰을 놓고 왔단다.

"거기라면?"

"레일바이크요."

"우리 돌아가야 해요?"

다행히 따라오던 여행사 관계자가 돌아가서 찾아오겠단다. 이번 교육여행도 핸드폰 분실사고가 많겠구만. 이것이 시작에 불과했으니.

아이들이 성산일출봉 들어가는 도로가 간판을 보며 이야기를 한다. 가게 이름 뒤에 응을 붙여 부르는데. 만화 보시게 응~ 성산 회집 응~ 호텔 응~ 당구장 응~ 우리봉식당 응~ 한라봉 응~ 아이스크림 응~
"나 여기 티브이에서 봤는데."
성산일출봉을 올라간다. 아이들 체력이 생각보다 너무나 약하다. 200미터쯤 돌계단에 왔을 때부터 힘들다고 한다.
"힘들어요. 돌아가면 안 돼요?"
"다 왔어. 저기 위에 보이잖아."
"그런 거짓말 때문에 힘 빠져요. 케이블카 없어요?"
"올라가다 보면 에스컬레이터 설치되어 있죠?"
"밑에서 보면 금방 올라갈 줄 알았는데."
10년 전에는 아이들과 같이 한라산 등반도 했는데 이제는 꿈도 못 꿀 코스가 되어 버렸다. 사족보행하는 아이들도 종종 보인다.
"얼음물 얼마예요?"
한 녀석이 시원하게 마신다. 나도 한입 달라고 했더니 흔쾌히 준다. 시원하다. 바람도 좋고 물도 좋고 인심도 좋고. 한 여자아이는 정상에 방탄소년단이 있다는 각오로 올라간단다. 그게 아니라면 포기하고 싶어진다는데.
"레일바이크 탈 때는 제주도가 좋았는데 이제는 제주도가 싫어졌어요."
"드디어 정상이다."
"경치가 정말 멋지긴 하네요."
"정상에 온 사람만 느낄 수 있는 게 있네요."
"경치 개좋다!"
"오늘 밤에 못 놀 것 같아요. 일찍 자야 할 것 같아요."

잠시 사진 촬영하고 내려온다. 승은이랑 은비랑 같이 내려오는데 내리막길을 미끄럼틀로 만들었으면 좋겠단다. 아래로 내려오다 보니 제주 바다로 빠질 듯한 정말 최고의 놀이기구가 될 것 같은 생각도 들었다. 표선해비치로 이동한다.

"조개 냄새 너무 좋아."
"아. 바다 냄새. 짠 냄새."
"바다에 들어가지 마세요. 알았죠?"
"손 담그는 것도 안 돼요?"

썰물인지라 갇힌 물에 물고기가 뛰어다니는 신비로운 모습도 보인다. 해변에서 말 타는 사람도 보인다. 아이들은 한참 뛰어놀더니 모래 낙서도 한다. 해변에는 미역이 어지러이 널려 있다. 미역초무침으로 먹고 싶다는 말에 빵 터져 버렸다. 녀석은 진심이었다는데. 바다를 보고 내가 한마디 했다.

"나 다시 돌아갈래!"
"그건 잘생긴 사람이 하는 거예요."
"선생님, 오늘 밤에 하는 사제 간의 대화가 뭐예요?"
"그 있잖아. 선생님이 방별로 돌면서 한마디씩 하는 거."

한 녀석이 그렇게 말해 버리니 그렇게 받아들이기로 한다.
바다에 들어가지 말랬더니 금세 운동화를 벗고 발을 담그고 예쁜 돌멩이를 찾는 녀석도 있다.

"이거 운석이에요. 집에 가져갈래요."

예쁜 돌인 줄 알았는데 한참 지나자 정체가 드러났다. 개똥이었단다. 말똥이었을 수도 있단다. 정말!!!
버스로 가는 길에 누군가 하트 무늬 풀을 찾았다. 정말 신기했다. 그 하트풀을 한참을 보니 지난 사랑이 생각나냐며 내게 위로의 말을 건네는 아이들. 그때만큼은 그 말이 맞았던 듯.

오늘 일정이 빠듯해 숙소에 늦게 들어왔다. 7시에 저녁 식사를 하는데 모두 힘든지 한 접시 가득 퍼온다. 밥 먹고 방장에게 마트 이용시간을 알려 주었더니 과자와 음료를 한가득 사온다. 아이들은 방장을 '주방장'이라 부르는데, 내가 마트에 있자 컵라면을 골랐던 한 주방장은 슬그머니 반납한다. 못 본 척해 주고 싶었지만 내 앞에서 횡설수설이다.

"아, 네. 그게, 없네요. 먹고 싶은 게."

"사고 싶은 거 사서 올라가."

아이들 방을 한 바퀴 돌며 아이들과 대화의 시간을 나누었다. 내가 소파에 비스듬히 누워 이야기를 하니 너무 편해 보인단다. 과자도 나눠 먹고, 감귤 주스도 한 잔 하고. 첫날 밤은 그렇게 12시가 살짝 넘어 모두 잠이 들었다.

 **4월 23일 화요일**

교육여행 둘째 날 아침이다. 한 녀석이 아침을 먹는데 어제 항공권을 잃어버렸다며 어떻게 하는지 묻는다. 참. 이거 농담인지 진심인지. 어제 자다가 침대에서 떨어진 아이도 있다. 크게 다친 것 같지는 않지만 오늘은 매트리스만 빼서 바닥에 자라고 했다. 밤에 뭘 많이 먹었는지 애들이 퉁퉁 불어 있다. 역시 라면이다! 엘리베이터 앞에서 만난 아이들은 편한 내 복장과 슬리퍼 차림을 보고 나더러 투숙객 같단다. 그래도 "선생님! 잘 주무셨어요?"라고 인사하는 아이도 드문 보인다.

식당에 내려가 밥을 먹는다. "국이 참 맛있다" 했더니 "어제 술 드셨어요?"란다. 안 마셨기 망정이지. 아이들은 입맛이 별로 없나 보다. 그들에게는 콜라, 미란다, 사이다 코너가 인기 많다. 이 호텔은 음료수가 제일 맛있단다. 밥을 먹고 휴대폰도 다시 나눠 준다. 잘 살아 있는지 확인도 하고 전화, 문자 하느라 바쁘다. 그나저나 오늘은 아침부터 비가 거세다. 걱정이다. 일단 일정대로 올레길로 이동한다.

"비 오는데 올레길 걸어요?"

"비 맞으며 걷는 것도 운치 있지. 누구랑 걷는 게 더 중요한 게 아닐까?"

역시나 우산 안 챙겨 온 아이들이 보인다. 우비 멤버들이 자신의 우산을 빌려 주는 진한 우정을 보인다. 빗방울이 점점 굵어진다. 시야는 좁아지고 제주의 풍경은 제대로 보이지 않는다. 바람도 많이 불어 좀 쌀쌀하기도 하다. 얼른 버스로 돌아가고 싶단다. 그렇게 공부하고 왔던 문섬과 범섬도 멀리 스치듯 지나간다. 아이들은 그저 본인들 관심사를 이야기한다. 경치는 아웃오브관심! 넓은 잔디가 보이자 남자 아이들은 역시 축구 이야기다.

"호나우두가 손흥민 팔로워 했어요."

"외돌개 앞바다에 도착했다!"

"성게, 멍게, 전복, 문어 잡아 주세요."

"수심 3천 미터 정도 되어 보이니 대왕오징어도 잡아 주세요."

그래도 농담을 해 주니 좋다. 한 녀석은 추울 때 체온 높이라며 마이쮸도 나에게 하나 건넨다.

"고마운데, 이 치료 중이어서 안 먹을래."

"임플란트 하면 돼요. 드세요."

반강제로 입안에 넣어 준다.

'외돌개'를 '이도건'이라 읽는 아이가 보인다. 알고 보니 내 이름과 초성이 똑같았네! 여러 번 와 본 외돌개지만 볼 때마다 이 풍경은 아름답다. 내가 석상처럼 가만히 보고 있자 아이들이 "선생님이 꼴찌예요. 얼른 가요"란다. 벌써 아이들은 저 멀리 걸어가고 있다.

    다이나믹메이즈에 왔다. 아이들은 역시나 이런 액티비티를 좋아한다. 나를 내버려 두고 먼저 미로를 빠져나간다. 난 첫 단계인 거울미로부터 막혔다. 민준이가 도와주지 않았으면 영영 못 나올 뻔하지 않았을지. 한 녀석은 여기서도 휴대폰을 잃어버렸다. 다행히 나중에 찾았다는 연락이 왔다. 미로가 끝나는 지점 기념품 코너에 아이들이 붐빈다. 나도 구경하고 돌하르방을 두 개 샀다.

    "선생님. 이상하게 기념품 가게에 오면 기분이 좋아져요."

나그네식당에서 점심을 먹는다. 돼지주물럭이 먹음직스럽다. 비를 맞아서 그런지 아주 맛있게 빨리 먹는다. 직접 구워 먹는데 남자아이들은 쉽게 두 판째를 주문한다. 숙주랑 고사리 무침은 기가 막히게 빼고 잘도 볶는다. 항공우주박물관은 재미가 없었단다. 나로호 실물 크기도 이들의 동기를 이끌 수 없었다. 이번 여행에서 제일 재미가 없었던 장소였단다.

천지연폭포로 이동한다. 버스 시간이 제법 걸려 마이크를 잡고 아이들과 삼행시 짓기를 했다. 아이들은 내가 마이크 잡으면 산악회 회장 포스가 난단다. 상진이가 첫 번째 순서다.

김밥을 먹었다.
상했다.
진짜 상했다.

준혁이가 이어받는다.

방귀를 꼈다.
준(진)짜 꼈다.
혁신적인 방귀.

도착하니 제주도의 비바람을 실감한다. 정말 세게 불어온다. 비바람을 피해 본능에 따라 걸었던 것 같다. 먼저 온 1~4반은 하필 도착했을 때 비가 그쳐 우산도 없이 천지연으로 출발했다. 우리는 다행히 늦게 도착해 우산을 쓰고 가는데 돌아오는 다른 반 아이들이 처량해 보인다. 아이들은 천지연 가는 길에 만난 오리와 오리똥이 제일 인상 깊었다고 한다.

"천지연 안 가면 안 돼요? 버스로 돌아갈래요."

일단 숙소로 돌아가 샤워를 한다. ○○이가 휴대전화를 잃어버렸다는 연락이 왔다. 어머님이 위치추적을 해보니 천지연폭포 한복판에 있다. GPS 오차가 있겠지만 폭포 안에 있다니 일단 웃지 않을 수 없다.

아이들이 격려해 준다.

"괜찮아. 찾을 수 있을 거야."

"넌 계속 잘하다가 한 번 실수한 거야."

결국 버스기사님에게서 연락이 왔다.

레크리에이션 시간이다. '열 꼬마 인디언' 노래에 맞춰 율동을 한다. 엄지·검지·중지·약지·끝지 게임도 재미있었다. 골 때리는 댄스타임! 각 반별 최고 춤꾼들이 추는 경연대회이다. 우리 반 준호가 도전했지만 다른 반에도 역시 고수들이 많다. 민준이는 장기자랑으로 마술을 한다. 언제 준비했는지 주머니에 마술 도구를 넣어 왔다. 풍선에 날카로운 젓가락 끼우기 마술이다. 멀리서 잘 보이지는 않아서 아쉬웠지만 문화상품권을 받은 민준이는 날아갈 듯한 표정이다. 6반 여자아이들은 '내 똥꼬는 힘이 좋아'라는 노래를 부르는데 가사가 귀에 쏙쏙 들어온다. 마지막은 각 반별 대항 게임이다. 원을 크게 만들다 작게 만들고 미션을 실행한다.

"반별 전체 8번째 알파벳 만들어 주세요."

우리 반 아이들은 'O'를 만들고 있다. 8번째는 'H'인데. 바꾸는 데 한참 걸린다.

"사랑을 상징하는 하트." 이건 1등이다.

"우리나라를 상징하는 무궁화." 우리 반은 호박꽃처럼 만들었지만. 아이들이 나를 부른다. 내가 아이들 가운데 들어가 팔짝팔짝 뛰었지만 사회자가 보지 않는다. 아무런 플러스 점수도 못 받았다.

 **4월 24일 수요일**

교육여행 3일차다. 일어나자마자 조식 먹으러 내려갔다. 민준이만 계란프라이를 하고 있고 다른 아이들은 지나간다.

"너 프라이 할 줄 아냐? 대단한 스킬."

프라이를 먹고 싶지만 할 줄 몰라 포기한 아이들이 많다. 현민이는 요구르트 8개를 먹었다며 자랑한다. 식사하는 중에 휴대폰을 찾아가라고 했더니 광복이란다. 오늘은 수목원테마파크 일정밖에 없다. 일단 공항 근처로 이동한다. 제주 월드컵 경기장을 지나간다. 간단하게 2002년 월드컵에 대해 아이들에게 설명했더니 "우아. 그때 살아 계셨어요?"란다. 아이들에게 제주 강풍에 월드컵 경기장 덮개가 날아갔다고 하니 거짓말이란다. 진짜인데. 버스기사님도 나더러 "많이 아시네요"라며 칭찬해 주니 으쓱하다. 길가에 먼나무가 보인다. 배지로 유명한 '사랑의 열매'라고 했으나 아무런 반응이 없다. 자는 아이들이 많다. 버스기사님은 한라산신은 여신이라며 그래서 여자의 마음처럼 한라산은 날씨가 12번도 변한다는 말씀을 하신다. 요즘 같은 시대에 좀 조심해야 할 말 같았지만 아이들은 별 반응이 없이 잔다. 한 녀석이 조심스럽게 날 찾는다. 추워서 에어컨 좀 꺼주면 안되겠냐는. 그래서 잠이 안 온다는. 진작에 말을 하지.

수목원테마파크 지나는 길은 안개로 자욱하다. 300미터 고도쯤 된다고 알려 줬지만 서너 명만 듣고 있다. 진한 안개 속으로 빨려드는 이 느낌. 앞자리에 앉은 자만의 특권인지. 안개 속을 헤치고 지나가다 제주시로 넘어오자 갑자기 햇빛이 창으로 들어온다. 참 기분 좋은 햇빛이었다. 제주도에 와서 가장 강렬한 느낌이었다.

수목원테마파크에 도착했더니 제주도에 살고 계시는 현민이 할아버지, 할머니가 와 계신다. 손자가 제주도 왔는데 올까 말까 고민을 했단다. 일단 인사하고 사진도 같이 찍고 들어갔다. 현민이랑은 기념패도 만들었단다. 수목원테마파크에서도 역시 기념품 가게는 붐빈다. 주희가 계산하는데 3천 원만 빌려달란다. 차에서 돌려주겠단다. 차에 올라오니 2천 원은 바로 갚고 천 원은 동전으로 준단다.

"그냥 서울 가서 지폐로 주면 안 될까?"

점심은 탐라향 한식뷔페이다. 공항 바로 옆이라 비행기가 정말 낮게 날고 있다.

"비행기가 우리 쪽으로 박는 줄 알았어요."

정말 낮게 날긴 한다.

"바다가 예뻐. 근데 왜 아무 생각이 안 나지?"

"넌 감수성이 없어."

"저기 봐! 바다에 인어공주 보인다."

아이들이 공항 가는 길에 '작은 것들을 위한 시'를 틀어 달라고 한다. 처음에는 시를 찾아 읽어 달라는 말인 줄 알았는데 방탄소년단 신곡이란다.

"아! 이 공항 냄새."

    항공권을 받자마자 아이들은 다른 친구들의 자리를 물어보러 이리저리 다닌다. 짐 부치고 수속을 밟고 10번 게이트 앞에서 기다린다. 시간이 제법 넉넉히 남았다. 아이엠그라운드 게임을 아이들과 했다. 핸드폰 게임하는 아이들도 보인다. 이 정도는 허용해야지. 좋은 시간 보내.

    비행기를 탄다. 넉살 좋은 녀석이 승무원에게 "운전 잘해 주세요"라며 말을 건넨다. 그리고 비상구가 있는 내 자리에 대해서 묻는다. 옆에는 비상탈출용 미끄럼틀이 나온다고 하니 재미있겠단다. 오마이갓! 그런 말은 하지도 마셔! 돌아오는 비행기에서는 큰 소리를 내지 않는다. 다년의 제주도 교육여행 경험상 대개 그랬다. 김포에 도착해 학교로 돌아온다. 마지막 인사말을 하고 잘 들어가라고 했더니 뜬금없이 "라면 사주세요"란다. 학교 앞에는 부모님들이 마중을 와 있다. 엄마는 캐리어를 끌고 아들은 뒤따라가고 있는 풍경! 제주에서 사온 선물을 버스에서 내리자마자 꺼내며 엄마에게 안겨 주는 아이의 모습. 2박 3일 교육여행! 끝이다. 하여간 역시 피곤하다. 오늘은 푹 쉬어야지!

4월 25일 목요일

교육여행 마치고 그다음 날이 목요일이라니. 날씨도 꾸리꾸리하니 아침시간이 피곤해 보인다.
"아직 여기 호텔 앞 같아."
"저는 졸린 몸을 이끌고 왔어요."
"이렇게 아픈데도 왔는데 오늘 체육 한 시간만 해주세요."
내일 나의 꿈 동영상 촬영을 한다고 하니 아이들이 매우 귀찮아한다. 그래도 촬영해서 복도 텔레비전에 방영할 것인지라 알릴 건 알려 줘야지.
"전 꿈이 매일 바뀌어요."
"꿈이 없다면요?"
"오늘 밤에 꿈을 꾸면 되잖아."
"근데 이거 왜 해요?"
"행복한 사람, 즐거운 사람 이런 거 해도 돼요?"
"성공한 사람, 웃음을 주고 싶은 사람도 돼요?"
"저희 마음 많이 아파요. 김체육 씨 만나요. 선생님 아픈 마음도 치유해 드릴게요."

"안녕하세요. 저는 6학년 5반 이효은입니다. 저의 꿈은 많은 사람들에게 즐거움을 주는 웹툰작가입니다. 웹툰작가는 웹에 다양한 만화를 그려 올려서 많은 사람들에게 재미와 즐거움을 줍니다. 저의 취미인 그림 그리기와 만화 그리기로 저의 꿈인 웹툰작가가 되고 싶습니다."

"저의 꿈은 메이크업아티스트입니다. 사람들의 얼굴 특성에 따라 화장을 해 주며 그 사람들이 제 실력을 인정해 주고 사람들이 뿌듯하며 좋아하는 모습을 보고 싶기 때문입니다. 그럼 덩달아 저도 기분이 좋아져 함께 기쁨을 누릴 수 있습니다. 그러므로 저는 이 직업 즉 메이크업아티스트를 하고 싶습니다. 감사합니다."

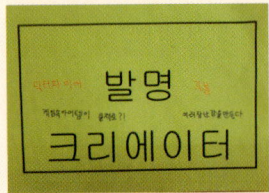  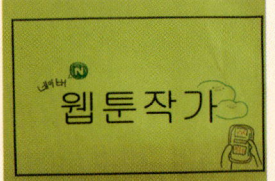 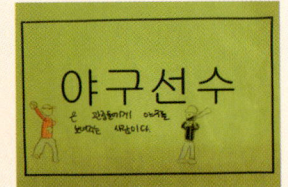
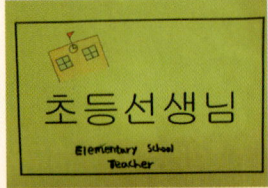   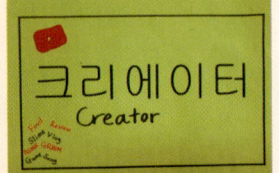
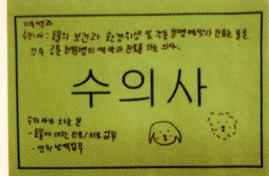 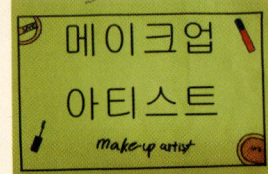 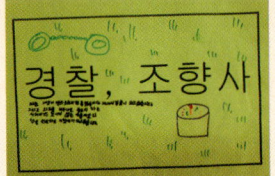 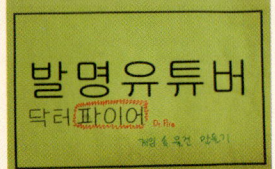
 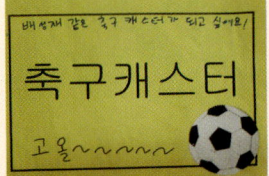 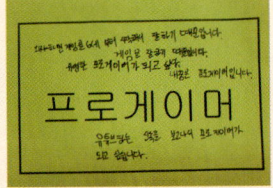 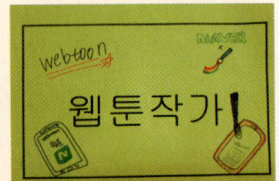
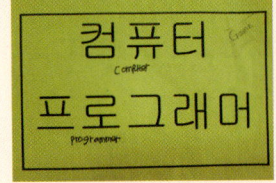  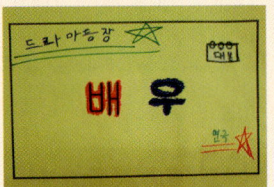 

미열이 나는 아이들이 있어 밖에 나가지는 못하고 교실에서 공 던져 잡기랑 전기 게임을 하기로 했다.

"발로 잡았어. 은비는 발로텔리야. (축구하는 녀석들은 요즘 친구들의 이름을 이렇게 바꿔 부른다.)"

"야구본능! 발사!"

"인간투석기 본능!"

"블랙홀처럼 내 품에 쏙 안기네."

경기가 치열해지자 옆 사람 공 스틸하느라 바쁘다. 처음에 안내한 규칙에는 옆 사람과의 사이에 보이지 않는 장벽이 있다고 생각하고 뺏지 말라고 했지만, 다른 친구의 팔이 조금씩 넘어온다며 불만이다. 여행 피로가 풀리지 않았는지 짜증이 좀 많다.

전기게임은 5분밖에 못 했지만 이게 훨씬 재미있단다. 팀별로 손을 잡고 전달하는 찌릿함!
"손끝에 전해지는 미세한 떨림이 짜릿해요."
"시몬스 침대 같아. 아 떨려."

토론시간이다. 일단 토론 주제를 정하는 것도 쉽지 않다. 한 녀석이 주제를 제시한다.
"메시나 호날두 중 누가 더 역대 최고인가?"
"근데 메시나 호날두를 잘 모르는 사람이 있어요?"
"그리고 둘 다 너무 잘해서."
"사람을 대상으로 토론하면 안 될 것 같아요. 사람이라서 컨디션이 왔다 갔다 해요."
"사람을 평가할 수 없어요. 그리고 이런 건 팬이 있어서 토론이 안 될 것 같아요."

"비 온다."
"봄비야."
"장마야."
"제주도도 비가 이리로 올라온 것 같아."
아이들 말이 시적이고 감성적이다.
"선생님. 우리 오랜만에 JJB 맛의 향연을 느낍시다."
"JJB. 이게 인생의 맛인가! (오늘 아이들이 유달리 시적이다.)"
한 녀석은 테마형 교육여행을 교육형 테마파크라고 한다. 웃기려고 한 것 같지는 않은데 종일 교육형 테마파크라는 말이 유행어가 되고 말았다.

아이들이 힘들어 하길래 나의 애장품을 추첨으로 나눠 주기로 했다. 먼저 우공이산이 적힌 마우스 패드다. 뽑기로 한 명 정하는데 나의 장난기가 발동한다.

초절정 구경권(마우스패드를 멀리서 구경할 수 있는 권리). ○○이가 당첨된다. 하지만 그저 웃으며 구경한다.

초정밀 구경권(마우스패드를 가까이서 구경할 수 있는 권리). 효은이가 당첨된다. 그래도 가까이 와서 구경해 주는 정성을 보인다.

행복 전달자(마우스 패드를 전달해 주는 역할). 준호다. 그냥 하겠단다.

1초 소유권은 영민, 평생 소유권은 준혁이에게 돌아간다. 준호에게서 영민이에게 그리고 준혁이에게 전달된다. 전수식을 하고 나니 아이들이 애장품 더 주면 안 되냐고 한다. 그래! 오늘 기분이다.

백만 번 사용할 수 있는 면봉. 현민이가 당첨되자 받자마자 버린다.

선생님 얼굴에 낙서할 수 있는 권리!? 우하하. 다들 당첨되기를 바라나 보다. 이건 취소!

"해요. 해요."

전기가 통하지 않는 절연테이프는 효은이가 가져간다.

"이거 집에 많은데요?"

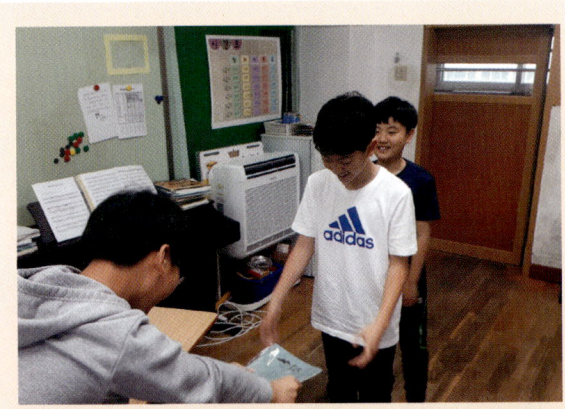
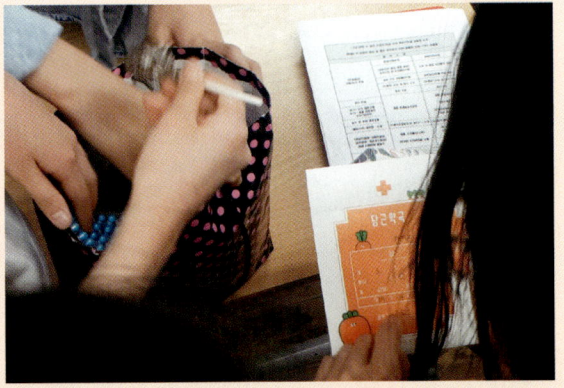

오늘 점심시간에 아이들 간의 싸움이 있었다. 3월부터 교육여행까지 누적된 감정들이 폭발한 것 같아 우리 반 전체 참회의 시간을 가지기로 했다. 자기반성에서 시작해 타인을 이해하는 데까지 나갔다. 말로 하기는 어려울 것 같아 글로 표현하고 잘못한 이에게 사과를 하고 양해를 구해 본다.

"전 사고를 치고 사과는 했지만 제때 하지 않았습니다."
"선생님 말하는데 끼어들었습니다."
"○○이가 나에게 계속 참견을 해서 그만 좀 하라고 소리 질렀다."
"저를 포함해 우리 반 친구들이 대부분 비속어를 쓴 것에 대해 잘못했다고 생각합니다."
"남자아이들에게 별명을 부르며 놀리는 행동을 뉘우치고 있습니다."
"○○ 님이 자꾸 하지 말라는 것을 했을 때 때린 것이 후회되고 미안하다."
"급식실에서 ○○한테 '너 밥 왜 이렇게 조금 받냐'라고 애들이 하자 내가 '얘 인생이니까 어떻게 되든 자기 마음대로 하라고 하라'고 말했을 때. 진짜 반성하고 되새기고 미안하고. 내가 왜 그랬을까라는 생각도 들고. 반성하고 마음 깊이 사과한다."
"영어시간 뒷이야기 만드는 활동 중 ○○ 님의 의견이 너무 평범하다고 존중해주지 못했던 것 같아 죄송하다."
"수업시간에 떠들어서 다른 분까지 벌을 받게 한 것이 죄송스럽다."
"○○ 님과 장난치다가 눈을 찌른 것에 사과는 했지만 계속 미안하다."
"교육여행 때 시간이 없는데 샤워를 늦게 해서 마지막에 하기로 한 효은 님에게 죄송합니다."
"저번 배구를 할 때 ○○이가 가운데 계속 있어서 화를 낸 것을 후회하고 반성하고 있습니다."
"친구들의 머리카락을 잡아당겼다. 너무 내 생각만 했다."
"한 친구를 너무 싫어해 선을 넘은 것 같다."
"친구를 장난삼아 툭툭 때렸다."
"전에 청소기구나 당구채로 칼싸움 등등을 하였다."
"○○ 님 사인펜을 막 꽂아 놓고 노랑머리라고 놀린 것. 나중에 짝을 하면서 좋은 친구인걸 알아 후회스럽다."
"○○에게 문어라고 놀렸다. 그래서 사과를 했다."
"나는 요즘 언행이 조금 난폭했던 것 같다. 반성하고 있다."

4월 26일 금요일

아침에 현민이 혼자 일찍 와 '베토벤 바이러스' 한손 피아노 연습을 천천히 하고 있다. 내가 들어가자 깜짝 놀라며 일어선다. 계속 치라고 했더니 아니라며 들어간다. 또 다른 피아니스트 영민이가 오자 현민이가 다시 나온다. 둘이 연탄곡으로 성자의 행진을 친다. 어디서 들어 봤는지 익숙하고 몇 번 반복해서 들어도 기분이 좋아지는 곡이다.

규현이는 소시지 게임을 하고 있다. 게임기에서 지시하는 대로 비틀거나 늘이거나 당기면 점수를 얻는 게임이다. 57점이나 얻었다고 한다. 사실이냐고 물어보니 거짓말이라고 했지만.

뒤쪽 아이들은 농구선수로 빙의해 경기를 하고 있다. 스테판 커리, 서장훈에 이동국(?)도 끼어 있다. 그냥 진짜 농구 경기를 한다. 결국 천장의 판넬도 하나 깨부수는 신공을. 덕분에 오늘 하루는 금지되었다.

아이들이 내 셔츠를 보더니 보라돌이라 한다. 나는 핑크라고 말했지만 핏빛으로 받아 준다.
"선생님 핑크보라 입으셨어요?"
"나 옷 잘 어울려?"
"영혼 없이 답할게요. 멋있어요."
"백제, 고구려 시대에 나올 듯한 고귀한 느낌인데요."
한 녀석이 뜬금없이 내게 와서 말한다.
"저는 19살에 50억 벌어 평생 먹고살고 싶어요."
"뭘로 벌 건데?"

"만수르 상대로 사기를 쳐서요."

"사기를 쳐도 영어가 되어야. 하던 영어 공부 열심히 해."

오늘은 교육여행 후기 나눔을 하기로 한다. 기억의 스펙트럼이 어쩜 이리 다른지.

현민: 처음 등산을 해서 힘들었고요. 그래도 일출봉 막상 올라가니 너무 너무 시원했어요. 사실 다리는 후들거려 힘들었어요. 그전에 레일바이크 경주를 해서 이미 종아리가 터질 뻔했지만요. 천지연폭포에서 비가 와 쫄딱 젖은 찝찝함이 아직도 생각이 나네요.

서준: 숙소가 너무 좋아서 만족하고요. 저랑 준우, 연수. 같이 자고 친해진 것 같아요. 레일바이크 탈 때랑 천지연 경치가 정말 좋았고요. 버스에서 잠을 많이 자서 별로 안 피곤했어요.

연수: 천지연폭포에 갔을 때 비가 안 왔으면 좋을 뻔했지만 음, 풍경이 좋았고, 레일바이크 탈 때 친구들이 너무 빨리 가서 다리가 좀 아팠어요. 성산일출봉은 올라갈 때 너무 힘들었지만 정상에서 뿌듯함이 좋았고, 제주도 초콜릿은 엄마 아빠 드리려고 샀는데 정말 맛있게 드셨어요.

태윤: 레일바이크가 뒤에서 쫓아와 무서웠어요. 친구와 추억이 많아진 것 같아요. 천지연폭포에서 승은이의 폰 불상사가 인상 깊었고요. 비 때문에 좀 힘들었던 것 같아요. 일출봉은 좋았는데 다른 곳은 기대보다는 좀 안 좋았어요. 최고는 숙소에서 새벽에 일어나 초특가 야놀자 댄스를 춰서 너무 너무 신났어요.

○○: 천지연폭포는 비가 와서 엄마랑 왔을 때보다 안 좋았어요. 성산일출봉은 많이 와 봐서 큰 느낌도 감흥이 없었고요. 올레길도 가족이랑 와서 그다지 재미있는 게 없었어요. 그래도 친구들이랑 가서 다른 느낌으로 재미있었어요.

효은: 친구들이랑 같이 가서 재미는 있었는데 죽는 줄 알았어요. 교실에 있는 JJB가 많이 그리웠고요. 해캄 같은 성산일출봉은 그림인 줄. 천지연폭포에서 오리 꽥꽥. 레일바이크 충돌을 피하기 위한 몸부림 쳤던 기억도 나고. 표선해비치 산책길은 굿. 점프샷 베리 굿.

주희: 레일바이크가 반자동이라 재미있었고 사진 완전 이쁘게 나왔어요. 문제는 허리에 알 배길 뻔했어요. 풍경은 이뻤고. 손잡이 잡으려다 다쳤는데 따뜻한 햇살이 보듬어 줘서 금방 나았어요. 메이즈랜드는 다음에 가면 레벨 2도 해보고 싶어요. 집에 와서 좀 쉬었어요. 그리고 수목원테마파크 5D는 사실 좀 재미없었어요.

영민: 레일바이크가 제일 재미있었어요. 세 팀이나 역전해서요. 나랑 같이 출발했으나 역전했을 때 기분이 좋았지만 다리가 터질 듯. 성산일출봉 올라갈 때 중간중간에 천국이 보였어요. 천지연폭포에서 무태장어를 꼭 보고 싶었지만 아쉬웠어요.

은비: 레일바이크, 다이나믹메이즈, 수목원테마파크, 숙소. 유채꽃이 많고 자연을 느낄 수 있어서 좋았어요. 소도 보고 바람도 불고. 근데 내리막이 적어서 아쉬웠어요. 다이나믹메이즈는 존잼. 좀 힘이 세야 할 수 있는 게 있어서 아쉬웠고요. 수목원테마파크는 풀이 별로 없었고 VR은 너무 비싸서 못 했고 음식물 반입이 안 돼서 별로. 화요일, 수요일 비가 와서 전체적으로 힘들었어요. 그래도 숙소 친구들이랑 좀 더 친해진 것 같아요.

승은: 레일바이크는 반자동 힘으로 달려 바람이 슝슝 불었고요. 최종평가는 베리 굿. 용눈이오름, 소 둘 다 있어서 신기했어요. 수목원테마파크 아이스뮤지엄은 너무 추웠어요. 숙소는 일본식 다다미 형식인데 침대가 푹신푹신. 성산일출봉은 계단이 너무 많았는데 올라가길 잘했어요.

준혁: 호텔은 내가 가본 곳 중 최고. 레일바이크 탈 때 앞차 박아서 슬펐어요. 성산일출봉 계단이 너무 많았지만 풍경이 좋고 시원했고요. 다이나믹메이즈는 핵꿀잼. 표선해비치에서 바다 생물 만난 것이 좋았고. 천지연폭포에서 신발이 아주 많이 젖어서 아직도 안 말랐어요. 그리고 버스 안에서 삼행시 짓기가 재미있었어요.

준우: 성산일출봉 올라갈 때 힘들어도 정상에 올라가니 힘듦이 다 사라졌어요. 탈출맵이 재미있고 웃긴 점은 수목원테마파크에 나무가 많을 줄 알았는데 별로 없었어요. 레일바이크 느낌이 너무 좋았어요.

규현: 레일바이크는 승부욕, 신남, 내리막길. 성산일출봉은 힘듦, 정상의 시원함.

인해: 레일바이크 경주를 해서 재미있었고요. 환경이 좋아서 사진을 많이 찍었고. 수목원에 꽃이 없어서 아쉬웠지만 거울미로는 나름 재미있었어요..

현민: 천지연에서는 찝찝했고 기분도 더럽고. 표선해비치는 백사장이 너무 예뻤고 미역들이 맛있어 보였어요. 레일바이크 탈 때 따라잡기에 정신 팔렸고요. 항공우주박물관은 기념품숍 빼고 재미없었고요. 수목원테마파크 5D는 왜 봤을까 하는 후회가 지금도 있어요. 숙소에서 과자 먹고 무서운 얘기하는데 옆에서 자꾸 자라고 해서 짜증났어요.

경란: 너무 힘들어도 일출봉이 기억에 남고요. 외돌개는 그림만 보다 온 것 같아요.

류경: 레일바이크가 캠핑카같이 생겼는데 앞차가 자꾸 멈춰서 여러 번 부딪혔어요. 무단 정차 금지인데도 자꾸 멈췄는데. 은근히 경쟁심이 생겨 페달을 자꾸 밟아 몇 번 더 부딪혔어요. 천지연에서 신발이 다 젖어 너무 찝찝했고 신발에서 검은 물이 발에 스며들었던 기억이….

상진: 성산 지옥훈련 받고 왔는데. 올라가니 풍경이 아름다웠어요. 메이즈는 구조가 어려워 힘들고 자세가 불편했던 것 같아요. 천지연폭포는 풍경이 장관. 레일바이크는 용눈이오름과 무단 정차가 인상 깊어요.

준호: 레일바이크 탈 때 아이들을 따라잡으려 죽을 듯이 페달을 밟았더니 배가 고팠는데 소가 딱 보였어요. 너무 맛있어 보였어요. 일출봉 중간에 얼음물 사 먹어서 기분이 좋았고. 거기서 나 잘생겼다고 아이들이 말하고 다녀 엄청 챙피했어요.

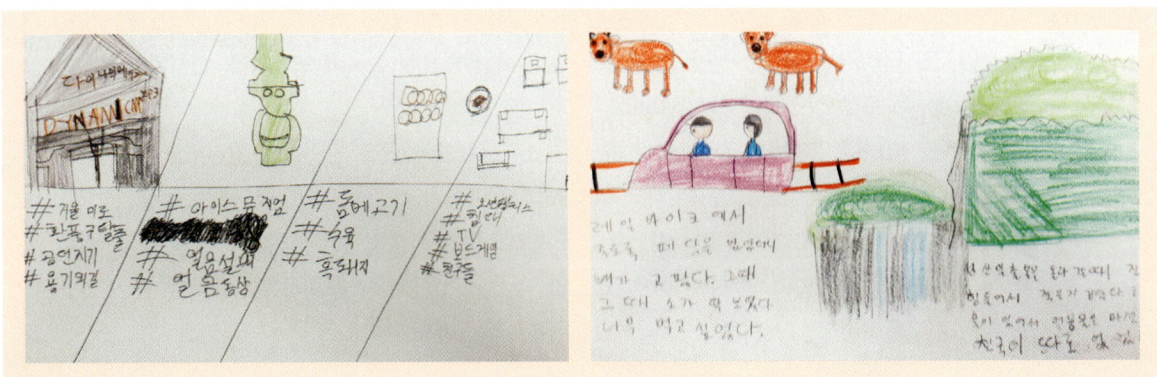

발표가 이어진다. 많은 아이들이 레일바이크가 제일 재미있었고 성산일출봉이 제일 힘들었고 천지연폭포에서 제일 불쾌했단다. 발표가 끝나고 20분 정도 남았다. 아이들이 자유롭게 놀고 싶단다. 아이들과 고전컴퓨터게임 한번 하기로 했다. 빨강, 초록, 파랑 차가 다른 차를 피하며 달리는 경기다. 피한 차의 수만큼 점수가 올라간다. 문제는 액셀러레이터는 있는데 브레이크가 없는 게임이다!

"속도 한 칸만 올려."
"싫어."
"오, 베스트 드라이버."
"나는 왜 자꾸 박지?"
"차차차. 다함께 차차차!"
"빨강 누구야? 초록 누구야? 파랑은 누구야?"
"얘네 너무 안정적으로 잘한다."
"지금 1점 차이~ 누가 먼저 박나요?"
"준우야 100대 가자."

아이들의 기록은 111점!!! 대박이다.

58대 / 103대 / 82대 / 61대 / 81대 / 76대 / 111대 / 87대 / 53대 / 91대 / 66대 / 57대 / 87대 / 77대 / 71대 / 58대 / 73대 / 75대 / 78대

쉬는 시간에 오페라의 유령을 들려주었다. 예전 학교 있을 때 아이들과 연주했던 영상이다. 나도 오랜만에 열어 보는지라 언제적 영상인지 정확한 시기가 기억이 안 난다.

"언제적 영상이에요?"

"저 때는 선생님 젊었는데 더 이상해요. 지금이 더 나아요."

"진짜 쌤이 피아노 치는 거 맞아요? 왜 소리가 안 들리지?"

"표정은 진지한데 화장이 잘 안 된 것 같아요."

역시나 좋은 말로만 반응을 해 주지 않는다.

비유를 사용해 글짓기를 해오는 과제를 받았다 발표할 시간이 없어 아이들이 읽어볼 수 있게 출력해서 나누어 주었다. 누군가는 열심히 읽고 누군가는 나누어준 그대로 책상에 내버려져 있다.

〈상진〉
체육을 해야 하는 이유
모든 학생들은 일벌처럼 바쁘게 움직입니다. 선생님과 엄마는 왕벌, 여왕벌처럼 우리에게 자꾸 무언가를 시킵니다. 선생님과 엄마가 시키는 것은 일벌의 생활처럼 저희를 바쁘게 합니다. 이럴 때 저희에게 체육이란 바쁘게 일하고 와서 일벌이 마신 달콤한 꿀처럼 저희를 신나고 기쁘게 합니다.

〈주희〉
깨끗한 쌀알 같은 얼굴, 가을 햇살에 반짝이는 강물 같은 눈망울, 양송이버섯 같이 동글동글한 코, 코스모스 꽃잎처럼 빨간 입술이 참 예쁜 아이가 민들레홀씨처럼 가벼운 발걸음으로 나에게 다가왔다.

〈경란〉
숲에 가보신 적 있으신가요? 숲은 우리에게 맑은 공기를 줍니다. 또 산에 올라가면 앵무새 같은 메아리를 들을 수 있고, 구슬이 꽉꽉 채워져 있는 주머니처럼 볼이 터질 듯한 다람쥐를 볼 수 있습니다.

〈준우〉
하늘을 보신 적 있죠? 하늘을 보면 새, 구름, 연기 등등 여러 가지를 볼 수 있죠. 하늘은 없어선 안 되는 보물입니다.

〈준혁〉
한 아이가 대성통곡을 하며 울고 있다. 그 옆에 있던 아기가 똑같이 울고 있다. 그 아이는 바닥이 바다가 될 것처럼 울고 있다. 그런 아이들을 본 엄마가 아기를 달래고 있다.

〈은비〉
나무는 동물의 집. 책을 봐도 영상을 봐도 실제로 봐도 나무에 새둥지나 새가 앉아 있는 걸 보신 적이 있으신가요? 우리는 집이라는 공간에 먹고 쉬고 자고 일상생활을 누리잖아요? 나무도 새의 집도 마찬

가지에요. 나무에 앉아있거나 나무를 파 안에 사는 새, 나무를 잘 타는 원숭이, 나무를 지나다니는 다람쥐 등등. 놀 수 있고 쉴 수 있는 집 같은 나무는 동물들의 집이라고 생각해요.

〈연수〉
우리 강아지 '바다'의 털은 왠지 솜사탕 같으면서도 엄마품같이 따뜻하다.

〈서준〉
이불 같은 엄마품: 난 어마마마를 좋아한다. 그래서 엄마한테 안길 때 엄마품은 따뜻하다. 그래서 내 몸을 감싸는 따뜻한 이불 같다.
쿠키 같은 컴퓨터, 핸드폰: 컴퓨터나 핸드폰을 하면 쿠키처럼 달다. 하지만 많이 먹으면 이가 아픈 것처럼 내 지식이나 뇌가 부서진다.
쇠 같은 책, 물 같은 나, 불 같은 나: 책은 쇠같다. 내가 물처럼 읽지 않으면 내 지식이 녹슬고, 불같이 열심히 읽으면 내 지식이 더욱 단단해진다.

〈효은〉
감기는 신이 사람들에게 주는 일종의 고문 같다. 마치 서대문 형무소에서 내가 건강을 책임지지 못했다는 죄로 받는 그 고문을 감기라고 생각한다. 감기가 고문 같다는 이유는 딱 하나다. 바로 '아픔'이다. 감기가 걸리면 고문보다는 아니겠지만 은근슬쩍 아픈 것이 짜증나기도 하고 억울하다. 그냥 독감처럼 팍 아파버리지! 감기의 범위는 딱 두 가지이다. 코감기와 목감기 이 둘이다. 코감기는 숨을 못 쉬는 게 물고문 같고 목감기는 바늘처럼 따갑게 아프니 손톱찌르기 고문 같다. 그래서 감기는 고문 같다. 고문과 감기는 사람들을 고통스럽게 만드는 공통점이 있다.

〈현민〉
비빔밥에 여러 가지 나물을 넣으면 넣을수록 맛있는 것처럼 학교에서 여러 가지 체육을 하면 할수록 재밌다.

〈류경〉
이별은 계속되는 도전 같다. 처음 했을 때는 못하지만 계속하면 할수록 잘하게 되고, 시간이 지나면서 더 잘 되기 때문이다. 그리고 이별은 시간이 지나면 지날수록 무뎌지고, 계속하면 할수록 더 쉬워진다.

〈○○〉
친구는 공기 같다. 공기가 없으면 숨을 쉬지 못해 죽듯이 나도 친구가 없으면 죽진 않지만 그만큼 힘들고 그리울 것이다. 나한테 친구는 없으면 안 될 소중한 존재이다.

〈영민〉
연수는 바다 같다. 수업시간에는 잔잔한 바다같이 조용하지만 쉬는 시간에는 마치 거대한 파도같이 날뛴다.

〈지윤〉
아침에 일어나니 햇살이 쨍쨍 내리쬤다. 샤워기를 켜니 빗물처럼 물이 주륵주륵 내리고 머리를 감으니 비누거품이 구름처럼 몽글몽글 생긴다. 몽글몽글 구름에 천둥번개 치듯 엄마가 빨리 나오라고 소리를 빵빵 지른다. 헤어드라이기로 머리를 말리니 머리카락이 바람에 흔들리는 갈대처럼 살살 움직인다. 한바탕 씻고 나니 박하사탕이 된 것처럼 시원하다.

〈승은〉
한 아이의 웃음.
멀~리서 한 아이가 뛰어온다. 마치 그 표정이 해바라기처럼 밝았다. 가까이서 보니 햄스터같이 생긴 꼬마여자아이였다. 그 여자아이는 내내 아기 같은 얼굴로 웃다가 갔다. 그래서 나도 밝게 웃으며 내가 가던 길을 갔다.

〈태윤〉
웃음감자쌤.
감자는 감자다. 그러나 모든 감자를 감자라고만 단정 지을 순 없다. 왕감자! 우리 반은 웃음 감자다. 감자 뽑듯 계속 나오는 웃음. 누군가 쿵! 하면 짝! 하며 우린 웃는다. 만난 지 얼마 안 되었지만 우리가 그 정도이다. 나는 우리 반에 대해 근자감이 아닌 근거 있는 자부심이 있다. 그 어디에 견주어도 밀리지 않는 친구들과 선생님이 있기 때문이다.
재미있고 항상 행복해 보이고 친구 사이도 좋고 특이한 웃음을 가진 인해.
까도 까도 즐거운 이야기가 나오는 유머러스한 우리 반 웃음담당. 수박씨 같은 영민이.
장난끼 많고 웃음을 주지만 가끔 선도 넘나드는(?) 참외 같은 서준이.
항상 밝아서 좋고 재미있고 잘 지내는 오렌지 같은 준혁이.
황황 뿌까뿌까 푸카푸카 크로스 연맹 아이들.
알고 보면 수다쟁이 종달새 같은 귀여운 호두 바라기 바나나 승은.
말 안 듣고 지각은 해도 성격 좋고 활발한 청개구리 연수.
야구를 좋아하고 공부도 잘하는 상진이는 활발한 매미.
피아노 잘 치고 영어도 잘하는 팔방미인 변차르트 현민이.
중국어 뛰어난 해바라기 백하.
짙은 쌍커풀과 애교살이 매력적이고 운동도 잘하는 엉뚱발랄 사랑스러운 효은이는 복숭아.
가오미자가 아니라 백미(덕)자.
요란한 파인애플 신은비.
순하고 편한, 신나는 나의 황태 1호 팬 계란씨, 경란이는 살구.
아로하 빙꾸빠월 륜경이는 민들레.
키는 비록 작은 편이지만 넓은 아량과 친구를 배려하는 모습은 가장 큰 똑순이 필기왕, 데이지 지윤이.
좋은 친구이고 더욱 친해지고 싶은 진달래 규현이.

존경하는 초강력 울트라 슈퍼파워 캡숑 절대신 엘레강스 폭풍카리스마 간지작렬 의리 열정 감성 풍미 꼭 미남 이도건 선생님.
보았는가?
우리 반 클라스를 함께 잘 지내보자,
감자들아!!!

〈규현〉
한 아기가 운다. 앵앵앵 우는소리가 사이렌 소리 같다. 우는 아기를 달래주려고 얼굴을 만져주고 머리를 쓰다듬어주는데 아기의 볼은 꼭 목화솜 같다.

〈인해〉
저희들은 모두 학교에 다니는 학생들은 벌처럼 바쁘게 움직입니다. 선생님과 엄마랑 아빠는 왕벌이고 무언가를 시킵니다.

6교시에 나의 꿈 촬영을 했다. 앞 반 촬영이 끝나지 않아 좀 기다렸다. 기다리는 내내 말할 대사를 연습하고 있다. 출석번호대로 촬영을 한다. 조명이 생각보다 강해 아이들이 긴장을 많이 한다. 당연히 NG도 여러 컷이 나오고.

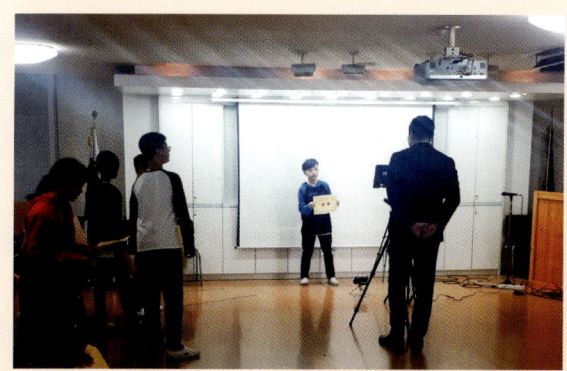
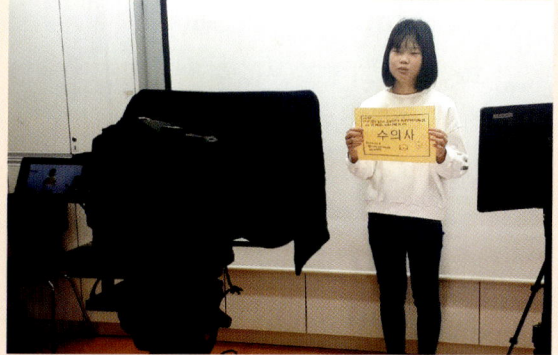

4월 29일 월요일

"어제 할머니 댁에 갔는데 두릅 따다가 손 다 찔렸어요. 가시에."
"힘들었구만. 두릅 맛있잖아."
"두릅 근데 진짜 맛없는데. 오늘 진짜 사회시험 보는 거예요?"
"수익 숙제 오늘까지예요?"
"사회시험은 보고 수익은 아닌데."
수학익힘책을 꺼내려다 아니라는 말에 얼른 사회시험 대비 태세로 바꾼다.
"진짜 사회 이거 너무 어려워. 을미사변, 을사늑약, 강화도조약. 뚜벅 뚜벅. 유튜버 찾아보니 사회책 읽어 주는 선생님이 있길래 난 그걸로 들었지."
"갑신정변은 누가 했어?"
"흥선대원군? (헉 큰일이다.)"
"나 이거 하나하나 책에서 다 찾았어. 그리고 그냥 통으로 외웠어."
"강화도조약이 그거 더 이상 외국과 만나지 않겠다는 거 아니야?"
"조대비가 흥성대원군 불러 지 아들 그 어찌라는 거 이게 뭐야?"
"난 자주가 그 자주색인 줄 알았어."
"전 그냥 찍을 거예요. (서술형을 어떻게 찍는담.)"
"너 외우는 방식으로 하다간 망할 것 같아."
"난 1번~5번 고르는 시험이 좋은데. 이런 서술형은 아 진짜."
"을미사변이 뭐냐?"
"그 죽인 거. 아! 이름이."
"조선어학회. 그거 말모이 말모이 말모이~"
이승만, 대한제국, 명성황후, 조선어학회, 정약용, 흥선대원군, 온갖 역사적 인물과 단체들이 나온다.
"흥선대원군 아들이 고종, 그 아들이 순종, 그 아들은?"
"고종 아빠는 누구야?"
몇몇이 한참을 묻고 답하더니 태정태세문단세 한번 외치고 자리로 돌아간다.

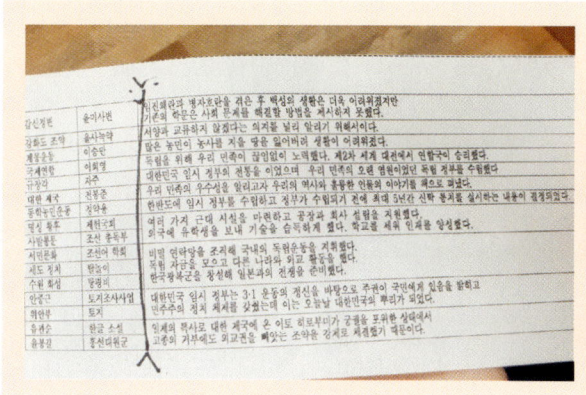 

"오늘 짝 바꾸는 거예요?"
"저는 ○○이에게 벗어나고 싶어요."
"교육여행 가느라 지금 짝으로 한 주밖에 짝 못 했잖아. 다음 주에 바꾸자!"
"그래도요. 오늘 얼마나 기대했는데."

지난 주말에 고양오리온스 선수들 사인 받은 게 있다. 이거 가질 사람 했더니 남자아이들 7명이 나온다. 가위바위보 7 대 1의 경쟁을 뚫고 상진이가 이긴다. 상진이는 고양오리온스팀을 별로 좋아하지 않지만 그래도 사인이 된 거라 받고 싶었단다. 7명 모두 농구는 별로란다. 농구의 인기가 정말 예전만 못 한가 보다.

 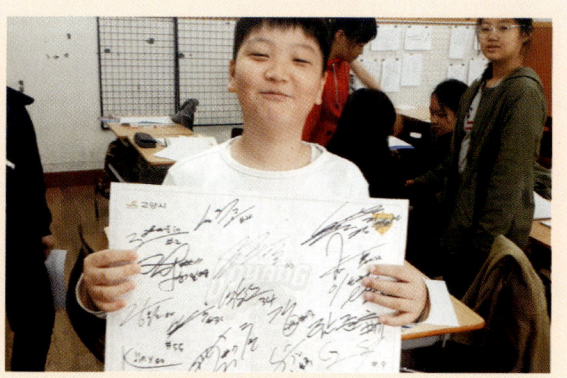

여자아이들은 내 자리에 와서 놀고 있다.
"여긴 선생님 공간이야."
"여긴 우리 반 전체가 사용하는 공간인데요. 같이 써요."
"맞는 말이네?"

　체육시간에 인근 미소공원에 가서 운동하기로 했다. 걸어가는데 "선생님은 아빠 같아요"라며 내 어깨를 주물러 주는데 이런 상황은 여간 난감하지 않다. 우리가 걸어가는 길은 5분 남짓. 아파트 밀집 지역이라 우리 동선 따라 아파트 주민은 시끄럽겠다. 미소공원에 도착하니 그냥 좋단다. 트램펄린 안에서 넘어뜨리기도 하고 축구도 하고. 바로 옆 아파트에 사는데 처음 와 본 아이도 있다. 나는 3년 만의 방문이다. 미소공원이 정말 좋아졌다. 특히 트램펄린!

　10분 동안 뛰어놀더니 우리 반 남자아이들은 경도 한다고 한다.

"트램펄린이 감옥이야."

"우리 반 전체 경도 할 사람 모여."

　현민이가 술래다.

"한 명씩 탈출해."

　감염전이란다. 마지막에 나도 경찰이 되어 아이들을 잡으러 갔지만 날쌘돌이 영민, 준혁, 연수는 끝까지 못 잡았다. 여자아이들은 트램펄린에서 오래 버티기, 10번 뛰어 앉아 있는 아이 넘어뜨리기를 하고 있다.

　옆에 보니 조그마한 슈퍼마켓이 보인다. 지나가는 길에 들르니 아이스크림이 가득 있다. 수박바 22개를 사서 돌아온다.

"다 먹고 흔적 없이 들어가자!"

"얘들아. 천천히 늦게 먹어. 한 시간 더 놀지도 몰라."

"감사합니다. 짱이에요. 선생님 부자네요."

"나 돈 없어. 나중에 너희 돈 벌면 콘으로 갚어."

"선생님! 삼성페이로 지르셨네요. 핸드폰 들고 가시더니."

　핸드폰만 들고 간 것을 본 모양이다. 이 눈치 빠른 녀석. 저 멀리서 봉지 들고 오는 거 보고 과자나 쓰레기일 리는 없을 것이고 아이스크림으로 추론했단다. 누워서 앉아서 도란도란 이야기하며 먹는 모습이 마냥 행복해 보인다. 원래는 트램펄린 위에서 먹으면 안 되지만 이날은 CCTV도 외면할 것이라는 확신을 가지고.

미소공원에서 학교로 돌아오는 길에 아이들이 자기 집이 보인다며 엄마를 찾고 있다. '엄마'라고 크게 부르는데 지나다니는 사람이 많아 정말 부끄러웠다. 내 뒤를 쫓아오던 아이들이 내 바지에 반점 세 개가 있다며 말을 건넨다.

"선생님 바지에 뭐 묻었어요?"

"새똥 묻은 선생님."

"바지가 왜 이리 더럽지?"

"새똥 선생님."

"넌 나에게 모욕감을 줬어."

"새똥. 놀릴 게 생겨 좋아요."

음악시간이다. 〈레미제라블〉이 계속된다. 콤베페르, 페울리, 쿠르페이락 읽는 아이들이 헷갈려 한다. 나도 그랬지만. 이름 읽는 것조차 힘든데 대사를 타이밍에 맞게 들어와야 하니. 뮤지컬도 감상하고 아이들과 '마리우스의 대사'에 대해 이야기를 나누었다. 코젯에 대한 사랑을 표현하는데 아이들이 의외로 비판하는 목소리가 많다.

마리우스: 난 지금 꿈을 꾸나 봐. 그녀가 내게로 와선 금방 환상처럼 사라져. 나는 숨을 쉴 수 없었어. 세상이 한순간에 바뀔 수 있다고 생각해 봤어?

"마리우스 이 녀석. 넌 답이 없다."
"자기 혼자 망상에 빠져서. 이런 식으로 망상에 빠지는구나."
"너무 한심한 인간 같아요. 선생님도 첫사랑 안 해 봤죠?"
"무서워요. 초점을 잃은 사람처럼. 소름이 돋아요."
"정신머리가 나간 것 같아."
"정신 차리라고 뒤통수 한 대 쳐주고 싶어요."
"머리가 한 바퀴 정도 돈 것 같아요."
"정글에서 10년 살다 온 것 같아요."
"근데 마리우스보다 친구들이 살짝 늙어 보인다."

'A heart full of love'를 듣고 마친다. 평생을 그와 상상 속에 살아. 사랑해. 사랑해. 사랑해. 하지만 나홀로. 마지막 부분에 나도 모르게 몰입해 따라 불렀다. 에포닌과 똑같은 마음을 느껴본 사람으로서.
"아! 보고 말았어. 선생님! 왜 그래요?"
"눈 버렸다. 아니 귀."
"따라 하지 마세요."
묵직한 돌직구가 날아온다. 정말 감정을 실은 노래였는데.

오랜만에 수학을 한다. 여러 행사 치르느라 2주 만에 하는 것 같다. 입체도형을 마무리 짓고 소수단원 도입하는 시간을 가졌다.

"선생님 정수리에서 바닥까지 내린 수선의 길이 얼마예요?"

한참을 생각하니 키를 묻는 거였다.

"프로필상 180센티미터."

"저보다 작잖아요?"

3단원을 개관하기로 했다. 오늘은 자연수 ÷ 자연수의 몫에 대해서 의견을 나누었다.

---

4 ÷ 3 (4명이 있는데 3팀으로 나눠야 할 경우 어떻게 해야 할까요?)

- 다 같이 한 조를 만든다.
- 한 명을 보낸다. 어디론가.
- 2명을 더 데리고 온다. 그래서 재미있게 논다.
- 전반 후반전에 가위바위보 해서 진 사람이 팀을 옮긴다.
- 가위바위보로 한 명을 정해 심판을 하게 한다.
- 친구를 더 불러온다.
- 그냥 2명, 1명, 1명으로 세 팀으로 나눈다.
- 조를 하나 더 늘려 4팀으로 한다.
- 솔직히 난 이 문제 자체가 어이없다고 생각한다.
- 2명, 1명, 1명으로 세 팀을 나누고 1명 팀에게는 목숨 하나를 더 준다.

3 ÷ 4 (3명이 있는데 4팀으로 나눠야 할 경우 어떻게 해야 할까요?)

- 한 사람이 1인 2역을 한다.
- 사탕 3개가 있는데 4명이 나눠 먹으면 되는데… 이렇게 문제를 바꾼다.
- 한 명을 분신술로?
- 지나가는 친구에게 같이 게임을 해 달라고 한다.

- 팀을 세 팀으로 바꾼다.
- 그냥 다른 놀이를 한다.

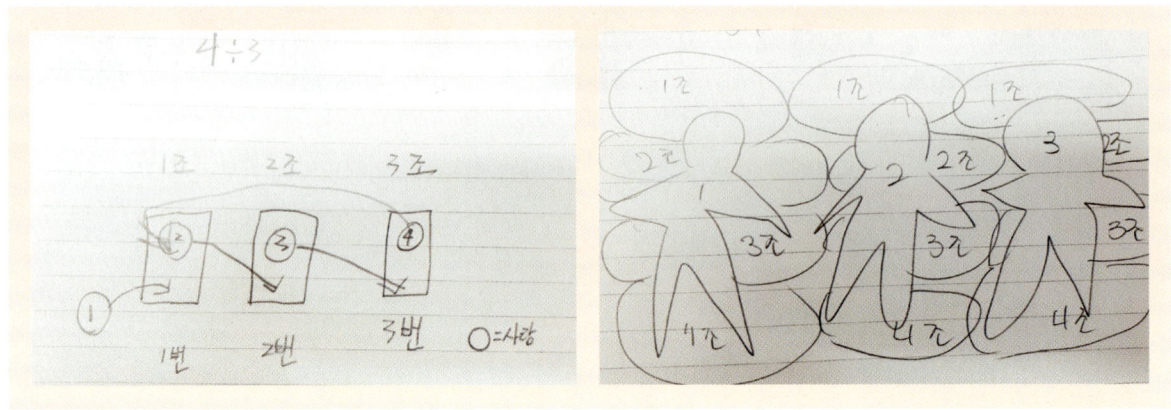

 **4월 30일 화요일**

현민이가 딸꾹질을 계속한다. 5분은 계속되는 듯하다. 친구들이 오자 이제 멈추나 보다. 나랑 둘이 있어서 그런가.

"선생님. 저 일기장 안 가지고 왔어요."
"엘리베이터가 고장 나서 계단으로 내려오다 일기장을 못 가져왔어요."
이게 인과관계가 맞는지. 정말 웃긴 녀석이다.

서준이가 우리 반 대표로 어린이날 기념체육대회(피구, 대장공) 대진표 뽑으러 가기로 한다.
"그냥! 부전승 뽑고 와."
"아, 나 진짜 못 뽑는데. 진짜 부담되네."
"부담 가지지 말고 좋은 거 뽑고 와."

달콤한 다락방 요리부 아이들은 다음 주 메뉴 준비하느라 바쁘다. 뭔가 메뉴 선정부터 의견 일치를 보지 못한 표정들이다. 뒤쪽 농구 연습하는 아이들은 오늘은 반페르시를 외치며 헤딩으로 골 넣고 있다.

그 옆에는 여자아이 몇몇이 미니 볼링 게임을 하고 있다. 농구는 점점 무질서해진다. 럭비, 축구, 농구, 배구의 혼종 경기가 탄생한다. 이놈들을 혼내야 하나. 창의성에 칭찬을 해야 하나. 볼링도 헤딩을 하는 등 점점 격한 그리고 새로운 운동이 된다. 머리만 한 큰 공을 바운드 시켜 손가락만 한 작은 핀을 넘어뜨린다. 걸리버 나라의 볼링공을 잠시 빌려 왔다는데.

"근데 내일 학교 오는 날이에요?"

"왜, 안 오게? 왜?"

"소식이 올 게 있어서요. 선생님, 저가요, 슈퍼스타케이에 나갔는데, 2학년 때 노래 부르는 오디션에 나갔는데, 아직까지 합격 불합격 연락이 안 와요. 기다려야 해요?"

"음. 4년이 지났으니 합격이 안 된 게. 이왕 이렇게 된 거 1년만 더 기다릴래?"

"농담이에요. 저 떨어졌어요."

체육시간이다. 줄 서는 태도가 안 좋아 좌향좌, 우향우, 뒤로 돌아 3종 세트 연습을 좀 했다. 팔굽혀펴기 10개도 하고. 아이들이 유격 훈련 온 것 같단다. 유격이 뭔지도 모르면서. 군대 톤으로 목소리를 바꾼다.

"여러분. 목소리가 작다."

"체육 할 자신 있습니까?"

"네~"

"에포닌! 애인 있습니까?"

〈레미제라블〉에서 에포닌 역을 맡은 효은이가 방긋 웃어 준다. 오히려 마리우스 역을 맡은 서준이가 더 놀란 듯하다.

대장공놀이를 한다. 규칙은 아주 간단하다. 신체접촉은 허용되지 않고 공 잡고 있는 사람 빼고 다른 사람은 움직일 수 있다. 골대 역할을 맡은 사람은 자리에 앉아서 우리 편 선수가 패스한 공을 잡으면 1점! 일단 경기 하면서 규칙을 익히기로 한다. 아직 규칙을 정확히 이해하지 못한 아이들은 우리 편 쪽으로 역주행 패스를 하기도 한다. 패스미스가 많아서 그런지 경기는 상당히 격렬했다. 오늘 베스트는 현민이다. 진짜 오늘 컨디션이 좋다. 아이들이 오늘 현민이가 벌처럼 날아서 나비처럼 쏜다고 하는데. 준호도 몸이 괜찮아 보인다. 상진이의 슛을 두 차례 블록을 하다니. 뻥 소리가 날 정도의 강 스매시~ 어린이날 기념 체육대회 때 다른 반이랑 하기로 했던 종목인데 이 정도면 결승까지는 무리가 없어 보인다.

점심 메뉴는 카레다. 한 녀석이 옷을 인도 복장으로 바꾼다. 아이들이 서로 '나마스테'로 인사하며 밥을 먹는다. 인도사람처럼 손으로 먹는다는 걸 간신히 말려 수저는 손에 쥐어 준다. 카레 옆에 수박이 놓여 있다.
"어제 먹던 수박맛이다."

은비랑 경란이를 화장실 앞에서 만났는데 "너희 왜 여기 있어?"라고 물었더니 "같이 가요"라며 정답게 말해 준다.

"나 기다렸어?"

"선생님, 저기, 사실 드릴 말씀이 있는데요" 하면서 정색을 한다. 교실에 들어오니 분위기가 심상치 않다.

규현: 니가 먼저 쳐놓고 왜 사과를 안 하냐?

지윤: 뭐. 뭐가?

평소 친했던 규현이와 지윤이가 심각하다. 그러다 둘이 빵 터져 버린다.

영민: 연기 좀 잘하지. 내가 잘못 가르쳐서.

아이들이 몰카를 준비했나 보다. 자칫 속을 뻔했다. 95%는 속았는데 시간이 짧아서 반응을 못 했을 뿐.

어린이날 기념 체육대회 대진표가 나왔다. 대장공은 7반이랑 피구는 3반이랑 대결이다.

"너희 지면 선생님 삭발할까?"

"네. 정신력으로 버틸게요."

리움미술관에 전시되어 있는 작품을 캡처해서 아이들에게 나누어 주었다. 오늘은 일단 마음에 드는 작품을 찾고 나의 미술관을 만들 기본 자료를 준비하기로 했다. 아이들 성향이 선명히 드러난다. 현대 작가를 좋아하는 아이, 도자기에 꽂힌 아이, 금 제품을 사랑하는 아이, 칼에 꽂힌 아이, 여러 가지를 섞어 느낌 가는 대로 뽑았다는 아이, 아! 정말 사고 싶다는 아이. 마지막 녀석은 '파라다이스 24 상○○○ 브라질'이라는 긴 작품 이름을 말한다. 다 완성하지 못해 다음 시간에 이어서 하기로 한다.

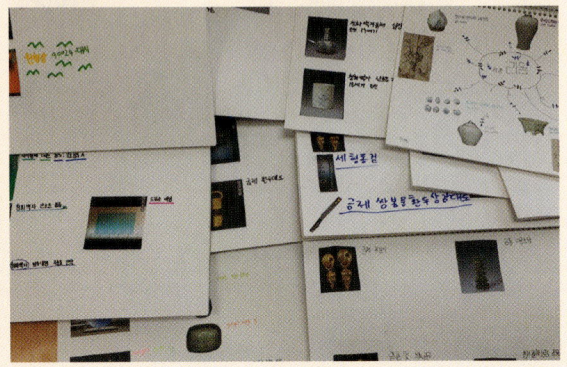

금요일이라 다음 주에 내야 할 과제를 다시 한번 안내하고 하교한다. 5월 3일까지 과제 두 개가 있음을 여러 번 주지시키며 전원이 해 올 경우 어린이날 기념 파티를 할 수도 있다는 멋진 조건도 내걸었다. 나름 멋진 마무리임에 뿌듯해 하고 있었는데 한 녀석이 중얼거리며 하교한다.

"내가 해 와도 안 해 올 애가 있는 것 같아서 안 해 와야지!"

 **5월 2일 목요일**

아침에 급식검수를 하고 나오시는 한 어머님을 학교 엘리베이터 앞에서 만났다. 순간 어색함에 수고 많으시다는 짧은 감사의 인사만 전했다. 아이의 학교생활 이야기도 좀 했어야 하는 후회가 남는다.

교실에 들어오자 아이들이 먹는 이야기로 그윽한 향기 꽃을 피우고 있다. 현민이랑 지윤이가 어제 튀김애천하에서 만났단다. 근데 서로 기분이 별로였다는데. 다른 녀석은 토론 수업에서 짜장면과 짬뽕을 다루고 나서 주말에 엄마에게 짜장면 먹고 싶다고 부탁했더니 엄마가 곱빼기를 시켜 주셨다며 자랑한다.

"다 불었는데도 맛있어요."
"난 탕수육 안 시키면 곱빼기 먹어야 하는데. 요즘 먹는 양이 늘긴 늘었어."
"난 치킨 빨리 먹다가 체한 적 있어."
"난 탕수육은 좋은데. 탕수육에 샐러드랑 케첩 주는 게 너무 싫어."
"그러니까 애들이 너 보고 삐순이라잖아."
"나 5학년 때까지만 삐순이였어. 지금은 아니고."
"대신 넌 집순이 되었잖아."

영화 〈어벤저스 엔드게임〉을 보고 너무 재미있다고 서준이가 말을 건넨다.
"나도 극장 가서 봐야 하는데."
"정말 정말 정말 재미있어요."
"스포 노노."
말을 하고 싶어서 입이 근질근질한 모양이다.

달콤한 다락방 요리부 아이들이 냉장고를 빌려달라고 한다. 오늘 요리에 사용할 재료를 넣어 두려나 보다. 냉장고를 열어 보니 지난번 쿄호젤리 만든 후 정리를 안 해서 냉장고 안이 엉망이다. 아침부터 다락방 아이들과 냉장고 분리해서 닦고 씻고. 냉장고가 개운해 보인다. 오늘 메인 재료는 딸기인가 보다. 맑고 향기로운 빛깔의 딸기가 한가득이다. 냉장고 청소가 끝나고 딸기 씻으러 간단다.

"우리 먹을 거니까 깨끗이 씻자."

딸기 씻고 오자마자 칼 있냐고 물어본다. 칼은 조심해서 쓰라고 했지만 무도 예쁘게 썰 수 있다며 걱정 말란다. 꼭지 손질까지 마치니 아침시간이 그렇게 간다. 딸기 하나 내 입에 넣어 주고 칼도 물티슈로 깨끗이 닦고 조심히 내어 준다. 딸기로 물든 손에 피가 많이 났다며 놀래키려는 아이들! 하지만 이런 상황은 수십 번 경험했던지라 속을 내가 아니지! 갑자기 다락방 아이들이 집에 갔다 와도 되냐고 묻는다. 지윤이가 준비물을 집에 놓아두고 왔단다. 점심 먹고 다녀오라며 외출증을 써 주었다. 아이들이 외출증을 받고 무지 신기해한다. 자기 이름도 넣어 달라는 부탁도 하는데. 이런 거 처음 받아 본단다.

준호가 들어오길래 "오! 바르샤" 했더니 "역시 바르샤"란다. 난 리버풀의 승리를 예상했지만. 응원하는 팀이 다르니 다음 주까지는 준호와 축구 이야기에 날이 설 것 같다. 날씨가 너무 덥다. 1교시에 체육을 하기로 했다. 오늘은 아이들이 좋아하는 초능력피구를 한 게임 하기로 한다. 운동장 사용이 어려워 배수지공원으로 간다. 팔벌려 높이뛰기를 10개를 하는데 륜경이가 10에서 기침을 하며 크게 외친다. 다시 10개! 이번엔 효은이가 틀린다! 이번엔 20개다. 아이들이 알아서 10개씩 뛰어 세기를 한다. 연수가 20 대신에 199를 외쳐서 한바탕 웃었다.

"피구 할 때는 공의 반지름을 잘 계산해야 돼. 그래야 잘 던져져. 회전을 맞출 수 있고."

"그게 피구랑 무슨 상관이야?"

"하긴 그렇네!"

지윤이가 아주 공손히 "힐링퍼슨(아웃된 두 사람을 살릴 수 있는 아이템) 쓸게요" 하자 상진이가 '나 살려 달라'며 10번은 외친 듯하다. 하지만 외면… 준우는 다리와 엉덩이에 맞고 높이 튄 공을 컨트롤하는 비기를 보여 준다. 규현이는 공에 맞자 "왜 그래, 나한테"라며 하늘을 쳐다보고 있다. 한 녀석이 날씨가 더워 긴 체육복을 걷어 올리자 상대팀은 '월간 농부'라며 도발을 한다. 또 〈레미제라블〉의 여파인지 "받아라! 가브로쉬"라며 가브로쉬 민준이에게 패스하기도 한다. 아직 한국말이 익숙지 않은 백하에게는 영어로 아이들이 말을 한다.

"프로텍트 미!"

"터치 더 볼!"

체육을 마치고 들어오다 1학년 아이들을 만났다. 여자아이들이 반응한다.

"아! 귀여워."

"저는 저렇게 똘망똘망한 눈망울 한 적 없었어요."

연수가 제법 빠른 속도로 'summer'를 연주한다. 실력이 많이 늘었다. 내가 가까이 가니 멈추더니 나를 한번 본다. 남자아이들이 옆에서 "오빠 멋있어", "우아. 피아니스트"라며 더 머쓱하게 만든다. 교실 뒤쪽은 여자, 남자아이들이 모여 바니바니게임을 무지하게 빠른 속도로 한다. 하늘에서 내려온 토끼가 하는 말! 음 치킨! 음 치킨! 바니! 바니! 당근! 당근! 대학교 다닐 때 참 많이도 했던 게임이다. 그 시절 추억의 이름들이 떠오르고 대성리에서 놀았던 장면도 그려진다. 바니바니의 정겨운 소리가 귓가에 맴돈다. 나만의 감성에 빠져 아이들 게임을 구경하고 있는 순간! 한 녀석이 내게 온다. 자기 자를 다른 친구가 부수었다며 나에게 해결해 달라고 한다. 아이고 참! 이런 건 둘이 대화로 해결 좀 하지. 오늘은 쉬는 시간마다 바니바니 소리가 들렸다.

학급회의 주제 선정하는 시간을 가졌다.
"우리가 어차피 내도 반영이 안 되지만 급식실 자리 좀 바꾸었으면 좋겠어."
"어린이날 기념 파티? 어때요?"
"학교를 다녀야 하는가?"
"우리가 안 나오면 선생님 월급 깎이잖아."
"선생님 다른 학교로 전근 가. 그러면."
"선생님은 삭발을 해야 하는가? (너희를 잘못 가르친 내 잘못이다.)"
"부모님의 말을 꼭 들어야 하나?"
이미 '말씀'이 아니라 '말'이라는 것에서 안 듣겠다는 강한 의지가 느껴진다.
"대학교 입시 위주의 교육에 대하여! 스카이 캐슬!"

5교시에는 학급회의를 하기로 했다. '우리가 만들어 보는 시간 어린이날 기념 파티'를 주제로 토의가 시작된다.

"간식을 하나씩 가져와서 먹으면서 자유시간 가져요."
"과자 같은 거 가져와서 한 시간이라도 영화를 보는 게 어떨지요."
"미소공원을 가서 대통합 공놀이해요. 다른 놀이도 괜찮아요. 그리고 감사해요! 쌤! (간식! 선카! 간식! 선카!라며 선생님 카드(선카)를 외친다.)"
"미소공원 가서 한 시간 자는 것 어때요?"
"그럼 미세먼지 나쁠 때는 어떻게 해요?"
"배수지공원 가서 풋살 좀 하고 공 들고 가서 자유시간 가져요."
"미소공원은 더러울 것 같고. 운동장이 더 깨끗할 것 같아요."
"쌤 집 탐방 + 삭발식. 즉 삭발파티해요. 어차피 우리 체육대회에서 꼴찌 할 것 같은데."
"쌤 집 탐방 + 피자, 치킨. 먹고 싶은 거 다 나오게 하기 해요."
"한 시간은 선생님 집에 갔다 올 시간이 안 될 것 같은데. 풍림아파트는 뛰어도 5분이야."
"선생님 아내가 부담스럽지 않을까요."
"몰디브 가서 모히또 한잔하기. 장난이에요. 그냥 영화의 대사예요."
"북극곰을 구해 주러 가요."
"건물 옥상에서 번지점프하기가 좋을 것 같아요."
"안전 장비 준비되었어요?"
"잘생긴 연수의 피아노연주를 들어요."
"쭈쭈바 한 시간 동안 계속 먹어요."
"한 시간 동안 쭈쭈바 모두 녹여 통에 담아 다시 얼려 먹어 봐요."
"영화 보며 JJB 무한 리필!"
"짜장면 시켜 먹어요."
"치킨무 파티. 치킨무만 먹는 게 어때요?"
"근데 님들. 선생님한테 피해 안 주는 거 했으면 좋겠어요."
"날씨도 좋은데 물총놀이 해요."
"물총 없으면요?"
"페트병에 구멍 뚫어 하면 돼요."
"케첩통으로 해도 엄청 세게 나가요."
"저는 물총놀이 싫은데. 물총놀이 꼭 해야 해요?"

의견은 많은데 하나로 모을 시간이 부족하다. 결국 투표로 결정된다. 의외로 회의 끝날 무렵에 의견으로 나온 '런닝맨 놀이하기'가 선정된다.

6교시는 우리 반 동아리 시간이다. 달콤한 다락방 요리부 아이들은 오늘 컵케이크 만들기를 한다. 딸기까지 아침에 준비해 놓았겠다, 시간이 오래 걸릴 것 같지는 않다. 하지만 대형 사고가 나고 말았다. 첫 번째 반죽을 전자레인지 돌리기 전에 바닥에 철퍼덕 모두 쏟아 버렸다. 반죽이 예쁘게도 퍼져 있다. 처음부터 다시 시작! 어찌 어찌 시간을 넘겨 만든 케이크를 냉장고에 넣어 식힌다. 그리고 딸기랑 생크림으로 데코를 한다.

컵케이크를 만드는 옆쪽에서는 교실체육부 남자아이들이 헤딩 놀이를 한다. 옆에 케이크를 만드는데 조심하라고 했더니 헤딩 기술이 좋아서 절대로 안 넘어간단다. 한 시간 내내 여러 방법으로 헤딩하며 노는데 그게 그렇게 재미있나 보다. 그 시절 나도 그랬던 것 같다.

 **5월 3일 금요일**

학년티셔츠를 제주도 호텔에 놓고 왔다는 녀석이 있다. 교육여행을 다녀온 지가 일주일이나 지났는데. 혹시 방에서 옷이 섞여 있는지 방친구들에게 물어봤는데 모두 없단다. 호텔에 문의도 했지만 아직 연락은 없다. 찾아도 제주도에서 오는 택배비를 생각하면 새로 사는 게 더 나을지도 모르겠다.

한 여자아이가 지나가는 사람을 현민인 줄 착각해 엄청난 실수를 했단다. 변기 같은 사람(현민이의 별명)이라 불렀는데 눈이 마주치고 엄청 민망했단다. 다행히 사과하고 넘어갔단다. 학교폭력이 될 수도 있는 아찔한 장난이라며 다시 하지 말랬더니 엄마도 그렇게 말했단다. 동생이랑 가끔씩 "으아!" 하며 지나가는 사람을 놀리는데 조심하겠다는 말도 덧붙인다.

우리 학년에서 할 직업체험의 날을 위한 모둠별 활동 계획서를 받았다. 본인들이 좋아하는 직업들인지라 기본적으로 알고 있는 것도 많고 해보고 싶은 것도 그만큼 많다. 이 준비물들을 모아야 하는데. 언제 주문하지.

〈야구교실〉
야구에 대한 룰 설명, 그립잡기 등. 야구 능력을 키우기 위한 체험이다.
최대신청인원: 8명(인원 초과 시 추첨)
활동 내용: 야구공의 그립을 알려준다, 투구폼, 타격폼 등을 알려준다, 야구의 룰과 공식을 알려준다, 야구에 관련된 물건 만들기(종이)

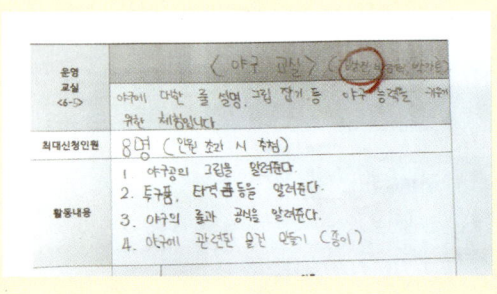

〈메이커〉
한국에 메이커라는 직업이 많이 알려져 있지 않아서 알려주고 어떤 일을 하는지 알려주고 싶다.
최대신청인원: 5명(선착순)
활동 내용: 메이커는 어떤 직업인가? 메이커의 예, 메이커 직업 활용 예시, 메이커가 하는 일, 재료 탐구

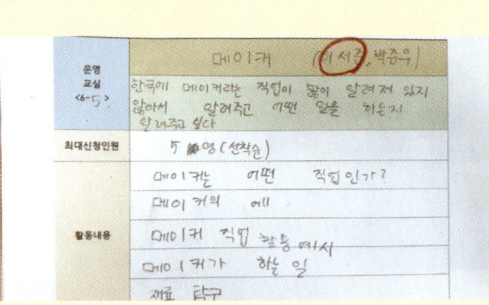

〈당구학원〉
당구에 대해 알아보고 실제로 해보는 체험.
최대신청인원: 4명(추첨)
활동 내용: 당구에 대해 알아보기, 당구를 실제로 해보기

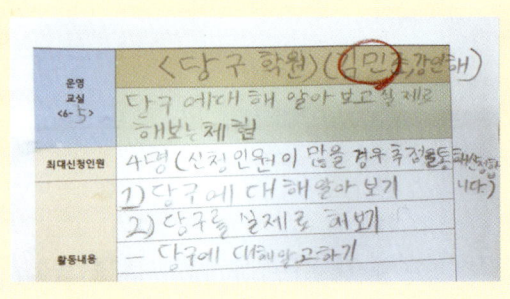

〈메날두 축구용품〉

축구를 모르는 친구들에게 축구에 대한 설명을 하고 그 기념으로 축구용품을 열쇠고리로 만든다.

최대신청인원: 12명

활동 내용: 축구에 대해 설명을 한다, 축구 용품 고르기, 축구용품 악세사리로 만들기

〈별다방〉

커피를 제외한 음료들을 만드는 걸 체험할 수 있습니다.

최대신청인원: 5명(추첨)

활동 내용: 만들 음료들(버블티, 핫초코 or 아이스초코 등) 자신이 만든 음료를 테이크 아웃해서 다니면서 마실 수 있다. 타로 or 초코 or 밀크.

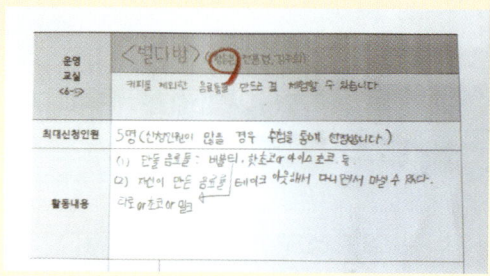

〈슬라임 카페〉

최대신청인원: 8명

활동 내용: 슬라임을 만들어보는 체험하고 슬라임카페에 대해 재미있게 알아보는 시간! 퀴즈를 맞히면 소소한 간식과 수제슬라임을 선물합니다. (퀴즈는 5문제!)

※ 봉사 사용 안 합니다.

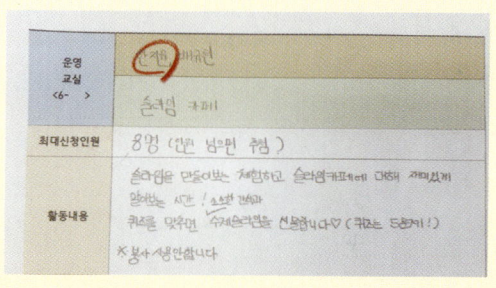

〈느낌 나는 파스타〉

파스타 만드는 활동을 통해 파스타를 간단하지만 예쁘게 플레이팅을 하는 방법을 배우고 시식을 최대 8명으로 한다.

최대신청인원: 8명

활동 내용: 신청을 받은 8명에게 파스타 시식을 할 수 있게 해 준다, 플레이팅을 예쁘게 하는 방법을 배워본다, 여러 가지 파스타를 간단하고 저렴한 가격으로 만드는 방법을 배운다.

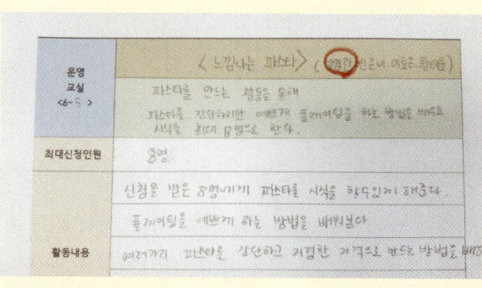

어린이날 기념 케이크가 아침에 올라왔다. '사랑해요!'라고 적힌 문구가 인상적이다. 좀 있다 먹을래? 지금 먹을래? 물어봤더니 15명 정도가 지금 먹는단다. 맛있게 한입에 '쏙'이다.

장애이해교육으로 했던 공감교실 4행시 당선자가 발표되었다. 지윤이랑 효은이는 우수작품으로 뽑혀 자폐성장애인 디자이너가 그린 홀더와 공책을 선물로 받았다. 지난번에 문화상품권이 나올 것 같다고 했던지라 좀 실망하는 눈치다.
"근데 문상 왜 안 줘요?"
"내가 문상 준다고 했었냐? 상 준다고 했는데."
다른 참가자들은 작은 젤리를 선물로 받았다.

오늘 어린이날 기념체육대회가 있다. 학년티셔츠를 입고 오라고 했지만,
"선생님! 저 학년티셔츠 안 입고 왔는데요."
"순백의 하얀색 티셔츠를 입고 왔다."
우리 학년티셔츠는 남색인데 녀석은 확연히 눈에 띌 것 같다. 그래도 당당하게 하라고 했다. 하지만 경기 외적으로 미세먼지 상황이 심상치 않다. 점점 나빠지고 있다. 5~6교시로 예고했던 학년체육대회를 2~3교시로 옮겨서 진행하기로 한다. 운동장으로 내려가 가볍게 농담도 하며 몸을 푼다. 난 오늘 피구 경기 심판을 봐야 해서 경란이에게 선크림도 빌려 듬뿍 바른다.
우리 반 아이들은 일단 긴줄넘기를 한다. 아이들 컨디션이 아주 좋아 보인다. 모든 경기를 이기면 어쩌지 하는 걱정도 된다. 우리 반 체육 에이스 영민이도 아침에 병원 갔다가 2교시 전에 도착해 100% 풀전력이다. 하지만 첫 경기인 긴줄넘기부터 스텝이 꼬인다. 전체 도전해서 달랑 10개. 일곱 반 중 단연 꼴찌다. 뭐 그럴 수 있겠지.
피구 경기를 시작한다. 아이들 표현으로 국민대통합 피구전이다. 아이들은 남녀가 같이 하는 경기를 이렇게 부른다. 3반과의 대결이다. 공을 꼬집어 던지기. 공 뭉그뜨려 던지기. 그동안 연마한 기술을 선

보인다. 공이 내 옆을 지나갈 때마다 나는 바람 소리가 정말 아이들 표현으로 쩐다. 하지만 경기는 일방적이다. 정말 아슬아슬하게 '8명' 차이로 졌다. 이기면 내가 삭발하기로 했던 미션도 당연히 실패. 3반 아이들은 나의 삭발을 막기 위해 열심히 했다고 한다. 피구 심판을 보는데 너무 덥다. 은비가 슬며시 오더니 휴대용 선풍기를 목에 걸어 준다. 목에 걸고 하니 그 작은 것도 제법 바람을 내뿜는다. 고마워, 은비야~

마지막 경기는 대장공경기다. 경기 방법이 조금 바뀌어 골대 역할을 할 아이들이 두 명이다. 연습이랑 달라 조금 혼란스러운가 보다. 여자 5분, 남자 5분 경기 시작이다. 여자아이들이 경기를 끝낸 전반전은 0 대 4. 경기는 이미 기울었고 연속적인 패배 예감에 아이들의 감정이 폭발했다. 여자아이들이 경기하고 돌아오는데.

"왜 그렇게 해? 좀 더 잘하지."

"최선을 안 다하니까 네 골이나 줬지."

"거기서 그렇게 하면 어떡해?"

남자아이들의 자극적인 말에 여자아이들이 짜증 섞인 반응을 보이자 말싸움이 시작되었다. 모든 경기에 져서 마음도 상했는지 주고받는 말에 다른 상황에서의 감정까지 섞이니 싸움이 커지지 않을 수 없다. 남자 대 여자의 1차 싸움은 후반전 남자아이들 경기가 있어 금방 끝낼 수밖에 없다. 그렇게 폭풍같이 지났지만 해명하는 과정에서 또 다른 오해가 생겨 2차 싸움의 씨를 남기고 말았다. 여자아이 몇몇은 속상하다며 울고 그렇게 어수선하게 후반전이 시작된다. 후반전에 남자아이들이 한 골을 만회하며 1 대 4로 끝난다. 모든 경기를 지고 나니 우리 반은 그저 관중이 되어 버렸다. 다른 반 경기에 큰 관심은 없다. 세 경기 모두 예선 탈락! 다행히 그때 아이스크림이 도착한다. 뽕따와 배 쭈쭈바다. 모든 아쉬움은 담아 두고 일단 먹어야지. 멀리서 보면 그렇게 아름다운 풍경인데 가까이에서 보면 표정들이 너무나 좋지 않다.

점심을 먹고 아이들이 5교시에 사회를 하냐고 물어본다. 사회 말고 사회생활한다고 하자 눈치를 금방 챈다. 그럼 그렇지! 아이들 기분도 안 좋아 보여 어제 회의했던 런닝맨 놀이를 하러 배수지공원에 갔다. 꽃게처럼 두 명이 등을 붙이고 옆으로 걷는 전략이 최고라며 등을 붙이며 걸어간다. 꽃게 전략은 기동성이 떨어진다는 평범한 반론이 사단이 되었다. 오늘은 체육대회 이후 나와 아이들 컨디션이 모두 나빴나 보다. 아이들이 소란스럽기도 했고 통제도 안 되어 자칫 사고가 날 것 같은 불안감이 밀려온다. 경고를 여러 번 해도 듣지 않자 그대로 교실로 들어와 버렸다. 어린이날 기념 파티도 끝! 막상 돌아오고 나니 후회막급이다. 모레면 어린이날인데 적당히 참고 넘어갈 걸 그랬다.

 **5월 7일 화요일**

아침에 오니 한 녀석이 말을 건넨다. 휴일에 〈어벤져스 엔드게임〉을 보고 왔나 보다.
"선생님 엔드게임 보셨어요? 세 시간 보느라 다리가 너무 아팠어요."
다른 아이가 덧붙인다.
"엄마는 울었어요. 재미와 감동 둘 다예요."
"나도 극장 가서 볼 거야. 절대 스포 금지!"
"근데 오늘 자리 바꿔요?"
"시간이 될지 모르겠네. 근데 이제 다 아는 사람인데 뭘 그렇게 바꾸려 하냐?"
"아니에요. 그게 새로운 느낌이 있어요."

"애들 왜 이렇게 조용하지."
영민이가 등교하며 말한다.
"3일 쉬고 왔는데 왜 이렇게 어색하지? 방학하고 다시 봐도 그렇게 어색하지 않던데."
지난주 감정싸움의 찌꺼기가 아직 남아 있는 듯해 보인다.

수업 전에 태윤이 머리띠 이쁘다고 했더니 빌려주겠단다. 헛웃음이 나온다. 나더러 써보라고 한참을 권하지만, 이것은 받을 수 없다.

한 녀석이 지각했다. 어제 새벽 두시 반에 자서 그만. 숙제한다고 늦게 잤다고 한다. 마음이 좀 아팠다. 오자마자 사회책 주섬주섬 꺼내는 모습에.

오늘 예고되었던 PAPS 측정이 있다. 오래달리기, 50미터 달리기, 윗몸 앞으로 굽히기를 한다고 하니 벌써 한바탕 소란이다.
"우리 오래달리기 하다 죽으면 어떻게 해요? 이 더운 날."
"나 포기할게요."
"난 그냥 넘어질 거야."
"포기하면 다음에 연습해서 혼자 뛸 수도 있어? 열심히 해야 해."
"꼭 해야 하는 거예요?"
"이제 늙어서 뛰는 게 어렵네요. 그냥 걸을게요."

은비가 눈이 간지럽다며 수건 같은 것으로 눈을 비비며 온다. 꽃가루 때문이란다. 알레르기 비염이 있는 나는 말만 들어도 재채기가 나온다. 은비가 말한다.
"어제 서울숲 갔는데 꽃가루가 눈처럼 내렸어요."
이 말에는 몸이 간지럽다. 두드러기가 조금씩 올라온다.

진로박람회 준비물품을 휴일에 생각해 오라고 했더니 아이들이 적어 낸다. 개인당 1만 원 정도 사용해도 된다고 했기에 얼추 팀별 인원에 맞게 맞춰 온다. 작년에 해 봤던 경험이 있어서 그런지 배송비까지 계산에 넣는다.
"저희 세 명인데, 배송비까지 29,500원 정도 나왔는데 딱이죠?"

PAPS 기록측정의 시간이다. 먼저 50미터 달리기를 한다. 번호대로 두 명씩 뛰니 기록 차이가 많이 난다. 먼저 도착한 녀석들은 달려오는 아이들에게 세기의 대결이라며 환호를 보낸다. 세기의 대결이 뭐가 이렇게 많은지. 베스트 오브 베스트 세기의 대결은 영민과 지윤. 영민이는 50미터 달리기 하다 넘어지겠다고 공언했지만 관성으로 그대로 달린다. 정말 빠르다. 덕분에 지윤이 기록도 상당했다.

50미터 달리기가 끝나고 윗몸 앞으로 굽히기를 한다. 마이너스를 기록하는 아이들이 많다. 뻣뻣한 녀석들! 표현은 못 했지만 이 녀석들 유연성이 이렇게 떨어졌나! 효은이는 50미터 달리기 기록이 제대로 안 나와 분풀이를 하려는지 20센티미터 넘게 밀어 발로 기구를 고정하고 있던 내 정강이를 맞춰 버린다. 악! 그 장면을 본 아이들이 효은이 힘내라며 2차 시기를 권한다. 난 과감히 '합격'을 외쳤다. 키가 큰 아이들은 다리가 길어서 기록이 잘 안 나와 슬프다며 웃고 있다.
"그래도 키가 큰 너희들은 달리기 할 때 좋잖아."

드디어 오래달리기 시간이다. 10명씩 뛰며 서로 바퀴수를 확인해 주기로 했다. 총 6바퀴를 뛴다.

"라스트에 신호 줘."

한 녀석이 마지막 바퀴 신호를 달라고 외친다.

"잠바 좀 벗어."

이 더운 날 잠바를 입고 달린다. 그 녀석도 더운지 몇 바퀴 뛰다 한 팔씩 빼며 잠바를 멋있게 벗어던진다. 기다리는 친구들은 달리는 아이들이 앞을 지날 때마다 이름 불러주며 "○○~ 멋있다"라고 외쳐 주었다. 그 소리를 들은 아이들은 본부석 앞을 지날 때면 더 빨리 뛴다. 본인은 계속 걷고 싶었는데 이름을 불러 주는 소리를 들으면 다시 뛰게 된다는 후일담도 있다. 오늘의 베스트 명장면! 두 녀석이 손잡고 골인선에 들어온다. 하이파이브도 한다. 나름 멋진 컷. 하지만.

"너 나보다 한 바퀴 더 뛰어야 해."

"알거든."

아름다운 순간은 짧았지만 보기는 좋았다. 오래달리기 측정이 끝났다. 하늘은 그렇게 맑아 보이지만 너무나 덥다. 물 마실 시간을 가지고 교실로 올라간다. 머리를 시원하게 적신 녀석도 보인다.

"허리가 아파요."

"머리가 아파요."

"마음이 아파요."

"다음 시간 북 치러 가는 게 슬프다."

"근데 북 칠 때 중간 쉬는 시간에 뭐 하며 놀지 우리 정하자!"

"난 뛰었는데 왜 허리가 아프지."

"저 오늘 난타 못 해요. 걸을 수가 없어요."

타악기 시작 시간을 10분만 늦춰 달라는 민원이다. 급기야 한 녀석은 나에게 원망한다.

"선생님. 검정색 옷이 안 어울려요. 안 그래도 시커먼데 더 시커멓게 보여요."

6교시에는 내일 어버이날 부모님께 드릴 쿠폰 만들기를 했다. 한 녀석이 바로 웃겨 준다.

"난 작년에도 쿠폰 했는데 가방에 1년간 넣어 두고 못 줬어요."

"난 언니 있었으면 좋겠다."

"난 동생이 있었으면 좋겠는데."

쿠폰을 만들며 서로가 가지지 못한 존재에 대해 이야기한다. 이 모든 상황을 끝내는 명언이 나온다.

"근데 세상 모든 게 막상 있으면 별로야."

"나도 부모가 되었지만 아직 부모님의 그 마음을 모르겠어. 선생님 좀 멋있었냐?"

"아니요. 너무 진부했어요."

쿠폰을 만들다가 누군가가 방탄소년단의 '작은 것들을 위한 시'를 들려달라고 한다.

"백색소음이 좋다고 하는데 가요 듣는 것도 나쁘지 않아요."

"김남준 김석진 민윤기 정호석 박지민 김태형 전정국 BTS!"

방탄소년단 노래가 나오자 큰 함성이 되어 울린다. 무섭다. 평소 말수가 적고 조용하던 아이들도 방탄소년단의 이름을 크게 부른다. 'DNA'까지 두 곡을 들려준다. 사실 이 곡은 내가 좋아해서 틀어 주지만. 'DNA' 부분을 '유전자'로 바꿔 부르는 녀석들도 있다. 참 웃긴 녀석들이다. 분위기가 1.5배는 밝아진다.

뽀득뽀득 설거지 쿠폰 / 콩콩콩 안마 쿠폰 / 알라딘! 소원 쿠폰 / 음식물 쓰레기 버리기 쿠폰 / 빨래 널기 쿠폰 / 경어쓰기 쿠폰 / 청소 쿠폰 / 달걀 두부 사러가기 심부름 쿠폰 / 핸드폰 금지 쿠폰 / 숙제 바로하기 쿠폰 / 텔레비전 금지 쿠폰 / 만화책 금지 쿠폰 / 밥상 차리기 돕기 쿠폰 / 하루 동안 게임 안하기 쿠폰 / 엄마한테 커피 타 드리기 쿠폰 / 하루 동안 공부하기 쿠폰 / 하루 동안 핸드폰 안 보기 쿠폰 / 야구하기 쿠폰 / 폰 압수 쿠폰 / 자유 이용권 / 청소 20시간 봉사 쿠폰 / 부모님과 이야기하기 쿠폰 / 선물사 주기 쿠폰 / 밥상 도우미 쿠폰 / 동생숙제 도와주기 쿠폰 / 폰 중지 쿠폰 / 발 마사지 쿠폰

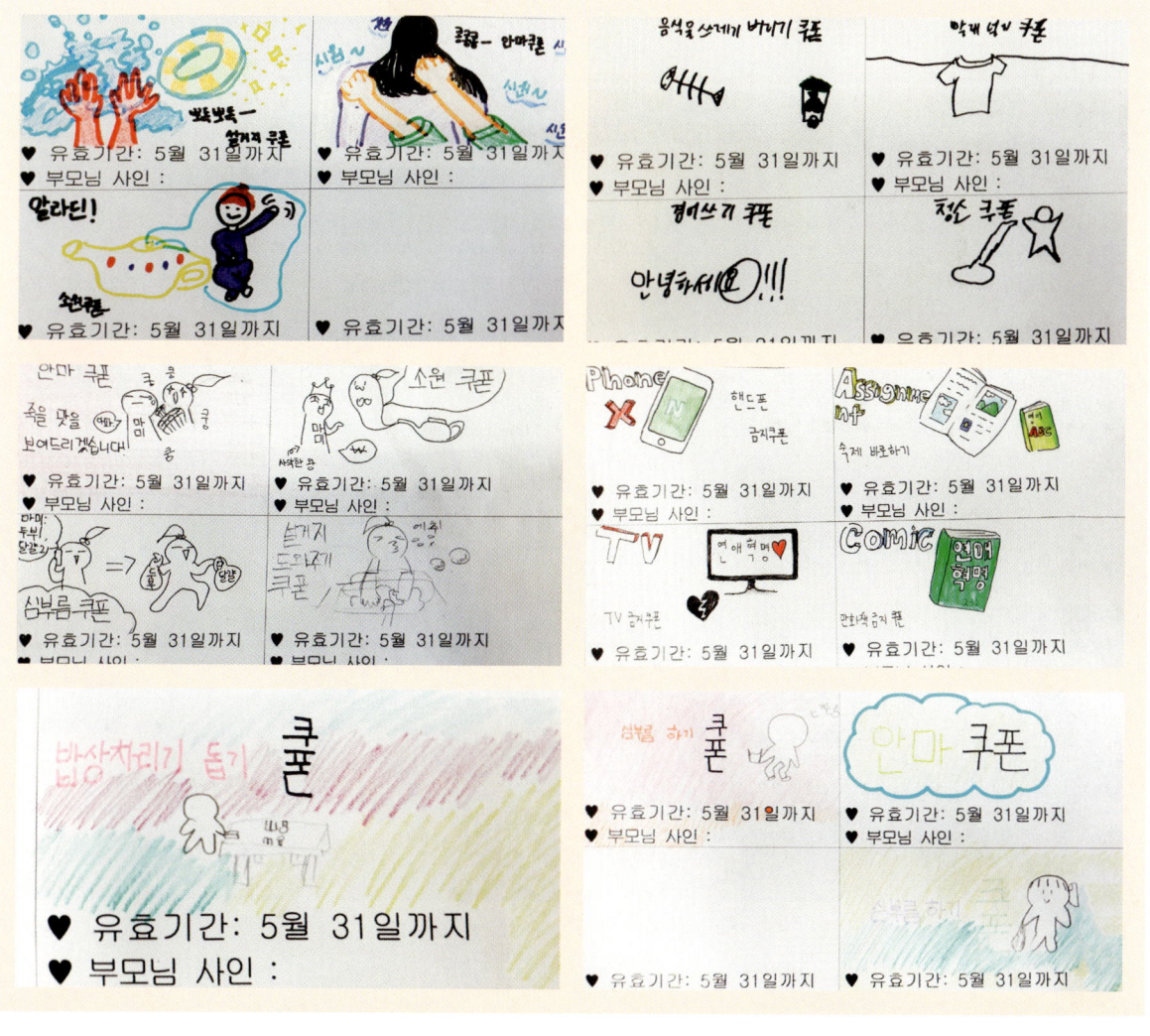

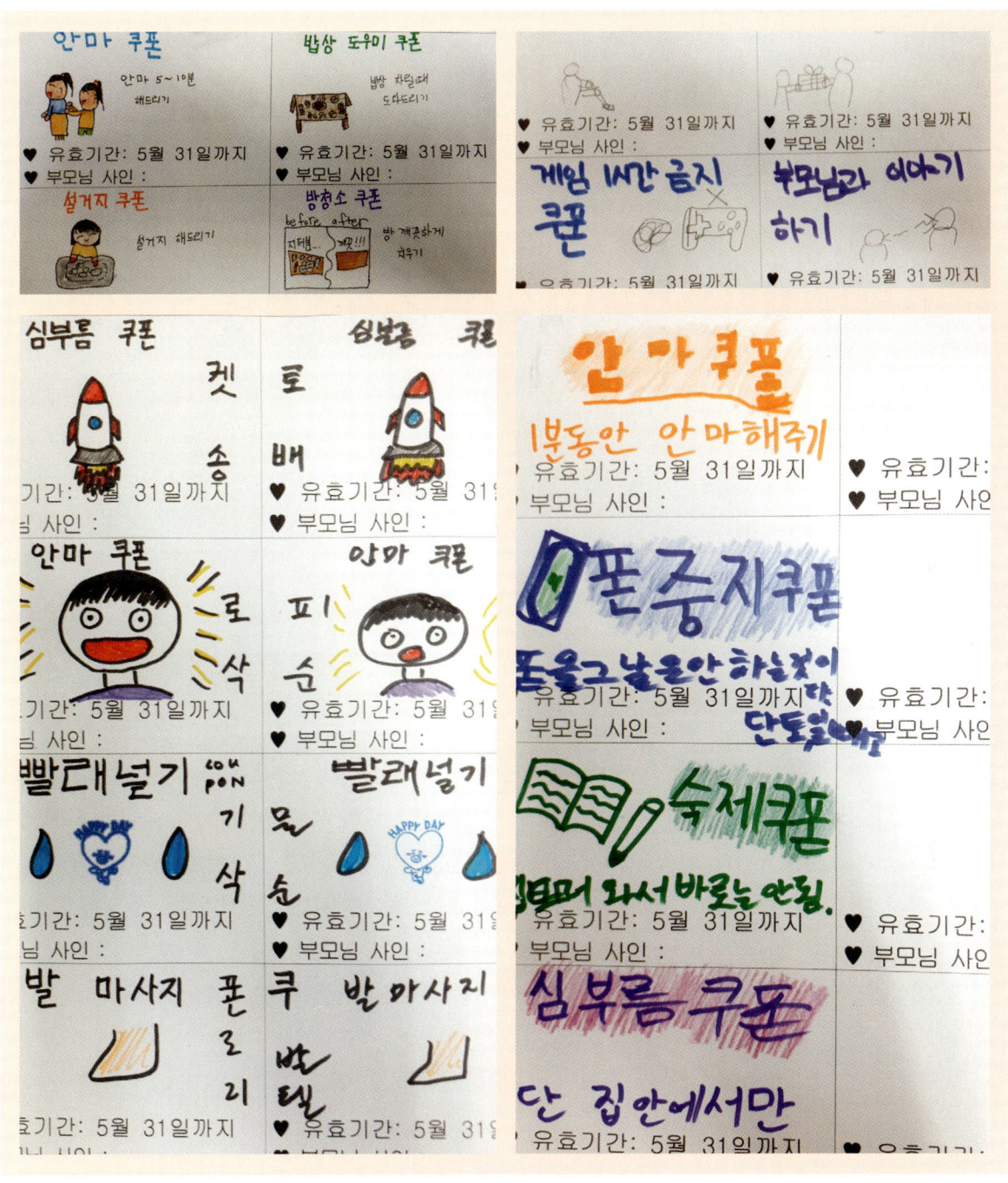

　방과 후에 사제동행활동으로 떡케이크 만들기를 했다. 준우랑 같이 하는데 생각보다 너무나 잘 만든다. 역시 예술적인 면에 소질이 있는 녀석이다. 다른 반 다섯 명의 아이들보다 월등하다. 아니 솔직히 나보다도 더 잘 만든다. 이 녀석이 이런 손재주가 있구나! 집에 가서 쌍둥이 누나랑 나누어 먹으라고 했더니 누나가 아니라 동생이란다. 그 누나는 분명 준우가 동생이라고 했는데.

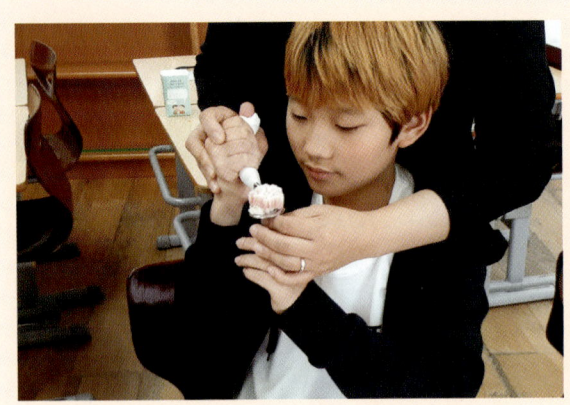 

5월 8일 수요일

아침 등굣길에 효은이를 만났다. 동생이랑 이런저런 이야기를 나누며 언덕길을 올라온다. 계속 듣다 보니 누나의 잔소리가 많이 들린다. 하지만 동생도 지지 않고 누나의 말을 받아치는데. 둘의 대화를 재미있게 들으며 교문을 지난다. 오늘은 회장단 아침봉사활동이 있단다. 효은이가 부회장인지라 바로 운동장으로 가야 해서 내가 가방을 교실에 올려 줄까 했더니 감사하다며 자연스레 건넨다.

오늘은 준호, 영민이랑 리버풀의 역전극에 대해 이야기를 했다. 지난번에 내가 리버풀이 챔피언스리그 결승에 올라갈 것 같다고 했던 말에 괜히 으쓱댔다. 바르샤팬인 두 명이 시무룩해 한다.
"이렇게 된 거 그냥 손흥민이 골 넣고 토트넘이 우승하는 게 낫겠어요."
"그건 나도 동감."
이제 우리는 같은 편이다.
"아약스한테 이기겠죠?"
"내년에는 바르샤가 우승했으면 좋겠어요."

어제 검정 티셔츠를 입고 왔더니 아이들이 어두워 보인다길래 오늘은 흰색 티셔츠를 입고 왔다고 자랑을 했다. 한결 밝아 보인단다. 괜히 거울도 한번 보게 되는 아침이다. 오늘은 PAPS 악력 측정을 하기로 한다. 아침에 일찍 온 아이들에게 연습을 해보라고 했더니 기계가 정확히 잡아 주질 못한다. 너무 낮게 측정이 된다. 고장 났나? 암튼 껐다 켰다 해도 제대로 측정이 안 되길래 배터리를 갈았더니 액정이 선명해지며 뭔가 잘 되는 것 같다. 한 녀석은 측정하고 나서 50kg이라며 자랑한다. 나보다 센데? 그 정도면 웬만한 어른보다 낫다며 대단하다고 말했더니 한 손이 아니라 양손으로 잡았단다. 그러면 그렇지….

악력을 측정한다. 아이들이 온 힘을 손끝에 모은다. 팔이 부들부들 떨릴 정도이다. 양손 두 번씩 네 번을 측정해야 하는데 한 번 측정하고 손이 아프다는 아이도 있다. 근데 의외로 여자아이들의 악력이 세다.

"너네 손끝이 맵구나."

더 말하려다 멈추었다. 말조심해야 한다. 어제 체육시간에 말싸움을 하던 녀석들에게 "너희 그렇게 싸우다가 정들면 어쩌려고 그러냐" 했더니 "그렇게 말씀하시면 인권문제가 있어요"란다. 요즘은 이래저래 조심해야 한다.

"진짜 굴욕이야, 굴욕이에요. 5kg도 못 넘기다니."

"선생님, 악력기가 이상해요. 기계가 고장 난 것 같아요."

"나 방금 힘줬는데. 이상하네. 방금 뭐 했지?"

"아무리 힘줘도 15kg밖에 안 나와. 빡치네."

"난 14.5kg이 최고야. 그래도 너가 더 높다."

바람에 날릴 듯 야위어 보이는 경란이가 잡고 누른다.

"오잉? 다시 재봐. 이거 잘못 나온 것 같은데."

22kg을 넘긴다. 다시 재어도 23kg. 역시 체격이랑 악력은 큰 관련이 없나 보다. 한 녀석이 온몸을 비틀면 더 잘 나온다는 가짜 뉴스를 퍼트린다. 회전력이라는 과학적 근거도 덧붙인다.

"나도 저렇게 할걸."

그래서 비틀어서 악력기를 누를 기회를 한 번 더 주었다. 하지만 결과는 별반 차이는 없다.

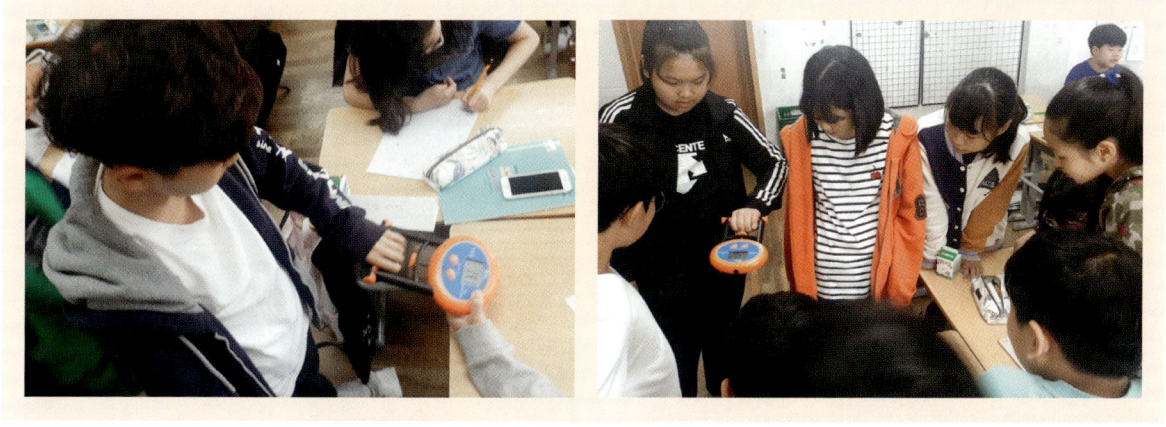

오늘 수학 단원평가를 하기로 했다. 아이들이 가림판을 책상 위에 올리길래 내려놓으라고 했다.

"가림판 치우고 양심껏 아름답게 시험 봅시다."

시험지를 뒤로 넘기다 여자아이들이 남자아이들 쪽을 안 챙겨 주고 여자아이들 것만 세어서 넘겼나 보다. 뒤쪽에는 시험지가 모자라다며 아우성이다. 그냥 좀 챙겨 주지!

중간놀이시간이다. 아이들이 자유투를 한다. 골대 근처에는 '만리장성'이라 외치며 아이들이 블록을 하고 있다. 남녀 아이들이 어울려 함께 하는 모습이 보기 좋다. 10초라는 나름 샷클록도 있다. 천장에 맞으면 파울이라는 규칙도 있고.

"야, 내놔."

하지만 결국 서로 공 뺏기 놀이가 되어 버렸다. 아이들은 이렇게 놀면 체육 한 시간 한 것 같단다. 스트레스 풀린다는 말에 참을 수밖에. 그들 나름의 시험 스트레스 푸는 방법일 테다. 시끄러운 소리가 계속 들린다. 규칙대로 농구를 하고 싶어 하던 키 큰 녀석이 화가 났는지 사물함 위에 올라가 농구골대를 떼어 버린다. 농구파티는 이렇게 끝이 난다.

여자아이들은 머리를 만지고 놀고 있다. 뭔가 다정해 보인다. 서로 예쁘게 머리를 만져 주며 고맙다는 말을 한다. 수학시험 후의 그림치고는 퍽이나 아름답다.

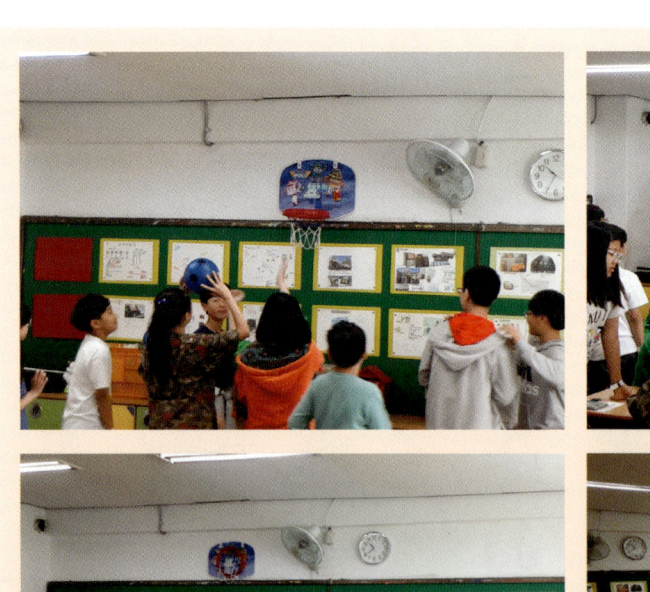

오늘 아이들이 그토록 기다리던 이사의 시간이다. 짝 바꾸는 날이다. 아이들이 원하는 대로 뽑기로 자리를 정한다. 그렇게 자리를 바꾸자고 아우성이었는데 막상 바꾸고 나니 그 전이 더 좋았다는 말들이 들린다. 효은이랑 영민이는 또 아파트 이웃주민끼리 짝이 되었단다.

"아파트에서도 교실에서도 인연이구만."

짐을 옮기고 7채 장단을 프린트해 책상에 붙여 놓는다. 매일 아침 한 번씩만 쳐보기로 했다. 어제 타악기 시간에 아이들이 리듬을 많이 틀려 선생님께 혼이 났던 기억과 여운이 강하게 남았는지 열심히 연습한다.

4교시는 국어시간이다. 하지만 급식실에서 올라오는 식욕을 자극하는 향기! 오늘 점심 메뉴는 아이들이 좋아하는 스파게티이다.

"저 선생님. 죄송한데 지금 스파게티 냄새가 너무 나서 공부를 못 하겠어요."

"그래! 그럼 딱 40분만 공부하고 가자."

"안 돼요. 제발요."

"그래! 39분. 근데 정말 맛있는 냄새 난다. 음. 스멜."

국어시간에 속담에 대해 알아본다. 교과서는 일단 내버려 두고 100개 속담을 따로 공부하기로 한다. 속담 뜻을 알아보고 아이들과 이야기를 나누었다. 속담이 살아 있는 듯 팔딱팔딱인다.

"가는 말이 곱다고 꼭 오는 말이 고운 것은 아니죠? 속담은 진리가 아니에요."
"골대는 골키퍼 편(가재는 게 편). 하지만 가끔 골대도 배신해요."
"한국에 가 붙고 일본에 가 붙는다. (중국이란다.)"
"간이 초미세먼지만 해진다. 몰폰(몰래 핸드폰) 하다 엄마의 인기척을 느꼈을 때 쓰는 속담이에요. 몰폰 할 때는 이어폰 한쪽을 빼고 해야 해요."
"신문지가 박스더러 바스락거린다 한다."
"맨날 숙제 안 해오던 애가 어느 하루에 해왔고 잘해오던 애가 하루 안 해왔는데요, 그 아이가 오늘 너 때문에 파티 못 하잖아라고 말했을 때요, 가랑잎이 솔잎더러 바스락거린다고 해요."
"아빠가 뭘 해달라고 해서 다 하고 쉬려고 하니 엄마가 시키고 또 삼촌이 시켜 쉴 시간이 없어졌어요. 너무 힘들었어요. 이런 게 가랑비에 옷 젖는 줄 모른다 맞죠? (조금 상황이 다른 듯하지만 충분히 공감)"
"엄마한테 가 붙고 아빠한테 가 붙는다. 엄마가 화났을 때 아빠에게. 아빠가 화났을 때는 엄마에게."
"동생은 오빠 편이다. 어쩌다 보니 나이차가 많이 나는 오빠랑 친해졌어요. 오빠 사춘기 시절 지나고 나니 우리는 같은 편이 되었어요."
"과자를 먹고 있는데 친구들이 몇 개씩 얻어먹고 나니 저는 몇 개 못 먹었어요. 가랑비에 옷 젖었어요."
"간이 콩알만 해진 적이 있는데요, 엄마가 직장에서 전화로 숙제를 엄청 많이 내줬는데, 싫어라고 반항을 했는데, 엄마가 집에서 보자 했을 때 간이 정말 콩알만 해졌어요."

수업 끝날 무렵 지난주 학년체육대회 때 남녀아이들이 싸운 사건을 속담을 활용해 '가랑잎-솔잎 참사'로 이름을 바꾸었다.

단원평가 결과를 채점했다. 시험지를 펼쳐 놓으니 이게 뭐라고. 한낱 종이에 불과한데. 맞은 것은 크게 틀린 것은 작게 채점했다. 점수라는 숫자 앞에는 큰 의미는 없지만, 근데 왜 이렇게 문제를 끝까지 안 읽고 풀었을까? 어른들의 영원한 궁금증이다.

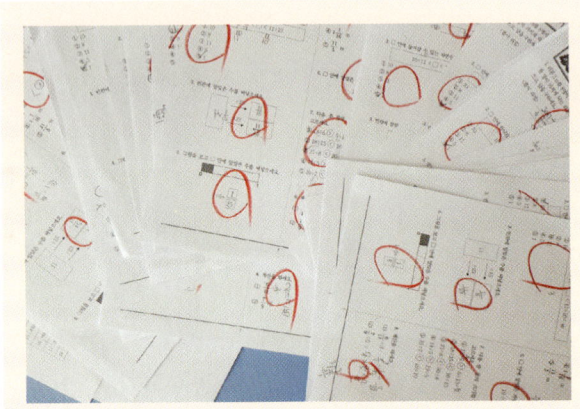 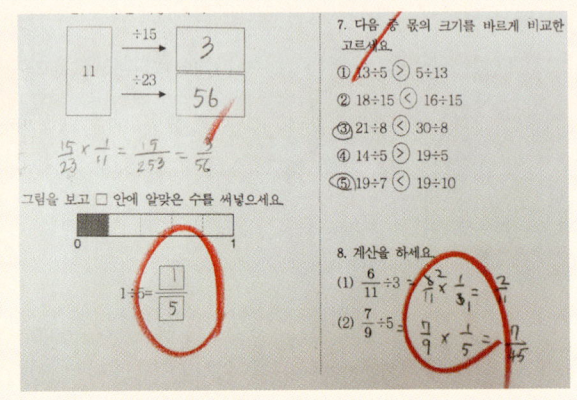

 **5월 9일 목요일**

후관 1층에서 엘리베이터를 타려는데 다른 반 한 아이가 묻는다.
"엘리베이터는 선생님들만 타는 거예요?"
"땡! 같이. 타자. 들어와."
2반에 두산 모자를 자주 쓰고 다니는 녀석이 있다.
"두산은 매번 잘해서 좋겠다. 선생님은 삼성 팬인데 맨날 죽 쒀."
"리빌딩 하면 돼요. 당분간은 두산이 계속 우승할 것 같아요."

교실에 들어와 컴퓨터를 켜자 아이들이 하나둘 들어온다. 역시나 오늘 새벽 챔피언스리그 토트넘의 승리 이야기가 들린다. 토트넘 대 아약스 경기 영상을 하이라이트로 본다. 다른 반 아이들까지 몰려와 축구 이야기를 주고받는다. 다른 반 한 여자아이가 들어와서 봐도 되냐고 물어본다. 해외축구에 관심이 정말 많다는 녀석인가 보다!

"근데 어제 누구랑 했어요?"
"아약스라고. 옛날에는 유명했는데."
준호는 들어오자마자 '루카스 모우라 미쳤어'란다.
"2 대 0에서 저걸 이겨?"
"모우라 저건 미쳤어."
"여기서 골키퍼 펀칭. (새벽에 일어나 본 아이는 시간까지 맞춘다.) 78분 아약스 골대 맞히고 추가시간 5분에 모우라가 넣어~ 믿기십니까, 여러분?"
영민이와 준호는 '우리 결승은 서로 깨워 주자'라며 자리로 들어간다.
"나도! 전화 좀 해줘. 이런 건 라이브로 봐야지."

축구 하이라이트 보고 바로 수학시험지를 나눠 주었다. 여기저기서 곡소리가 들린다. 한숨 소리를 내며 엎드려 있는 아이도 보인다.
"선생님, 수학시험지는 부모님 사인 받아 오는 거지요?"
"아니야, 괜찮아."
"정말요? 그냥 이렇게 끝나는 거예요?"
"응. 대신 서명 받아 오면 돼."
현민이는 우유를 먹다 뿜을 뻔했다고 한다.

민준이와 효은이는 저학년 동생들에게 책을 읽어 주는 스토리텔링 봉사활동을 하러 간단다. 스토리텔링! 멋있다. 10여 분 뒤 책 읽어 주고 돌아온다. 별로 긴장을 안 하는 녀석들 같다. 1교시는 다음 주에 체험학습 갈 리움미술관 사전학습지 만든 것 발표하는 시간을 가졌다.

〈현민〉
〈문제〉는 간단하면서 신기하고요, 〈중력의 계단〉은 차원이 다른 것 같아요. 〈은제사리기〉는 초록색이 너무 신기했어요.

〈준호〉

〈사각형에 대한 경의〉는 심플하지만 제목이 멋있어요. 〈하늘 거울〉은 거울이 하늘을 담고 있는 듯했고요. 그리고 제목은 모르겠는데 청-록 색깔이 한두 개 있는 작품을 좋아하게 되었어요. 민클러의 집은 빨려 들어갈 듯한 느낌이 드네요.

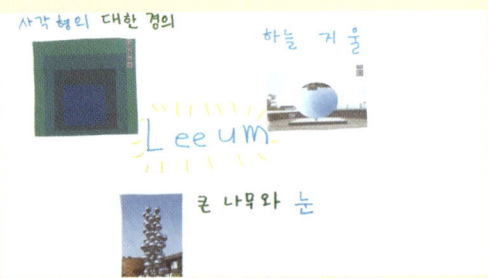

〈주희〉

〈중첩된 사슴#6〉. 쌍둥이 사슴이 같이 있는 게 넘나 이쁘잖아요. 〈기울고 과장된 구성에 대한 연구〉도 인상 깊었고요. 도미노가 중력을 거슬러 오는 것도 좋았어요. 〈도시의 빛〉은 심오한 느낌. 〈물질을 느끼다〉는 멋스러운 내 스타일이에요. 〈무제〉가 있었는데 음파 같은 느낌이고 두려울 것이 없어 보여요. 그리고 약이 산더미 있는 것도 보고 싶어요.

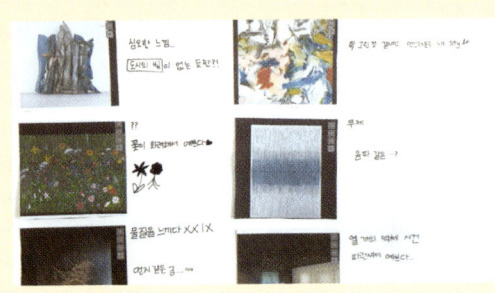

〈민준〉

저는 옛날 미술에 관심이 있어서 금제 귀걸이, 금은장 쌍록문장식을 직접 보고 싶어요. 그리고 〈물질을 느끼다〉는 신기한 방식으로 된 것 같아요.

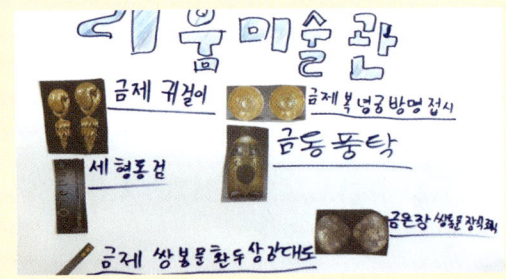

〈준우〉

저는 전부 현대미술로 했고요, 〈날개가 있는 존재〉는 깔끔하고요, 〈중력의 계단〉은 노란색이 제 머리랑 옷 색이랑 비슷해서요. 〈원형상 붓그림〉은 하늘을 나는 용 같아서 좋았어요. 〈대지의 공기〉는 너무나 멋지고요. 〈군무〉는 시간이 없어서 붙였는데 이거 얼마예요?

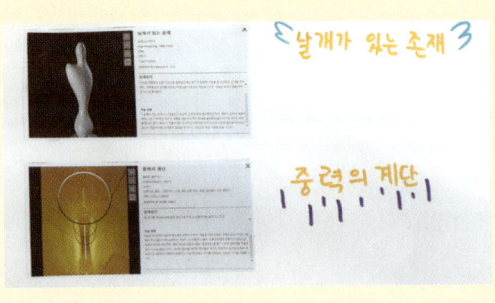

〈백하〉

〈인생최대의 고비〉는 중국 그림과 비슷해서 좋았어요.

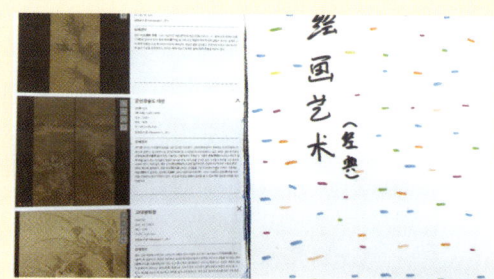

〈영민〉

〈날개가 있는 존재〉는 직접 공수해 온 엄청난 존재. 〈무제〉는 간단해 보였는데 보다 보니 간단하지 않아서요. 〈대지의 공기〉는 이름부터가 마음에 들었고 이름이 정말 간지나서요. 〈심연〉은 유리 속에 뭔가가 들어 있어서 골랐고요, 〈이브 65-8〉은 독수리 발톱 같아서 골랐어요.

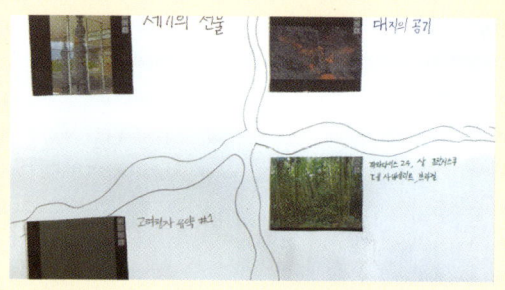

〈연수〉

딱히 마음에 드는 건은 없어서 네 개밖에 선택하지 못했어요. 〈세형동검〉이 제일 멋있었고요, 〈청동방울〉은 저희 강아지가 방울을 좋아해서고요, 〈송하맹호도〉는 우리나라 그림에 호랑이가 많이 그려져서 골랐습니다.

〈효은〉

도자기가 멋져 많이 했는데. 〈도형연적〉은 복숭아가 예뻐서고요, 〈나의 파우스트〉는 백남준이 유명해서고요, 〈신화의 흔들림〉은 그냥 신기했고요, 〈드넓은 세상〉은 전구와 파란색의 대비가 인상 깊었고요, 빨간색 엘리베이터가 가장 좋았어요. 국보가 하나 있었는데 이름은 모르겠는데 은은했어요.

 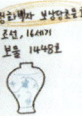 

⟨인해⟩
⟨은제도금사리기뚜껑⟩, ⟨금동보살입상⟩은 간지나는 느낌이어서 그냥 좋아서 붙였어요. ⟨디에고 좌상⟩은 뭔가 예뻐서고요. ⟨사군도⟩는 옛날 춤을 추는 느낌이 들었어요.

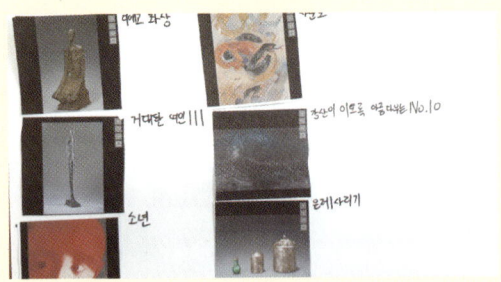

⟨서준⟩
⟨사각형에 대한 경의⟩는 간단하면서 각져서 골랐고요. ⟨심연⟩은 거울을 엄청 많이 만들어 비추어서 신기할 것 같고요. ⟨무제⟩는 굉장히 심오했어요. 그리고 제가 탑을 좋아해서 마지막 여기에 붙였어요.

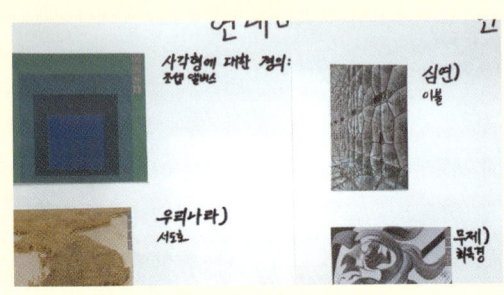

⟨은비⟩
⟨금제 접시⟩는 삐까뻔쩍해서 좋았고요, ⟨경주의 산곡⟩에서는 색깔이 빨강, 노랑 같은 우리나라를 대표하는 색이어서요. ⟨엽란⟩은 종이에 낙서한 느낌이지만 예술이 재미있어 보였어요. ⟨중력과 가벼움⟩은 사람이 피아노 타일이 된 듯해 보여요.

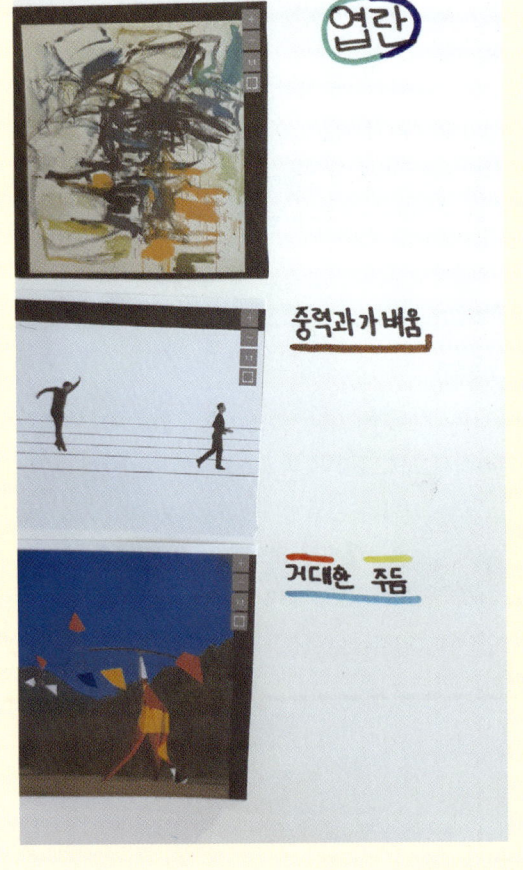

〈지윤〉

청자, 청화백자, 청자상감. 제가 청자랑 백자를 좋아해서요. 〈도형연적〉은 복숭아 모양이라서 좋았고요. 나머지는 그냥 좋았어요.

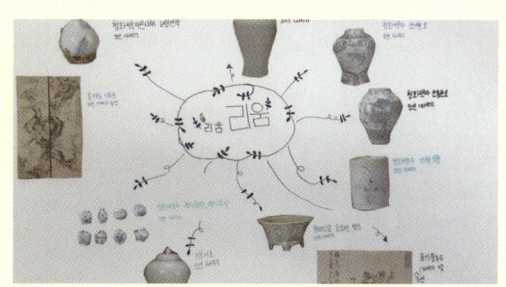

〈승은〉

범종은 커 보이고 소리가 좋을 것 같고요, 〈서울근성〉은 이름은 모르지만 멋져 보였어요. 〈하늘거울〉은 예뻐가지고요. 〈사자장식향로〉는 신기해 보여요. 〈기울고 과장된 구성에 대한 연구〉도 신기했어요.

〈준혁〉

〈작품 63〉은 웅장해서요. 〈우리나라〉는 입체모양이어서 신기해서고요. 〈세형동검〉은 그냥 집었는데. 〈백자철화운죽문호〉는 너무 예뻐요. 〈용두보당〉은 길고 멋있을 것 같아서 넣었어요.

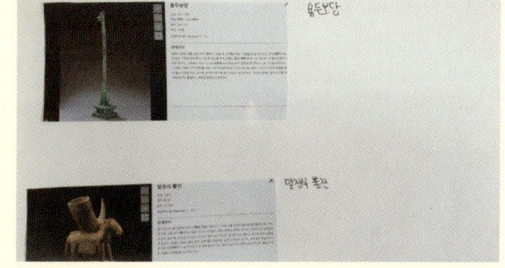

〈상진〉

〈금동관〉은 신라 시대 것인데 너무 유명해서요. 〈금동 미륵 반가상〉은 역사책에서 본 것 같아서요. 〈금동대탑〉은 제가 탑을 좋아해서요.

〈규현〉

〈하늘거울〉은 정말 신기한 것 같아요. 〈백자철제인물명기〉는 째끔해서 붙이기 좋았어요. 저는 신기해 보이고 예쁜 것을 붙였어요.

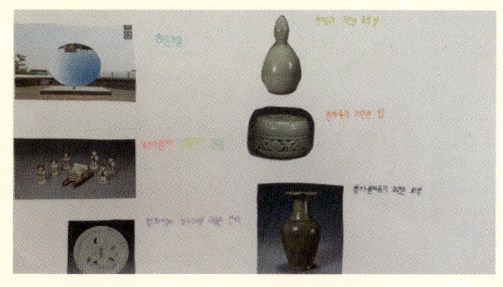

"저희 계란이 두 개 모자라는데 혹시 학교에 계란 있어요?"
"당연히 없지. 아이고! 편의점 가서 사 와야겠다."
"선생님 사 주실 거예요?"
"그래. 계란 두 개야 뭐."
"가는 김에 간식도 사 먹으면 안 되나요?"
"그거 써 주세요. 외출할 수 있는 종이요."
오늘도 달콤한 다락방 아이들이 좋아하는 외출증을 발급해 주었다.

오늘 3교시에 '우리말 사랑'을 주제로 대학생 두 명이 강사로 왔다. 두 분의 너무나 당당한 모습에 좀 놀랐다.
"안녕하세요. 이게 천지인 키보드 형식인데요. 많이 보셨죠? 근데 한글은 몇 글자일까요?"
"28자요."
역시나 24자라고 말하는 아이들이 있다.
"천, 지, 인 한자 읽을 수 있나요?"
"그럼요. 하늘 천, 땅 지, 사람 인."
"모음은 자연과 사람을 본떠서 만들었는데 그럼 자음은 어떤 모양일까요?"
"입모양요. 혀랑 목구멍요."
"혀를 보기 힘들죠?"
"아니요. 내시경으로 한번 보면 돼요."

"여러분! 문찐(문화찐따)이라는 말 들어 봤어요?"
"신곡이나 새로운 거 모르는 사람요."
"누구에게 써요?"
"저 같은 사람요."
"들으면 기분이 어때요?"
"그냥. 음. 인정해요. (하하)"
"한국전쟁 때 도망간 한국 병사들을 찐따라고 했다고 하네요. 사회에 어울리지 못하는 사람을 뜻하는데. (아~)"
"그럼 찐따라는 말을 써도 되는 거예요?"

너무나 직설적으로 진행해서 이때부터 좀 말리고 싶었다. 우리의 언어생활 중 비속어의 참뜻을 알게 되면 사용하지 않게 된다는 의도 같은데 조금 위험해 보이는 방법 같다. 수신호로 톤다운을 주문했지만 그분들은 젊은 혈기로 그대로 내달린다.

"몸을 방정맞게 움직이고 입에 거품을 물고 발작을 함을 나타내는 말은?"
〈보기〉 1. 지랄 2. 주접
아이들에게 번호로 말하라고 했는데 한 녀석이 "지랄요"라고 말해 깜짝 놀랐다.
"그 말을 들었을 때 기분이 어땠어요?"
"괜찮았는데요. 근데 뜻이 좀 다른 것 같은데요."
"근데 친구들끼리도 많이 사용해요. 톡에서."

"못난 부모에게서 태어나고 자란 놈, 상것처럼 무례하게 행동함을 일컫는 말은?"
〈보기〉 1. 쌍놈 2. 시다바리
"들어본 적은 없는데 아빠가 술 먹으면 하는 말인데요. 술 먹고 집에 오면."
"유튜브에서 봤어요."
"저는 쌍놈이라는 뜻을 모르고 썼는데."

대부분의 아이들이 욕을 쓰는 현실을 직면한다는 의도가 있어 보였지만 이쯤에서 멈춰야겠다. 남은 시간은 아이들과 질의응답 시간을 가졌다.
"욕 대신 다른 말로 어떻게 해야 할지 대학생이 되었는데도 잘 모르겠어요. 여러분도 그렇죠?"
"근데 대학교에서도 욕 많이 써요?"
"쓰는 사람도 아주 많고요. 안 쓰는 사람도 많아요."
"근데 학점 못 받으면 어떻게 해요?"
"그런 현실적 고민은. (오! 고급 질문) 사실 졸업할 때 걱정 많아요."
"혼나요?"
"아니요, 책임져야 해요. 수업 빠져도 안 혼나요."
"어디 대학 나왔어요?"
"○○대, △△대."
"오~~"
"무슨 과세요?"
"국문과, 신문방송학과."
"오! 멋있다."
"대학 가면 뭐가 힘들어요?"
"1학년 때까지는 쉽고 3학년 때부터는 고민을 많이 하게 돼요."

"대학 안 다니고 합격하고 군대 바로 가도 돼요?"

"등록은 하고 가야 해요. 군대 갔다가 다시 공부해도 돼요."

"선생님은 평소에 친구들끼리 만날 때 욕을 쓰시는 편인가요?"

"저는 잘 안 쓰는데. 쓰긴 쓰는 것 같아요."

"선생님도 학교 다니기 싫으세요?"

"어, 네? (모두 웃음) 사실 수업 듣기 싫어요."

"벌점은 어떻게 받아요?"

"벌점 같은 거 없어요. 본인이 책임지는 거예요."

"엠티 가면 뭐 해요? 술 마셔요? 놀러 가는 거예요? 술 마시는 거죠? 술 좋아하세요?"

이건 대답을 못 하신다.

"선생님은 고등학생 때 대학생 되면 뭐 하고 싶었어요?"

"(술 마시고 싶었겠죠!) 고등학교 때 공부를 많이 해서 그냥 공부를 안 한다는 게 너무 좋았어요."

"오티랑 엠티랑 뭐가 달라요?"

"이것도 아름다운 한글로 바꿔야 하는데. 여러분이 3월에 중학교 가기 전에 미리 가보는 것 같은 게 오티고 엠티는 소풍, 현장체험학습 같은 거예요."

"두 분은 서로 친하세요?"

"오늘 처음 봤는데."

"대학교에서 연애하는 사람이 있어요?"

"당연히 있죠."

"남자친구 있으세요? 솔로? 빛나는 솔로?"

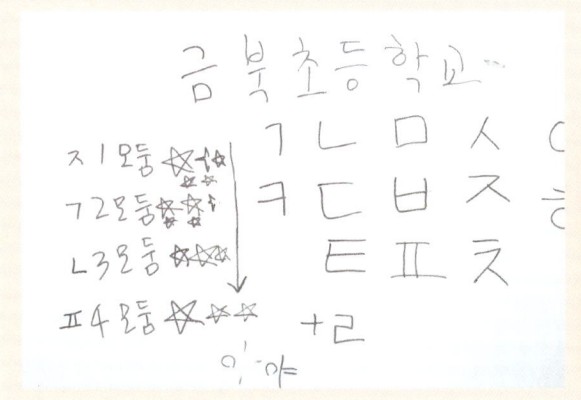

아직 경험이 부족해 보였고 결정적으로 아이들에게 말로 휘둘리는 모습에 아쉬웠다. 그래도 뜨거운 열정이 느껴지는 신선함만은, 직접 만든 자료와 밝고 편안한 분위기는 칭찬할 만했다. 이 수업이 끝나고 아이들의 말이 인상적이다.

"그래서 욕을 쓰지 말란 말이지?"

3교시 쉬는 시간이다. 농구골대 주변에서 무슨 경기가 벌어지는지 소란스럽다.

점심 먹고 올라왔더니 남자아이들이 공연을 한다. 나름 매니저와 운영팀이 상황을 통제한다. 방탄소년단의 '작은 것들을 위한 시.' 나도 공연 관람 모드로 아이들을 봤다. 중간에 실수가 좀 있었지만 그래도 끝까지 자신 있게 하는 건 대단하다.

"지금까지 방탄청소년단이었습니다."

"더워요. JJB 주세요."

"무대가 너무 좁았어요."

"다음 곡은 아엠파인입니다."

"5교시 시작이야. 자리에 앉자! JJB 주신대."

도덕시간이다. 봉사! 책은 내버려 두고 우리들의 경험담을 소재로 사용한다. 경험담을 발표하고 봉사의 참뜻을 알아보는 시간을 가진다. 처음에는 봉사한 경험을 말하는 것이 부끄러운지 아무도 손을 들지 않는다. 하지만 연수가 부싯돌을 댕기자 그야말로 들불처럼 번지는 우리 반의 발표~

연수: 저는 겨울에 할머니가 길을 못 가셔서 짐을 3~4분 들어 줬어요.
태윤: 어릴 때 봉사점수가 있었는데 그래서 친한 아이들끼리 모여서 했어요. 기억은 잘 안 나는데.
은비: 교회에서 밥을 무료로 주는데, 할머니, 할아버지께 밥 나눠 주는 봉사를 했어요.
승은: 작년에 학교산행대회(남산)에 가서 쓰레기 줍기를 했어요.
서준: 누나가 예전에 연탄봉사 하는 거 봤어요.
규현: 폐지 줍는 할머니가 있었는데. 튀김천하 옆에서요. 폐지를 떨어진 것 주워 드렸어요.
영민: 기린놀이터에서요. 할머니가 무거운 것을 손수레 들고 올라오실 때, 할머니랑 눈이 마주치면 이상할 것 같아요. (하하)
주희: 부활절에 계란 나눠 주는 봉사를 했어요.
준호: 명동에서 전단지 돌리는 할아버지가 있었는데, 바람이 세게 불어 전단지가 날라 다녀서 같이 주워 드렸어요. 뿌듯했어요.
준혁: 겨울에 눈 왔을 때 집 앞이랑 아파트 단지 눈 치웠어요.
효은: 우리 학교 우유할아버지가 우유 우리 반으로 나르는 거 도와드렸어요.

봉사의 참뜻에 대해서도 이야기를 나눈다.

서준: 봉사는 마음을 담은 선물이야.
상진: 마음만 담으면 되냐? 실제로 하는 것도 포함하는 것이지.
영민: 봉사는 자신의 이익을 바라지 않고 다른 사람을 돕는 것 같아요.
현민: 봉사는 다른 사람에게 잘 보이려고 하는 것이 아니라 마음에 우러나와서 하는 것. 해장국처럼, 감자탕처럼.
주희: 봉사 의미는 가치관에 따라 생각이 나뉠 것 같아요.
준호: 봉사는 하늘이 내려준 기회! 전 아직은 잘 하고 있지는 않지만.
지윤: 봉사는 마음이 하는 행동 같아요.

동아리 활동 시간이다. 메이커부 아이들은 지난주에 만들던 것을 이어서 만든다. 현민이는 "신기한 스쿨버스 한번 보여 주면 안 돼요?"라며 사진 좀 찾아 달라는데 그게 뭔지를 모르겠다. 교실체육부 아이들에게 우리 집 아이들이 가지고 노는 장난감 야구 놀이 세트를 주었다. 작은 공이 날아오니 신기해하며 잡기에 한창이다. 스윙은 위험하니 번트만 대라고 주의사항도 안내한다. 달콤한 다락방 요리부 아이들은 오늘은 머랭쿠키를 만든단다. 중간에 외출증까지 보안관님께 보여 드리고 계란을 사왔다. 하지만 도구가 부족한지라 시원하게 진행되지는 않는다. 이렇게 빈약한 환경에서 애쓰는 아이들! 노른자위를 완전히 제거하지 못해 첫 번째 머랭쿠키는 대실패. 문제점을 찾아 개선하려고 한다.

"얘들아. 이번 것은 비린내가 많이 나는데 레몬즙 안 넣었지?"

"색소 좀 더 넣어. 이번 것은 포기하고 다시 만들자."

거품기로 한참을 돌리더니 이번에는 반죽이 부풀어 오른다.

"이것 보세요. 멋있죠?"

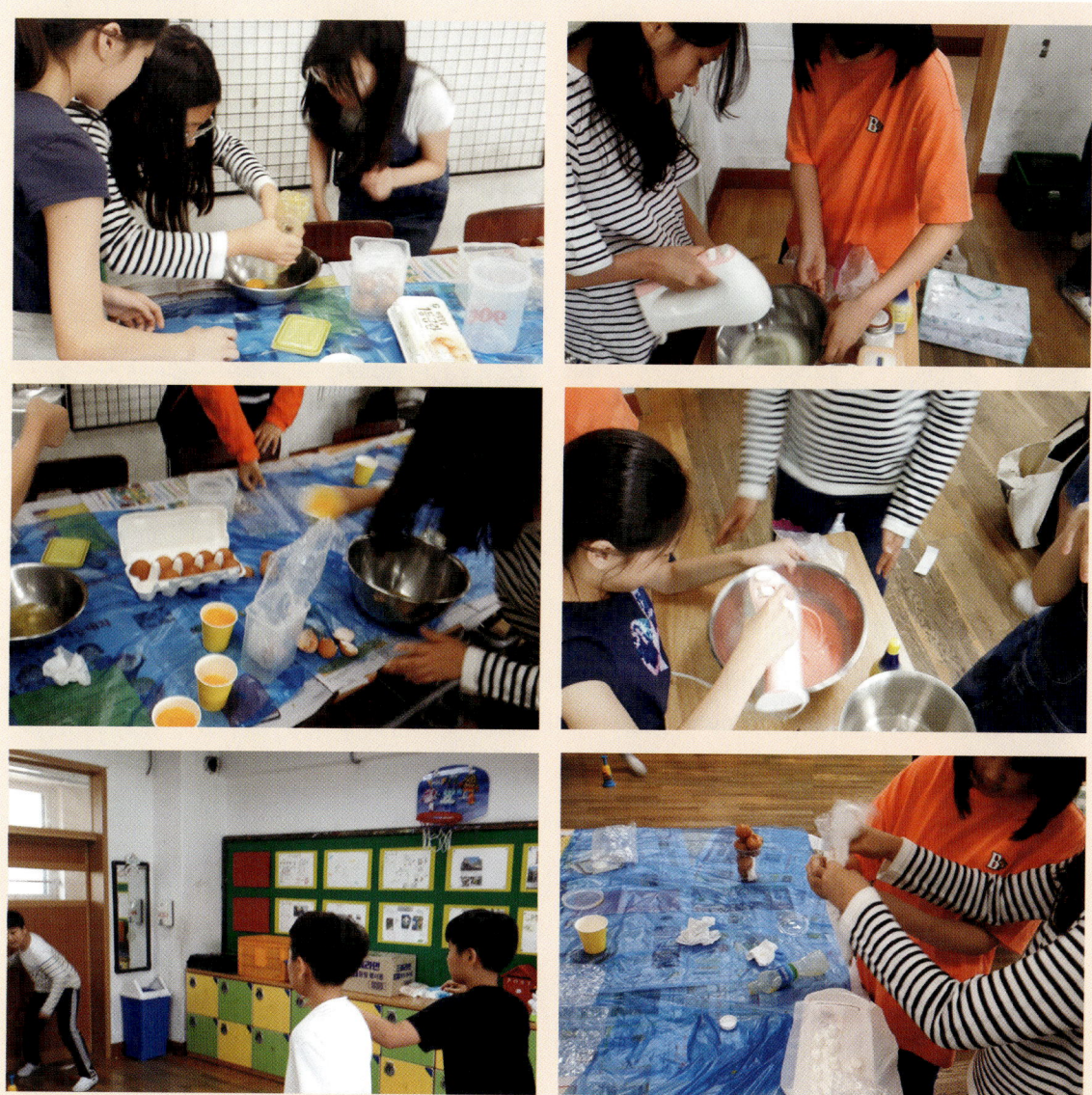

 ## 5월 10일 금요일

아침에 마이를 입고 갔더니 아이들이 "우아~" 한다. 엄청 단정해 보인단다. 옷도 새로 산 것 같단다. 사실 제법 된 옷인데. 구두를 보더니 '이것도 하나 장만하는 게 어떻냐'며 속을 슬슬 긁는다.
"광이 조금만 더 반짝반짝이면 좋겠어요."
달콤한 다락방 요리부 아이들은 엄청 일찍 왔다. 어제 다들 오후에 일이 있어 머랭쿠키 만든 것을 다 정리하지 못해 아침에 설거지를 한단다. 화장실로 우르르 가 설거지를 한다. 그렇게 한참이 지나도 오지 않는다. 오늘 리움미술관 가는 날인데.
"아, 맞다. 선생님, 저 교통카드 안 가지고 왔어요."
"그럴 줄 알았다."
"저 병든 닭 같아요. 오늘 힘들어요. 전철역까지 못 가겠어요."
"어쩌냐. 그래도 리움미술관은 갈 거지?"

"아빠한테 '오늘 리움미술관 가는데 용돈 안 주세요'라고 했다가 혼났어요."

안전교육 간단히 하고 지하철 코스를 설명한다. 준혁이가 딴짓하길래 젤리 두 개를 사약으로 내린다. 다들 사약 달라며 아우성이다. 배수지공원 뒷길로 신금호역으로 이동한다. 역까지 10분 정도 걷는다. 아이들은 역시나 소란스럽다. 선창 후창 소리가 요란하다.

"참새! 꼬치!"

"오리! 고기!"

"돼지! 삼겹살!"

"신발 밟지! 말라고!"

"니가 빨리! 가라고!"

한 여자아이는 치마 입고 왔는데 예쁘냐고 내게 물어본다. 뭐라 할까 하다 아무 말 안 하는 게 나을 것 같았다. 그냥 예쁘다고 했으면 될 것을.

지하철에서는 나름 선방했다. 한 의자에 3중으로 겹쳐서 앉는 것 빼고는 대체로 조용히 이동했다. 역에서 리움미술관까지 걷는 길은 오르막이다. 그래도 날씨가 좋아 속도감도 있고 경쾌하다. 30분 정도 일찍 도착했다. 아직 입장시간이 되지 않아 아이들은 기념품가게에 들른다.

"여기 와 봐. 이 주전자 250만 원이야."

"250만 원 주전자? 껌값이다."

"이 딜라이트 조명 가지고 싶다. 생일 선물로 사 달라야겠어."

직원분이 오셔서 조명 사용법을 가르쳐 주시니 여자아이들이 정말 살 기세다. 하지만 가격이 어림도 없다. 입장시간이 되고 현대관부터 관람한다. 미리 공부를 하고 왔더니 반응들이 생각보다 뜨겁다.

"아, 이거, 진품 맞아요?"

삐삐삐! 작품에 가까이 가지 말래도 역시 아이들이 만져 보려 시도한다. 이 경고음은 시작에 불과했으니. 여기저기서 삐삐삐 소리가 들린다.

"애들아. 저기 있는 추상회화 가까이 가면 십자가 보여."

이 말에 아이들이 왔던 발걸음을 되돌린다. 또 삐. 신화의 흔들림 삐. 저 멀리서도 삐. 몇 번 경고음이 울리자 직원분들의 움직임이 분주하다. "어린이들. 작품에 손대지 마세요!" 검정색 유니폼이 주는 위압감인지 이후 나름 조심조심 작품에 다가간다. 육각거울 앞에서 춤추는 녀석은 직원분에게 주의를 받았다. "미술관에서 춤추면 안 돼요!" 같이 죄송하다고 할 수밖에. 유리에 물을 채워 놓은 작품명 〈열 개의 액체 사건〉. 아이들이 예쁘다며 만지니 역시 직원분이 달려오신다. 말은 공손했지만 눈빛은 단호하게 혼내고 있었다.

"이건 앉아도 되는 진짜 그냥 의자 같은데…."

이불이라는 작품에는 네 명씩 직접 들어갈 수 있다. 이것도 작품이냐며 되묻는 아이들이 많다. 영민이는 〈파라다이스 24 상 프란시스코 데 사비에르 브라질〉이라는 긴 작품 이름을 통으로 외우고 왔다. 신비로운 녀석! 드디어 작품과 마주하고는 한참을 보고 있다. 〈어둡고 둥근 나선형의 나비 날개〉 작품은 직원분이 진짜 나비로 만들었다는 설명을 해 주신다.

"진짜 나비래. 아, 근데 왜 불쌍해 보이지."

〈심연〉 앞에서 남자아이들이 뛰고 있다. 삐 소리가 나자 도망을 갔다는데.

"학생들! 뛰면 안 돼요."

그들은 고미술관 쪽으로 이미 나갔다. 휴.

"고미술관은 냄새가 이상해요."

"이것도 왠지 국보 같은데. 아니네. 보물이네."

"〈대지의 공기〉 졸린다. 이게 작품이에요? 날치알 같이 생겼어. 근데 여기 이상하게 계속 있고 싶어."
드디어 한 녀석이 국보를 발견했다. 그러자 서로 국보를 찾으려고 빠른 걸음으로 걷는다.

"이게 왠지 국보급 같은데."

"애들아. 찾아도 먼저 말하지 마. 그럼 흥미가 떨어져."

"오! 베리 뷰리풀."

외국인이랑 얘기하는 녀석도 보인다. 한참을 영어로 얘기하는데.

여자아이들은 고미술에는 별 관심이 없다. 정말 남녀차이가 있는지 남자아이들은 국보, 보물을 찾으러 먼저 출발해 몇 층에 있는지 모르겠고 여자아이들은 고미술관은 스킵모드다. 계단에서 저희들끼리 사진 찍느라 바쁘다. 사진 찍는 아이들이 너무 소란스러워 "어이~"라고 소리쳤더니 직원분이 오셔서 내 소리를 지적하신다. 울려서 다른 분들 관람에 방해가 된다며. 여자아이들이 날 보며 웃는다.

"선생님도 혼났네요."

화장실 앞에서 아이들을 만났다.

"여기는 변기도 예술품 같아요. 화장실 정말 간지나요."

미술관 마지막 코스는 〈중력의 계단〉이다. 여기가 제일 예쁘단다. 한참을 사진 찍었다. 여러 해 아이들과 왔지만 역시나 〈중력의 계단〉이 인기 최고다. 사진도 마음대로 찍을 수 있고 직원분의 감시(?)도 없는 편이고. 아이들도 기분이 좋은지 카메라로 날 밀착취재를 한다. 인터뷰의 주 내용은 아이스크림 언제 먹냐는 내용의 반복이지만.

　관람을 끝내고 지하철역으로 이동한다. 역시나 전철역 안에는 편의점이 있고 아이스크림 한번 쏜다. 아이스크림을 먹으며 지하철을 탈 수 없어 적당한 자리를 찾다 보니 역무실 앞에 넓은 공간이 있다. 그냥 눌러앉는다. 그 때 갑자기 문을 열고 역무원이 나왔다. 다른 곳에 가라고 할 줄 알았는데 요즘 한 반에 몇 명이냐고 물어본다. 깨끗이 먹고 가겠다 하니 천천히 먹고 가란다. 역시 아이스크림 먹는 장면도 그림이다. 시원하고 맛있다. 소확행이라는 말도 들려 기분도 좋다.

급식을 먹고 리움미술관 후기에 대해 이야기를 나누었다. 아는 만큼 보였고 보인 만큼 느꼈는지 궁금했다. 사전학습의 효과가 있었는지 저마다 몇 작품은 마음에 담아 두고 온 것 같다.

은비: 잔디도 밟으면 안 되고 의자도 앉으면 안 돼서 신기했어요.
영민: 국보 앞에 서 있으면 위압감이 들어서 내가 작아지는 느낌이 들었어요. 국보를 못 가진 위화감도 들었고요.

효은: 모든 게 미술작품이라는 게 신기했고요, 미술관이라 그런지 엘리베이터도 멋졌어요.
연수: 다니면서 외국인이 많아서 대화했어요. 디스 이즈 베리 베리 뷰리풀~
지윤: 실내 전시실에서 물도 못 마시고. 딸꾹질했는데 물 못 마셔서 좀 그랬어요.
서준: 일단 당황스러웠고요, 입구 자체에서 사진에서 본 게 너무 많았어요. 주위로 전체가 예술 작품. 짝~
상진: 돌아오는 지하철에서 앉아 있을 때 옆에 외국인이 있었는데, 그분이 먼저 말 걸었어요. 웨어 아유 고잉? 스쿨. 그리고 뮤지엄 다녀왔다고 말했더니 그 외국인이 리움미술관 가는 거 추천하냐고 물어봤어요.
규현: 물을 못 마시게 해서 좀 깐깐했고요, 미술관 화장실이 은색이어서 신기했어요.
준혁: 고미술을 많이 봤는데 국보가 많았어요. 국보를 보면서 옛날에는 기술이 안 좋았지만 어떻게 이렇게 예쁘게 만들었을까 생각했어요.
현민: 현대미술관 2층에 신기한 의자. 물처럼 생겼는데 만져 보고 싶었는데. 결국 못 만졌어요.
태윤: 미술관이 너무 좋았고요, 특히 화장실에 갔는데 변기가 너무 예뻤어요. (남자 변기는 도자기 같았어!).
주희: 하얀색 탑 같은 데서 불이 환해서 사진 찍기 좋았어요. 라푼젤 느낌이 났어요.
민준: 단체사진 찍었던 〈중력의 계단〉이 제일 멋있었어요. 노란 조명 때문에요.
준호: 〈열 개의 액체 사건〉. 너무 만져 보고 싶어서 안쪽 구석에서 톡 했는데 유리라 실망했어요. 고미술관 신라 7세기 불상은 보존이 잘 되어 깜짝 놀랐어요.
승은: 미술품들이 사진으로 봤을 때는 작았는데 진짜는 커서 놀랐어요.
준우: 파리 눈 같은 게 아무것도 안 보였는데 각도가 달라지니 눈이랑 손이 여러 개 보였어요.

 **5월 13일 월요일**

아침 출근길에 4년 전 제자 윤서를 만났다. 예술고로 진학했다고 한다. 그림 진짜 잘 그렸던 녀석이었는데. 예고 간 거 축하한다고 했더니 고등학생 되니 예중보다 몇 배는 더 바쁘단다. 나중에 시간 되면 보자는 기약 없는 인사를 남기고 버스를 탄다. 버스를 타는 몸에서 피곤한 일상이 느껴진다.

달콤한 다락방 아이들이 동아리 활동 시간에 완벽하게 만들지 못했던 머랭쿠키를 주말에 드디어 성공했나 보다. 많이도 만들어 왔다. 복도에 나가 다른 반 아이들에게도 나누어 준다. 집념과 의지의 결과물인지. 그들은 과학적 계산의 결과라는데. 달걀이랑 재료 더 사 달라 하다가 엄마에게 혼도 났다는데. 머랭쿠키가 맛있는지 저 뒤쪽은 배급 받느라 혼잡스럽다.

수요일에 시력 검사한다고 예고했더니 안경을 미리 쓰고 온 은비. 평가 받으려고 눈을 적응시킨다는데. 시력 측정도 시력평가로 받아들인다.

"근데 먼 데를 보고 있으면 시력이 좋아져요?"
"그냥 보이는 만큼만 해서~"

국어시간 속담 학습이 이어진다. 값싼 것이 비지떡! 학부모 공개수업할 때 비지떡 사주기로 했던 약속을 아이들이 강제 소환한다. 내게는 기억 저편의 음식이지만 아이들은 여전히 언제 비지떡을 먹을 수 있는지 물어본다. 다른 떡이라도 사서 비지떡이라도 돌려야겠다.

'같은 값이면 다홍치마.'
다홍색이 뭘까 사전을 찾아본다. 우리는 그 빛깔을 얼추 느낌으로 알지만.
다홍[cherry red, 唐紅]. 빨강에 노랑이 약간 섞인 밝은 빨강. 당나라 문화가 우리나라에 들어왔을 때, 모두 당(唐) 자를 말머리에 붙였는데, 이때 아름다운 붉은색의 비단은 '당홍색'이라 하였으며.
"그럼 '당홍색'이네요. 그냥 영어처럼 체리빨강이 더 어울리는데."
"같은 값이면 체리빨강치마."
"오! 그거 느낌 있다."

'개천에서 용 난다.'
"이건 초심을 잃지 말라는 말이죠?"
"그거랑은 좀 다른데."
"실개천이랑 개천은 다른 거예요? 개천이랑 강은요?"
사전을 찾아보니 얼추 비슷한 뜻이다. (개천 = 천 = 실개천) (川이 모여서 江)
이무기가 승천해 용이 되는 이야기를 잠시 곁들였다. 아이들이 용 소리를 내는데 영락없는 까마귀 소리다.
다른 속담 공부가 이어진다.

'문어는 씹어야 맛이고, 말은 해야 맛.'
'문어 먹고 이가 아프면 인사돌 플러스'라며 온갖 지식을 동원한다. 순대국밥에 젤리(개밥에 도토리). 이건 정말 못 먹겠다! 개밥에 도토리 패러디가 이어진다. 속담의 원래 뜻과는 조금 멀어졌지만 그래도 전체적인 맥락은 통한다.
"김치볶음밥에 츄파춥스."

"된장찌개에 딸기."

"공기 중에 미세먼지." 요건 좀 안 맞다고 했다. 하지만 오늘 우리의 문제가 훗날 속담이 되지 않을까 하는 의견도 나온다.

'어른 어린이적 절대 생각 못 한다.'
이건 손뼉 치며 아이들 공감 100%다. 나도 인정.
"부부싸움에 자녀 등도 터지고 속도 터지고 너무 무섭다."
"공든 체육에 수학할까." 의미를 담은 교묘한 비유 같은데.
"선생님 앞에 JJB를 맡긴다."
"선생님도 열이 많아. 쭈쭈바가 남아나지 않을 것 같아."
"값싼 것이 비지떡. 문구점에서 산 천 원짜리 세트가 다 부러졌어요."

오후에 비 예보가 있어 중간놀이시간 보내고 3교시에 배수지공원에서 초능력피구를 하기로 했다. 공든 체육이 겨우 비에 무너질 수는 없지. 중간놀이시간에 바니바니와 미니 야구 놀이를 하고 있다. 친구들과 노는 게 이렇게 즐거운지. 더운지 선풍기도 알아서 잘 튼다. 만들기를 하는 녀석들은 글루건으로 뭔가를 열심히 붙이고 있다. 하지만 체육 나갈 때 전원을 안 뽑고 나가 다시 들어왔을 때 타는 냄새가 진동했다는.

배수지공원으로 이동한다. 아이들은 아카시아향을 피톤치드라며 크게 숨을 들이쉬어 향을 마시고 있다.
"꿀벌이 좋아할 만하네요."
초능력피구를 시작한다. 오늘 효은이가 다른 팀으로 흘러가는 공을 몇 개 잡아낸다. 효은이의 수비가 대박이었던 날이다. 역시 모든 스포츠는 수비에서 시작하는 게 맞는 것 같다. 상진이는 반페르시처럼 헤딩으로 공을 패스한다. 공을 높이 던져 반페르시처럼 날아(날지는 못했지만) 헤딩해 상대팀을 아웃시키기도 한다. 저렇게 헤딩을 해도 공의 세기가 제법 빠르다. 한 여자아이는 머리를 길게 풀어 내리고 춤추며 교란 작전도 펼친다. "나는 귀신이라 공이 그냥 지나가!" 웃겨서 경기는 잠시 중단된다. 경기가 재개되고 아이들이 말한다.
"지윤이가 공에 얼굴을 맞았어요."
"얼굴에 공이 아니고."
"지금 그게 중요한 게 아니잖아요!"
팀 구분 없이 모든 여자아이들이 달려온다. 남자아이들은 "앰뷸런스 불러!" "들것 들고 와!"라며 상황을 즐기고 있다. 다행히 스펀지 공이라 큰 충격은 없나 보다. 하지만 번개 치듯이 순간 뭔가 날아왔다는데.
"맞았을 때 순간 메롱했어요."

공이 어지러이 날아다니니 아이들에게 가벼운 접촉이 있었다.

"미안해."

"야! 이거 성추행이야."

무섭다. 놀이 중에도 이런 말이 나오다니. 학교폭력 처리 과정이 현재와 같다면 네트 치고 금 그어 놓고 영역을 정해서 하는 경기밖에 없겠다.

"나는 초능력카드 아끼다 못 쓰고 똥 됐다. 이제부터 그냥 다 쓸래."

한 녀석은 "공을 내놓아라!"를 6번 연속으로 다 써버린다. 하지만 혼자 6번을 던졌지만 한 명도 아웃 못 시켰다. 경기를 하다가 또 한 녀석의 얼굴에 공이 맞았다. 맞은 아이는 분이 안 풀렸는지 코뿔소의 씩씩 소리도 들린다.

"이 자식아."

"욕하지 마. 너 이거 학교폭력이야."

뭔가 터질 듯 오늘 아슬아슬하다.

주희가 5교시 시작 전 묵직하고 단호한 목소리로 말한다.

"조용히 합니다. 조용."

따뜻한 주희의 표정과 굵은 목소리가 의외로 잘 어울린다.

음악시간에 〈레미제라블〉 대본을 읽었다. 〈레미제라블〉 뮤지컬 10주년 판에 배우 정성화가 나온다. 사회시간에 '누가 죄인인가'를 본 아이들이 장발장(정성화)을 안중근이라고 부른다. 드디어 원데이 모어! 아이들이 앙졸라 총을 보더니 저 총 가지고 싶단다. 가브로쉬가 목마를 타는데 '그때 방귀 뀌면'이라며 개그상황으로 뮤지컬을 재구성하기도 한다.

내일이면 세상이 바뀌는 혁명이 일어나고 누군가는 죽을 수 있다는 상황 속으로 들어간다. 오늘 나의 선택을 물어본다. 선택지는 세 개다. 어쩌면 이 비율이 세상의 변화에 반응하는 인간의 자연스러운 모습이 아닐지.

- 나는 도망! 2명
- 혁명에 참여! 3명
- 나는 모르겠다. 방관! 10명

"마리우스는 내일이면 혁명이 시작되는데 사랑 이야기를 하니까 다른 세상 사람 같아요."
"떼나르디에는 너무 야비해요. 지금 막 난리가 나는데 옆에서 훔칠 생각을 하는 나쁜 놈."
"마리우스를 포기 안 하는 에포닌이 너무 불쌍해요."
"마리우스는 코젯과 헛된 시간을 보내고 있어요. 딴 사람들은 친구들과 혁명에 나서는데 같이 참여하든지, 으쌰으쌰해야 하는데."
"혁명을 하려고 왔는데 마리우스는 코젯에게 빠져서 꼴 보기 싫어요."
"자베르 경감! 내일 혁명이라 으쌰으쌰하는데 비밀을 밝히는 등 숨어서 하는 행동이 한 대 쳐주고 싶어요."
"장발장. 도망갈 생각만 해서 비겁했어요."
"코젯은 정신 안 차리고 있어요. 마리우스랑 둘 다 정신 못 차려 이상해요."
"내일도 혼자인 에포닌. 마리우스에 배신감이 느껴졌어요."
"내일 혁명할 때 피바람을 일으킨다는 이상한 생각을 하는 자베르. 때려 주고 싶어요."
"앙졸라 멋있어요. 혼자 용감히 나가는 게 본받을 만해요."
"자베르. 얘는 콤플렉스가 있는 것 같아요. 볼 때마다 빡쳐요."
"앙졸라를 칭찬하고 싶은데요. 하려는 의지. 마리우스는 헤롱헤롱한 것 같고 앙졸라는 용기 있는 것 같아요."
"자베르가 6월 항쟁의 비밀을 캐러 가는 게 이상해요."

수행평가로 내 준 소나기 과제를 받았다.

〈규현〉
뒷이야기 쓰기
소녀가 죽고 난 후 소녀를 무덤에 묻는데 그 옆에서 소년도 보고 있다. 그리고 묻을 때 소녀의 말처럼 소녀가 입고 있던 옷을 그대로 입혀서 묻는다. 소녀를 무덤에 다 묻고 난 후에도 소년은 소녀를 그리워한다. 그래서 개울가에 갈 때마다 조약돌을 하나씩 주워 소녀의 무덤에 하나씩 올려준다. 소녀를 잊으려고 하는 소년은 소녀를 잊을 수 없어서 이런 방법으로 소녀를 기억한다. 소년은 몇 년이 지나도 소녀를 잊지 못한다. 소년은 소녀를 그리워하다 병에 걸린다. 소녀와 같은 병. 그리고 소년은 소나기를 맞고 병이 더 악화되고 결국 죽는다. 그러면서 유언을 남긴다. 꼭 소녀의 옆에 묻어달라고.

〈민준〉
뒷이야기 쓰기(먼 훗날)
소녀가 죽은 뒤 시간이 지난 뒤 소년은 한 여인을 만나 결혼을 했다. 그 여인은 사실 죽은 그 소녀가 다시 태어난 것이다. 소년은 깜짝 놀라 무당을 찾아 갔더니 맞다고 했다. 그렇게 소년과 소녀는 행복하게 살았다 한다.

〈상진〉
소재 바꾸기
소년은 책상 위에서 지우개 가루를 만들어 놓고 있는 소녀를 본다. 소년은 자리에 앉아야 하는데 의자를 쭉 내밀고 있는 소녀 때문에 비켜달라는 말도 못 하고 서 있는다. 마침 종이 쳐서 선생님 덕분에 자리에 앉을 수 있었지만 다음 날도 소년은 소녀가 비키기만을 하염없이 기다린다. 그러자 답답했던 소녀는 자신이 만든 지우개 가루 뭉치를 소년에게 집어던지며 "이 바보!" 하고 말한다.

〈주희〉
뒷이야기 쓰기
소년의 눈가에 조그만 눈물방울이 맺혔다. 무슨 말을 하지도 움직이지도 않고서 소년은 닭똥 같은 눈물을 조용히 흐느끼며 울었다. '왜 벌써 천국에 갔을까?'라는 원망이 마음속에 가득했다. 내일이 장례식이라고 아버지께서 덧붙여 주신 말이 떠올랐다. 소년은 곧장 집으로 들어갔다. 집을 한참 뒤져서 나온 깨끗한 종이 한 장에 소년은 소녀에게 전해주고픈 말을 마음을 다해 또박또박 한 글자씩 써내려갔다.
"너 나 알제? 니가 나 헌티 조약돌을 던졌잖어. 나여. 너 왜 벌써 가냐? 나 놔두고 가니까 좋나 보네이. 나 원래 너한테 할 말 있었당께. 나 너 진짜로 좋아한데이. 니도 날 좋아하는진 잘 모르것는디, 그려도 진짜 장례식 치르고 가버리면 이 말도 못 전해줄 것 같아서야. 그냥 돌아와주면 안디야? 그냥 나랑 같이 놀면 안디야? 왜 벌써 가버리노.
난중에 다시 태어나면 내 이름 기억해둬야. 김복동이니께 꼭 찾아와야 딘다!
고마웠고 사랑한데이."
소극적인 성격이었던 소년은 용기를 내어 좋아한다고 편지로 고백을 하였다. 다음 날 장례식에서 소녀가 좋아했던 풀꽃 한 다발과 편지를 소녀 사진 앞에 두고 묵묵히 쳐다보았다. 며칠 동안 아무 기운 없이 학교를 갔다. 갑자기 타닥타닥 거리는 소리가 들리며 소나기가 찾아왔다. 소년은 소녀와의 추억을 회상하며 소녀가 가보자고 했었던 산으로 갔다. 흙길이 미끄러웠지만 열심히 갔다. 그 순간 소년은 넘어졌고 일어날 수가 없었다. 흙과 돌이 소년을 향해 굴러왔다. 소년은 행복했다.
'이제 천국 가서 갸 만날 수 있것다.'

〈경란〉
소년은 소녀가 죽은 뒤로 소녀의 무덤 앞에 꽃 한 송이씩 매일 갖다 놓았다. 소년은 또 다시 징검다리로 가보았다. 거기에는 소녀와 비슷하게 생긴 아이가 있었다. 소년은 처음엔 몰랐지만 날이 갈수록 알게 되었다. 하루는 아이가 징검다리 한가운데에서 공기놀이를 하고 있었고, 둘째 날은 아이의 친구와 이야기를 하고 있었다. 그런데 아이는 징검다리 한가운데에서 심심한지 발을 물에 담궜다 뺐다를 하고 있었다. 그리고는 소년에게 얼굴을 딱 보면서, "나랑 놀래?"라고 물었다. 소년은 수줍게 아이 옆에 앉았다. 그리고 개미만한 목소리로, "어디서 왔어?" 아이는 "서울에서 왔어. 저기 파란 지붕에서 살아." 소년과 아이는 날이 저물도록 이야기를 하다가 들어갔다. 소년과 아이는 소녀의 무덤에 가서 소개도 하고 같이 말하는 듯 소녀의 무덤 옆에 앉아 생각했다. 왠지 소녀가 다시 태어나서 소년의 친구가 된 걸지도 모른다고 생각했다.

〈준혁〉
뒷이야기 쓰기
소녀가 죽은 지 10년 지나고 소년은 서울에 있는 대학교에 같다. 거기서 소년은 죽은 소녀와 얼굴이 비슷한 한 여자를 보게 된다. 며칠 뒤 소년은 그 여자에게 프로포즈를 하려고 꽃을 샀는데 학교 어디에도 여자가 없었다. 그 후 10년이 지나가고 소년은 어떤 한 여자와 결혼을 했다. 소년의 아내가 임신을 하고 아기를 낳았는데 그 아기가 죽은 소녀와 얼굴이 비슷했다.

〈준우〉
이야기 바꾸기
한 소년은 축구를 보러 축구장에 갔다. 설레는 마음으로 축구 경기를 보았다. 소년은 축구 경기가 끝나고 싸인을 받는다는 생각에 기분이 좋았다. 축구 경기가 끝나고 소년은 싸인을 받았다. 하지만 옆자리에 있던 소녀가 싸인을 받지 못했다. 소녀는 속상해하였다. 소년은 용기를 내어 소녀에게 말을 걸었다. 이거 너 가져. 정말? 고마워. 소녀는 기뻐하였다. 소년도 기분이 좋았다.

〈은비〉
뒷이야기 쓰기 + 시대(2019)
소녀는 위태한 상황에 처해 있다. 예전부터 안 좋은 병이 있기 때문이다. 소녀는 자신이 이 세상을 떠날 줄 알고 마음 깊이 울었다. 그 까닭은 너무나 고통스러웠기 때문이다. 이틀 뒤 다행히도 소녀의 건강은 많이 회복되었다. 그 까닭은 지금의 의학기술로 인해 소녀가 꾸준히 치료를 받았기 때문이다. 건강이 좋아진 소녀는 병문안을 온 소년에게 이렇게 말을 한다.
"나 시골 가고 싶어."라고 말이다. 그 말을 들은 소년은 소녀의 부모님께 말을 그대로 전한다. 소녀의 소원을 들은 부모님은 소녀를 데리고 시골로 이사를 간다. 같이 개울가에서 놀고 징검다리에서 놀며 건강을 회복한 소녀는 소년과 좋은 추억을 보내며 같이 시골에서 행복하게 산다.

〈연수〉

소재 바꾸기

소년과 소녀는 돌다리에서 처음 만났다. 소녀가 길을 막고 놀고 있자 소년은 소녀에게 500원을 던졌다. 그러자 500원은 소녀에 이마에 맞고 시냇물로 떨어지자 소녀는 시냇물에 들어가서 500원을 가지고 나온 후에 주변을 두리번두리번 살피더니 유유히 사라졌다.

〈준호〉

소재 바꾸기

소년과 소녀는 개울가에서 처음 만난다. 소년은 소극적이어서 비키라는 말도 못하고 기다렸다. 그러나 소녀는 그런 소년을 보고 마음에 들지 않아 주먹만 한 돌을 소년의 머리에 던졌다. 소년의 머리에서는 피가 철철 나서 주변 사람들이 119를 불렀다. 소년은 구급차에 실려 가는데 갑자기 소년은 소녀가 눈에 아른아른 보였다. 소년은 소녀가 주먹만 한 돌맹이를 머리에 던졌음에도 불구하고 소녀를 좋아하게 되었다. 다음 날 소년은 머리에 붕대를 감고 소녀를 보러 개울가에 갔다. 그러나 그날은 소녀가 보이지 않았다. 3시간을 넘게 기다리자 소녀가 소년의 머리를 후려쳤다. 소년은 매우 아팠지만 그래도 소녀를 만나 행복했다. 그리고 소년은 소녀에게 고백했다. 소녀는 그 고백을 받아줬다. 그 둘의 사랑은 하루하루 지나면서 더 깊어졌다. 어느 날 소년이 소녀에게 언젠가 자신이 사라질지 모른다는 의미심장한 말을 했다. 사실 그는 고치지 못하는 불치병이 있었기 때문이다. 한 달 뒤 소년은 사라졌고 소녀는 혼자 개울가에 남아 매일 울었다. 근데 어느 날 소년과 똑 닮은 아이가 나타났고 소년은 그 아이와 사랑을 하게 되었다.

〈서준〉

소녀-일본의 전설 닌자 출신 회사원, 소년-일반 회사원
2019년 그들은 이제 어른. 소녀는 창가자리의 커피테이블에 앉아 쉬고 있었다. 그러자 웬 남자가 커피숍으로 들어왔다. 커피숍은 만석. 앉을 자리가 없었다. 남자는 소녀에게 왔다. 말도 못하고 멀뚱멀뚱 서 있기만 했다. 소녀는 잔을 비운 지 오래였지만 연신 창밖을 보고 있었다. 이런 상황이 10분쯤 지속되자, 소녀는 판단했다. "좋아 내가 나가면서 내 명함을 던지자. 잡으면 내 운명의 상대겠지. 10년간 아무도 잡은 사람이 없었으니까." 소녀는 나가면서 빠르게 명함을 던졌다. 소녀는 못 잡을 거라 예상했지만 소년은 빠른 속도로 잡았다. 과연 그들의 운명은? to be continued

〈효은〉

소재 바꾸기

오후였다. 소년은 사춘기라 그런지 하루 종일 게임과 학원 빠질 생각만 하고 있었다. 소년은 친구와 함께 PC방도 가고 분식점도 갔다. 그러자 학원 때문에 친구는 먼저 가고 소년 혼자 남았다. 갈 곳이 없자 소년은 학원 근처 편의점에 갔다. 역시나 학원 시간 전이라 학생들이 줄을 섰다. 소년은 그 틈에 껴서 겨우 편의점에 들어갔다. 그 안에서는 눈에 띄는 한 소녀도 있었다. 그 소녀는 필사적으로 한정판 마이쮸 한 통을 사려고 달려들었다.

소년은 그 마이쮸가 뭐길래 하고 소녀 쪽으로 다가갔다. 소년은 소녀가 마이쮸를 다 고를 때까지 조금 멀리에서 기다렸다. 그랬더니 한 30분이 넘게 걸리는 것이었다. 소녀는 자신이 늦은 것을 알아차렸는지 가려는 것 같았다. 그러더니 "이 바보!"라면서 소년에게 마이쮸 그것도 한정판 마이쮸 하나를 소년의 얼굴에 정통으로 던졌다. 다음 날에도. 그 다음 날에도.

소년은 주머니 속에 있는 마이쮸 그것도 한정판 마이쮸를 주무르는 버릇이 생겼다. 어느 날 편의점에 갔는데 소녀가 없길래 소년은 괜히 소녀가 필사적으로 사던 한정판 마이쮸를 팔던 코너에서 소녀가 던진 마이쮸를 주물렀다. 편의점에서 마이쮸 행사는 끝나서 Tropical Bar 한정판 세일을 하는 코너에서 Tropical Bar JJB를 샀다. 근데 뒤를 돌아보니 소녀가 바로 뒤에 떡하니 서 있었다. 소년은 매우 부끄러웠다. 말로 못 할 정도로. 소년은 편의점을 거쳐 PC방을 거쳐 분식점을 거쳐 달리기를 시작했다.

〈현민〉
뒷이야기 쓰기
소녀가 죽고 소식을 들은 소년은 실성하여 며칠 동안 밥을 먹지 않았다. 그러다가 결심을 한 소년은 아버지께 세상 구경을 하고 와도 되는지 허락을 받고 짐을 챙겨 세상 구경을 시작한다. 사실 소년은 세상 구경이 아니라 소녀를 떠올릴 추억의 장소에 가려고 하는 것이다. 소년은 가장 먼저 개울가로 가서 조약돌을 몇 개 던지고 산으로 가서 울며 달리다가 허수아비와 원두막을 만나기도 한다. 소년은 무를 먹다가 뱉고, 꽃 냄새도 맡고 송아지도 쓰다듬었다. 마지막으로 소년을 울린 것은 수숫단이다. 그 자리에서 소년은 울다 잠들었다.

〈류경〉
뒷이야기 쓰기
소년은 소녀의 죽음을 전해 듣는다. 소년은 이 상황이 진짜인지 믿기지 않는다. 자꾸만 소녀와 함께했던 추억들이 생각난다. 소년의 머릿속은 소녀로 꽉 차있어서 아무것도 할 수가 없다. 소녀에게 좋아하는 마음을 적극적으로 표현하지 못한 게 너무너무 후회된다. 소년은 계속 부정했었지만 알고 보니까 소녀를 좋아하고 있었던 것이다. 자신의 진심을 소녀에게 전달하지 못해 소년은 소녀의 죽음을 부정하고 있다. 생각해보면 소녀는 소년의 첫사랑이었던 것이다. 소년은 소녀를 매일매일 그리워했다. 매일매일 보고 싶고 매일매일 생각났다. 시간이 지나도 소녀의 죽음은 적응되지 않았다. 1년… 2년… 10년이 지났을 때. 소년은 처음 소녀가 죽었을 때보다는 많이 잊었다. 소년에게는 좋아하는 사람이 새로 생겼다. 이번에는 소년이 새로 좋아하게 된 소녀에게 적극적으로 다가가려고 한다. 죽은 소녀처럼 잃고 싶지 않아서 자신의 마음을 적극적으로 표현했다.

〈영민〉
소재 바꾸기
소녀는 소년에게 야구공을 던졌다. 그 야구공은 소년의 정강이에 정통으로 맞았고 소년의 다리는 부러졌다. 그래서 할 수 없이 소녀는 소년을 소년의 집까지 데려다 주었다. 집에 가는 길에 개울을 건너다 소녀와 소년은 물에 빠졌다. 안 그래도 소녀에게 화나있던 소년은 소녀에게 버럭 화를 냈다. 그러자 소녀는 "이 바보!" 하고 냅다 집으로 뛰어갔다.

〈태윤〉
배경 바꾸기(한국전쟁)
나는 진짜 억울하다. 소작농네 딸 주제에 주제 넘는 말을 해댄다. 밭을 빌려주면 알아서 하면 될 것 가지고 돈도 밀렸으면서 고개를 대뜸 들고는 배 놔라 감 놔라 한다. 하도 감 놓고 배 놓으라 해 하루는 읍내에 가서 사다주었는데 잘 먹는다. 아니, 너무 먹는다. 말을 해도 그냥 먹기에 빤히 봤더니 "왜?"라며 앙칼지게 노려본다. 거 참, 존댓말 좀 쓰지.
"아무것도 아냐."라며 나는 고개를 돌렸다.
'쟤는 아마 나의 이 아량 넓은 모습을 보고 퍽이나 감동 먹고 깊은 깨달음을 얻었을 것이다.' 하는 순간, 날카로운 흙삽이 날아와 나의 코를 후벼 팠다. 폭포수처럼 우수수 떨어지는 핏방울에 놀라 나는 기절을 하고 말았다. 충격이 덜어져 깨어났는지 시끄러워 깨어났는지는 모르겠지만, 일어나보니 마름인 우리집에 소작농네가 무릎을 꿇고 있었다. 나는 단걸음에 달려가 말렸고, 그 다음 날 소녀에게 삽을 돌려주고는 "괜찮아?"라고 물었다.
그러자 소녀는 "안 물어봤어."라고 하고 가버렸다.
줄행랑을 치는 그 모습이 보신탕이 되어버린 강아지 개개가 떠올라 마음속 연민이 출렁거렸다. 그리고 나를 무시하던 태도와는 다르게 행동해, 나는 친구가 되어보기로 마음먹었다. 태양이 지고 있어 산이 붉게 보일 때, 나는 소녀와 배와 감을 먹으며 개개에 대해 이야기했다.
근데 얘, 보기보다 여린 애 같다.
"그래, 개개 참 귀여웠지…" 하고는 울음을 터뜨리는 것이다.
우리 개개를 불쌍하게 여긴 것은 얘가 처음이었다. 우리 옆동네 년소도 피난 갈 때는 개가 필요 없다며. 이건 엄마가 잘 한 것이라고 했는데….
울컥했다.
그래서 이렇게 충동적으로 말했다.
"나 너가 더 좋아지려 해."
그런데!
소녀의 대답은…
그래 안 물어봤다니까?였다.
이름을 알지 못한 것이 지금도 안타깝다. 3년이 지났고 소녀는 북한비행기에서 떨어지던 이름 요상한 무언가에 맞곤 죽어버렸다.
'살아있더라면 내가 더 잘해 줄걸.'
여러 생각이 머리를 뱅뱅 어지럽게 돌지만, 그만 생각하려 하지 않는다. 이 기억마저 지우면 소녀는 내 기억에 없을 것 같기 때문이다. 실오라기 하나도. 오늘은 참 긴 밤이 될 것 같다.

〈지윤〉
교실 문에 분홍스웨터 입은 여학생이 떡하니 문을 막고 있다. 평소 같으면 얼른 비키라고 말했을 터인데 그날은 들어갈 생각 않고 신발장 앞에 앉아 가만히 소녀를 보며 기다린다. 소녀는 바닥에 떨어진 지우개나 지우개 가루를 뭉쳐 공기삼아 공기놀이를 하며 까르르 웃는다. 몇 분이 지나자 소녀는 소년을 흘깃 보더니 지우개 하나를 집더니 소년에게 던지며 "이 바보" 하며 총총 자리로 간다.

〈승은〉
소녀가 죽었다는 사실을 들은 소년은 옅은 미소를 지으며 이렇게 생각했어요.
'그래도 떠나기 전에 모든 것을 다 말하고 가서 다행이다.'
그 후로 소년에게 점차 소녀는 잊혀졌어요.
그러던 어느 날 갑자기 소년의 눈앞에 소녀가 보였어요. 소년은 너무 놀랐지요.
"어! 어… 아… 안녕…? 오…오랜만이네…."
소녀는 말했어요.
"아직 건강하네! 다…다행이다…!"
소년이 대답했어요.
"고…고마워!"
그러고는 갑자기 소녀가 사라졌어요. 그리고 그 모습을 본 소년은 크게 울부짖었지요. 그래도 소녀를 잠시 보아서 기분은 정말 좋았어요. 그렇게 소년은 하늘에서 소녀가 보고 있다는 생각을 하며, 행복하게 살았다고 합니다~!

 **5월 14일 화요일**

　학년진로박람회 프로그램에 참여할 아동을 오늘 결정하기로 했다. 1~4반이 할 때 우리 반이 참여한다. 1~4반 박람회 부스를 아이들에게 알려 주었다. 1개 부스당 1명만 들어갈 수 있다고 했더니 큰 목소리로 선점하려는 녀석이 있다. 2명 이상 지원 할 시에는 무조건 가위바위보라고 정리하고 아침시간을 마친다.

6학년 1반: 공예가, 제빵사, 메이크업 아티스트&특수분장사, 과학자, 가상현실전문가, 요리사, 다트선수
6학년 2반: 음료수 연구가, 분식집 CEO, 화학 연구원, 요리사, 아티스트, 동물 조련사
6학년 3반: 셀프카페알바체험, 사격선수체험, 화가체험, 분식집CEO되기 체험, 프로레슬러체험(프로박살러), 만화가체험(.만.화)
6학년 4반: 공디, 공칠, 복불복카나페, 리얼vr, 오레오팝, 공카페

오늘 중간놀이시간에 건강기록부에 입력할 키, 몸무게 측정을 했다. 쉬는 시간 10분을 보장해 달라는 아이들의 요구에 3교시를 10분 늦게 시작하기로 했다. 측정할 때 절대 다른 사람의 키, 몸무게를 알게 되어도 말하지 말 것을 재차 주문했다.

"선생님, 제 키는 알아도 되는 거지요?"

"너 거는 당연히 알아도 되지."

"전 몸무게 때문에 최대한 가벼운 옷을 입고 왔는데."

"운동 좀 하게 시간을 좀 주세요. 살 좀 빠지게요."

"선생님, 근데 축구선수 중 에바나나라는 선수 있어요."

"거짓말."

근데 찾아보니 정말 있다.

측정하는 곳에 내려가 보니 7반이 재고 있어 잠시 운동장에 나가 놀기로 했다. "우아~" 축구 아웃 라인 따라 달리는 남자아이들. 여자아이들은 누워서 팔다리와 목 늘리기를 하고 있다. 팔 늘이려고 강강술래도 하고.

"강강술래 하면 키가 더 크게 나와요."

몸을 가볍게 해야 한다며 화장실 다녀오겠다는 녀석. "키야~ 커져라. 욥!" 하며 점프도 한다.

"우아~ 정말 커졌다."

3교시에 진로박람회 부스 선정을 한다. 1순위가 한 명인 부스는 배정을 먼저 마치고 신청자가 두 명 이상인 곳은 가위바위보로 참여자를 채운다. 생각보다 빨리 끝났다. 남은 시간은 체육팀 밸런스 패치를 했다. 이번엔 50미터 달리기 기록으로 팀을 나누었으니 밸런스가 잘 맞을 것 같다. 팀장을 선정한다. 팀장 이름을 정하라 했더니 굿네이보스, 성동3번보스, 스쿨보스, 유치원보스 등 의견이 나온다.

> **새콤팀**: 주희, 지윤, 륜경, 은비(MISO BOSS), 규현, 민준, 준우, 상진, 영민
> **달콤팀**: 백하, 승은, 경란, 효은(ABOSS), 태윤, 인해, 연수, 준호, 현민, 준혁, 서준

그래도 시간이 남는다. 세 글자 낱말로 '말도 안 되는 쿵쿵따'를 한다. 처음 해 보는지라 아이들이 어색해 했지만 남녀 대결이 펼쳐지자 승부욕이 발동하는지 긴장감이 팽팽하다. 말이 되게 스토리를 잘도 지어낸다.

> 쇠붕봉 – 붕엥뿌(방귀 봉! 엥? 뿌! 1점 인정) – 뿌췌킥(뿌! 췌! 킥! 0.5점 인정) – 킥척써 – 써꽁찔 – 찔꿀벡 – 벡쉭짜(백숙이 짜! 1점 인정) – 쉭꼴꾹– 꾹때기(꼭대기 0.5점 인정) – 기궷소(기성용이 파울 당했더니 궷 소리 냈는데 소가 나타남) – 소뿌뛰(소가 방귀를 뿌 하고 뛰어다님. 0.5점 인정) – 뛰딱똥(차가 뛰뛰빵빵 하며 닭에 부딪힘. 닭똥이 지림. 0.5점 인정) – 똥꺅루(공중화장실에 꺅 소리 난다는 루머. 0.5점 인정) – 루뙥색(옛날 루루가 돈을 훔쳤는데 엄마한테 들렸는데 뙥. 초록색만 봐도 무서워함.) – 색꾀뿌(걸어가다가 색을 봤는데 꾀를 부렸는데 마을 사람들이 뿌) – 뿌르락(기차가 지나가다 뿌뿌 소리. 승무원 드르륵 소리. 락스 때문에 미끄러짐) – 락바대(락스타가 공연을 하는데 바나나 껍질에 미끌렸지만 대단한 공연. 0.5점) – 대꼭궝(대나무를 보고 꼭 하고 소리를 질렀는데 음악가가 궝궝궝 함.) – 궝김황(궝궝궝 하며 기타를 치던 김주희가 황태윤을 놀래킴. 0.5점)

5월 15일 수요일

스승의 날 아침이다. 뭔가 기대가 되기도 하고 아니면 말지 뭐 하는 편안한 마음으로 출근을 한다. 역시나 이벤트가 있다! 복도 끝에서 체포조가 날 막는다. 교실에 들어오지 말라는 말에 기분이 좋아진다. 아이들이 책상을 하트 모양으로 바꿔 놓았다. 칠판에는 풍선이 붙어 있고 아름다운 글들이 적혀 있다.

"선생님 사랑해요."

"웃긴감자쌤! 저희를 가르쳐 주셔서 Thank you 해요."

"그리고 오늘은 효은이 생일입니다."

"잘생겼다."

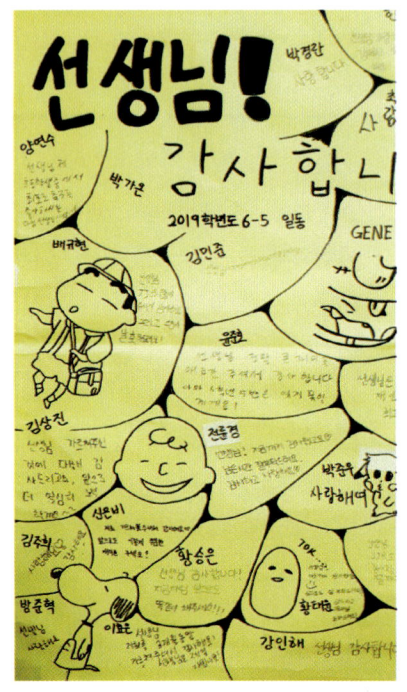

내가 들어가니 비틀즈의 '러브'를 배경음악으로 틀고 스케치북을 내 눈앞에 보여 준다. 뭉클 하는 찰나에 "스케치북을 넘겨 주세요"라는 말에 울컥했다. 엥! 그리고는 스케치북 한 장당 한 명씩 나와서 본인들이 넘기는데… 근데 연습 안 하고 아침에 급히 맞춘 것이라 이해해 달란다. 그래도 고맙다. 여자아이들은 동영상을 만들어 주었고, 컴퓨터 모니터에 사진도 인화해 붙여 주었다. 내 책상에는 편지들이 수북이 쌓여 있다. 이 맛에 산다.

"새벽 두 시까지 편지 썼어요."

"한 시까지 영상 편집했어요."

"올 유 니드 이즈 러브!"

"아침에 컴퓨터도 켜놓고 준비했어요. (컴퓨터 비밀번호도 알고 있었구만. 꽁꽁 숨겼던 게 민망하다.)"

"작년 선생님은 축구 이야기만 하면 노이로제였는데 축구 이야기 많이 해주셔서 감사합니다."

"그러니 하루 종일 체육 해요."

"미안… 그래도 오늘 할 일들이 많아."

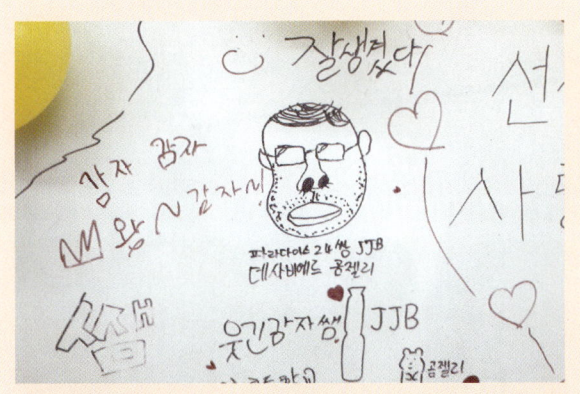
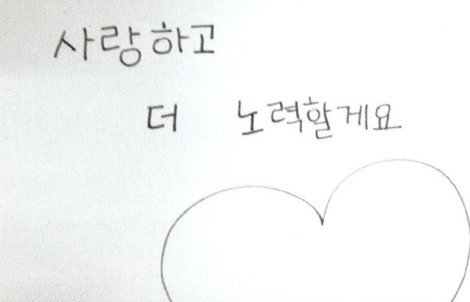

일단 시력 측정을 한다. 시력 측정표를 놓으니 아이들에게는 그 자체로 놀이다. 역시나 시력표를 달달 외우는 녀석도 보인다. 시력 측정을 끝내고 한 시간 스승의 날 기념 체육 하러 나가기로 한다.
"오늘은 공놀이 허용 좀 해주세요."
"오늘은 좋은 날인데 허용해 주세요."
맨날 허용하는데 더 어떻게 해달라는 말인지.

팀을 바꿨더니 밸런스가 딱 좋단다. 아이들은 티키타카라 외치며 공 주고받으며 몸을 풀고 있다. 옳지! 패스! 은비는 타임을 외치며 피구장에 놓인 접시콘을 정갈하게 정리도 해준다. 연수는 공에 맞자 '자폭' 아이템을 쓰며 상진이 손을 잡고 같이 걸어 나간다. 오늘의 히어로 경란이! 아이들이 피하기신이라며 피신이라는 별명도 지어 준다. 아이들 표현으로 한국 전쟁 때 날아오는 총알도 피할 정도라는데.

"경란이 대단한데! 진짜 잘 피한다."

"(만세를 부르며) 오늘은 학원도 안 가고 놀아요~"

오늘은 모내기 하는 날이다. 딱 한 포기만 심는지라 시간은 오래 걸리지 않는다. 함지박별로 모내기도 한 후 고추랑 가지 모종도 심었다. 팻말은 다음 주에 만들어 꽂기로 했다. 5년의 모내기 경험자들인지라 이제 능숙하다. 쏙~ 깊이 있게 넣는 손놀림.

함지박1: 강인해, 김민준, 김상진, 박준우, 방준혁
함지박2: 양연수, 윤준호, 이서준, 임현민, 최영민,
함지박3: 김주희, 박경란, 배규현, 신은비, 이효은
함지박4: 전륜경, 한지윤, 황승은, 황태윤, 최백하

국어시간이다. 오늘도 어김없이 찾아온 속담시간.

'되로 주고 말로 받는다.'
아이들과 정확한 단위를 찾아보았다. 말 3.5리터, 되 0.35리터.
"10배네. 1대 때렸다가 10대 도로 맞은 저 같아요."

'내 코가 석 자.'
'자'의 길이를 찾아보니 30.3센티미터. 코 길이가 1미터쯤 된다고 설명을 했다. 하지만 속담을 잘 아는 녀석이 이 코는 코가 아니라 콧물이란다. 콧물이 1미터 줄줄 흐른다는 설명을 덧붙인다. 나보다 훨씬 낫다.

'꿩 먹고 알 먹고.'
"고모가 오셔서 너무 좋았는데. 엄마가 일 좀 도와달라고 해서 도와줬더니 엄마가 1만 원을 줬는데. 고모가 또 5만 원을 줬어요."

'뛰는 놈 위에 나는 놈 있다.'
"나는 누나보다 달리기가 느려 엄청 열심히 노력해서 누나를 이기려고 했는데 누나가 또 연습해서 결국 졌어요."
"프로그램에서 본 건데요. 어떤 한 사람이 문자를 위조해 돈을 받으려고 했는데 다른 사람이 제목 없음까지 위조해 보냈대요."

'도둑이 제 발 저린다.'
"얼마 전에 학교에 왔는데 선생님이 잠깐 밖에 나와 보라고 했는데 정말 떨렸어요."
"액괴랑 슬라임이 많아서 엄마가 오면 숨기는데요, 엄마가 '이거 뭐야? 옷에 묻은 거' 했을 때 너무 놀랐어요. 액괴 아니라고 거짓말을 했어요."

'낮말은 새가 듣고 밤말은 쥐가 듣는다.'
"아빠가 키가 큰데 아빠는 낮에 잘 듣고 밤에는 키 작은 제가 잘 들어요. (소리의 원리를 아는 녀석이다.)"

규현이랑 지윤이가 물 마시러 갈 때 잠깐 몰래카메라를 했다. 쉬는 시간에 물 안 마시고 왜 수업 시작하면 마시러 나가냐고 화를 내었다. 살짝 진심이 담긴 말이긴 했으나. 근데 규현이랑 지윤이가 정말 울어 버렸다. 당황스럽다. 반성한다.

요즘은 사탕 몇 개를 가방에 넣고 다니는 버릇이 생겼다. 출출할 때 하나씩 먹으면 당 보충도 되고 가끔 반가운 아이들 보면 나눠 주려고. 방과 후에 태윤이를 운동장 쪽에서 만났다. 이럴 때는 자연스럽게 사탕 아저씨가 되는 것도 좋다.

작년 아이들이 내일 스승의 날이라며 편지를 써 왔다. 피식 웃음이 나온 편지도 있다. 편지를 열었더니 메롱! 달랑 두 글자!

한 제자 녀석이 전화가 왔다. 학교보안관님이 스승의 날이라고 찾아온 중학생 아이들을 들여보내 주지 않는다고 한다. 내려갔더니 이 녀석들이 아주 엉망이라고 한다. 오늘 한 번만 보내 주시면 안 될까요 했더니 선생님 입장도 있고 하니 오늘은 들여보내 주신단다. 이런 날은 좀 융통성 있게 해도 될 것을.
재작년 6학년 아이들이다. 벌써 중2가 되었다. 중2병 증세가 완연하다. 휴~ 말이 거칠어졌다.
"빡친다. 존나."
"정말 좋은데 개멋있다."
"강아지를 개자식으로."
짜장면과 짬뽕을 시켜 먹기로 한다. 나 주려고 사이다랑 밀키스 사왔다는데 짜장면과 짬뽕이랑 같이 먹으면 맛있겠다는 예상을 하고. 아이들과 대화는 거의 없다. 저희들끼리 먹으며 브롤을 하느라.
"(책상에 있는 우유를 보더니) 초등학교는 우유를 먹어요? 급식에?"
벌써 잊었나 보다. 아니 어쩌면 내가 중학생도 우유 급식을 하는지 잘못 알고 있었는지도.
"애들 연락했는데 학원 간다고 못 온대요. 섭섭해하지 마세요."
"동마중 앞에서 불났대. 자동차가 터졌대."
"그런 말 하지 말고 그냥 브롤 한 게임 하자."
"데이터 좀 있어?"

"우리 학교 애는 계단에서 담배 피우다가 걸렸어요."

"우리 학교 애는 변기에 대걸레 빨아서 혼나고요."

"저희 형들은 토토 하더라고요."

"제 친구는 삭발했어요. 반티 캐릭터에 맞춘다고요."

1년 조금 지났을 뿐인데 아이들이 너무 많이 변했다. 중2는 정말 다르구나.

 5월 16일 목요일

수학시간에 '큰 수와 작은 수'에 대해 알아보기로 했다. 수학이야기라는 동영상을 5분 정도 보고 이야기를 나눈다.

예시문: 이 미역은 남해안 청정지역에서 양식한 것입니다. (청정은 소수점 아래로 21개의 0)

아이들이 문장을 짓는다.

"아니, 누가 내 피자를 순식간에 가져갔담? (순식은 소수점 아래로 16개의 0)"

"공허한 이 마음을 누가 알아주리요! (공허는 소수점 아래로 20개의 0)"

"우리 아들이 그런 생각을 하다니 감개무량한 일이구나!"

"근데 7무량 5청정이면 이렇게 적는 거예요? (정말로 다 적었다.)"

'70000000000000000000000000000000000000000000000000000000000000000.000000000000000000005'

"그런 애매모호한 대답을 하면 어쩌냐? (소수점 아래로 13개의 0)"

- 준호의 잘생김은 무량하다.
- 나는 다이어트를 했는데 1청정kg만큼 빠졌다.
- ○○이를 보고 있으면 시간이 순식간에 간다.
- 주말은 순식간에 지나간다.
- 미세먼지는 무량하다.
- JJB의 개수가 무량했으면 좋겠다.

- 배 속이 공허하다. (배가 고프다.)
- 준호의 잘생김을 수치화시키면 500무량.
- 나의 진지함은 무량하다.
- 몸놀림의 움직임 속도가 공허하다.
- 이 어묵은 청정지역 알래스카 곰이 먹는 연어를 갈아 만든 어묵이다.
- 선생님이 주신 간식을 먹을 때는 시간이 순식간에 지나간다.
- 게임을 하면 왜 시간이 순식간에 지나가지?

  1교시 마치고 나니 온마을버스가 와 기다리고 있다는 전화가 왔다. 오늘은 서울숲 체험이 있는 날이다. 숲해설가와 만나 서울숲의 식물들을 만나러 간다. 거리가 가까워 금방 도착한다. 한 녀석은 버스에서 내리자마자 서울숲 입구에서 100원짜리 줍고 엄청 좋아한다. 준비체조도 하고 서울숲을 걷기 시작한다. "우리는 오늘 그늘로 걷겠지만 그래도 힘이 들 거예요"라는 해설가 선생님의 예언 같은 경고가 있다.

  "서울숲에는 에어컨 틀어 주는 데 없어요?"

  "바람이 부는 것처럼 그늘에서 흔들흔들하면 시원해. 시작합시다."

  "여기 쓰레기통에서 아카시아향이 나는 것 같아."

  "님아, 풀 한 포기도 소중히 해야지. 그거 밟으면 어떡해."

  "알았어, 친구야. 너도 잘해."

군마상을 보고 예전에 여기가 경마장이 있었던 자리라고 설명해 주신다. 옆에 있는 거울 연못으로 이동한다. 수심이 3~5센티미터. 얼굴이 비치자 서로 사진 찍어 주기 바쁘다. 한 녀석이 깨알같이 거울 연못에는 플랑크톤이 많아서 초록색이라는 지식 자랑도 한다. 그 옆에는 비둘기 한 마리가 우리가 가까이 가도 가만히 앉아 있다.

"알 낳고 있나?"

"다리를 다친 게 아닐까."

"비둘기 만지면 안 돼. 세균이 진짜 많다는데."

우리가 둘러싸자 우리를 한참 보다 바로 옆으로 날아간다. 해설가 선생님은 지금 날개를 말리는 중이란다. 그 옆을 보니 나비들도 가만히 날개를 말리고 있는 게 보였다.

나눠 주신 루페로 칠엽수 잎을 관찰한다. 별다른 게 보이지 않았던지 애벌레를 관찰하는 아이도 있다. 나무껍질을 보기도 하고 산딸기, 두릅, 메밀도 루페로 본다. 우리가 메밀로 불렀던 식물은 선생님께서 냉이로 바로잡아 주신다. 그리고 키 큰 풀 같은 식물에는 진딧물이 있으니 너무 오래 만지지 말라며 조심하랬더니 흙길 쪽으로 한 걸음 떨어져 걷는다. 옆에는 거대한 도시락정원이 있다. 한 녀석이 올라가자 다른 아이들도 따라 올라간다. 여기 앉아 잠시 쉬니 좋단다. 사진도 찍고 잠시 휴식도 취했다.

두충나무 나뭇잎을 만났다. 찢으면 실처럼 이어져 있다고 하니 아이들이 찢어 본다.
"이거 찢어져도 다시 붙나요?"
질경이 배틀도 한다. 나도 같이 했지만 정말 안 끊어지는 질기고도 질긴 질경이도 있다. 베로니카! 예수님 얼굴이 보인다 하니 기독교를 믿는 아이들이 뛰어간다. '보인다파'와 '안보인다파'로 극명하게 나뉜다. 난 사실 안 보였는데. 미선나무도 소개해 준다. 사극에 나오는 유명한 나뭇잎이란다. 임금님 옆에서 부치는 부채! 이게 바로 미선나뭇잎이란다. 한 녀석은 '박미선나무'라며 웃겨 준다.

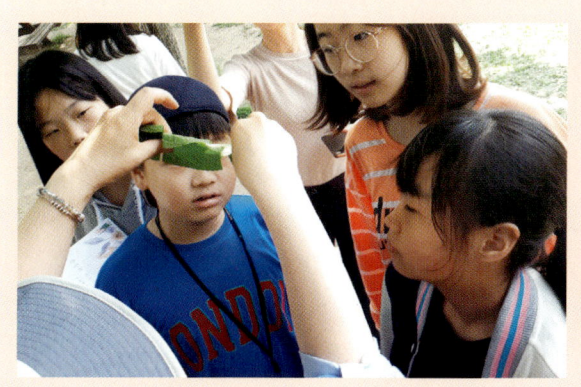 

토끼풀로 팔찌 만들기를 했다. 목걸이와 반지도 만든다. 손톱으로 줄기에 자국을 내고 토끼풀을 잇는데. 친할머니가 가르쳐 줬다는 녀석. 그리고 이건 유치원 때 너무 많이 해서 안 신기하단다. 한 녀석이 토끼풀에서 바나나 껍질 썩은 냄새 난다고 하니 아이들이 팔찌가 싫어졌단다. 또 다른 녀석은 꽃팔찌를 만들었는데 냄새가 너무 심해서 다른 나뭇잎으로 문질러 냄새를 날려 버렸단다. 팽나무 열매는 새총알 닮았다. 난 비비탄 같은데 아이들이 새총알이란다. 남자아이들이 팽나무 열매를 던지고 주머니에 몇 개 챙기길래 혼냈다.
"선생님은 초딩의 세계를 이해 못 해요."

　공원에는 여러 중국집 전단지가 돌아다닌다. 깐풍기, 탕수육을 보고 입맛을 다신다. 배가 고프긴 하다. 바닥에 떨어진 메뉴판을 학교에 가지고 가겠단다. 숲 체험은 끝나고 목걸이 만들기를 한다. 역시 설명은 한 귀로만 듣고 처음부터 잡담이 많다. 아이들이 리움미술관 다녀오고부터 좀 바뀐 점이 있다.

"이거 뭐 만들었어?"

"무제예요."

"그리고 이건 현대미술이라서 선생님이 맞혀 보세요."

"아! 근데 여기 앉아 있으니 3단 도시락 먹고 싶다."

"지금 롯데리아 가면 정말 시원한데~"

　11시 30분쯤 버스 타고 학교로 돌아온다. 음료수를 페트로 네 개를 사서 왔다. 제법 먼 길을 움직였는데도 아이들이 한 통씩 들어 주니 역시 일도 아니다. 교실에 와서 음료를 마신다. 콜라를 기울이면서 맥주 따르듯이 해야 한다고 말하는 녀석! 아빠가 그랬다는데 할 말이 없다.
　"거품 안 나게 하려면 기울여서 따라! 탄산이 들어간 건 이렇게."
　오늘 학원 끝나고 콜라 한잔 먹자는 약속의 소리도 들린다.

　도덕시간이다. 봉사활동의 생활화를 위한 마중물이 되자는 주제로 수업을 했다. 교과서를 한번 읽고 마중물의 개념을 잡아 본다.

영민: 보육원 아이들에게 주말에 시간을 내어 축구를 가르쳐 주고 싶어요.
주희: 뜨개질로 보온 잘되는 털모자를 떠서 가난한 아이들에게 주고 싶어요. 근데 뜨개질은 할 줄을 몰라요.
은비: 유기견을 잠시 동안이라도 보호해 주는 봉사를 하고 싶어요.
서준: 저는 만들기를 좋아하는데 양로원의 할아버지, 할머니에게 책상 같은 독서대 만들어 드리는 봉사를 하고 싶어요.
준호: 축구를 배울 기회가 없는 아이들에게 잘은 못하지만 축구를 알려 주고 싶어요.
류경: 유기견들에게 좋은 가족을 만나게 해주고 싶어요.
지윤: 수의사가 되어서 유기견 보호소 같은 데서 봉사하고 싶어요.
연수: 20살이 넘어 북극에 가서 나만의 집을 지어 거기서 살면서 북극곰 같은 동물을 도와주고 싶어요.
　　(오 연수! 산타할아버지라며 아이들이 묻는다.)
　　"북극은 어떻게 갈 것이며 북극곰한테 인사할 때 물리면?"
　　"북극곰 어떻게 길들임?"
　　"북극곰을 길들이면 북극곰이 과연 좋아할까?"
상진: 우리말 봉사하신 분들처럼 초등학생 아이들에게 무료로 야구를 가르쳐 주고 싶어요.
승은: 좀 더 커서 어른이 되어서 주택 정비나 인테리어로 도와주고 싶어요.

준혁: 어른이 되어 우주정거장에 가서 우주 청소를 해 주고 싶어요.
"만약에 우주정거장에 가려는 면접 봐서 떨어지면?"
"재도전하고 될 때까지."
"우주정거장에 가면 우주 쓰레기가 진짜 많은데 어떻게 치우겠냐?"
"저처럼 봉사정신이 강한 누군가 있겠죠. 혼자 안 하면 되죠."
"우주정거장에서 쓰레기를 치운다고 하셨는데 식량이 끊기면요?"
"우주왕복선! 그거 타고 지구로 돌아와야지."
규현: 할머니, 할아버지께 무료로 급식소 봉사하고 싶어요.
"메뉴는 어떻게?"
"메뉴는 설문조사해서. 할아버지 할머니가 좋아하는 것으로만."
"할머니가 급식판 던지며 맛없어 안 먹어 안 먹어 그러면?"
"달래 드려야지요."
현민: 연탄 나르기 해보고 싶어요. 지게 메고 줄줄이요.
태윤: 요양원에서 할머니, 할아버지 말동무가 되어 드리고 싶어요.
효은: 노숙자 같은 분들에게 겨울에 따뜻한 코코아를 드리고 싶어요. 단체봉사로요. 주희, 은비, 태윤, 규현이랑 같이요.
민준: 성공해서 돈 많이 벌어 노숙자분들에게 아파트 지어서 방 하나씩 나눠줄 것.
"무슨 사업 해서요?"
"배우."
"배우는 상당히 어려워요. 일류 배우가 될 확률이 상당히 낮은데. 배우가 되어도 무명배우는 돈을 많이 못 벌 수 있잖아요."
"난 성공할 수 있어요."

    오늘 달콤한 다락방 요리부는 와플을 만드나 보다. 와플기계를 가지고 왔으니 이건 분명 성공 예감이다. 지난주 실패를 만회하려는 듯 예열을 비롯해 섬세한 곳에 신경을 쓰는 것 같다. 첫 와플이 성공적으로 나오자 뛸 듯이 좋아한다. 오늘은 아이들이 말수도 적고 집중도가 상당하다. 교실체육부 아이들은 농구랑 야구를 하는데 그게 그저 좋은가 보다. 나더러 야구를 좋아하냐고 물어보는데 내가 응원하는 팀이 5약으로 분류되어 요즘 잘 안 본다고 했다. 두산팬인 녀석들이 부럽기도 했다. 다섯 명이서 공 안 떨어뜨리고 오래 치기 게임을 한단다. 재미있어 보인다. 그러다 한 녀석의 공에 내 얼굴이 정말 정면으로 맞았다. 안경에 기스도 나고. 아! 온갖 감정이 겹쳤지만 대인배답게 괜찮아! 한쪽 끝에는 공놀이를, 한쪽 끝에는 요리를. 아슬아슬하지만 잘할 수 있다는 아이들의 말을 믿을 수밖에. 서준이랑 현민이는 만들기에 열중이다. 글루건을 켜고 한 시간 내내 붙이며 만들고 있다. 대단한 집중력이다. 태윤, 은비는 풀이랑 리뉴를 넣고 액괴를 만든다고 한다.

 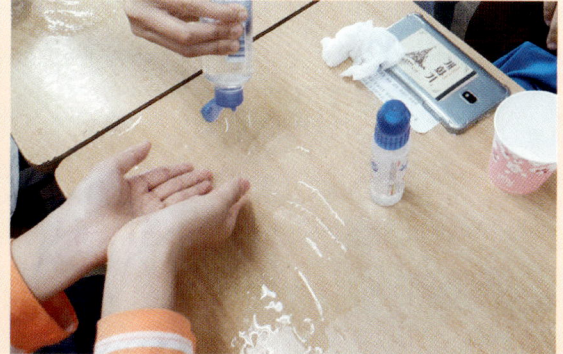

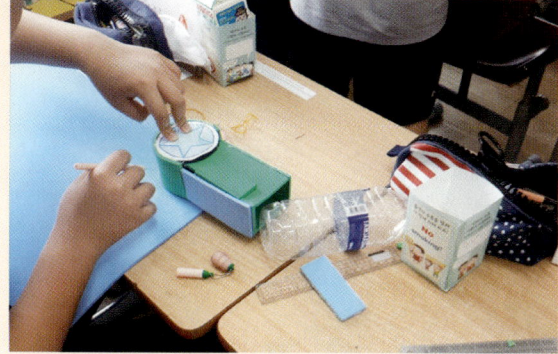 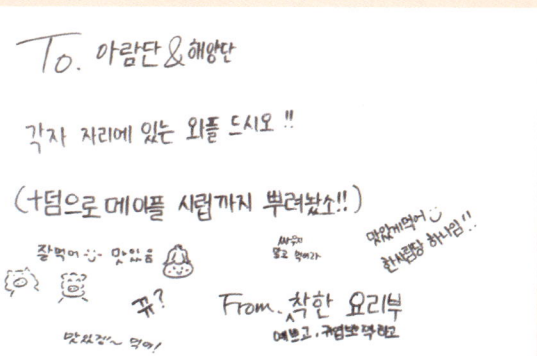

 **5월 17일 금요일**

오늘까지 수학 2단원 못 한 문제 다 풀라고 했더니 아침에 열심히 풀고 있다. 마음이 급한지 인사도 하는 둥 마는 둥이다.

"근데 오늘 몇 시까지 내요?"

"집에 갈 때까지."

"그럼 나 할 수 있어요. 그냥 아침에 좀 놀아야겠다."

아이들이 '먼지가 되어'를 부르며 풍선놀이를 하고 있다. 김광석의 느낌과는 완전히 다르지만 노랫말을 정확히 따라하는 게 신기하다. 이어서 '보헤미안 랩소디'도 부른다. 가사는 엉터리지만 멜로디는 얼추 맞다. 한 녀석은 풍선을 치며 "여기 순대국밥 한 그릇요"라고 외치다 핸드폰을 떨어뜨린다. 떨어지는 소리와 튕기는 각도가 심상치 않다. 테두리에 약간 흠집이 생긴 건 확실한데 고장 여부는 모르겠다.

국어시간이다. 오늘은 속담을 몸으로 표현하기를 한다. 겹치지 않게 1인당 1개씩 속담을 뽑는다. 한 사람이 몸으로 설명하면 다른 사람은 학습장에 풀어 보는 시간을 가졌다.

준우: 땅 짚고 헤엄치기. (수영을 한다. "여긴 육지예요, 여러분!"에서 아이들이 대부분 맞힌다.)

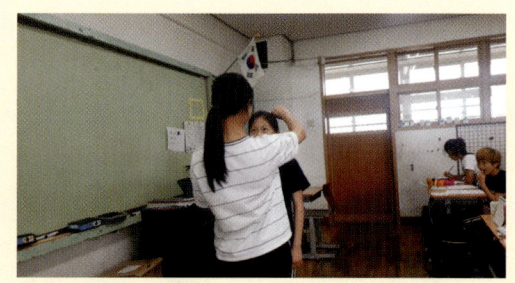

륜경: 쇠뿔도 단김에 빼랬다. (소가 된 효은이의 뿔을 뽑는데 아이들이 못 맞힌다. 자비롭다. 몇 번이고 다시 설명한다. 음메 소리를 했으면 금방 맞혔을 텐데.)

영민: 소 잃고 외양간 고친다. (연수가 팔로 외양간으로 세우고 본인이 소가 된다.)

은비: 열 번 찍어 안 넘어가는 나무 없다. (의자를 나무 삼아 열 번 찍고는 의자를 넘긴다.)

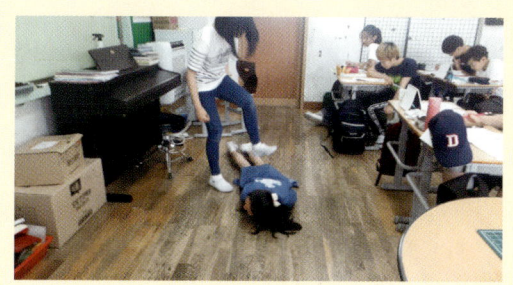

규현: 지렁이도 밟으면 꿈틀거린다. (엎드려 지렁이처럼 기어 다니다 승은이가 밟으면 꿈틀한다. 여러 번 반복해 준다. 정말 많이 웃었다.)

지윤: 원숭이도 나무에서 떨어진다. (의자에 올라 원숭이 흉내를 내며 떨어진다.)

준호: 마른하늘에 날벼락. (엄마의 잔소리가 작렬하는 재난상황을 묘사한다.)
연수: 아는 길도 물어서 가라. (아는 우리 교실을 걸어 다닌다.)
효은: 10년이면 강산도 변한다. (10년 뒤 변한 모습을 몸으로 설명하는데 요건 좀 어려웠다.)
승은: 좋은 약은 입에 쓰다. (약 먹고 우엑 하는 장면을 연출한다. 따봉이라는 아이들의 평이다.)
준혁: 종로에서 뺨 맞고 한강 가서 눈 흘긴다. (최고의 연기력이었다. 그냥 뺨 맞고 눈 흘긴다.)
상진: 칼로 물 베기. (부부싸움을 묘사했다. 상황은 엄청 웃겼는데 속담을 맞히기는 쉽지 않다.)
경란: 하늘의 별 따기. (칠판에 별을 그리고 점프해서 따는 동작. 표현 좋았다.)
○○: 티끌 모아 태산. (손을 작게 모았다가 그리고 크게 모으는 동작. 요건 좀 쉬웠다.)
서준: 울며 겨자 먹기. (말 그대로 울면서 무언가를 먹는 동작을 취했지만 못 맞힌다.)

1교시 쉬는 시간에 놀다 우유를 쏟는 참사가 일어났다. 휴지랑 물티슈를 동원해 금방 치웠지만 우유가 없어진 녀석이 슬픈 듯 묻는다.

"선생님 그 느낌 아세요? 아무것도 안 먹어서 속이 엄청 쓰린 거요?"

"우유 때문에 그래? 다른 우유 하나 줄까?"
"아니에요. 지금 다른 거 뭐 먹으면 나을 것 같아요."
그러고는 나의 젤리를 강탈하러 온다. 그 장면을 본 다른 친구들도 달라고 몰려온다. 그러자 그 녀석이 하는 말.
"이거 속 쓰려 약으로 먹는 거야. 너희도 우유 쏟고 와야지."

오늘 하루 아이들이 서로 이름을 바꿔 부르기로 했단다. 준호에게 물으면 륜경이가 대답하고 륜경이에게 물으면 준호가 대답한다. "연수야 문 좀 닫아줘"라고 했더니 효은이가 문을 닫으러 간다. 이들만이 아니라 10명 정도는 이름을 바꾸었나 보다. 재미도 있지만 너무 헷갈린다. 체육시간이다. 맨 앞에 있는 녀석에게 기준 하라고 했더니 중간에서 기준이라고 외친다. 하하.
오늘도 바운스 배구 마무리를 한다. 규칙도 쉽고 누구나 스파이크를 할 수 있어 아이들이 좋아한다. 하지만 네트 터치를 놓고 다툼이 있었다. 장면을 본 사람은 많으나 정확이 의견이 반반으로 갈리고, 이럴 때는 그냥 다시! 남자 경기는 밸런스가 잘 맞는다. 12 대 12, 14 대 14. 팀별로 서브를 넣으며 파이팅도 외친다. 15 대 15, 16 대 16. 경기에 몰입했어도 아이들은 서로 바뀐 이름을 정확히 부른다. 멀쩡한 남자아이 이름 놔두고 엉뚱한 여자친구 이름을 부르는데 대답하는 그 상황이 웃겼다. 16점에서 17점 올라갈 때 20번이 넘는 엄청난 랠리가 있었다. 랠리 중에 팀원들을 격려한다.
"긴장하지 말고 편하게 잡아."
"절대 에러는 안 돼. 무조건 살려야 해."
24 대 24. 결국 24점에서 듀스다. 또 25점에서 듀스. "할 수 있어!" 그때 서브미스가 나온다. "우린 항상 이런 중요한 타이밍에 실수해." 달콤이팀이 완봉승 운운하더니 새콤이 27 대 25로 승리한다.
"이렇게 밸런스 잘 맞는 적 처음이야."
"잘했어. 파이팅이다."
"져도 돼. 그게 뭐 대수야? 승패는 중요하지 않아!"
옆 반에 승패와 이름이 비슷한 아이가 있어 남자아이들이 웃고 있다. 다행히 여자는 달콤이팀이 이겼다.

"앞에 가는 사람 도둑! 뒤에 가는 사람 경찰!"
줄 안 서고 그냥 올라가려 한다. 아이쿠야! 도둑이 제 발 저린다며 돌아오는 아이들. 속담 공부 시킨 보람이 있다.

한 녀석이 바운스 배구 할 때 다른 친구에게 진지충이라고 말했다는 신고가 들어왔다. 일단 사실 확인을 위해 불렀다.
"진지충이 무슨 뜻인 줄 알고 말하냐?"
"진지함이 많다는 뜻으로 썼는데요."
"충자는 무슨 충 자인데?"
"벌레요."
"그럼 진지충은?"
"진지함이 벌레처럼 많다요."
"사람한테 벌레가 뭐야? 사과해, 지금."
잘못을 인정하지 않는 태도에 더 많이 화를 낸 것 같다.

점심 먹고 오니 아이들이 교실에서 피구를 하겠단다. 우리 잘 할 테니 걱정하지 마시라고 선생님은 자리로 가란다. 남녀 대항전 같은데 탱탱볼이 날아다닌다. 그만하라고 하려다 이것이 그들이 살아가는 멋과 맛이 아닐지. 피구 하다가 힘들면 아이들이 말한다.
"잠깐 광고 듣고 하겠습니다. 유쾌 상쾌 통쾌~~"
피구 중간선에 서서 변비약을 광고하는 모양인데 난 이게 더 웃겼다.
"쌤, 근데 너무 더워요. 에어컨 틀어 주세요."

학급회의 시간이다. '우리들의 여름 나기'라는 주제로 학급회의를 했다.

"물총놀이 해요."
"런닝맨 이름표 뜯기 다시 한번 해요. 지난번에 제대로 못 했으니."
"아이스크림 먹으며 영화를 보며 아이들과 떠들기가 좋습니다. (아이들이 아이스크림이라는 말에 쎄리원이라고 받아 준다.)"
"근데 영화 보며 떠드는 것은 가능할까요?"
"그러니 그냥 축구하면 좋겠습니다."
"한 시간은 축구, 한 시간은 물총놀이 했으면 좋겠어요."
"축구 재미없어요. 한 시간은 초피, 한 시간은 발야구해요."
"그냥 일반 야구해요."
"야구는 규칙이 어려워. 축구는 그냥 골만 넣으면 되는데."
"여름하면 매미잖아요. 매미체험해요. 한 시간 동안 날거나 달라붙어서 맴맴거립시다. 매미는 삐융스 삐융스 삐융스. 삐~지."
"빙수 만들어 먹어요. 여름은 빙수가 좋아요."
"헬륨가스 마시고 놀아요."
"스포츠 같은 거 하고 JJB를 아이스박스에 담아서 꺼내 먹어요."
"배수지공원 올라가 이름표 뜯기 한 후에 한 시간은 선생님이 맛있는 거 쏘시는 게."
"저도 이름표 뜯기랑 물총놀이가 좋아요."
"축구를 두 시간 했으면 좋겠습니다."
"그럼 여자들은? 축구처럼 남자끼리만 하는 건 안 돼요."
"선생님 집에 놀러 가서 도둑잡기 하는 게 어때."
"숨술(숨바꼭질 + 술래잡기)을 학교에서 했으면 좋겠어요. 아니면 극동아파트 좋고요."
"극동은 너무 좁은데? 풍림이 넓고 좋아요."
"미소공원 가서 경찰과 도둑 해요."
"물총 쏘면서 축구하기. (에바잖아.) 그럼 물총 축구해요. 축구하면서 물총 쏴도 좋고요."

의장들이 의견을 모은다. 매미는 빼자는 의견이 18표. 영화도 뻔한 것이니 빼자는 의견이 15표. 결국 목록화해서 놀이, 스포츠, 먹방에서 하나를 먼저 정하고 세부종목을 정하기로 한다. 결국 찬반토론을 하더니 배수지공원 경도놀이가 결정된다. 경찰과 도둑은 뽑기로 정하기로 한다. 1차전이 너무 빨리 끝나면 2차전을 해야 해서 예비로 2차 명단(경찰과 도둑)까지 뽑는다. 아이들은 예나 지금이나 역시 경찰을 선호한다.

1차전 경찰: 주희, 준혁, 연수, 효은, 규현, 은비, 현민
2차전 경찰: 태윤, 상진, 준호, 류경, 영민, 서준, 경란

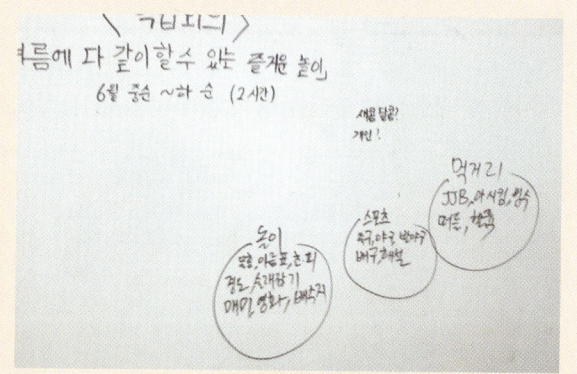

 **5월 20일 월요일**

지난 금요일에 3년 전 제자들이 늦게 왔다 갔나 보다. 아이들이 일본어랑 프랑스어로 편지를 써 놓았는데 뭐라고 썼는지 모르겠다. 예령, 하영이! 참 고마운 존재들이다. 그들의 용돈으로 나 주려고 머리핀도 사왔는데 핀을 착용하고 수업하는 사진을 찍어서 보내 달란다. 그리고 약속공책(반성문)에 대한 시도 남겨 놓았다.

약속공책

선생님 기억하시나요?
약속공책을 쓰게 되었던 그 날 제 마음을.
저희는 그때 집에서 호수를 만들어낼 만큼의 눈물을 흘렸습니다.
약속 하나에 추억과
약속 하나에 사랑과
약속 하나에 시와
약속 하나에 선생님 선생님

앞의 말은 굉장히 과장되어 있지만 사실을 내포하고 있습니다.

사실을 내포하고 있다는 중학생의 말에 나의 잘못을 돌이켜 보았지만 정말 기억이 나지 않는다.

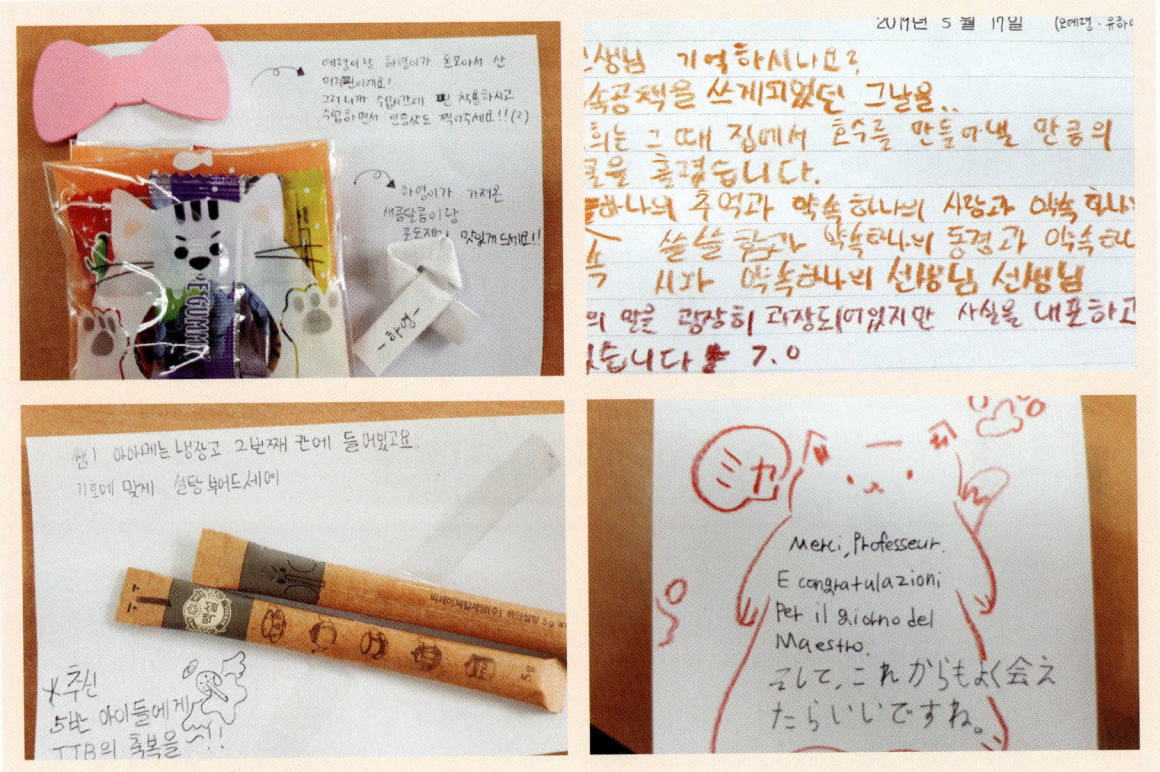

아침에 아이들이 등교하자마자 오늘 공식적인 상황에서의 말하기 수행평가 몇 분 하는지 묻는다. 3분 이랬더니 본인들은 1~2분만 준비했단다. 발표시간 좀 줄여 달라며 아침부터 끈질기게 부산스럽다. 그나저나 오늘 드디어 풍선(스승의 날에 불었던)을 터트린단다. 본인들이 스승의 날 이벤트 한 풍선으로 며칠 놀았으니 남는 장사다.

공식적인 상황에서의 말하기가 시작된다. 아이들이 한 달여 준비해온 것을 발표하는 시간이다. 관객과 시선을 마주치며 말하기. 대본을 보고 읽는 게 아니라 자신의 호흡으로 말하듯이 말하기. 이 두 가지에 초점을 두라고 말했다. 나는 총평을 기록하며 말하기 평가가 끝난 후 아이들에게 알려 주기로 한다.

나의 총평

〈류경〉

프랑스의 대표적인 과자 마카롱에 대해 설명했는데 반죽을 치대는 것부터 요리법까지 차분하게 설명 잘해 줬어. 근데 시선 마주치기가 조금 정말 아주 조금 아쉬웠던 것 알지? 그래도 쭈욱 읽는 게 아니라 말하는 듯한 느낌이 훌륭했고, 특히 아이들이 좋아하는 마카롱이라는 주제 선정이 최고였어. 1번 주자의 엄청난 긴장감을 이겨낸 게 대견했고. 초반에 목소리가 떨리는 것을 잘 참더라고.

〈연수〉

개구리에 대해 설명했는데. 개구리 피부의 건조함을 설명할 때 손의 건조함과 비유한 것과 손동작이 너무나 좋았어. 본인 말대로 준비를 별로 안 했는데도 자신 있게 말했고. 가슴을 툭툭 손으로 치는 동작도 연수랑 정말 잘 어울렸어. 개구리의 눈을 물안경으로 비유한 부분은 고민한 흔적이 보였어. 개구리가 곤충을 씹어 먹는다는 사실을 알고 나서 저도 못 먹겠어요라는 부분. 재미도 있었고 연수의 감정을 솔직하게 표현해서 최고였어.

〈영민〉

영민이가 잘하는 축구 발표라 그런지 자신감이 있는 목소리가 인상 깊었어. 호날두가 발롱도르 수상한 횟수 발표할 때 다섯 번에서 한 손을 다 펼친 부분이랑 잘 어울렸어. 중간에 준호 씨~ 축알못도 아는 선수 호날두라며 웃겨준 부분도 굿. 경기당 0.69골처럼 정확한 데이터를 제시해서 준비 많이 한 흔적도 보였어. 그리고 지금까지 30명의 여자친구가 있었습니다라는 말에서 아이들의 집중도를 극도로 높여준 것 같아. 그리고 메시 이야기. 호르몬 결핍증에도 엄청난 기량을 보임. 2004년 입단. 지금까지 경기당 0.79골. 역시나 자료 준비가 인상적이네. 그리고 마지막 멘트. 참고로 메시는 호날두와는 달리 첫사랑과 결혼했다는 부분에서 모든 아이들이 웃었지? 이게 영민이의 매력이자 실력이야.

〈효은〉

그림을 잘 그리는 사람이 이렇게 유리한 것 같아. 반려견을 칠판에 그리며 설명하는 게 우리가 모니터로 보는 것보다 훨씬 편안했던 것 같아. 그리고 효은이는 자세가 좋았어. 옆으로 서서 그리며 시선은 아이들을 바라보려는 시도. 우리 반에도 푸들을 키우는 사람이 많죠?라며 아이들 반응을 유도한 부분도 인상 깊었고, 남자아이들이 좋아하는 경찰견 셰퍼드 이야기도 타이밍이 아주 적절했어. 중간에 실수했을 때 "아! 이름을 까먹었는데"라며 하늘을 한번 쳐다봤을 때 인간적인 매력이 느껴졌어. 그리고 판서를 너무 자연스럽게 했어. 나중에 선생님 해도 되겠는걸. 그리고 최고의 순간은 발표를 다 하고 다음 사람을 위해 칠판을 깨끗이 지워 주는 매너.

〈은비〉

전체적으로 은비는 말투가 상냥해서 듣기에 편안했어. 따뜻한 물속에 오래 있으면 손이 쭈글해지는 이유를 밝혔지 은비가? 삼투현상이라는 과학적 용어를 설명하며 매끈한 손에서 할머니 손으로 변신한다는 비유 덕분에 이해가 편했어. 피부의 구조를 직접 그려 와서 우리에게 보여 주면서 하니까 표피, 진피, 피하지방 등 어려운 개념을 잘 이해하게 도와주었고. 중간에 마커펜 뚜껑을 열다가 잘 안 열리자 웁스라며 작게 말하며 얼굴이 빨개지기 직전까지 갔었지? 그래도 안 빨개졌다는 게 중요한 듯. 침착하게 오늘 실수를 이겨낸 만큼 은비가 단단해졌을 거야. 그리고 참. 초반에 제가 샤워하고 난 손이라며 본인 경험을 제시하며 시작한 부분이 너무 좋았어. 누구나 공감할 수 있는 시작이었어. 은비는 마지막에 출처를 네이버라고 밝혀 표절이 아님이 확실하네.

〈서준〉

서준이는 평소에도 과학을 좋아하니 깊이 있는 내용을 골랐던 것 같아. 파동이라는 주제는 사실 고등학생 정도 되어야 정확히 설명할 수 있는데. 주제는 역시나 신선했어. 그리고 본인이 정말 다 이해하고 말하는 느낌을 받았어. 편안한 느낌의 자신감이라고 해야 할까. 그리고 PPT를 만드느라 너무 고생했네. 글자 배치, 사진 선택 모두 좋았어. 마지막 지루할 수 있었던 부분을 전자레인지에 개미를 넣는 실험을 소개함으로써 마무리했지? 아주 깔끔했어.

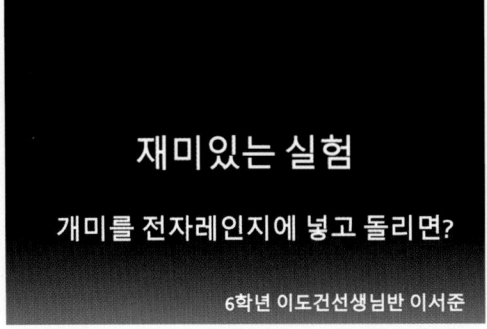

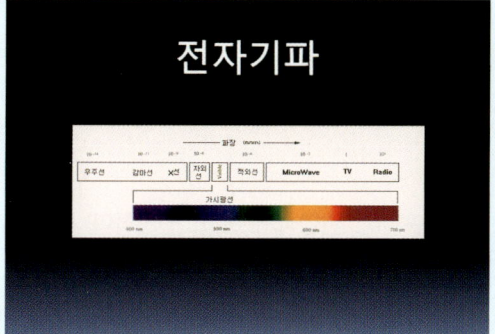
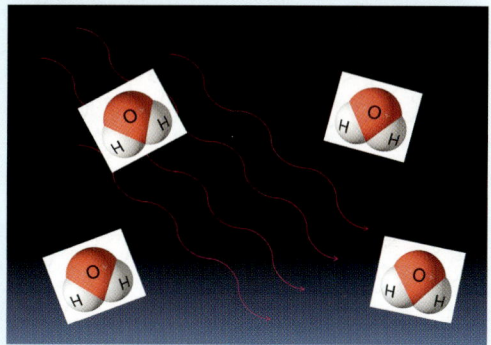
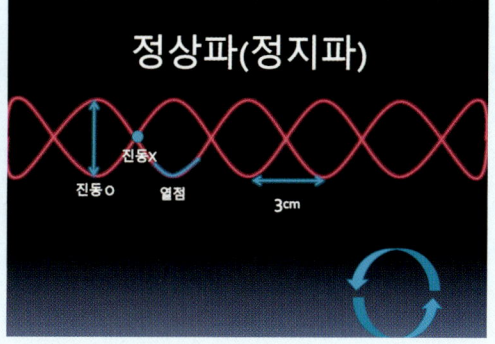

〈지윤〉

머랭쿠키의 종류를 설명했었지? 헝가리의 축제 소개할 때는 목소리가 작았는데 시간이 지날수록 점점 목소리가 커지고 안정감 있었어. 그렇게 많이 부끄러웠어? 제가 준비한 것은 여기까지고요라며 확 뛰어가지 말고 다음에는 천천히 들어가~ 말 다 하고 1초만 기다렸다가.

〈승은〉

평소에는 말수가 적더니. 오늘은 평소 승은이 모습보다 10배는 잘한 것 같아. 샌드위치 만드는 것을 소개했지? 양상추, 햄, 파프리카 소개할 때 말하는 속도가 조금 빨랐지만 그래도 우리가 다 먹을(?) 수 있을 만큼 적당히 빨랐던 것 같아. 이렇게 공식적으로 말하는 게 친한 친구들끼리 수다 떠는 거랑은 많이 다르지? 지금 평가를 해치운 이 상쾌한 마음으로 다음에도 발표 자신 있게 많이 해줘.

〈준혁〉
준혁이도 본인이 좋아하고 잘하는 것으로 골랐네. 준혁이는 야구에 대해 잘 알고 있기에 시선처리가 안정적이었어. 해설가 같은 느낌. 친구들을 의도적으로 한 명 한 명 바라보며 시선처리하는 모습이 인상적이었어. "저는 야구에서 제일 중요한 포지션은 포수라고 생각합니다. 투수를 리드하고 체력적으로 힘들기 때문입니다." 다른 친구들과는 달리 준혁이는 저는 ~라고 생각합니다라며 본인의 주장을 제시하고 알맞은 근거를 뒷부분에 제시해서 논리적으로 안정감 있게 느꼈고. 최고는 마지막에 허리를 깎듯이 끝까지 숙인 부분. 좋은 습관 같아.

〈상진〉
옅은 미소로 시작해서 상진이 발표는 다들 편안했지? 시종 웃음 가득한 표정이 인상 깊었어. 준혁이처럼 본인이 잘 아는 야구를 소개했는데. 역시 야구 전문가다운 포스가 느껴졌어. 아는 만큼 보이는 것 같았어. 직접 해보면 재미있다, 수비할 때 뿌듯하다, 등 감성적인 말들로 아이들과 이야기하듯이 발표했고. 10 대 4로 지고 있었던 경험을 소개할 때는 쫄깃한 긴장감도 들었어.

〈규현〉
평소 숫기가 없어서 걱정했는데 오늘 최고의 모습을 보인 규현이. 안녕하세요라고 인사하며 시작했지? 슬라임의 유래가 달팽이 점액이라는 것 다 알고 있죠? 끈적함을 온몸으로 전해준 우리 규장각 선생님. 다음에도 오늘처럼 천천히 자신 있게 발표해 주세요.

〈현민〉
현민이는 펜을 들고 수학을 직접 풀어봤지? 544 × 34. 네모칸을 그리고 6칸으로 나눕니다! 그러다 실수로 마커펜을 떨어뜨렸고. 놀랐는지 어이쿠 하며 죄송합니다 라고 사과할 때의 인간적인 모습. 중간에 풀다가 틀렸을 때 아이고! 이거 헷갈리네라며 우리에게 편안한 인상을 줬던 것 같아. 계산이 틀렸지만 왠지 맞은 것 같은 느낌. 마지막에 이게 글씨를 제대로 써야 하는데 떨리네요라고 말했을 때 아이들의 반응이 너무 좋았지?

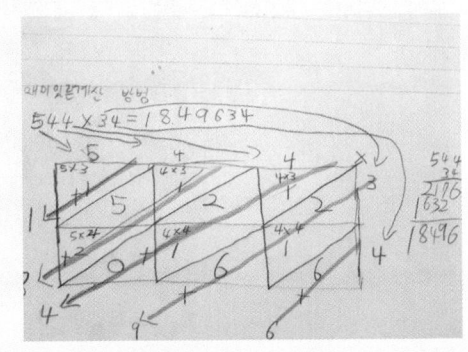

〈준호〉
현존하는 레전드 오브 레전드 손흥민 선수에게라며 선생님도 첫 구절에 어그로가 끌리던데. 아빠를 따라 함부르크에서 3년간 경기를 뛰다가 레버쿠젠에 가서 해트트릭 등 좋은 활약을 한 뒤 104만 개 치킨 이적료로 토트넘에 갔다. 돈으로 말하지 않고 이적료를 치킨 가격으로 말해 주니 여자아이들도 알아듣기 쉬웠겠다. 첫 시즌 부진. 요때 준호도 호흡을 끊어 가며 아쉬움을 나타내는 장면도 좋았고. 마지막으로 갈수록 호흡에서 여유로움이 느껴졌어. 50미터를 5초에 뛰며 후다닥 달려가서 제치고 골을 넣을 때 준호도 같이 뛰며 말하던데?

〈민준〉
말하기 전에 아이들을 쳐다보면서 긴장을 풀어 보려는 모습. 보통 때는 목소리가 작았는데 오늘은 목소리 톤이 뒤에 있는 사람도 충분히 들릴 만큼 안정적이었어. 연습을 하고 온 느낌이야. 민준이가 발표한 것은 준비물이 필요한 화산 실험이었지? 역시 실물로 보여 주는 게 짱이다!

〈주희〉
아이스크림의 역사를 사진으로 정리하느라 정말 고생했겠다. 시간이 많이 걸린 게 느껴졌었어. 우리가 자주 먹는 쭈쭈바(JJB)는 셔벗이다라는 말에서 우리 모두가 주희에게 순간 몰입이 되지 않았니? 우리가 먹는 JJB는 우유가 안 들어간 것을 확실히 알게 되었어. 그리고 중간에 끝난 줄 알고 박수 잘못 쳐서 미안하고. '부라보콘'은 선생님보다 나이가 많으니 존댓말을 써야 한다는 말에 쌤도 크게 공감. 아이들이 좋아하는 아이스크림을 소재로 써서 몰입도가 높았어. 우리 하나씩 사 줄 거야?

> 우리들의 영원한 간식
> **아이스크림**

> 이 주제로 하게 된 이유
> 우리반이 JJB(아이스크림)를 좋아하는데 그게 어떻게 해서 생겼는지 알려주고 싶어서입니다!!!
> (제가 그 JJB 애호가입니다 크흠흠흠;;)

> 월드콘 만들어지는 과정
> 1. 재료들을 섞어 틀에 넣어주고
> 2. 초코를 분사하고
> 3. 크림과 토핑 추가하고
> 4. 내용물 포장하고
> 5. 급속냉각 ❄ ❄

> 아이스크림의 역사
> 중국에서는 기원전 3000년경부터 눈이나 얼음에 과일이나 꿀 등을 첨가해 먹었다고 하며, 중국 공자시대에 석빙고를 사용해 얼음이나 눈을 보관했다는 기록도 전해집니다.

이후 1292년 마르코 폴로(Marco Polo, 1254~1324)가 중국, 당시 원나라로부터 언 우유(frozen milk)의 배합법을 베네치아로 가지고 오면서 이 방법이 북부 이탈리아로 확산됐다.
JJB 는 셔벗이겠죠?

당시 미국인들은 아이스크림을 많이 즐겼는데, 이 맛에 너무 깊이 빠지는 것을 막기 위해 한때는 교회에서 아이스크림 섭취가 죄라고 설교할 정도였다고 합니다
(내가 그때 태어났으면 아이스크림 못먹겠네 아이고 다행이다)

우리나라에서 오래된 아이스크림 TOP 7
7위. 빠삐코 (1981년 출시)
6위. 쌍쌍바 (1979년 출시)
5위. 바밤바 (1976년 출시)
4위. 비비빅 (1975년 출시)
3위. 투게더/누가바 (1974년 출시)
2위. 아맛나 (1972년 출시)
1위. 부라보콘 (1970년 출시)
1위는 제 부모님보다 더 나이가 많아요ㄷㄷ
부라보 : 존댓말을 붙여야지

오늘 아이스크림에 대해 알아보았는데요, 저도 부라보콘이 이렇게 오래된줄 상상도 못하고 있었어요ㄷㄷ
이번에 새로운 정보 얻어가는 것 같아서 이 과제하는 거 좋은 것같아요 ㅎㅎ
(나 역적되는거 아니지?)
자 그럼 마무리를 짓겠습니다

〈준우〉
안경을 쓰고 발표하니 훨씬 지적으로 보이던데. 안경 속에 숨겨진 시선의 떨림. 한곳만 바라봐서 좀 긴장되어 보이더군. 과학시간에 배운 내용에 추가를 한 것 같은데 항성월, 삭망월에 대해 구체적으로 잘 설명해 주었고. 금환식을 덧붙여서 내용적으로 100점이 되어 버렸네. 준우는 저음의 배우처럼 호소력 있는 목소리가 인상적이야.

〈태윤〉
본인이 좋아하는 연예인 소개했네. 박지훈! 생일 5월 21일. 규현이랑 생일이 같다라는 부분에서 우리 반 친구와 연결되어 좋았어. AB형. 치킨요정. 아역배우라서 연기를 잘함. 잘생겼고 귀엽고 솔로 데뷔. 닭 잠옷. 거의 끝나 가는 부분인데도 아이들이 초롱초롱하게 듣는 모습이 인상적이었어. 다음에는 쌤 소개하는 게 어때?

〈경란〉
어~~ 하며 나올 때 내 눈치를 한번 본 경란이. 머랭쿠키 소개했지? 새하얀 달콤함, 단맛은 설탕 덩어리, 달걀흰자 말할 때 크고 선명하게 또박또박 말해준 것 같아. 이런 무대에서의 긴장감을 이겨낸 것만으로도 충분히 잘했어~ 근데 신기하게도 끝나고 나면 긴장 안 되지?

〈인해〉
다 못 한 거 양해 부탁드립니다라며 덜 한 부분을 솔직히 인정한 인해. 마지막 발표자로서 얼마나 떨렸을까? 그지? 오랜 기다림이 얼마나 사람을 초조하게 하는지 몸으로 느꼈겠다. 과일에 대해 발표하려 한 것 같은데 오늘은 사과에 초집중을 했구만. 다음에 더 많은 과일 기대할게.

긴 총평이 끝나고 나니 덥다며 에어컨 틀기 전에 하는 말이 너무 웃겼다. 삼중필터의 깔끔함! 한 명 한 명 발표한 내용에 대해 코멘트를 하는데 본인 이름이 나올 때 엄청 긴장하는 게 느껴졌다. 총평을 해주고 나니 아이들 표정이 한결 밝아 보인다. 역시 칭찬은 아이들을 춤추게 하나 보다. 아이들은 은비가 발표할 때 화장품 배우 같았다며 칭찬하고 주희의 셔벗 발표에 샤베트라고 하는 것보다 더 고급스러운 느낌이 든다며 칭찬을 덧붙인다.

여자아이들이 놀다가 결국 풍선을 터뜨리고 있다. "삼가 고인의 명복을 빕니다"라며 터진 풍선의 흔적을 나에게 준다.
"아침에 다 터트린 거 아니야? 숨어 있는 풍선이 왜 이렇게 많다냐?"

영어교과가 끝나고 아이들이 말한다.
"영어선생님 피아노 엄청 잘 쳐요."
"그리고 영어선생님은 옷 참 잘 입어요."
"너무 예뻐요."
"노멀하지 않은 느낌."
"그리고 말도 상냥하게 잘해요."
새로 오신 영어선생님이 쇼팽의 '흑건'을 쳐주셨단다. 〈말할 수 없는 비밀〉과 완전 똑같이 쳤다고 하는데 괜히 나와 비교하는 말도 남긴다.
"선생님은 속도도 좀 느리고 강약도. 좀 노멀한 느낌이에요."

급식을 먹는데 갑자기 비명소리가 들린다. 100여 명의 시선이 한곳에 모인다. 뭔가 큰일이 난 것 같아 가보니 망고를 국에 빠뜨렸단다. 별일도 아닌데. 망고가 아까우니 건져 먹으라고 했지만 버리겠단다.
5교시가 체육인지라 점심 먹고 아이들이 운동장에 미리 나와 수건돌리기를 하고 있다. 예능감 있는 새로운 별명도 등장하고 술래에게 잡혀도 정상회담급 악수로 갈음한다.
"귀염둥이 남자한테 주지 마."
"말죽거리 귀염둥이 달려."
"왕십리 밤안개한테 줘."
은비는 안경을 내게 맡기며 전력 질주를 한다. 점심 먹고 15분을 그렇게 달린다.

오늘 세계측정의 날이라고 알려 주었더니 몇몇이 관심을 보인다. 네이버에 들어가니 네이버 글자가 자, 저울 모양으로 예쁘게 꾸며져 있다.

"측정이 그렇게 중요해요?"

"센티미터가 탄생한 날이에요?"

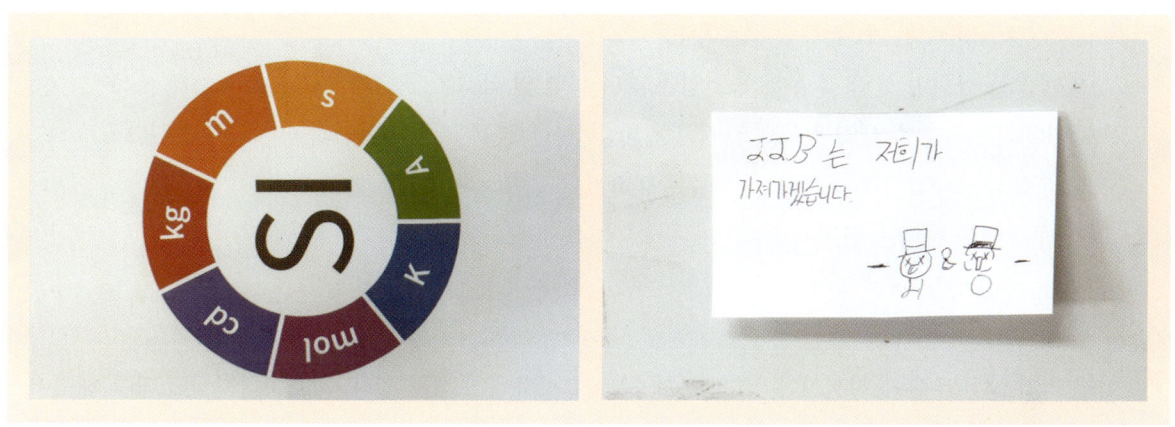

6교시 수업 중에 전화가 울린다. 안 받고 내버려 뒀더니 아이들이 웅성웅성거린다. "왜 짜증나게 수업 중에 전화하고 그래"라며 작은 소리로 말했던 것 같다.

"선생님, 전화 왔는데요."

"선생님이 알아서 하시겠지. 가만히 있어."

"우리 그냥 집중하자."

주말에 놀이터에서 아이들끼리 놀다 싸운 건으로 학교에 연락이 왔다. 학교 밖에서 일어난 일도 학교 폭력의 범주라 당연히 해결해야 한다. 어떤 경우는 특정 아이의 말만 믿고 진행했다가 학급 공동체가 무너지는 경우도 봤다. 그리고 강제수사권이 없는 학교가 부모님께 연락하면 일단 소리부터 지르는 경우도 심심치 않다. 내용을 들어 보니 오늘도 해결이 쉽지 않아 보인다.

5월 21일 화요일

"규현아! 생일 축하해. 오늘 부부의 날이래."
"선생님 오늘 규현이 생일 겸 부부의 날인데 파티 하면 안 돼요?"
은비가 액괴를 규현이 생일 선물로 가지고 왔다. 선물을 열고 그들끼리 액괴놀이를 하고 있다.
"오늘 부부의 날이라는데 부인 드릴 선물 준비하셨어요?"
"그건 내가 알아서 하는 문제고."
"선생님, 우리 반도 기념일 하나 만들어요. 아동 행복 체육의 날! 라면의 날!"

어제 먹지 않은 우유가 전시되어 있다. 10개 정도가 창가에 모셔져 있다. 까르보나라 파스타를 해먹어야겠다는 해결책을 제시하는 녀석도 있다.
아침부터 장문의 문자가 학부모에게서 왔다. 종합적으로 입체적으로 현상을 보지 못하고 아이의 말만 믿고 보내셨나 보다. 이런 문자를 아침에 받으면 하루 종일 답답하다. 그 아이를 볼 때면 신경이 엄청 쓰인다. 휴대폰 번호를 괜히 가르쳐 줬나 보다. 인간에 대한 정은 일단 접고 사실 확인과 절차·원칙대로의 처리만 남았다.

오늘 현장체험이 있다. 로봇체험장소로 가는 버스가 학교 앞에 와 있다. 오늘은 거리도 가까우니 자율적으로 앉으라고 했더니 버스 맨 뒤에 탄 아이들이 비즈니스석 탔다며 엄청 좋아한다. 아이들은 아이엠그라운드 게임, 축구 이야기, 어제 봤던 드라마 이야기, 국민연금(?) 이야기를 하며 간다. 내 뒤에 앉아 있는 아이들 둘이 나에게 말을 건다.
"매니큐어 지우는 아세톤 눈에 들어가면 어떻게 돼요? 실명돼요?"
"안 좋겠지만 실명까지는 아닌 거 같은데."
"그러면 디지는 거예요?"
어이가 없어서 아무 말도 하지 않았다.
"다시 물어볼게요. 하늘나라 가는 거예요?"
"그런 말 할 거면 나 잘란다."
"○○아, 너희 엄마 디자이너잖아. 그래서 해외출장 많지?"
"근데, 왜?"
"그때 너희 집에서 놀면 좋잖아."

금방 도착한다. 오늘은 명령어를 내려 오조봇의 길을 찾아 주게 하는 프로그래밍 수업이다. 도화지와 삼색 마커를 나눠 주신다. 1단계는 길의 형태로 연결만 하면 되는지라 금방 만든다. 완성한 아이들은 서로가 만든 길을 붙여 본다. 현민, 준우, 서준이가 합친 길은 지하철 노선 같아 보인다. 오조봇을 하트 모양으로 그린 지윤이가 보인다.

"선생님을 향한 마음이야?"

"절대 네버요. 절 향한 마음이에요."

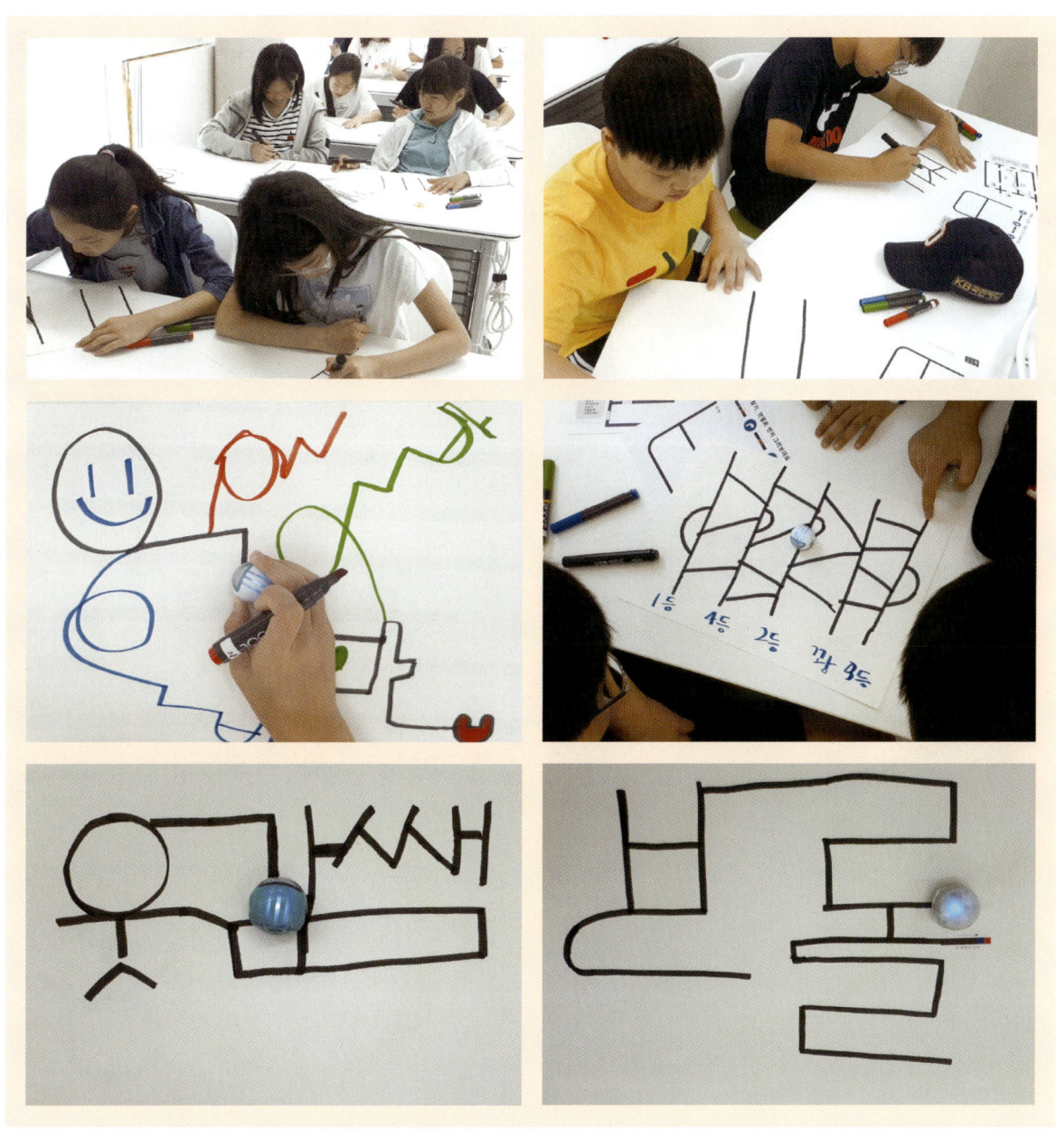

다음은 오조봇이 우리 학교에서 출발해서 워크힐 호텔, 어린이 대공원 지나서 다시 학교로 돌아오는 미션이다. 가장 가까운 길을 찾기도 하고 새로운 길을 만들 수도 있다. 시간이 조금 지나자 명령어 스티커가 부족한가 보다.

"직진 스티커 하나만 주세요."

"좌회전 하나만요."

"속도 높이는 거 좀 주세요."

우리 반 아이들이 급가속 명령어를 너무 많이 내려 오조봇이 길을 못 찾는 모습이 재미있다.

마지막에 우리 반 아이들이 만든 길을 전체 연결하는 미션을 했다. 오조봇들이 좀 버벅대면 마커로 새롭게 길을 만들기도 한다. 아이들의 창의성이 극도로 발현되는 시간이다.

"이 오조 답답이야! 저리로 가. 눈 좀 똑바로 뜨고 가라고."

"얘야 좀 가거라. 오조봇은 상상력이 부족해서 불쌍해."

학교로 돌아갈 시간이다. 좀처럼 자리로 가지 않는다. 한마디로 정리한다.
"애들아, 앉으면 간식 준대. 얼른 먹고 가자."

 **5월 22일 수요일**

오늘 아침에 젤리통에 곰돌이 젤리를 리필했다. 일찍 온 녀석들은 리필할 때 젤리통 옆으로 젤리가 떨어지길 기다리고 있다. 결국 책상 위로 떨어진 젤리 두 개씩 득템하고 돌아간다. 아침에 '원데이모어'를 한 손으로 피아노로 연주하며 노래 부르는 아이들이 보인다. 이 멜로디를 노래하면 눈물 난다는 한 여자아이.

아침에 전교임원들이 금북 우체부 공약을 실천한다고 한다. 매뉴얼을 전교방송으로 알려 준다.

1. 선배, 후배, 선생님에게 편지를 쓴다.
2. 우표를 붙인다. (이건 사서 붙이는 게 아니고 그냥)
3. 본관과 급식실 앞에 있는 빨간 우체통에 넣는다.
4. 금북 우체국 도장을 찍어 매주 금요일 담임선생님들께 배달한다. (이름이 안 적혀 있거나 기분 나쁜 내용이면 반송)

마지막 '반송'이라는 부분에 우리 반 아이들이 반발한다.
"지가 뭔데 편지를 읽어 보고 반송한대? 어이가 없네."
맞는 말인지라 나도 어떻게 반송할지 의문이다.

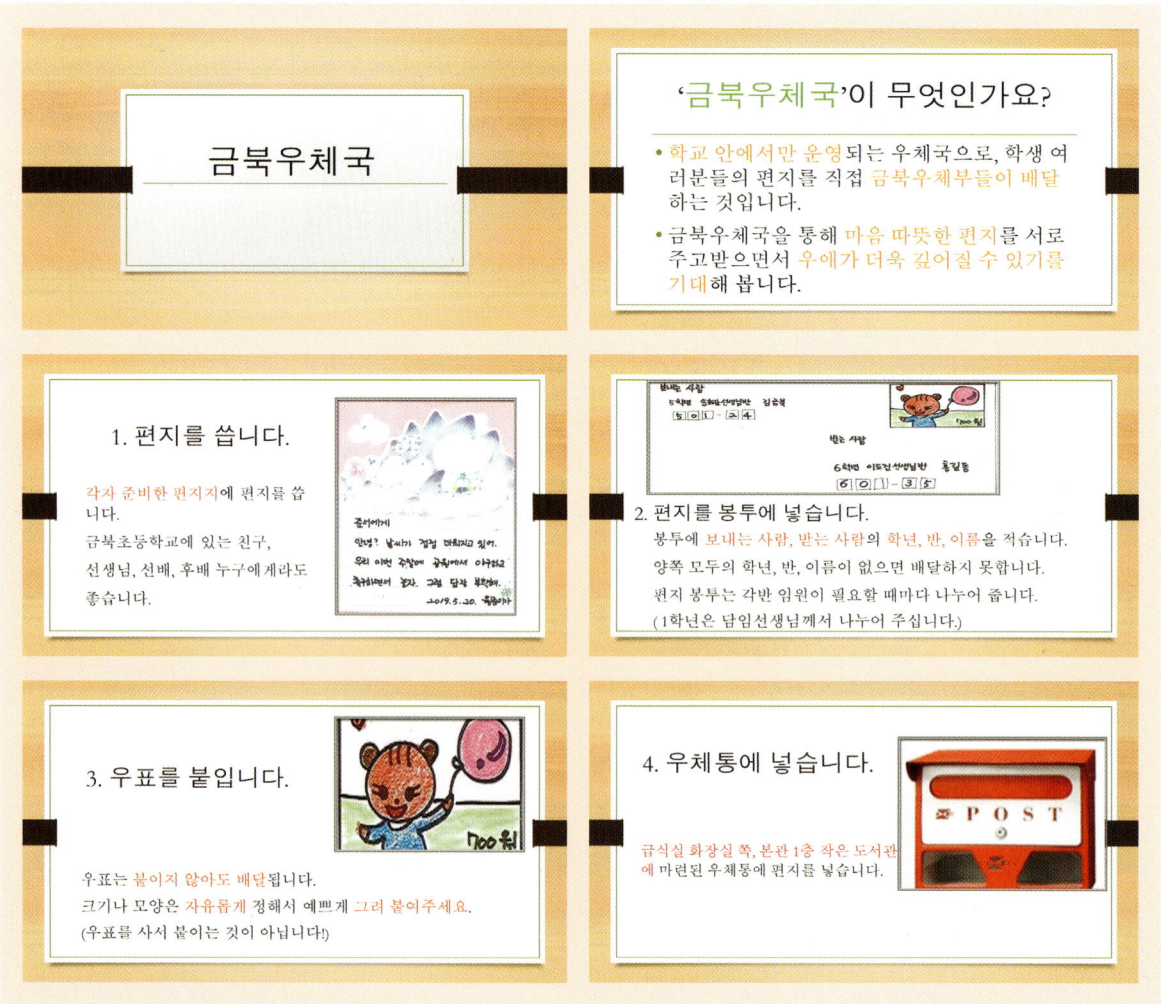

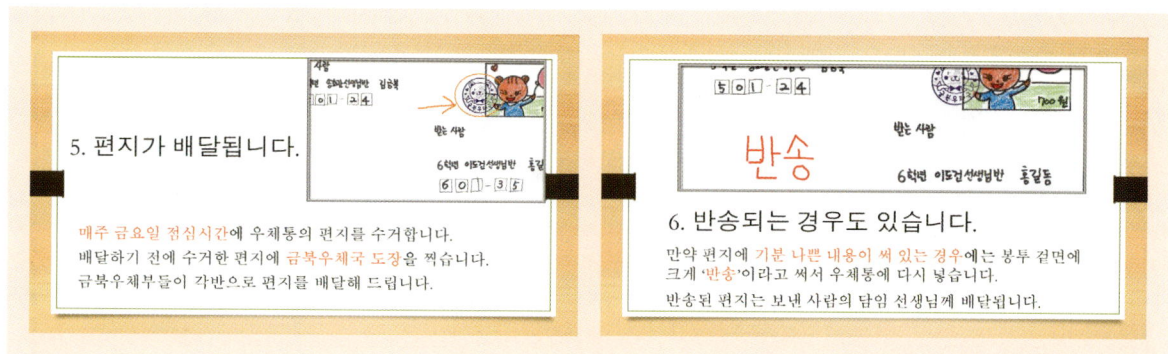

(5학년 장원준 제작)

국어시간에 교과서에 나오는 이방원, 정몽주, 이순신과 대화하는 시간을 가졌다. 아이들이 의외로 정몽주에 관심이 많다. 고려를 향해 목숨을 바친 것에 연민을 느끼기도 하고, 그렇게 저항한 것에 안타까운 마음 가득하다. 물론 다른 시선도 있다. 그리고 이순신에 대한 인간적인 질문들! 병사들 뱃멀미는 어떻게 예방했는지, 배에서 낚시로 신선한 생선을 바로 잡아 먹었는지, 거북선의 화장실은 어떤 모습인지, 생선을 잡아 초밥으로 먹었는지.

"넘사벽 위인이지만 이순신 장군에게도 물어볼 게 있습니다. 죄송하지만 그때도 초밥을 먹었어요?"

그때 한 녀석이 초밥집에서 들었다는 "이라샤이마세~"를 외친다. 오히려 일본군이 조선을 공격하다 초밥을 먹고 싶지 않았을까 하는 상상도 해본다. 정말 기가 막힌 타이밍에 나온 '이라샤이마세.' 모르던 아이들도 다 외울 정도다. 오늘은 자신만의 레시피로 요리한 상상력이 가득한 글 그리고 뼈 때리는 팩트 폭격이 인상 깊은 시간이었다.

이 몸이 살고 싶어 죽지는 않고 싶어
나를 살려주오 나를 살려주오
임(방원) 향한 일편단심이야 가실 줄이 있으랴.

이 몸이 살아살아 일백번 고쳐살아
사는게 중요하니 고려를 버리고자
우리도 새나라만들어 천년까지 누리리니

몽주형님. 그렇게 고려가 좋으세요? 아무리 고려가 좋아도 이건 아니잖아요. 고려가 좋든 말든 일단 살아야 될 거 아니에요. 고려에 대한 애국심은 좋은데 일단 살아야 고려를 지키든 말든 하죠. 형님도 참 저랑 안 맞습니다.

일본 장군님. 저는 일본 병사예요.
장군님. 장군님. 어찌 돌격하라고 하시나요.
이렇게. 이렇게. 죽을 게 뻔한데.
이 말만 외쳐본다.
돌아오는 말은 돌격하라뿐.
집에나 집에나 가고 싶다.

이순신장군님께 이 편지를.
장군님. 이 길은 너무 어렵고 힘든 길입니다. 이 싸움을 택하지 마십시오. 울돌목은 물살이 빨라서 저희도 당할 수 없습니다. 그리고 저희에게는 13척의 배와 120명의 병사뿐입니다. 하지만 상대는 300척이 넘습니다. 저희가 이길 확률이 1%도 안 됩니다. 어서 물러나십시오. 제 생각에는 이 전투는 너무 무모합니다. 장군님이 물러나지 않는다면 저 혼자 가보겠습니다. -부하병사 올림-

이순신 형님께
저는 장군님의 일화를 듣고 깜짝 놀랐어요. 만약 저였으면 무서워서 아니면 정말 무작정 도망갔을 거예요. 죽기 살기로요. 저는 그렇게 용감할 자신이 없어요. 차라리 안전하게 육군으로 맞서 싸웠을 것 같아요. 그래도 항상 존경합니다.

(이순신에 감정이입하며)
나에게는 아직 12척의 배가 남아 있다. 나는 너무 무서워서 다리가 후들거리지만 왕에게 당한 수모를 생각하며 포커페이스를 유지한다. 모든 사람들은 내가 나라를 위해 목숨을 바쳐 싸운 용맹한 장군이라고 생각하는데 사실은 두렵다. 너무 힘들고 슬프고 바다만 봐도 내가 죽인 시체들과 그 피가 생각나 역겹고 헛구역질이 나온다. 이제 나는 어떻게 살아야 하지? 내가 아무렇지도 않은 척 애써 담담하게 싸우지만 자꾸 떠오른다. 아! 난 지금 매우 두렵다.

임진왜란
조선에 승산이 없다.
조선에 희망이 없다.
하지만 난 포기 하지 않는다.
길고 짧은 것은 대봐야 아는 것.

오늘은 행복 도시락데이 하는 날이다. 급식실에서 일하시는 분들이 새벽같이 나오셔서 아이들 도시락을 준비하셨다. 점심시간이 되자 아이들과 도시락을 챙겨 배수지공원으로 간다.
"선생님은 밥 먹고 그냥 들어갈 그럴 분이 아니죠? 놀 시간 주실 거죠?"
오늘 메뉴는 닭꼬치, 주먹밥, 바나나, 주스다. 역시 닭꼬치가 인기가 많고 바나나는 그냥 반납하는 아이들도 있다. 어느새 내 자리에 놓인 바나나가 한 송이가 되어 버렸다.

"근데 6학년이 되니까 행복 도시락데이 해도 별로 설레지 않아요. 1학년 때는 정말 신났는데."

아이들의 감정이 조금 무뎌졌나 보다. 배수지공원에는 사람이 너무 많아 밥 먹고 운동하기가 어려워 학교 운동장에서 5교시를 보내기로 했다. 잠시 소화 좀 시키라고 했더니 남자아이들은 다른 반 아이들이랑 어울려 축구를 하고 있다. 연수가 멋있게 한 골을 넣는다. 여자아이들은 배수지에서 못다 찍은 사진을 학교를 배경으로 찍고 있다. 나도 슬쩍 몇 컷 찍었는데. 그나저나 오늘은 정말 덥다. 한 시가 넘어가자 모래먼지가 날리니 더욱 답답하다. 하지만 아이들은 이런 날씨에도 행복피구를 외치고 있다.

"오늘은 무조건 티키타카야. 패스게임 해."

"난 오늘 눈 감고 던진다."

"받아! 이것아~ (오늘 테이프로 대수술한 공을 던진다.)"

'내가 너희 둘을 이어 줄게' 아이템을 맞은 경란이와 효은이는 손 꼭 잡고 한참을 함께 다닌다. 손잡고도 잘도 피한다. 피하기의 여신 경란이의 기를 효은이에게 나눠 주었나…. 주희는 한 발 들고 우아하게 피하다 반대 발 맞아 아웃된다. 피식. 정말 균형 잡기는 좋았으나 웃지 않을 수 없다. 백하는 학교생활에 적응이 되었는지 오늘은 악착같이 끝까지 살아남으려는 모습을 보인다.

누군가 '호텔스'라고 외치면 단체로 '컴바인'을 외치며 피구를 한다. 유튜브 광고 영상인데 아이들이 주고받는데 나름 리듬이 있다. 먼지 때문에 목도 칼칼하니 심판을 보는 나는 조금 힘들다. 두 판만 하고 교실로 들어가려 첫판을 이긴 팀에게 편향된 판정을 했으나 준호가 '종말의 카운트다운'을 외치며 세 판까지 몰아가고 말았다.

모내기와 모종을 심은 곳에 꽃을 패찰을 간단하게 만들었다. 함지박이 있는 곳에 내려가 바람에 날리지 않게 깊숙이 꽂는다. 가을에 만나자!

5월 23일 목요일

 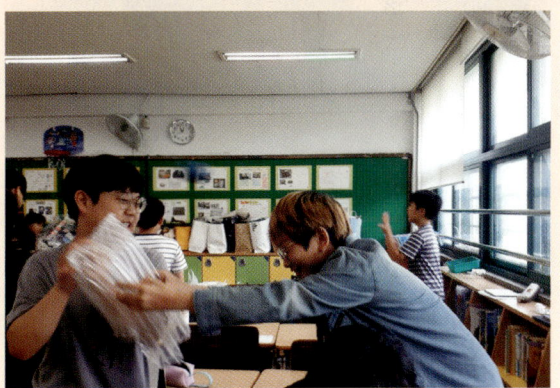

은비가 오늘 촬영이 있다며 조퇴를 신청했다. 헤럴드 경제와 무슨 촬영을 한다고 하는데. 방송 출연하는데도 큰 긴장을 안 하고 가는 걸 보니 경험의 힘은 역시 무시할 수가 없나 보다. 태윤이는 어제 가족현장체험학습 다녀왔다. 어머니께서 승무원이라 대한항공에서 초등학생들을 대상으로 진행하는 프로그램에 참여했단다.

"비행기 많이 보고 왔어?"

"그럼요. 비행기 안에 들어갔고요. 조정석에도 앉아 봤어요. 승무원 옷 입고 주스 따르는 일도 체험했고요. 활주로도 가봤고 비행기 정비하는 것도 봤어요."

"세상에 쉬운 게 없지?"

"네. 그리고 공항에 가 보니 제가 너무나 작아지는 기분이 들었어요."

엄마가 하는 일이 무척이나 힘들겠다며 효도해야겠단다. 역시 육체적인 체험의 힘이란.

남자아이와 여자아이가 어깨동무하더니 깔깔깔 웃으며 교실을 돌아다닌다. 한 녀석이 이걸 보더니 말을 한다.

"어깨동무하지 마! 그런 건 학폭이야."

"어깨동무하는 게 왜 학폭이야?"

"남자, 여자가 어깨동무하면 성추행이잖아."

갈수록 무서운 말들이 오고 가는 세상이다.

여자아이 한 명이 정말 예쁜 일기장을 내었다. 표지를 한참 보니 '예쁘다'라는 감탄이 절로 나온다. 내용도 인상 깊었지만 글 옆에 있는 그림들이 더 볼만했다.

 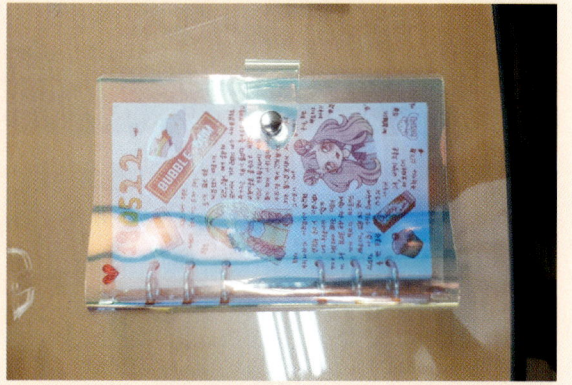

직업박람회에 사용할 택배가 많이 왔단다. 여자아이들에게 가져오라고 했더니 10명 총출동이다. 택배를 찾으러 가는 신나는 모습! 드디어 택배가 왔군. 박스 양이 무지막지하다.

한 녀석이 물어본다.

"어제 이순신 친구가 쓴 준비록 그 책 팔아요?"

"징비록(懲毖錄)?"

"네. 맞는 것 같아요."

한자로 바꾸어 출력해서 주었더니 이 한자는 정말 정말 어렵단다.

"일본 침략에 잘 준비해야 한다는 내용이죠?"

"우리도 준비 잘하자. 수업도 준비태도. 체육도 준비체조."

그러자 한 여자아이가 "독도가 우리 땅이라는 증거가 그렇게 많은데 왜 저래요"란다.

"그러게 말이다. 왜 그런대."

수학시간에 나오는 입체와 관련해 본인이 좋아하는 건축물에 대해 발표한다. 나름 흑백출력물도 느낌 있다.

  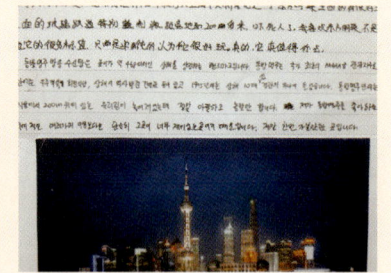

중간놀이시간이다. 남자대 여자의 미니 피구가 시작된다. 심판이 없어도 알아서 잘한다.

"코트 체인지!"

"원데이모어! (뜬금없이 웬 원데이모어)"

"난 현민이를 보호할 거야."

하지만 현민이는 날아오는 공에 얼굴을 맞고 말았다. 지켜 주지 않은 친구의 배신에 충격이 좀 있나 보다. 아이들이 모두 달려와 달래 주고 있다.

"난 다리 사이로 받을 거야. (이 녀석은 그냥 웃기려는 모양이다.)"

"너 방금 아웃이잖아."

"나 아웃 안 되었어."

"너희들 싸우면 피구 금지야~"라는 나의 말에 말다툼을 시작하려 하던 아이들에게 "야! 있다 싸워"란다.

"그럼 우리 둘 다 5분 전으로 돌아가자. 아웃 아닌 걸로 하자."

4교시 토론시간이다. 심이 부러진 연필 1개 가진 나라, 종이 20장 가진 나라, 연필깎이 1개를 가진 세 나라가 등장한다. 아이들은 세 나라 중 한 나라의 국민이다. 세 나라가 경쟁한다. 종이를 얻어 연필깎이로 연필을 깎아 과제를 해야 하는 미션이다. 서로 부족한 점을 보완해 가장 많은 페이지를 성공한 나라가 이기는 토론이다. 연필은 반드시 연필깎이로 깎아야 하고 종이 한 장에는 한 나라만 적을 수 있다는 조건이 있다.

먼저 각 나라별로 모여 전략을 짠다. 이후 나라별 대표가 모여 직접 정상회담을 연다. 상진, 준우, 준호가 연필, 종이, 연필깎이나라의 대통령이다.

"종이 10장을 빌려주면 연필을 빌려드릴게요."

"종이 3장이랑 연필 어때?"

"너희 연필나라는 우리(연필깎이)나라랑 힘을 안 합치면 아무것도 못 해."

"그런 말 할 거면 그만 끝냅시다."

"그렇게 헛소리 하시면 끝냅시다."

"됐어?"

정상회담에 반말이다. 보던 아이들이 답답해하며,
"그냥 1차 회담 끝내고 2차 회담 해요."
"너무 답답해요."

나라별로 모여 전략을 다시 짠다. 다시 대통령 간 정상회담이 시작된다.
"종이 6장이랑 연필 6번 바꿉시다."
"(연필나라 아이들이) 그런 조건 받지 마."
"그럼 나도 종이 안 줘."
"왜 님들, 연필깎이는 무시하는 거지? 대통령님들."
"근데 나는 연필이라고요, 아저씨."

회담은 가볍게 결렬되고 대통령이 협상이 결렬되었다는 내용을 직접 발표한다. 대변인이 있었는데 직접 발표하는 진풍경도 연출된다.

연필나라 대통령: 저희는 깔끔하게 가위바위보하려고 했는데 누구 때문인지 모르겠지만 협상을 안 해서 0 대 0 대 0으로 결론을 봤구요. 저희는 공평하게 20장의 종이를 7장, 7장, 6장으로 나누려고 했습니다. 아니요. 사실 6장, 6장, 6장으로 하고 2장을 버리려고 했어요. 근데 종이나라가 종이를 안 빌려주더라고요.

종이나라 대통령: 저는 연필을 빌리려고 나갔는데 연필을 절대 안 빌려주고 종이를 너무 많이 원하더라고요. 20장 중에 11장을 원하더라고요. 연필나라가 욕심이 너무 많아서 안 됐습니다. 결국 0 대 0 대 0으로 했습니다.

연필깎이나라 대통령: 종이나라랑 친목관계를 맺고 협상하려 했는데 못 했어요. 우리가 유리한 쪽으로 끌고 가다 실패했어요. 저희는 연필이랑 종이를 많이 얻어 내려고 전략을 다시 짤 거예요. 최소 7개 이상.

다시 국가별 전략을 짜는 시간을 가진다. 잠시 의논을 하고 이번엔 국무총리들이 출동한다. 서준, 지윤, 준혁이가 종이, 연필, 연필깎이나라의 국무총리들이다.
"종이 10장씩 두 나라에 드릴 테니 사용하시고 5장씩 반납하는 조건은 어때요?"
"그게 무슨 말씀이세요?"
"연필깎이나라님. 한 번만 연필 깎게 해주면 4번을 쓰게 해 줄게요. 한번 생각해 보세요. 이게 얼마나 좋아요."

"종이 5장 드릴 테니 연필깎이 한번 씁시다."

"7장이면 쓰게 해드릴게요."

"7장은 우리나라가 손해 보는 것이잖아요."

"나도 우리나라의 이익을 위해 나온 거예요."

"7장은 나한테 불이익이라니까요."

2차 국무총리 회담은 경어를 사용했지만 역시나 결렬되었다.

이제 마지막 전략을 짜는 시간이다. 이번에 결론이 나지 않으면 모두가 패하는 것이 된다. 어쩌면 단 한 장에 승부가 갈릴지도 모르겠다. 아이들은 2등을 노릴지 1등을 노릴지 모두가 패자가 될지를 의논하며 협상 카드를 맞춰 대표자를 내보낸다. 이번은 외교부장관으로 효은, 태윤, 민준이가 나온다.

"너네가 연필깎이 한 번 빌려주면 우리가 연필 7번 빌려줄게. (한 장이라도 성공하는 전략인지.)"

"우리가 종이 7장 줄 테니까 연필 7번 빌려줘."

"안 돼. 너네 둘이 7, 7이 되면 우리는 절대 반대야."

협상이 잘 이루어지다 갑자기,

"나 공동 1등이 싫어졌어."

"그래! 다 끝났어. 협상 포기!"

20이라는 숫자와 21이라는 숫자는 1밖에 차이가 안 나지만 세 나라에게는 너무나 어려운 나눔이다. 오늘 토론은 결국 세 나라 모두 아무런 소득을 얻지 못하고 끝이 난다. 다들 허무한지 이렇게 끝내면 안 된다고 목소리를 높였지만 다시 7, 7, 6의 나눔의 경우의 수에서 막혀 버린다.

"둘이 협상해서 맞추면 다른 나라가 어떤 방법을 써서 꽉 막혀요."

점심 먹고 교실에서 아이들이 피구를 하고 있다.

"교실 피구 너무 재미있어요."

중간놀이시간처럼 원데이모어 도입 부분을 따라한다. (따라라라, 따라라라) 게임하다가 타임! 타임!이 너무 많다. 협상하는 시간이 게임하는 시간보다 더 길어진다. 토론시간에 해결하지 못한 협상이 피구에서도 결렬이다.

"아웃된 사람은 앉아 주세요, 제발."

"근데 왜 이렇게 고래고래 소리를 질러?"

우리 반 아이들의 교실 피구 경기 규칙이 너무 재미있다. 머리카락에 공 맞으면 세이프, 머리는 아웃.

"그럼 표피는 세이프야 아웃이야?"

"단순하게 살자. 이런 건 대충대충."
"얘들아, 말할 게 있으면 너무 크게 소리 지르지 마."
"이제 침묵게임이야. 말하는 사람은 아웃이야."

아이들이 피구 하길래 같이 나도 한 게임 했다. 역시 날 집중 공략한다. 당연히 맞는다. "너희 우리 엄마한테 다 일러줄 거야"라고 말하며 퇴장하니 아이들이 정말 유치하게 웃겨 준다며 박수를 쳐 준다.

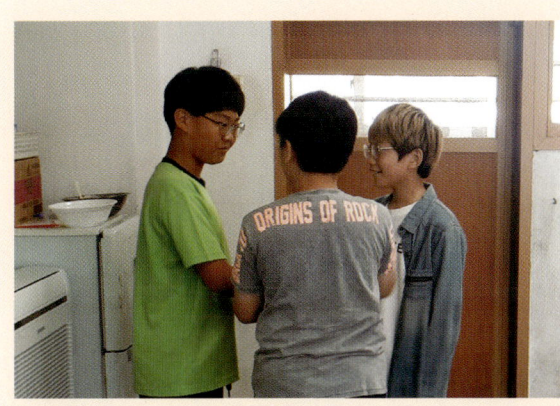

수학시간이다. 소수의 나눗셈 마지막 차시를 한다. '5 ÷ 4'의 몫을 소수로 나타낸다. '1.25.' 하지만 몫을 소수로 나타내면 안 되는 상황에 대한 설명이 부족하다. 우리는 그것을 찾아보기로 한다.

양, 종이, 에어컨, 책, 전등, 컴퓨터 모니터, 실물화상기, 드럼, 가위, 구슬, 축구공, 피아노, 냉장고, 선풍기, 소화기, 안경, 비행기, 헬리콥터, 전자레인지, 지구, 우주 등.

"근데 종이는 찢어도 되잖아? 5 ÷ 4 돼!"
"맞아. 책도 찢어도 되잖아? (수학책을 찢는 동작을 취한다.)"
"축구공도 바람 빠지면 0.25개 되는데."
"안경알 한쪽 깨지면 한쪽이랑 1/4개. (ㅋㅋ 웃긴 녀석)"
"피아노도 건반 몇 개 고장 나도 칠 수 있는데."

소수단원이 끝나고 비를 공부하기 전에 비교라는 개념에 대해 이야기를 나누었다.

"비교당하면 기분이 어때요?"

"사람이 제일 기분 나쁜 상황이죠."

"그지, 준우야! 너 누나가 그렇게 잘하는데 넌 그게 뭐냐 이런 말 들으면?"

"아니에요. 제가 더 잘한다고요."

"비교당하는 숫자도 정말 기분 나쁘겠지?"

"비 단원은 숫자들이 마음 아프지 않게 조심히 비교하겠습니다. 좀 쉬어도 돼요?"

동아리 활동 시간이다.

달콤한 다락방 요리부 여자아이들은 행운쿠키를 만든다고 한다. 재료는 계란, 소금, 밀가루. 이젠 자연스럽게 반죽을 만든다. 알아서 준비물실에 가 버너도 빌리고. (이젠 묻지도 않고 알아서 척척척)

서준이랑 현민이는 태극철권이라는 장갑을 만든다고 한다. 마법천자문에 나오는 장갑인데 정확히는 모르겠다. 백하랑 태윤이는 핸드폰케이스 꾸미기를 한단다. 정확한 설명을 위해 둘은 영어로 말하는데, 둘이 영어로 대화하는 모습이 신기하기만 하다.

교실체육부 남자아이들은 왕따 게임하다 농구 경기를 한다. 다락방 아이들이 버너를 사용하니 알아서 자유투만 하고 나머지 아이들은 혹시 다락방 아이들 쪽으로 바운스 될까 가드를 치고 있다. 하지만 키 큰 녀석이 덩크처럼 자유투를 10골을 넣었다며 반칙이라며 말다툼이 있다.

"난 용왕이야."

"나 옥황상제야."

"난 염라대왕이야."

이게 장난인지 진담인지 모르겠다.

다락방 여자아이들에게 문제가 생겼다. 기름이랑 버터도 두르지 않고 팬에 반죽을 올려 첫 번째 판이 타 버렸다. 얼추 정리하고 버터를 꺼낸다. 일단 버터 녹이려 3분을 맞춰 놓고 전자레인지 앞에서 1에서 10까지 세 번 센다. 그냥 처음에 30초에 맞추면 되는데. 화장실에 다녀온 아이가 복도 끝까지 노릿노릿한 냄새가 가득하다며 정말 맛있겠단다. 내가 봐도 향은 확실한데. 그때 주희가 달궈진 팬에 손을 대어 살짝 부어오른다. 냉찜질 하러 화장실 간단다. 갔다 오더니 "괜찮아졌어"라며 무한 긍정의 힘을 보여 준다.

행운쿠키를 나더러 먹어 보란다. 먹다가 이질감이 들면 절대 먹지 말라며 친절히 안내한다. 무슨 말인지? 행복쿠키를 하나 먹었는데 안에 코팅된 메시지가 들어 있다. 쿠키를 먹는 사람에 맞춰 메시지를 담았단다. 내 행운쿠키에는 이렇게 쓰여 있다.

'여자애들한테 잘해 주세요.'

언제 종이를 코팅했으며 이런 멋진 맞춤별 이벤트를 마련하다니. 다음 메시지는

'여자친구 생길 거예요~'

참 이 녀석들은….

5월 24일 금요일

아침부터 바자회 준비로 바쁘다. 고생하시는 어머님들 드리러 커피 몇 개를 사서 운동장으로 내려갔다. "커피 왔습니다!"라고 말했더니 주저하는 눈치시다. 다행히 한 분이 얼른 받아 주신다. 자칫 민망한 상황이 연출될 뻔했다. 남자아이들 몇몇은 일찍 와서 교실에서 운동장으로 바자회 물품 나르는 것을 도와준다. 바자회 개시 전인데도 먼저 예약해 놓은 눈치 빠른 녀석도 있다.

우리 반 부스 위에는 '초절정 울트라!'라며 내 이름이 적혀 있다. 디자인 관련 일을 하시는 상진이 어머님께서 만드셨다고 한다. 난 그 표지판을 보며 너무 뿌듯했는데 아이들은 너무너무 부끄럽단다.

은비는 어제 헤럴드 경제와 인터뷰를 했는데 스크린쿼터제에 대해 이야기하고 왔단다. 너무 어려운 주제가 아니냐고 물었더니 〈엔드게임〉 본 거 떠올리며 생각나는 대로 말하고 왔다는 은비. 인터뷰 기사 나오면 6월 중에 카톡으로 보내 준단다.

영민이가 3일 동안 결석하다 오늘 등교했다. 정말 아팠나 보다. 얼굴이 핼쑥하다.
"많이 아팠냐?"
"네."
"내 마음이 더 아팠어."
"네?"

6학년 다른 반이 2교시에 바자회 나간다고 아우성이다. 그 반은 3교시에 다른 수업이 있어서 어쩔 수 없이 나간다는 사정을 알려 줬지만 이미 민심은 동요한다.
"3교시에 나가면 살 게 없는데. 우리도 2교시에 나가요."
바자회 시간이다. 세심하게 장바구니를 챙겨 내려가는 아이들. 오늘은 옷만 사겠다는 아이들도 보인다. 6학년인지라 장난감은 의외로 인기가 없다. 물론 남자아이들이 작은 총이나 공을 사오기도 하지만 바자회는 역시 먹거리가 우선! 떡볶이와 김치전이 최고 인기 메뉴다. 만 원짜리 축구공을 천 원에 사온 연수는 아주 만족스러운 표정으로 공을 가지고 놀고 있다. 하트무늬 선글라스를 산 아이는 자랑스럽게 쓰고 다닌다. 수갑을 산 녀석들은 다른 친구와 어울려 형사놀이를 하고 있다.
"저는 떡볶이에 올인하고 왔어요."
"김치전이 제일 맛있어요."

"3교시라 진짜 살 게 없었어요. 작년보다. 역시 먹는 게 최고야."

"토끼가 매달려 있는 볼펜이 문방구에는 2,000원인데 여기엔 500원에 팔았어요. 그리고 동생 친구 엄마가 서비스로 연필 하나를 주셨어요."

"아휴. 바자회고 뭐고 그냥 놀고 싶다."

바자회 끝나고 4교시 시작 전에 띄엄띄엄 한둘씩 아이들이 올라온다. 책을 펴라고 하자 "바자회 날 수업하는 거 인권감수성이 떨어지는 거 아니에요?"란다. 이건 또 어디서 주워들은 말인지. 인권감수성이라….

낮아진 인권감수성을 높이기 위해 '차례차례 말해요' 게임을 하기로 한다. 네 명이 순서를 정해 옆 사

람에게 낱말을 몸으로 전달하는 게임이다. 6학년인데도 이런 게임을 처음 해 본다며 신기해하는 모습이다.

한 녀석이 닭을 설명했는데 차례로 도마뱀, 오리, 거북이란다. 다들 설명은 무지하게 잘했는데 모두 다른 답을 말한다. 낙타에서 시작해 개미핥기, 개미로 이어진다. 고래의 물 뿜는 장면은 공작이나 갈매기로 차례로 전달되고 상어는 고양이, 호랑이, 고슴도치가 된다. 곰은 펭귄, 고릴라, 오스트랄로피테쿠스란다.

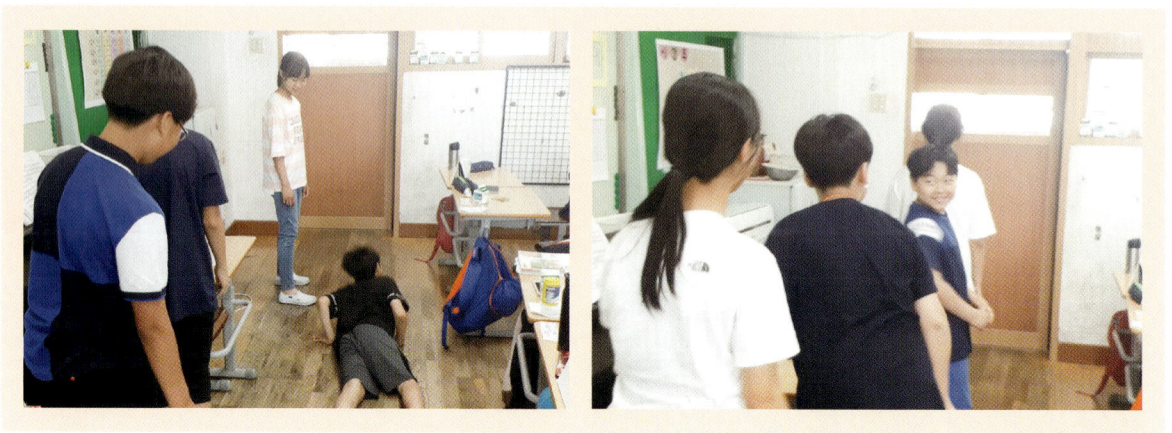

오늘 점심은 우동에 수박이다. 아이들이 바자회 때 너무 많이 먹어서 배부르다며 급식실에 안 가겠다는 걸 조금이라도 먹으라며 끌고 내려갔다. 몇 젓가락 먹고는 내 눈치를 보며 올라간다. 5교시 시작 전에 오늘 바자회 뒷정리 봉사활동을 하러 운동장으로 내려간다. 쓰레기 줍기, 표지판·책상·의자 정리. 역시나 손이 무섭다. 게다가 아이들이 즐거운 마음으로 도와주니 고맙기도 하다.

5교시는 주사위 야구게임을 하기로 했다. 이런 날은 쉬어 갈 필요도 있을 듯. 남, 녀 두 팀으로 나누어 주사위를 각각 던진다. 6-6은 홈런, 5-5는 3루타, 주사위 숫자가 4 차이가 나면 2루타(공격팀이 높을 경우)나 병살(수비팀이 높을 경우), 3 차이가 나면 안타나 삼진, 1~2 차이가 나면 스트라이크나 볼이다. 텔레비전에 주사위 판정표를 띄워 놓고 하니 금세 따라온다. 물론 야구 규칙을 모르는 아이들은 갸우뚱하기도 하지만.

1회는 0 대 0으로 시작한다. 이런 경기도 긴장되는지 손톱을 물어뜯는 아이들이 몇 명 보인다. 또 그 와중에 손톱에 피 난다며 손톱깎이를 찾고 다니는 녀석은 뭐지. 결국 가위로 정리해 버린다.

"6이 나오려면 머리 위로 던져야 잘 나와."

아무도 믿지 않을 이 한마디! 하지만 머리 위로 던져 실제로 6이 나온 경우가 몇 번 나오자 많은 아이들이 머리 위로 높게 던진다. 준우가 경란이를 상대로 홈런을 친다(6-6). 경란이는 수비팀임에도 본인이 홈런을 친 줄 알고 순간 좋아했단다. 남자팀이 선취점을 얻었지만 지윤이가 3루타를 치는 등 여자팀이 3회에만 5점을 낸다. 남자팀의 공격이다. 현민이 차례. 3볼 2스트라이크 상황에서 "할 수 있어"라고 크게 외친다. 홈런이다.

"아빠~ 저 홈런 쳤어요."

비명과 환호가 교차한다. 현민이의 엄청난 세리머니! 한 녀석은 안타를 치고 할머니께 감사드린단다. 한 남자아이는 고개와 허리를 꼿꼿이 펴고 명상을 하고 있다. 궁예처럼 마음의 눈으로 바라보면 상대방이 던지는 게 보인단다. 과연 관심법이 통할지. 결과는 병살타. 경기는 7 대 3으로 여자팀 승리! 하지만 남자아이들이 "이겼다"를 외치며 승리 세리머니를 한다. 여자아이들은 본인들이 이긴 줄도 모르고 풀죽어 하는 모습. 여자아이들에게 '너희들이 이겼다'고 말을 해줘도 "아니잖아요" 하며 돌아선다. 이것 참~

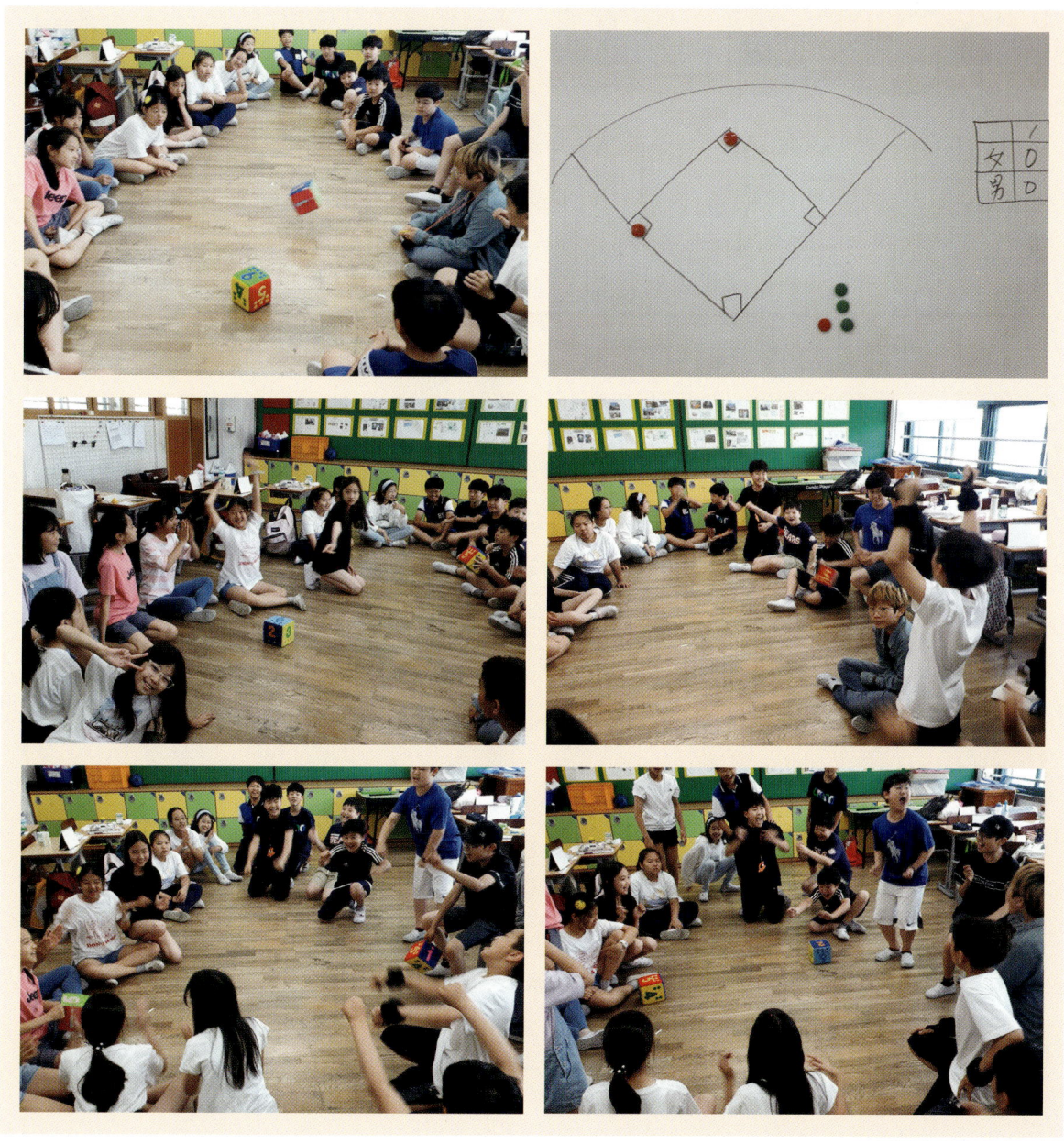

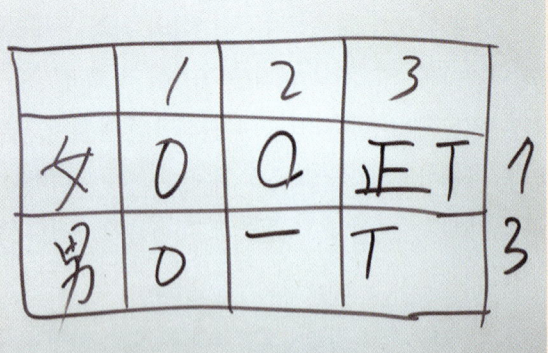

야구 경기가 끝나니 10분 정도가 남는다. 무조건 칭찬하기 게임을 했다. 친구 이름이 나오면 10초 안에 칭찬하고 자신의 턴을 넘기는 경기다. 옆자리에 앉은 아이가 이어받아 칭찬한다. 21명 아이들 이름을 불렀는데 5분 안에 칭찬이 끝난다.

강인해: 잘 웃어요. 웃는 게 예뻐요.
김민준: 피구를 잘해요. 공이 보기보다 엄청 빠르고 휘어요.
김상진: 야구를 잘해요. 두산 최강!
김주희: 착해요. 정말 정말 착한 마음씨를 가졌어요.
박경란: 잘 피해요. 피하기의 신. 피신여왕!
박준우: 게임을 잘해요. 브롤스타즈. 아니 다른 게임도 다 잘해요.
방준혁: 웃겨요. 몸개그는 준혁이가 최고예요.
배규현: 요리를 잘해요. 아니지. 잘~~ 해요. (피식 웃는다.)
신은비: 사회성이 좋아요. 사회쌤도 좋아하고요.
양연수: 오래달리기를 잘해요. 축구하고 세리머니가 남달라요. 진지 세리머니!
윤준호: 축구를 잘해요. 박지성 - 손흥민 - 윤준호 - ?
이서준: 만들기 잘해요. 뭔가 뚝딱 쉽게 만들어요.
이효은: 발랄해요. 활기차요. 다른 사람에게 힘을 줘요. 힘도 세고요.
임현민: 착해요. 말하는 센스가 있어요.
전륜경: 잘못했을 때 사과를 빨리 해요. 그리고 목이 길어서 멀리 볼 수 있어요.(야!!!)
최영민: 축구를 잘하고 웃겨요. 체육미와 지식미가 골고루 있어요.
한지윤: 활발해요. 가끔 귀엽기도 하고요.
황승은: 말없지만 착해요. 한 방이 묵직하게 날아올 때가 있어요.
황태윤: 친구를 잘 챙겨요. 여자애 중에서 키가 제일 커서 부러워요.
최백하: 중국어를 잘해요. 이제 한국어도 잘할 거 같아요.

 오늘 금북 우체부들이 왔다. 금북초등학교 소인이 찍힌 편지를 내게 전해 준다. 작년 제자 원준이가 쓴 편지이다. 자기네 반도 학급온도계를 하게 될 것 같다는 긍정의 메시지를 전달해 준다. 항상 건강하시라는 말도 덧붙인다. 이름만 봐도 기분이 좋아지는 우리 원준이!

 **5월 27일 월요일**

 주말에 동네 마트에서 효은이를 만났다. 효은이가 인사하길래 반가워 나도 인사했더니 옆에 아빠가 계셨다. 딸이랑 장을 보러 오셨나 보다. 아버님이랑 악수도 하고 효은이 너무 잘하고 있다고 말씀드렸다. 아버님도 잘 부탁드린다고 하신다. 마트에서 이렇게 만나니 뭔가 어색했다. 근데 오늘 아침에 효은이가 전하는 말은 아빠가 선생님 아닌 줄 아셨단다. 농담이겠지만 선생님처럼 안 생기셨다나 뭐라나.

"오늘 망했어요."
"왜?"
"체육이 날아갔네요."
 아침부터 비가 무섭게 내린다. 정말 퍼붓는다. 교실로 들어오는 대부분의 아이들 다리 쪽이 젖어 있다. 얼른 에어컨을 틀어 찝찝함을 날린다.

PAPS 자기신체평가를 했다. 문항이 좀 웃겼다. 건강기록부에 입력은 했지만 이 결과를 어디에 어떻게 사용해야 할지. 문항을 손볼 필요가 있는 것 같다.

- 내 얼굴은 잘생겼다.
- 나는 인생의 실패자인 것 같다.
- 나는 내 몸을 여러 방향으로 잘 구부릴 수 있다.
- 나는 내 또래에 비해 외모가 매력적이다.
- 했던 일 중에서 제대로 된 것은 전혀 없는 것 같다.
- 나의 신체적 조건에 자부심을 느낀다.

자기평가를 마치고 한마디씩 한다.
"난 차마 잘생겼다고 6점을 줄 수 없었어. 양심적으로 5점."
"난 인생의 실패자는 아닌데. 그렇다고 성공도 아니고. 참."
"나는 몸을 구부릴 수는 있는데 여러 방향으로 막 구부리면 부러질 텐데."
"난 매력적이지. 키는 작지만 마음이 크죠? (나한테 물어본다.) 근데 이 팝스 문제들 이상해요."

통일교육주간 활동으로 우리나라와 비슷한 북한동화 두 개를 같이 읽고 아이들과 의견을 나누었다. 북한동화 〈해와 달〉을 읽었다. 아이들은 본인이 읽었던 〈해와 달이 된 오누이〉 이야기와 다소 다르다는 것을 말하였지만 큰 거부감은 없어 보인다. 전체적인 이야기 전개가 비슷함으로 추정된다. 이야기를 읽고 북한동화임을 밝혔을 때 너무나 놀랐다는 반응이다.

이어서 동화 제목 맞히기 놀이를 했다. 처음에 참여를 주저하는 아이들이 학급온도계 보상이 주어지자 몇몇이 말을 하기 시작했다.

일월 오누이: 느낌이 그럴 것 같아요. 평양의 느낌. 평양냉면의 느낌. 냉면집에서 한자 쓸 것 같아서요.
해는 동생 달은 오라버니: 우리랑 느낌이 약간 다를 것 같아서. 북한에서는 오라버니라고 하는 게 맞는 것 같아요.
하늘에 올라간 오누이: 북한은 뭔가 줄이거나 단순하게 말할 것 같아요. 해와 달보다는 하늘이라 할 것 같아요.
해와 달이 된 형님 아우: 오누이라는 말은 북한에서 안 쓸 것 같고 북한은 남녀 성별에 관계없이 형님이라는 말을 쓸 것 같아요.
호랑이와 아이들: 북한에서는 등장인물을 말할 것 같아서요.
호랑이 어머니: 왠지 호랑이 입장에서 썼을 것 같아요.

> 햇님 달님 오누이: 뭔가 북한에서는 해와 달을 신성하게 여겨서 님 자를 붙일 것 같아요.
> 우리 엄마 손은 이렇게 안 생겼어: 북한에서도 요즘 스타일로 간지나는 느낌으로.
> 저 해는 동생이오. 저 달은 형이다.: 시조나 조선시대 느낌. 뭔가 북한은 단도직입적으로 말하지 않고 돌려서 말할 것 같다.
> 오누이를 지킨 밧줄: 이야기에 밧줄이 내려와 하늘로 올렸기 때문에. 근데 선생님 북한 갔다 왔어요? 잡혀가는 거예요?

이어서 〈해와 달〉과 〈해와 달이 된 오누이〉 이야기의 차이점에 대해 알아보기로 했다.

> "왠지 몰라도 우리나라는 앞에서 호랑이가 떡 하나 주면 안 잡아먹지 하는데 북한판 여기서는 없어요."
> "호랑이가 처음부터 입던 옷을 안 입고 애들이 물어봐서 옷을 갈아입어요. 우리나라랑 버전이 다른 것 같아요."
> "베낳이가 뭐예요?" (우리나라는 잔칫집 가서 떡 받아오는 것인데.) 우리나라는 떡 받아오는데. 북한은 옷감(베)이라니. 많이 다르네요."
> "손 넣은 다음 손이 거칠어진 걸 알고 밀가루에 손을 넣어 하얗게 해서 엄마 손 하는데 북한은 달라요. 그리고 우리나라는 꿀 같은 것 마시고 목소리 맑게도 하는데."
> "그때 우리나라에 밀가루를 먹었을까? 흰색 가루 탄저균 아니야?"
> "수수밭에 엉덩이를 찔려 죽었다가 아니라 우리나라에서는 떨어져 깊은 우물에 떨어져 죽은 걸로 알고 있는데요. 가시밭? 수수밭? 장미밭?"
> "우리나라 동화는 도끼로 발 딛는 자리를 찍으렴 이렇게 말하는데. 제 기억 속에는 도끼로 찍으면서 올라가는 스토리인데."
> "우리나라는 우리 우물 안에 있다라고 동생이 웃으면서 말해서 알게 되었는데. 북한 거는 좀 달라요."

이어서 북한동화 '왕골부채'에 대해 이야기를 나누었다.

> "령감. 북한은 ㅇ을 ㄹ로 하니까 이건 확실히 북한 책 같았어요. 령감을 봤을 때."
> "말을 할 때 한국동화는 말을 예쁘게 하는데 북한동화는 놈 자가 들어가서 놀랐어요."
> "어데 나가느냐? 이 말을 듣고 표현이 옛날 같고 구식 같아서 약간 이상하다는 생각이 들었어요. 한국동화에서는 어디 나가느냐인데."
> "위라는 말 대신에 우라는 말. 북한 말 아니면 옛날 말 같기도 하고. 사투리 같기도 하고. 강원도 사투리 같기도 하고 북한 사투리 같기도 하고."

아이들이 기다리던 진로박람회 시간이다. 한 시간은 우리가 운영, 한 시간은 다른 반 체험을 했다. 진로박람회가 끝나고 아이들과 의견을 나누었다. 본인이 운영하거나 참여했던 소감을 발표한다. 아이들은 크게 두 가지 교훈을 얻었단다. 말 안 듣는 아이들을 가르치는 게 너무 힘들다. 그리고 돈 버는 건 더 힘들다.

〈초코비 슬라임〉

활동 내용: 슬라임 카페에 대한 설명(약 5분) 슬라임 만들기(30분) 퀴즈(5분)

주의사항: 향료는 1방울, 물풀은 표시선까지! 색소는 2방울, 파츠는 표시선까지! 더 달라고 하기 없기. 파츠의 양이 적어서 조금밖에 못 드리는 점 양해 부탁드립니다.

〈메날두〉

활동: 종이 유니폼 만들기, 축구공 만들기, 축구화 만들기, 영상 시청

〈야구교실〉

(5분) 자기 소개 및 설명

(10분) 야구 그립 잡기 → 퀴즈

(10분) 투구폼 잡기 → 퀴즈

(10분) 스윙 연습 → 퀴즈

(5분) 질문 & 응답

(1분) 선물 증정

주요설명: 자리는 1~4반 순서로 앉기. 체험 순은 1~4반 순서. 선물 증정은 4~1반 순서. 선물은 비밀.

좋은 체험 되세요.

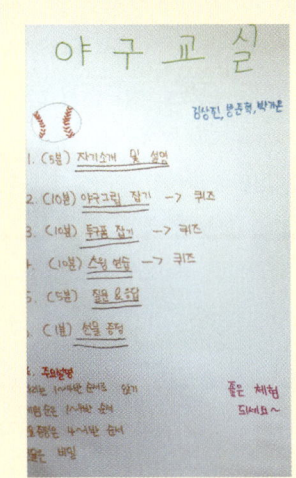

〈느낌 있는 파스타〉

메뉴: 토마토 파스타, 크림 파스타, 마늘빵

무엇을 하나요?: 파스타를 빠르고 쉽게 만드는 법을 배워요.

파스타 플레이팅을 배워요.

파스타 시식을 합니다.

〈별다방〉

별다방에 오신 걸 환영합니다.

체험활동: 저희는 버블티 전문점으로서 버블티 만들기 체험을 할 수 있습니다!^^

(펄은 검정색이 모두 소진되어 하얀색으로 하게 되었습니다. 그 점은 양해 부탁드립니다.)

(만드신 버블티는 테이크 아웃해서 가지고 나가실 수 있습니다.)

메뉴: 타로버블티, 초코버블티, 펄추가

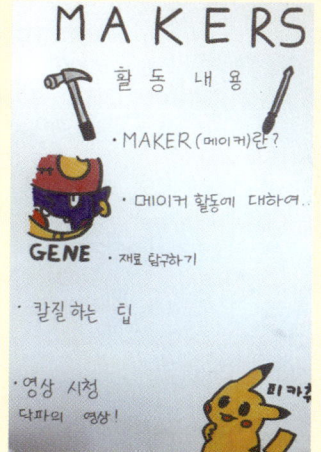

〈별다방〉

별다방에 오신 걸 환영합니다.

체험활동: 저희는 버블티 전문점으로서 버블티 만들기 체험을 할 수 있습니다!^^

(펄은 검정색이 모두 소진되어 하얀색으로 하게 되었습니다. 그 점은 양해 부탁드립니다.)

(만드신 버블티는 테이크 아웃해서 가지고 나가실 수 있습니다.)

메뉴: 타로버블티, 초코버블티, 펄추가

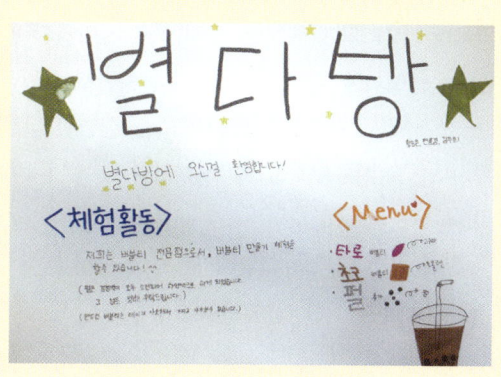

"복불복 까나페에서 재료를 뽑아서 과자를 만들었는데 너무 긴장되었어요. 하지만 캡사이신이 나와 너무너무너무너무 매웠어요. 하지만 무슨 맛인지 몰라 기대되는 까나페여서 더 흥미진진했어요."

"저는 공예가에 참여했는데 나만 남자라서 소외감을 느꼈어요. 여자애들이 내가 쓰던 걸 뺏어 쓰고 나는 못 쓰게 해서 차별이 느껴졌어요. 좀 섭섭한 마음이 남는 박람회였어요."

"우리는 슬라임 부스를 운영했는데 다들 잘 따라 주어서 좋았고, 퀴즈에 적극적으로 참여해 줘서 고마웠어요."

"3반에 있는 만화를 했는데 잘 알려 주지 않아서 좀 별로였어요. 그리고 내가 운영할 때 온 애들이 계속 다른 곳에 구경 가서 섭섭했어요."

"같이 주스를 만드는데 ○○ 님이 조금 마시고 나서 대신 마셔 주실 분?이라고 해서 섭섭했고 아쉬웠어요. Job is important. 달고나 만드는 곳은 굉장히 잘 한 것 같고 재미있었고 좋았어요."

"'환장의 VR'은 VR체험도 재미있었지만 먹는 걸 마음껏 먹어도 된다고 해서 너무 좋았어요. 하지만 내가 친구들을 가르칠 때 너무 힘들었어요. 왜냐하면 설명을 하는데 말대꾸를 너무 많이 했고 너무 시끄러워서요."

"파스타를 만들었는데 정말 즐거웠어요. 우리 팀에 들어온 친구들도 잘 참여해 주었고 선생님이 도와주셔서 빨리 끝낼 수 있었어요. 우리가 만든 파스타는 정말 맛있었어요."

"내가 아파서 많이 준비 못 해서 어리버리했지만 친구들이 잘 알려 주어서 고마웠고. 축구에 관련된 활동을 해서 기분이 좋았어요."

"우리가 축구 유니폼 만들기 할 때 내가 담당했던 친구가 내 말을 잘 안 들어서 힘들긴 했지만. 사실 우리 팀은 완벽하게 할 줄 알았는데 그러지 못해서 아쉬웠어요."

"야구에 대해서 설명하는데 아이들이 많이 소란스러웠고 좀 지나친 행동이 많았어요. 그리고 좀 행동이 폭력적이었어요. 야구방망이 들고 막 흔들고. 그래도 포심, 투심, 슬라이더, 체인지업을 설명하고 나니 기분이 좋았어요."

"내가 체험할 때 친한 친구가 있는 부스라서 정말 기분이 좋았어요. 내가 운영할 때도 앞과 같은 친구가 내 부스로 와서 기분이 아주 좋았고요."

"내가 제일 먼저 달고나 만들기 체험을 했는데 식기 전에 들어서 실패해서 아쉬웠어요. 우리가 운영할 때는 글리세린을 집에 두고 와서 제대로 못 했는데. 그래도 친구들이 우리말을 잘 들어 주어서 고마웠어요."

"나는 동물 조련사 체험을 했는데 앵무새를 손가락 위에 올리고 쓰다듬기도 했고 햄스터와 토끼를 만져 보고 먹이도 주었어요. 그리고 햄스터 흰색 수컷을 분양받아 키우기로 했는데 엄마가 허락해 주셨어요. 우리 팀은 당구부를 운영했는데 3 대 3 경기를 했어요. 근데 두 명이 집중을 안 하고 방해를 했어요."

"나는 진로박람회 준비를 하면서 진짜 힘들었어요. 레시피 PPT로 뽑고 재료준비와 파스타 만드는 연습까지. 가장 힘들었던 부분은 우리도 파스타를 먹어야 하는데 다른 애들이 다 먹겠다고 해서. 그리고 정리할 때 너무 힘들었는데 친구들이 다 같이 힘을 모아서 청소해서 뿌듯했어요. 또 했으면 좋겠고. 나는 제빵사 체험했는데 샌드위치 만들기여서 그다지 재미있지는 않았어요."

"내가 좋아하는 야구부를 운영해서 즐거웠어요. 다행히 애들의 반응이 좋았고, 조금 장난치는 애들이 있어서 힘들기도 했지만, 야구에 관해 설명하고 같이 어울려서 좋았어요."

"내가 야구를 진행했는데 ○○이가 축구공으로 야구를 하는 모습이 특이했는데 열정이 많은 것 같기도 하고요."

"난 이번이 마음에 들어요. 같이 한 친구들이 괜찮았고 과학자 체험은 준비를 잘못해서 실패했지만. 언제나 실패는 따르는 법이에요."

"버블티를 만들었는데 생각보다 맛이 없었어요. 펄이 다르고 타로파우더가 내가 알던 타로가 아니었어요. 그래도 친구들과 함께라서 좋았고요, 펄 없이 그냥 우유에 초코파우더를 넣은 게 가장 나았어요."

"사격 선수 체험이 재미있었고 진짜처럼 느껴졌어요. 난 당구를 운영했는데 나한테 잘한다고 칭찬해 주어서 기분이 좋았어요. 근데 연습할 때처럼은 안 되더라고요."

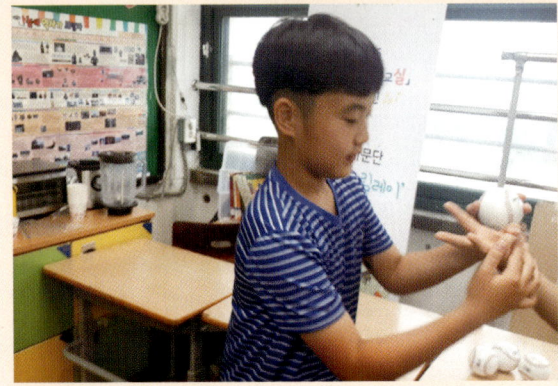

비가 와서 체육을 교실에서 술래잡기로 대체했다. 안대로 눈을 가리고 친구들을 찾는 경기다. 경기는 '새콤팀 남자 VS 달콤팀 남자', '새콤팀 여자 VS 달콤팀 여자'다. 남녀를 섞어서 하고 싶었지만 안대를 가린 아이가 찾다가 신체를 만지면 성추행이 된다는 아이들의 말에 바로 남녀로 갈라서 진행한다.

승은이는 방향을 잃고 한 명도 못 찾는다. 철망에 부딪혀 넘어지기도 한다. 규현이는 숨어 있던 네 명 다 찾았다. 역시 육감이 대단하다. 상진이는 세 명은 금세 찾고 3분여를 홀로 헤맨다. 마지막 10초 카운트다운에 준혁이를 찾고는 안대를 벗으며 얼마나 좋아하던지. 서준이는 방향을 잃고 관중석으로 돌진한다. 비명소리를 듣고 본인도 놀랐는지 몸을 부르르 떤다.

오늘 청소 당번인 아이가 안 하고 집에 간다. 그 아이 이름을 부르며 좀 찾으라고 했더니 복도에서 "○○아, 빨리 와~ 쌤이 오란다. 정말 오란다. 빨리 뛰어와." 이 점층법의 느낌! 청소하면서 본인 피구 실력 향상의 비기를 아이들에게 전수하는데.

"동생이 차는 공 잡으면 1,000원 준다고 했어. 그래서 잡다 보니 피구 실력이 늘었어."

"나는 그러면 3억은 벌겠다."

 **5월 28일 화요일**

아침에 현민이가 차를 타고 등교한다. 손에는 목발이 있다. 많이 다쳤냐고 물어봤는데 그냥 조금 다쳤단다. 근데 인대가 파열되었단다!!! 5학년 때 다친 것보다는 덜 다쳤다며 그래도 긍정적인 반응이다.

"제가 많이 다쳐 봐서 아는데 괜찮아요. 엄마가 고생하시는 게 걱정이 돼요. 지난번에도 간호하다가 독감 걸리셨는데."

아이들도 현민이를 걱정해 주기는 마찬가지다. 하지만 역시 목발은 장난감이 되었다가 칼이 되고 날개가 되기도 한다. 목발은 원래 이렇게 쓰는 것이란다.

아침에 7채와 휘모리장단 연습을 했다. 모둠별로 연습하다 계속 틀려 한 명씩 시켜 버렸다. 음악 평가를 절대로 이렇게 안 하기로 다짐했는데. 한 녀석은 치면서 나랑 눈이 마주치고는 얼마나 불안해하는지.

"이런 거 틀려도 돼. 인생이랑 아무 상관없어."

"그죠?"

국어시간이다. 속담 마지막 시간이다. 생활 속의 속담 이야기가 시작된다.

- 몰래 핸드폰을 20분씩만 하다가 재미있어져서 1시간, 2시간, 3시간…. 몰래 핸드폰을 하는 시간이 확 늘었다.: 바늘 도둑이 소 도둑 된다.
- 가족들과 놀러가서 카누를 타러 갔는데 하필 그날 문이 닫혀 있다.: 가는 날이 장날이다.
- 신발 가게에 신발 사러 갔는데 마침 세일을 했다. 7만 원짜리를 5만 원에 득템.: 가는 날이 장날이다.
- 친구들과 스승의 날 파티를 계획할 때 애들의 의견이 한꺼번에 너무 많이 나와서 혼란스러웠다.: 사공이 많으면 배가 산으로 간다.
- 길을 가다가 음식점에 들렀다. 음식점에서 음식을 시키고 음식을 보니 플레이트가 너무 예뻤다. 그래서 직원에게 "너무 예쁘네요"라고 말하니 직원분이 "감사합니다. 그쪽도 예쁘신걸요?"라고 말을 하셨다.: 가는 말이 고와야 오는 말이 곱다.
- 예전에 의학 드라마에서 수술하는 장면을 보게 되었는데 그거 보고 충격 먹어서, 보건실에 있는 장기 모형이나 과학 준비물실에 있는 인체모형을 보기만 하면 놀라게 된다.: 자라 보고 놀란 가슴 솥뚜껑 보고 놀란다.
- 내일이 시험인데 텔레비전 보고 잤다. 그래서 학교 가는 길에 걱정만 하다가, 어쩌지 하며 갔는데 학교에 선생님께서 안 오셔서 시험이 연기되었다.: 하늘이 무너져도 솟아날 구멍이 있다.

- 때려 놓고 괜찮냐고 물어보는 아이가 있었는데.: 병 주고 약 주고.
- 저는 이런 성격의 친구도 만나 보고, 저런 성격의 친구도 만나 보았다.: 단맛 쓴맛 다 보았다.
- 음식이 완성될 때까지 청소를 하고 있었는데 걸레로 닦다가 미끄러져 음식이 딱 나왔을 때 걸레 같은 게 국에 빠졌다.: 다 된 죽에 코 풀기.
- 예전에 계곡에서 튜브 위에 올라갔다가 떨어졌다.: 돌다리도 두들겨 보고 건너라.

아이들이 만든 속담

- 부모님 잃고 생각 고친다.
- 부부싸움에 자녀 등 터진다.
- 수학 가는 데 공식 간다.
- 사회 가는 데 암기 간다.
- 과학 가는 데 원소기호 간다.
- 연필 놓고 일자도 모른다.
- 핸드폰 가는 데 충전기 간다.
- 망한 그림에 낙서하기.
- 초가집에서 왕이 난다.
- 지역 예선 1등 위에 올림픽 챔피언 있다.
- 늦게 배운 게임에 날 새는 줄 모른다.
- 우유 먹고 시리얼 먹기
- 개구리는 두꺼비편
- 똥은 똥이니 피하는 거다.
- 타조가 다 날아다닐 일이다.
- 개밥에 초콜릿
- 고자질쟁이가 먼저 죽는다.
- 병장 이등병 때 생각 못 한다.

    과학선생님이 오셨는데 시험지를 안 가지고 오셨다. 아이들이 앞, 뒷문을 닫고 못 나가게 한다. 아이들의 성화에 다음 주에 시험 보기로 한다. 점수가 나오는 시험의 위력을 새삼 실감한다.
    과학시간에 만화책 보고 액괴 만지다가 선생님한테 압수당한 두 녀석을 불렀다. 공부하다가 잠시 보고 싶어서 봤고 습관적으로 만졌다고 한다.
    "액괴 들고 들어가라. 어휴."
    "다시 안 그럴게요."
    "네, 안 그러겠습니다."
    이럴 때는 씩씩하다.

    모내기, 가지, 고추 심기 업무를 담당하셨던 선생님이 메시지를 주셨다. 나는 너무 재미있게 읽어서 아이들에게 소개했지만 큰 반응은 오지 않는다. 그래도 몇몇 녀석들은 진짜냐며 지금 확인하러 운동장에 내려가겠단다.

운동장 화분(벼, 가지, 고추)과 우렁이, 소금쟁이 소식

1. 우렁이가 어린 벼를 먹어요.: 우렁이가 흙을 파고 들어가 벼의 뿌리 부분의 즙을 빨아먹어요. (먹을 게 없으니 어린 벼까지 먹어치운답니다.) 원래 벼가 클 때 주위에 여러 풀들(잡초)가 자라는데 그 잡초들을 우렁이가 먹는다고 하네요. 지금은 그래서 우렁이를 벼를 키우는 통에 둘 수가 없었어요.

2. 우렁이를 보이는 대로 잡아 수생식물 통에 넣어 주었어요.: 먹이는 텃밭의 상추를 뜯어서 매주 2회 정도 넣어 주고 있어요. 정말 잘 먹습니다. 그리고 짝짓기도 하고 알도 엄청 많이 낳았어요. 알은 분홍색으로 화분이나 큰 수생식물 줄기에 붙어 있어요. 이 알들이 부화하면 엄청 많은 우렁이가 번식할 거예요. (서관 옆 학교 연못에도 우렁이를 8마리 정도 풀어 두었어요. 어찌 될지 지켜보고 있어요.)

3. 가지와 고추는 아직 뿌리를 내리고 있는 중이에요.: 가지와 고추는 자신의 뿌리를 심은 통의 흙에 뿌리를 본격적으로 내리면 엄청 크기 시작할 거예요. 가지와 고추가 커서 꽃이 피고 고추와 가지 열매가 열리기 시작하면 막대를 꽂아 끈으로 묶고 지탱해 줄 거예요.

4. 어디서 왔는지 소금쟁이가 벼를 키우는 통에서 살고 있어요. 소금쟁이는 주로 물고기 시체나 곤충의 체액을 먹고 사는 육식동물이라네요. 육상 곤충(작은 파리 등)이 물에 빠졌을 때 수면의 물결이 치는 것을 감지하고 가서 냉큼 잡아먹는다고 하네요.

5. 벼 키우는 통에 실지렁이도 보여요.: 유기물이 쌓인 퇴적물을 먹는다네요. 꼬부랑거리며 움직이고 있어요.

6. 그리고 처음 보는 희귀한 생물들도 살고요. 점만큼 작은 생물들도 물속에서 헤엄치고 살아요. 주위를 날아다니던 나비의 알이나 나방의 알, 모기의 알들이 부화하여 살 수도 있으니 유심히 살펴보세요.

    학년육상대회 학급예선이 있다. 50미터 달리기랑 멀리뛰기를 했다. 아이들은 쉬는 시간에 먼저 나가서 몸을 풀겠단다. 하지만 미리 나가서 자유롭게 공놀이도 한다. 수건돌리기 대신에 목발 돌리기도 하고. 목발 돌리기는 위험하니 하지 말래도 당사자가 괜찮단다. 오히려 들고 달리라며 권한다. 목발아이언맨도 등장하고 목발스나이퍼가 나오기도 한다.

달리기를 시작한다. 뒤로 뛰면 기록이 마이너스 되는지 물어보는 녀석도 있다.

"개빠르다, 영민이."

역시 영민이는 6학년 최강자다운 모습이다. 여자 에이스 경란이는 내가 이겼다를 외치며 들어온다. 당연히 기록도 좋다. 규현이는 중간에 넘어지려다 기어이 균형을 잡고 끝까지 달린다. 준혁이는 기록이 무지하게 좋았는데도 스타트가 늦었다며 자신을 탓한다. 같이 뛴 은비와 연수는 깻잎 차이로 차례로 들어온다. 서준이와 준호는 육상선수처럼 가슴을 앞으로 쭉 내밀며 멋진 마무리를 보여 준다. 아이들의 최대 관심사, 기린과 얼룩말의 대결! 류경이와 효은이가 준비하고 있다. 둘의 대결은 좀 싱겁게 끝났지만 준비동작의 긴장감만큼은 최고였다.

50미터 달리기 기록

8.91 / 12.6 / 7.98 / 9.07 / 8.08 / 8.21 / 7.77 / 8.32 / 8.09 /
8.14 / 7.85 / 7.85 / 11.7 / 7.67 / 6.79 / 9.60 / 8.44 / 9.27

멀리뛰기는 두 번씩 측정한다. 경란이는 점프 안 하고 걸었는데도 254센티미터가 나온다. 준혁이는 반대로 속도 안 붙이고 점프만으로 240센티미터를 기록한다. 육상의 신 영민이는 거의 4미터를 뛴 것 같다. 뛴 후 좋은 느낌이 들었는지 "저 얼마예요?"라고 곧바로 물었지만 '파울'이라고 답했다. 한 녀석은 구름판 한참 앞에서 사뿐히 뛰어 측정 기록이 30센티미터가 왔다. 전체적으로 잘 뛰지만 역시나 엉덩이나 손이 문제다. 두 번째 뛸 때는 앞으로 넘어지는 기분으로 뛰라고 했더니 정말 모래로 돌진하는 녀석들. 허잇 기합소리로 시작해 으악 비명으로 마무리.

멀리뛰기 기록

126 / 201 / 206 / 191 / 264 / 251 / 240 / 248 / 227 /
198 / 231 / 243 / 198 / 172 / 338 / 180 / 179

교실에 와 기록을 정리하고 대표선수를 발표한다. 대략 예상했던 인물들인지라 아이들도 수긍하는 눈치다.

50미터 달리기 대표: 최영민, 방준혁, 전륜경, 박경란
멀리뛰기 대표: 최영민, 박준우, 박경란, 배규현
800미터 달리기 대표: 양연수, 윤준호, 배규현, 전륜경

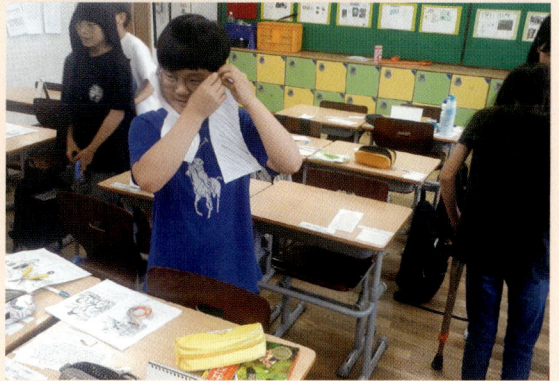

 **5월 29일 수요일**

등굣길 교문 앞에서 한 아버지와 2학년쯤 되어 보이는 아들이 이야기를 하고 있다. 아버지가 311 + 111의 답을 계속 묻고 있는데 아이는 잘 모르는지 답이 없다. 아버지는 틀려도 말해 보라며 보채신다. 집에서 무슨 사연이 있었는지 모르겠지만 잘 해결하고 아이가 교문을 통과하길 바라는 마음이다.

세상 모든 일에는 퍼스트 터치가 중요한 것 같다. 아이들과도 첫 반응이 중요하다. 아침 첫인사와 눈 마주침. 일부러 큰 소리로 인사하려 한다. 밖에까지 들리게. 작년 아이들과 했던 우하하프로젝트(우리 하루의 시작은 하이파이브)는 올해 포기하려 한다. 이 녀석들과 하이파이브 하고 나면 손이 얼마나 아프던지. 아침시간이 의외로 바쁘지만 리스펙트로 터치!

효은이가 영민이 아빠를 만난 이야기를 들려준다. 영민이 아빠가 묻기를,
"영민이 학교에서 많이 까불지?"
한참을 생각하다가 말했다고 한다.
"친구들이랑 엄청 잘 지내요."
둘이 오자마자 그 이야기를 하는데 효은이의 현명함에 고맙다는 말 같다.

준혁이는 어제 야구장 갔다 왔단다. 재미있었겠다고 하자,
"근데 삼성 실력이 형편없었어요."
"삼성이 1 대 4로 박살. 졌어요."
내가 응원하는 팀이 졌음을 콕 찝어 말하고 간다.
"들어가 줄래? 하여간 두산팬들은 좋겠다."

달콤한 다락방 요리부 아이들이 모여 있다.
"너희들 내일 뭐 하냐?"
"지금 내일 할 거 정리하고 있어요."
"지난번에 버터랑 계란 살 때 쌤 돈 들어간 거 알지?"
"저희 갚을 거예요. 언젠가는요. 20년 뒤쯤요?"
그리고는 내 어깨를 툭 치고는 엄지척을 보낸다.
"왜 치냐?"
"이건 우리 반 아이들이 보내는 최고의 친근함 표시예요."

직업박람회 끝나고 남은 타로파우더를 우유에 타서 먹으려 아이들이 줄을 서 있다. 손대중으로 대충 타는 듯하다. 많은 아이들이 타서 마시자 초코향이 교실에 가득해진다. 이런 날은 역시 우유가 하나도 안 남는다.

보건수업시간이다. 지난주에 우리 반 전체가 한 개의 팀으로 금연캠페인을 하기로 했단다. 분명 수업 시작 전에는 원팀으로 한다고 했는데 보건수업이 끝나고 나니 남자팀, 여자팀으로 나뉘어 있다. 결국 이

렇게 되었구만.

금연캠페인에 쓸 노래를 유튜브로 좀 찾아서 들려달란다. 트와이스의 '치얼업.' 내가 모르는 가수인지라 '트와이스 티어업'이라고 쳤더니,

"완전히 다른 뜻이 되잖아요. 그게 아니에요."
"설마 트와이스 모르시는 건 아니죠?"
"치얼업을 어떻게 모를 수가 있어요?"
"알거든. 이게 자판이 이상하구만. 왜 이러지."

 ## 5월 30일 목요일

아침에 교실에 텐트를 쳤다. 일찍 온 민준이와 여자아이들이 도와준다.
"우리 반은 종잡을 수 없어요. 텐트는 왜 치는 거예요?"
"낭만이 있잖아. 여름 시즌에만 치는 거야."
여자아이들이 처음 이용한다. 공 하나랑 이불 챙겨 들어가 신나게 논다. 영민이가 말한다.
"저는 텐트 없을 때가 더 좋았어요."
"왜?"
"우리 반이 대통합 피구 할 때가 더 좋았어요."
"요즘 피구 할 때 사고가 많이 나서 일부러 쳤는데."

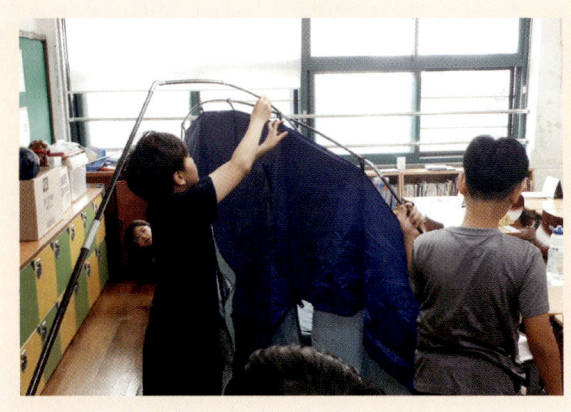 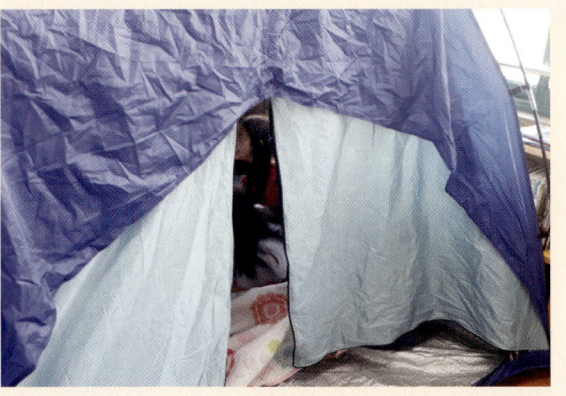

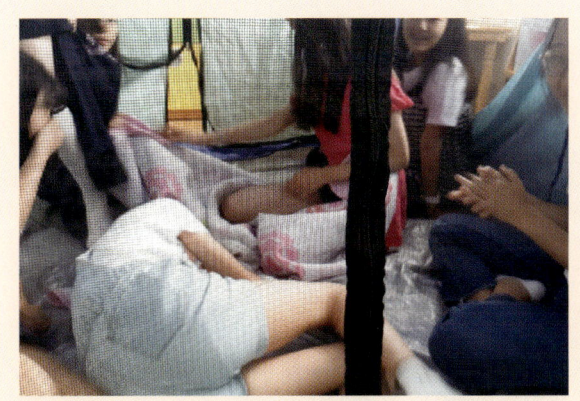 

텐트 이용 시간도 정해 주고 몰래 핸드폰 사용금지도 다시 한번 주지시켰다. 사진 찍는 것도 안 되냐고 이 정도는 '인권적으로' 허락해 달라서 고개를 끄덕였지만 분명 사진만 찍지는 않을 것 같은데.

텐트 이용 시간 \ 요일	월	화	수	목	금
8시 40분 ~ 10시 50분	남	여	남	여	남
10시 50분 ~ 2시 40분	여	남	여	남	여

수학시간에 '비교하는 량'이라고 내가 칠판에 잘못 적었나 보다. 바로 반응이 온다.
"선생님, 양자 잘못 적은 것 같은데요. 량이 아니라 양이에요."
"근데 량 자 한자가 뭐에요?"
"주희가 친구들에게 아량을 베풀 때 쓰는 량 자야. (찾아보니 헤아릴 量이다.)"
"근데 기준량은 왜 량이에요?"
요건 대답을 못 했다. 어렵다.
"사전에 그렇게 나오는데?!"

"수학 74쪽 읽어 봅시다"라고 말했더니 깊은 한숨 소리가 들린다. 포도원액 두 컵과 물 세 컵의 비율을 구하는 크게 어렵지는 않은 문제인데. 진로박람회 하고 남은 감귤 주스가 생각이 났다. 수학적 이해를 위해 감귤 주스와 물의 비를 2 대 3으로 섞는다고 하자,
"그럼 맛없잖아요."

"이건 원액이 아니라 물 탄 주스예요."

"이미 2 대 3으로 맞춰져 있어요."

우리도 2 대 3 감귤 물주스 한 잔씩 하기로 한다. 환경을 생각해 물통에 마시는 사람은 한 잔 반이라고 했더니 물통이 있는 사람은 물을 비우고 오기도 한다. '주스에 정말 물이 이렇게 많이 들어가냐'며 묻는 아이도 있다. 당연히 가격에 따라 달라진다고 했더니 여러 가지 고급 브랜드 주스의 이름을 말하며 물이 얼마나 들어가 있는지 폰으로 찾아보겠단다.

전체가 한 잔 마시는 데 채 5분이 걸리지 않는다. 계속 수학문제와 씨름한다. 처음에 있던 도넛 수와 판매한 도넛 수만큼 색칠해 보세요. 교과서를 읽던 녀석이 도넛을 도나스로 읽어 한참을 웃었다. 비율, % 공부하다 비율은 절대적인 것이 아니라 비교할 때 쓰는 것이라는 점을 알려 주었다. 월드비전 사랑의 빵과 연계하여,

– 현민이는 재산의 1% 기부

– 준호는 재산의 20% 기부

– 지윤이는 재산의 50% 기부

현민이는 훗날 100억 부자가 되어 1억 기부를 하면 1%. 훗날 준호는 5억 자산가가 되어 1억 기부하면 20%. 현재의 지윤이가 1,000원 중 500원을 기부하면 50%. 비율은 절대적인 양을 나타내지 못한다는 방향으로 결론을 지으려다 준호의 뼈를 때리는 한마디.

"전 비율 낮아도 좋으니 현민이처럼 재산 좀 많게 해주세요. 전 그러면 50% 기부할 거예요."

아이들이 만든 비율 문제들이다. 2주 전에 과제로 내 주었다.

〈효은〉
오늘은 대망의 과학시험이다. 과학책을 한 번만 읽어서 망할 것 같지만 그래도… 나 혼자만 망할 것 같지는 않다. 드디어 시험시간이다. 나는 역시나 망할 것이라는 생각이 들었다. 과학쌤이 한 달 동안 시험지를 안 주셔서 그동안 불안 속에 떨며 살았다. 한 달 뒤, 이제는 자유다! 하지만. 나는 역시나 9:10이다. 90% 맞았다. 역시 '크으' 나는 천재다.

〈현민〉
오늘 수학시험을 봤는데 25문제 중에 17개를 맞았다. 집에 가서 혼날 것이 뻔하다. 웬일인지 엄마가 내는 문제를 맞히면 살려주겠다고 했다. 비를 만들고, 비율로 만들고, 백분율로 만드는 것이다.
그래서 나는
1. 17:25
2. 17/25
3. 68%
제대로 만들고 살았다.

〈○○〉
나는 사회시험을 봤다. 사회시험 폭망했다. 20문제 중에 10문제를 맞췄다. 갑자기 엄마한테 혼날 생각을 하니 걱정됐다. 엄마한테 혼나는 것을 덜려면 재시험을 보고 이 시험지의 답과 재시험지의 답을 수학으로 표현해야 한다. 재시험은 20문제 중에 15개를 맞췄다. 열심히 공부해서 잘 본 것 같아 다행이다.

오늘은 졸업앨범 야외촬영을 했다.
"애들이 너무 질척대요. 그래도 밖에 나오니까 좋아요."
"근데 사진 찍는데 얼굴 가려도 돼요?"
기다리는 시간 동안 운동기구도 하니 내 집 같은 편안함이 느껴진단다. 남자아이들은 6세 이하만 들어갈 수 있는 놀이터에 논다. 나오라고 했더니,
"저희는 키만 빼면 6세 이하랑 비슷하게 놀 수 있어요."

아이들이 자석놀이를 한다. N극, S극 편으로 나뉘어 뛰어다닌다. Z극은 아무랑도 못 붙는다는 규칙이란다. 한쪽에서 놀면서 대기하고 있으면 사진기사님께서 이름을 부르며 아이들을 찾는다. 어깨동무하고 사진 찍는 현민이와 영민. 여자아이들은 잇몸이 예쁘게 나와야 한다며 내게 "이~" 하며 예쁜지 물어본다. 한 아이는 안경을 썼다 벗었다 두 컷을 찍겠다길래 그러라고 했다. 그때 "개미 잡았다"라는 상진이의 말. 모두가 몰려든다.

"그냥 터트려."

"풀어 줘라."

아이들이 웃지 않자 사진기사님이 '개구리' 선창에 '뒷다리'라 답을 하라고 하신다. 아이들은 '뒷다리' 대신에 '대가리'로 답한다. 대가리 덕분에 표정은 환해지는데. 다음 조 아이들은 '멸치' 선창에 '뒷다리'로 받아 준다.

혼잡한 와중에 여자아이들이 남자아이들 머리를 끈으로 묶으며 장난을 친다.

"이렇게 찍어도 돼요?"

"알아서 판단하시길."

"제가 책임질게요. 한 컷만 이렇게 찍을게요."

마지막 개인촬영 전에 정자에 잠시 누웠다. 평생 이렇게 누워 지내고 싶단다. 편안하기는 하다.

"아저씨~ 선생님! 사장님, 사진 다 찍은 사람은 좀 놀아도 돼요?"

나를 부르는 것 같은데 사장님은 뭔지. 다 찍은 사람은 멀리 가지 말고 근처에서 놀라고 했다. 아이들은 배수지공원에 있는 높은 구조물로 올라간다. 고소공포증 있다는 경란도 올라가겠단다.

"위쪽 공기가 맑아요."

"미세먼지 없는 세상."

국어시간 추리 단원이다. 우리도 형사가 되어 범인을 잡으러 떠난다.

비 오는 한 학교 기숙사에서 살인사건이 일어났다. 살인사건이 일어났을 때는 주말이라 모든 학생들은 외출을 했으며 외출한 학생들은 모두 휴대폰을 가지고 나갔다. 외출을 하지 않고 학교 내에 있었던 학생은 피해자 외에 총 세 명뿐이었다. 세 학생의 알리바이는 이러하였다.
- 예령: 마침 곧 실기시험이 있어서 미술실에서 조각을 하고 있었어요.
- 동준: 천체관측을 하고 있었어요.
- 르네: 방에서 친구랑 전화를 하고 있었어요.
이 중 한 명은 거짓 진술을 하고 있다. 거짓 진술을 하는 범인은 누구이고 그 이유는?

서준: 실기시험이 있어 미술실에서 조각했다고 했는데 주말에는 실기시험이 없어요.
영민: 시험 곧 본다고 했는데 시간 범위가 딱히 정해져 있는 게 아니니. 주말이 끝나고 시험 볼 수도 있는 거 같은데.
준호: 꼭 주말이라도 실기시험이 있을 수도 있어. 없다는 보장이 없기에.
서준: 주말은 국가에서 지정해준 공휴일이니까. 학교에서 시험을 보는 건 불법이니까 시험을 볼 수 없어요.
승은: 예령이 같아요. 미술실에서 조각하다가 조각칼로 범행을 저질렀다는 의심이 들어요.
상진: 그렇게 따지면 천체관측하다가 기구로 때려서도 되잖아요. (추리의 범위가 넓어진다. 상상과 공상의 경계로.)
서준: 예령이는 조각칼을 안 썼을 수도 있어요. 클레이 할 때 조각칼 꼭 써요?
연수: 비 오는 날 천체관측을 하기 어려워요. 얘가 범인이에요.
영민: 일단은 기숙사에 있는 학생들이 다 외출했다는 것은 시간이 그렇게 늦지 않았다는 것인데.
현민: 기숙사에 있을 나이면 밤에 나가서 클럽, 야유회에 간다거나도 가능하잖아요. 근데 맞다. 초등학생 기숙사가 없잖아요?
경란: 비 오는데 야유회를 어떻게 가?
○○: 우산 쓰고, 편의점 털기. 삼각김밥 어때?
△△: 살인사건 났는데 왜 야유회를 가냐?
○○: 야유회를 갔다가 살인사건이 날 수도 있잖아요.
□□: 천체관측을 모형으로 관측했을 수도. 하늘 본 애가 범인 같아요. 플라네타리움으로 관측했을 수도 있어요.
준혁: 르네만 핸드폰을 가지고 있어서 의심이 돼요.
은비: 핸드폰을 가지고 있는 게 왜 의심이 되냐?
류경: 전화를 다른 스피커폰 연결해 놓고 범행을 했을 수도 있어요. (약간 소름이 돋는다.)

오늘도 동아리 활동이 어김없이 돌아왔다.
"1분 30초만 돌리면 돼."
"우리 얇게 하자."
오늘은 쿠키라 금방 만들겠다. 손도 빠르고 조리법도 쉽고. 전자레인지에서 쿠키가 부풀어 오르는 것을 보니 제법 먹음직스러워 보인다. 하지만 완벽하게 익지는 않았다. 30초 더 돌리니 촉촉한 초코쿠키가 완성된다. 요리에 자신감을 얻었다는 말에 내가 왜 뿌듯해지지.
"우리 너무 완벽한 거 아니에요?"
"나중에 대학생 돼서 우리 반 엠티 가면 제가 쿠키 만들어 드릴게요."
"진짜?" 괜히 기대가 되는 건 뭐지.
은비가 전자레인지 앞에 앉아서 돌리면 규현이랑 승은이가 냉장고에 곧바로 넣어 냉각시킨다. 쿠키를 만들고 나도 계란이 몇 개 남았다. 남은 계란은 계란찜 해먹자는 아이들. 정말 곧바로 실행. 계란찜을 해 먹는단다. 소금으로 간도 하고 우유로 맛도 조절도 하고. 하지만 점점 산으로 간다.

"계란찜에 초코파우더도 넣을까?"

"우유를 좀 많이 넣어 볼래?"

"계란찜에서 버터구이 오징어 냄새 나~"

전자레인지 옆에 온 아이들이 전자파라며 고개를 돌리고 있다. 그럼 나는? 전자레인지는 내 옆에서 40분 내내 돌아가는데. 그래도 계란찜이랑 과자도 한입 먹여 주고 간다.

"애들아, 다음 주는 피자빵이다. 우리 준비물 나누자."

상진, 인해, 민준이는 피구를 하고 있다. 텐트 때문에 3미터 거리밖에 안 되지만 잘도 받는다. 가까이 가서 보니 피구가 아니라 공 던져 막기라는데 규칙은 잘 이해가 되지 않는다. 서준이랑 현민이는 삽을 만든다고 한다. 글루건 예열을 먼저 하고 재료를 자르고 붙인다. 삽을 만들다 뭔가 잘 안 되는지 캡틴아메리카 방패를 만든단다. 아니 그냥 방패를 만든다. 이 방패가 공 던져 막기랑 최종적으로 이어진다. 캡틴아메리카 방패로 공 막기! 메이커부와 교실체육부. 두 개 부서의 합동 작품.

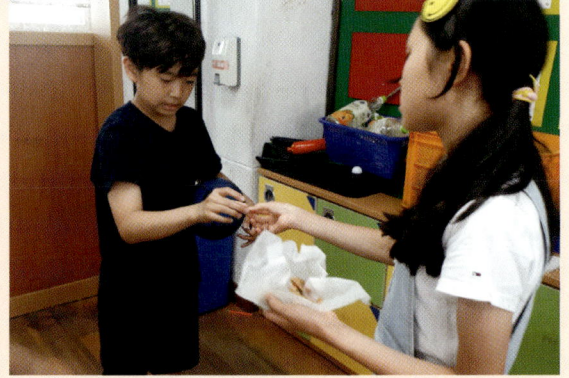

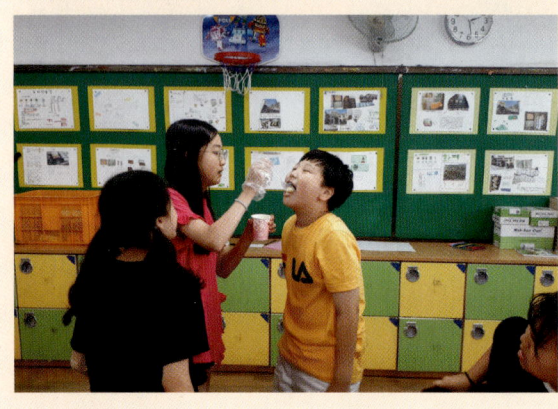

5월 31일 금요일

이날 기록이 사라졌다. 사진 몇 장만 남아 있다. 왜 지워졌지?

체육시간에 가위바위보 이어달리기를 했다. 오늘은 타이틀전! 지는 팀은 내 얼굴을 10센티미터 거리에서 보기. 축구식으로 아이들끼리 악수도 한다. 스코어는 2 대 0, 2 대 1, 3 대 1, 3 대 3, 4 대 3. 아슬하게 새콤팀 승리. 달콤팀이 벌칙으로 내 얼굴 10센티미터에서 보기가 이루어지는데. 눈이 정말 멀 것 같단다. 미안하다.

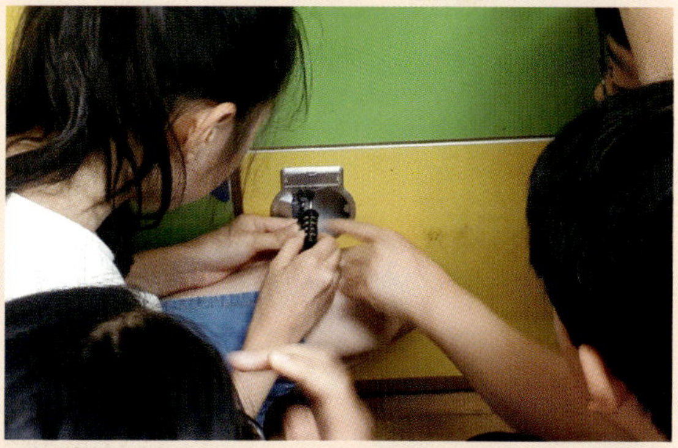